Bingyu Zhu

Rationales Herdenverhalten und seine Auswirkungen auf Investitionsentscheidungen

GABLER EDITION WISSENSCHAFT

Moderne Finanzwirtschaft & Unternehmensbewertung

Herausgegeben von
Prof. Dr. Manfred Jürgen Matschke
Prof. Dr. Thomas Hering
Prof. Dr. Michael Olbrich
Prof. Dr. Heinz Eckart Klingelhöfer
Prof. Dr. Gerrit Brösel

In dieser Schriftenreihe werden betriebswirtschaftliche Forschungsergebnisse zu aktuellen Fragestellungen der betrieblichen Finanzwirtschaft im ganzen und der Unternehmensbewertung im besonderen präsentiert. Die Reihe richtet sich an Leser in Wissenschaft und Praxis. Sie ist als Veröffentlichungsplattform für alle herausragenden Arbeiten auf den genannten Gebieten offen, unabhängig davon, wo sie entstanden sind.

Bingyu Zhu

Rationales Herdenverhalten und seine Auswirkungen auf Investitionsentscheidungen

Eine Analyse des durch Informations- und Zahlungsexternalitäten verursachten Herdenverhaltens im Hinblick auf Investitionsentscheidungen

Mit einem Geleitwort von
Prof. Dr. Manfred Jürgen Matschke

GABLER EDITION WISSENSCHAFT

Bibliografische Information der Deutschen Nationalbibliothek
Die Deutsche Nationalbibliothek verzeichnet diese Publikation in der
Deutschen Nationalbibliografie; detaillierte bibliografische Daten sind im Internet über
<http://dnb.d-nb.de> abrufbar.

Dissertation Universität Greifswald, 2008

1. Auflage 2009

Lektorat: Frauke Schindler / Stefanie Loyal

Gabler ist Teil der Fachverlagsgruppe Springer Science+Business Media.
www.gabler.de

Umschlaggestaltung: Regine Zimmer, Dipl.-Designerin, Frankfurt/Main
Gedruckt auf säurefreiem und chlorfrei gebleichtem Papier
Printed in Germany

ISBN 978-3-8349-1453-8

Geleitwort

Die Arbeit von Bingyu Zhu befaßt sich mit Massenphänomenen. Solche Massenphänomene sind aus unterschiedlichsten Lebensbereichen seit langem bekannt und können Gegenstand verschiedenster Wissenschaftsbereiche sein. Eines der bekanntesten und frühesten wissenschaftlichen Werke zu Massenphänomenen ist die psychosoziologische Betrachtung von Gustave Le Bon „Psychologie der Massen" aus dem Jahr 1895, die viele historische Beispiele anführt. Ein äußerst bekanntes wirtschaftsgeschichtliches Beispiel ist die „Große Tulpenmanie" des 17. Jahrhunderts in Holland, die zu Beginn des Jahres 1637 ihren Höhe- und Schlußpunkt fand. Aber man muß nicht in die Ferne und in die weit zurückliegende Vergangenheit schauen. Massenphänomene sind auch der Gegenwart nicht fremd, wie Modewellen in der Gesellschaft wie auch in der Wissenschaft, aber wie auch Finanzkrisen mit ihren Erscheinungen von Börsenblasen und Bankzusammenbrüchen belegen. Die Gegenwart und jüngste Vergangenheit auf den Finanzmärkten haben viele Beispiele parat. Die Erforschung von Massenphänomenen kann auf verschiedene Weise erfolgen, das heißt, es gibt kein zwingendes methodisches Vorgehen. Dies belegt die Arbeit von Bingyu Zhu erneut.

Die Arbeit überrascht den Leser bereits im Titel mit dem Begriff „rational", ist man doch als ein Leser, der sich mit einer solchen Thematik noch nicht näher befaßt hat, eher geneigt, hinter Massenphänomenen eine gehörige Portion Irrationalität zu vermuten. Aber der Begriff „rationales Herdenverhalten" läßt Irrationalität durchaus zu, er indiziert freilich zugleich, daß Bingyu Zhu sich dem Thema nicht historisch-deskriptiv nähern will, sondern modelltheoretisch, dabei aber nicht, wie man mit Blick auf den Gegenstand „Herdenverhalten" vermuten könnte, aus einer Makro-, sondern aus einer Mikroperspektive.

Das Entscheidungsverhalten einzelner Akteure, das zum Herdenverhalten führt, steht im Mittelpunkt. Dieses wird als Rationalverhalten modelliert. Der einzelne Entscheidungsträger kann frei und zielgerichtet seine Wahl nutzenmaximierend treffen, und es geht um die Frage, unter welchen Bedingungen sich daraus ein Massenphänomen entwickelt und welche Änderungen in den Entscheidungsbedingungen zur Aufhebung von Ineffizienzen des Herdenverhaltens führen können. Der Begriff „Investitionsentscheidungen" wird in einem sehr allgemeinen Sinne verstanden, nämlich, daß sich nicht alle Folgen einer Entscheidung im Entscheidungszeitpunkt konzentrieren, sondern eine Zeitkomponente aufweisen, deren konkretes Ausmaß indes nicht spezifiziert wird, aber auch im gewählten Untersuchungsrahmen nicht modelliert werden muß.

Ziel der Arbeit ist, „durch eine Klassifizierung der unterschiedlichen Ursachen die Entstehungs- und Wirkungsmechanismen von Herdenverhalten abzubilden und anschließend Maßnahmen zur Aufhebung dieses ineffizienten Verhaltens vorzuschlagen. Vor allem soll die Verhaltensinteraktion der Entscheidungsträger im Mittelpunkt der vorliegenden Arbeit stehen" (S. 3). Bingyu Zhu referiert eingangs verschiedene

Definitionen des Herdenverhaltens und legt dann der Arbeit eine eigene Definition vor, die zwei Elemente hervorhebt: a) die Berücksichtigung des Verhaltens anderer Akteure bei der Entscheidung und b) die Abweichung der im Interaktionskontext von anderen übernommenen Entscheidung von der individuellen, die der Akteur isoliert träfe.

Beim Herdenverhalten werden individuelle Entscheidungen von den Entscheidungen Dritter beeinflußt, indem deren Entscheidungen übernommen werden, so daß sich ein konformes Verhalten ergibt. Herdenverhalten im Sinne der vorliegenden Arbeit ergibt sich aufgrund einer positiven „Herdenexternalität", weil die gleichgerichtete Entscheidung dem Entscheidungsträger einen Nutzenzuwachs verspricht, so daß es für ihn rational ist, sich in seinem Verhalten dem der anderen anzupassen, auch wenn er isoliert anders handeln würde.

Rationales Herdenverhalten kann als Antwort der Individuen auf Unsicherheit und Informationsasymmetrie in der Entscheidungsumwelt verstanden werden. Der einzelne Akteur entscheidet sich im Interaktionszusammenhang für die Alternative, die ihm gemäß dem Bernoulli-Prinzip den höchsten Erwartungsnutzen bringt. Dieser Erwartungsnutzen der Alternativen wird beim Herdenverhalten durch positive Herdenexternalitäten im Vergleich zur isolierten Entscheidungssituation verändert.

Die Arten des rationalen Herdenverhaltens werden von Bingyu Zhu nach den verschiedenen positiven Herdenexternalitäten unterschieden: 1. Informationsexternalität, 2. Zahlungsexternalität, wobei „Zahlungen" als pars pro toto für direkte und indirekte monetäre oder nichtmonetäre Wirkungen stehen, 3. Reputation im Rahmen von Prinzipal-Agenten-Beziehungen. Bingyu Zhu betont zu recht, daß diese verschiedenen Ansätze zur Erklärung rationalen Herdenverhaltens nicht isoliert voneinander betrachtet werden sollten, und führt dies im weiteren Verlauf der Arbeit näher aus.

Bingyu Zhus Arbeit ist eine mikroökonomische Analyse eines Phänomens von praktischer Bedeutung. Die Stärken dieser Arbeit ergeben sich aus der sauberen mikroökonomischen Modellierung, wodurch Ursache-Wirkungs-Analysen möglich werden und die analysierten Modelle zur Erklärung des Herdenverhaltens geeignet sind. Einige Modelle der bestehenden Literatur, die vor dem Hintergrund unterschiedlicher Fragestellungen unabhängig voneinander entwickelt wurden, werden im Rahmen der Arbeit miteinander verbunden. Insofern stellt die Arbeit von Frau Zhu eine wichtige Zusammenfassung verschiedener Ansätze und zugleich eine sinnvolle weiterführende Ergänzung zur Literatur des Herdenverhaltens dar.

Ich wünsche dieser Arbeit weite Verbreitung.

Prof. Dr. Manfred Jürgen Matschke

Vorwort

Die vorliegende Arbeit entstand während meiner Tätigkeit als wissenschaftliche Mitarbeiterin am Lehrstuhl für Allgemeine Betriebswirtschaftslehre und Betriebliche Finanzwirtschaft, insbesondere Unternehmensbewertung an der Ernst-Moritz-Arndt-Universität Greifswald. Sie wurde im Mai 2008 als Dissertation von der Rechts- und Staatswissenschaftlichen Fakultät angenommen.

An erster Stelle möchte ich meinem verehrten akademischen Lehrer, Herrn Prof. Dr. Manfred Jürgen Matschke danken. Er gewährte mir stets die erforderlichen wissenschaftlichen Freiräume. Zudem ermöglichte er es mir, in einer besonders angenehmen Atmosphäre zu arbeiten. Ebenfalls bin ich Herrn Prof. Dr. Armin Rohde dankbar für die Übernahme und schnelle Erstellung des Zweitgutachtens. Auch bei meinem dritten Prüfer, Herrn Prof. Dr. Walter Ried, möchte ich mich ganz herzlich bedanken.

Weiterhin danke ich ganz herzlich Herrn Dr. Paul Marschall und Frau Dr. Melanie Mewes. Sie lasen nicht nur die gesamte Arbeit und gaben mir konstruktive Hinweise, sondern haben mich auch durch ihre Diskussionsbereitschaft insbesondere in der Endphase der Promotion unterstützt. Für die motivierende und harmonische Lehrstuhlatmosphäre danke ich auch allen Kollegen und studentischen Hilfskräften des Lehrstuhls. Besonders dankbar bin ich auch Frau Redieske, die mich stets bei der Arbeit freundlich unterstützt hat.

Mein Leben wäre ganz anders verlaufen, wenn ich nicht bei meiner Oma Yunqian Liu aufgewachsen wäre. Wenn sie noch am Leben wäre, hätte sie sich bestimmt über meine erfolgreich abgeschlossene Arbeit sehr gefreut. Hierfür danke ich meiner Großmutter von Herzen.

Bingyu Zhu

Inhaltsverzeichnis

Abbildungsverzeichnis XIII
Abkürzungsverzeichnis XV
Symbolverzeichnis XVII
Tabellenverzeichnis XXIII

1 Einleitung und Gang der Untersuchung 1
2 Grundlagen zum theoretischen Ansatz des Herdenverhaltens 7
2.1 Erklärungsansätze zur Problematik der Marktineffizienz 7
2.2 Herdenverhalten als Erklärungsansatz für Marktineffizienz 10
2.2.1 Definition des Herdenverhaltens 11
2.2.2 Abgrenzung zu normkonformem Verhalten 13
2.2.3 Systematisierung des Herdenverhaltens 15
2.2.3.1 Rationales Herdenverhalten 15
2.2.3.1.1 Informationsexternalität 16
2.2.3.1.2 Positive Zahlungsexternalität 18
2.2.3.1.3 Reputation im Rahmen von Prinzipal-Agenten-Beziehungen 19
2.2.3.1.4 Zusammenhang zwischen verschiedenen Ansätzen zum rationalen Herdenverhalten 21
2.2.3.2 Irrationales Herdenverhalten 25
3 Informationskaskade bei Investitionsentscheidungen 27
3.1 Grundlagen 27
3.1.1 Definition der Informationskaskade 27
3.1.2 Merkmale der Informationskaskade 29
3.2 Informationskaskadenmodell 32
3.2.1 Modellannahmen 32
3.2.2 Koordinationsmechanismus 37
3.2.2.1 Individuelle Vorteilskalküle in verschiedenen Entscheidungssituationen 37
3.2.2.1.1 Kalkül des Entscheidungsträgers A 37
3.2.2.1.2 Kalkül des Entscheidungsträgers B unter Berücksichtigung der Entscheidung von A 39
3.2.2.1.3 Kalkül des Entscheidungsträgers C unter Berücksichtigung der Entscheidungen von A und B 44
3.2.2.1.4 Kalkül des Entscheidungsträgers D unter Berücksichtigung der Entscheidungen aller seiner Vorgänger 49
3.2.2.2 Gleichgewichtsbestimmung bei vielen Beobachtungen 52
3.2.2.2.1 Wahrscheinlichkeit der Informationskaskadenbildung 52
3.2.2.2.2 Wahrscheinlichkeit für eine richtige oder falsche Informationskaskade 59

3.2.3 Ineffizienz der Informationskaskade 68
3.3 Maßnahmen zur Aufhebung der ineffizienten Informationskaskade 74
3.3.1 Mögliche Maßnahmen zur Aufhebung der Informationskaskade im Hinblick auf die Stabilität der Informationskaskade 74
3.3.2 Zusammenfassung der wirksamen Maßnahmen 91
3.4 Anwendung des Informationskaskadenmodells 93
3.4.1 Laborexperimente zur Bestätigung der Informationskaskade 93
3.4.2 Empirische Forschung zur Informationskaskade 95
4 Herdenverhalten im Rahmen der Prinzipal-Agenten-Beziehung 99
4.1 Grundlage einer Prinzipal-Agenten-Beziehung 99
4.1.1 Interessenkonflikt zwischen Prinzipal und Agenten 99
4.1.2 Informationsasymmetrien und die daraus resultierenden Probleme 102
4.1.3 Anreizschema der Entlohnungen 107
4.1.3.1 Vergütung durch absolute Ergebnisbeteiligung 108
4.1.3.2 Vergütung durch relative Leistungsbewertung 117
4.1.4 Rolle der Managementreputation 124
4.2 Herdenverhalten aufgrund der Zahlungsexternalität in der Prinzipal-Agenten-Beziehung 127
4.2.1 Systematisierung der Zahlungsexternalität 127
4.2.2 Herdenverhaltensmodell mit relativer Leistungsbewertung 133
4.2.2.1 Modellannahmen und Ausgangssituation 134
4.2.2.2 Koordinationsmechanismus 135
4.2.2.2.1 Individuelles Kalkül in einer 2-Manager-Entscheidungssituation 135
4.2.2.2.1.1 Investitionsentscheidung des Managers A 135
4.2.2.2.1.2 Investitionsentscheidung des Managers B 138
4.2.2.2.1.3 Reaktionsfunktionen der Manager A und B 139
4.2.2.2.2 Komparativ-statische Analyse für die Investitionsentscheidungen der Manager A und B 145
4.2.2.2.2.1 Partielle Betrachtung 145
4.2.2.2.2.2 Totale Differenzierung 148
4.2.2.2.3 Verhaltensbestimmung bei vielen Managern 155
4.2.2.3 Ineffizienz des Herdenverhaltens durch die Zahlungsexternalität der relativen Leistungsbewertung 159
4.3 Wirksame Maßnahmen zur Aufhebung des ineffizienten Herdenverhaltens 162
4.4 Empirische Relevanz des Herdenverhaltensmodells im Rahmen der Prinzipal-Agenten-Beziehung 174

5 Zusammenwirkung der Informations- und Zahlungsexternalität im Rahmen der Prinzipal-Agenten-Beziehung 183
5.1 Modellannahmen und Ausgangssituation 183
5.2 Koordinationsmechanismus 185
5.2.1 Investitionsentscheidung des Managers A 185
5.2.2 Investitionsentscheidung des Managers B 186
5.3 Auswirkungen der Informations- und Zahlungsexternalität auf Investitionsentscheidungen 189
6 Zusammenfassung 193

Anhang 197
Literaturverzeichnis 207

Abbildungsverzeichnis

Kapitel 2

Abbildung 2.1: Wertfunktion 8

Kapitel 3

Abbildung 3.1: Zusammenhang zwischen der Signalpräzision und der Informationsverarbeitung 66

Kapitel 4

Abbildung 4.1: Struktur einer Prinzipal-Agenten-Beziehung 102
Abbildung 4.2: Reaktionsfunktionen der beiden Manager A und B 141
Abbildung 4.3: Wirkung der Veränderung der Wahrscheinlichkeitseinschätzung 146

Abkürzungsverzeichnis

bzw.	beziehungsweise
d. h.	das heißt
etc.	et cetera
ff.	fortfolgende
FN	Fußnote
IKB	Industriekreditbank
max	maximiere
Nr.	Nummer
S.	Seite
US(A)	United States (of America)
vgl.	vergleiche
z.B.	zum Beispiel

Symbolverzeichnis

Kapitel 3

$E(.)$	Erwartungswert einer Zufallsvariablen
H	guter Umweltzustand
I^C	Durchführungsentscheidung des Entscheidungsträgers C
k	Beobachtungskosten einer vergangenen Entscheidung
K	Investitionsauszahlung
KW	Kapitalwert einer Investition
L	schlechter Umweltzustand
n	Anzahl der Entscheidungsträger, $\mathrm{n} = 1, 2, 3, ..., \mathrm{N}$
$\Pr(.)$	Eintrittswahrscheinlichkeit eines Zustandes oder eines Ereignisses
S_H	Signal, das dem guten Zustand H entspricht
S_H^i	Signal des i-ten Entscheidungsträgers, das dem guten Zustand H entspricht, $i =$ A, B, C, ..., N
S_L	Signal, das dem schlechten Zustand L entspricht
S_L^i	Signal des i-ten Entscheidungsträgers, das dem schlechten Zustand L entspricht, $i =$ A, B, C, ..., N
S^i	kontinuierliches Signal des i-ten Entscheidungsträgers, $i =$ A, B
U^C	Unterlassungsentscheidung des Entscheidungsträgers C
w	identische Signalqualität der individuellen Informationen
w_i	Signalqualität des Entscheidungsträgers i
Z	Barwert der Einzahlungen aus der Investition
Z_H	Barwert der Einzahlungen aus der Investition im guten Zustand H
Z_L	Barwert der Einzahlungen aus der Investition im schlechten Zustand L

Kapitel 4

Unterkapitel 4.1.3

a	fester, risikounabhängiger Grundlohn einer absoluten Ergebnisbeteiligung

a^*	optimaler Grundlohn bei einer absoluten Ergebnisbeteiligung
a_0	Grundlohn bei einer relativen Leistungsbewertung
a_0^*	optimaler Grundlohn bei einer relativen Leistungsbewertung
b	Prämiensatz einer absoluten Ergebnisbeteiligung
b^*	optimaler Prämiensatz einer absoluten Ergebnisbeteiligung
$\hat{b}$	Prämiensatz einer relativen Leistungsbewertung
$\hat{b}^*$	optimaler Prämiensatz einer relativen Leistungsbewertung
$C(e_i)$	persönliche Kostenfunktion des Agenten i in Abhängigkeit vom Arbeitseinsatz e_i
$C'(e_i)$	erste Ableitung der persönlichen Kostenfunktion nach e_i
$C''(e_i)$	zweite Ableitung der persönlichen Kostenfunktion nach e_i
e_i	Arbeitseinsatz des Agenten i
e_i^*	optimaler Arbeitseinsatz des Agenten i bei einer absoluten Ergebnisbeteiligung
$\hat{e}_i$	Arbeitseinsatz des Agenten i bei einer relativen Leistungsbewertung, $i = 1,\ 2$
$\hat{e}_i^*$	optimaler Arbeitseinsatz des Agenten i bei einer relativen Leistungsbewertung, $i = 1,\ 2$
$E(.)$	Erwartungswert einer Zufallsvariablen
R	Arrow-Pratt-Maß, subjektiver Grad der Risikoaversion oder absolute Risikoaversion für identische Agenten
S_i	Sicherheitsäquivalent des Agenten i bei einer absoluten Ergebnisbeteiligung
$\hat{S}_i$	Sicherheitsäquivalent des Agenten i bei einer relativen Ergebnisbeteiligung, $i = 1,\ 2$
$\underline{S_i}$	Mindestniveau des Sicherheitsäquivalentes des Agenten i
t	Produktivität identischer Agenten
$U(.)$	gesamte Nutzenfunktion eines Agenten
$v(\omega_i)$	Risikonutzenfunktion des Agenten i, die von seinem Einkommen ω_i abhängt
$v'(\omega_i)$	erste Ableitung der Risikonutzenfunktion des Agenten i
$v''(\omega_i)$	zweite Ableitung der Risikonutzenfunktion des Agenten i

$\mathrm{var}(.)$	Varianz einer Zufallsvariablen
X_i	Outputergebnis des Agenten i bei absoluter Ergebnisbeteiligung
$\hat{X}_i$	Outputergebnis des Agenten i bei relativer Leistungsbewertung, $i=1,\ 2$
ε	Umweltentwicklung als stochastische Zufallsvariable
ε_g	Zufallsvariable, die das Branchenrisiko umfaßt
$\hat{\varepsilon}_i$	Zufallsvariable, die das unternehmensspezifische Risiko umfaßt, $i=1,\ 2$
σ^2	Varianz der stochastischen Variablen ε
σ_g^2	Varianz der stochastischen Variablen ε_g
$\hat{\sigma}^2$	Varianz der stochastischen Variablen $\hat{\varepsilon}_i$
ω_i	Einkommen des Agenten i bei einer absoluten Ergebnisbeteiligung
$\hat{\omega}_i$	Einkommen des Agenten i bei einer relativen Leistungsbewertung, $i=1,\ 2$
$\psi(e_i)$	Arbeitsleidfunktion identischer Agenten
$\psi'(e_i)$	erste Ableitung der Arbeitsleidfunktion
$\psi''(e_i)$	zweite Ableitung der Arbeitsleidfunktion
β	Arbeitsleidkoeffizient von identischen Agenten
π_i	Residualeinkommen des Prinzipals i bei absoluter Ergebnisbeteiligung
π_i^*	maximales Residualeinkommen des Prinzipals i bei absoluter Ergebnisbeteiligung
$\hat{\pi}_i$	Residualeinkommen des Prinzipals i bei relativer Leistungsbewertung, $i=1,\ 2$
$\hat{\pi}_i^*$	maximales Residualeinkommen des Prinzipals i bei relativer Leistungsbewertung, $i=1,\ 2$
$\partial(.)$	Ableitung einer Funktion nach der Variablen

Unterkapitel 4.2.2

a_0	Grundlohn bei relativer Leistungsbewertung
a_{ij}	Koeffizient, $i=1,\ 2$ und $j=1,\ 2$
$\hat{a}$	Prämiensatz absoluter Ergebnisbeteiligung

b_i	Koeffizient, $i = 1,\ 2$
$\hat{b}$	Prämiensatz relativer Leistungsbewertung
c	Funktion vom Grad c
d	Veränderungsmenge
D	Koeffizientenmatrix
$\lvert D \rvert$	Determinante der Koeffizientenmatrix
$E(.)$	Erwartungswert einer Zufallsvariablen
G	Gleichgewicht der Investitionen von Manager A und B
G'	neues Gleichgewicht der Investitionen von Manager A und B
M	Variable einer Zusammenfassung verschiedener Terme
N	Anzahl der Manager in der betrachteten Branche
p	individuelle Einschätzung des Managers A über die Eintrittswahrscheinlichkeit des Umweltzustandes 1
p_i	Wahrscheinlichkeitseinschätzung des i-ten Managers über den Eintritt des Umweltzustandes 1
$\Pr(.)$	Wahrscheinlichkeitsfunktion
q	individuelle Einschätzung des Managers B über die Eintrittswahrscheinlichkeit des Umweltzustandes 1
r_i	Ertragsrate der Investition i, $i = 1,\ 2$
R	Arrow-Pratt-Maß oder subjektiver Grad der Risikoaversion für identische Agenten
S_i	Sicherheitsäquivalent des Managers i, $i =$ A, B
$\overline{S}_i$	gegebenes Niveau des Sicherheitsäquivalentes von Manager i, $i =$ A, B
$U(.)$	Nutzenfunktion eines Managers
$\text{var}(.)$	Varianz einer Zufallsvariablen
x_{1i}	Kapitalinvestition des i-ten Managers in Alternative 1
x_{1j}	Kapitalinvestition des j-ten Managers in Alternative 1, $j \neq i$
x_{2i}	Kapitalinvestition des i-ten Managers in Alternative 2
x_i	Kapitaleinsatz des Managers A für die Investition i, $i = 1,\ 2$
$x_i(y_i)$	Reaktionsfunktion des Managers A für Investition i, $i = 1,\ 2$
x_i^*	Investition des Managers A in Alternative i im Gleichgewicht, $i = 1,\ 2$

$x_i'^*$	Investition des Managers A in Alternative i im neuen Gleichgewicht, $i=1,\ 2$
$x_i'(y_i)$	neue Reaktionsfunktion des Managers A für Investition i, $i=1,\ 2$
$\bar{x}_i$	branchendurchschnittliche Kapitalinvestition in Alternative i, $i=1,\ 2$
X_i	Rückfluß der Investition i im Zustand i für den Manager A, $i=1,\ 2$
$\bar{X}_i$	branchendurchschnittliche Leistung im Umweltzustand i, $i=1,\ 2$
y_i	Kapitaleinsatz des Managers B für die Investition i, $i=1,\ 2$
$y_i(x_i)$	Reaktionsfunktion des Managers B für Investition i, $i=1,\ 2$
y_i^*	Investition des Managers B in Alternative i im Gleichgewicht, $i=1,\ 2$
$y_i'^*$	Investition des Managers B in Alternative i im neuen Gleichgewicht, $i=1,\ 2$
$\bar{y}_i$	gegebene Investition des Managers B in Alternative i, $i=1,\ 2$
Y_i	Rückfluß der Investition i im Zustand i für den Manager B, $i=1,\ 2$
Z_i	Umweltzustand i, $i=1,\ 2$
ω_i	Einkommen des Agenten i
$\partial(.)$	Ableitung einer Funktion nach der Variablen

Kapitel 5

a_0	fixer Grundlohn
$\hat{a}$	Prämiensatz absoluter Ergebnisbeteiligung
$\hat{b}$	Prämiensatz relativer Leistungsbewertung
$\text{cov}(.)$	Kovarianz der Variablen
EW_i	unsicherer Endwert aus der Anlageentscheidung des i-ten Fondsmanagers, $i=$ A, B
$E(.)$	Erwartungswert einer Zufallsvariablen
H_i	Signal des i-ten Fondsmanagers über die unsichere Rückzahlung aus dem betrachteten Finanztitel, $i=$ A, B
K	aufgezinste Auszahlung des Finanztitels
KB_i	aufgezinstes Kapitalbudget des i-ten Managers, $i=$ A, B
R	Risikoaversionsgrad

S_i	Sicherheitsäquivalent des *i*-ten Fondsmanagers, $i = A, B$
$\mathrm{var}(.)$	Varianz einer Zufallsvariablen
x_i	Anzahl des vom *i*-ten Manager gekauften Finanztitels, $i = A, B$
x_i^*	optimale Investitionsentscheidung des *i*-ten Managers, $i = A, B$
Z	unsichere Rückzahlung oder Einzahlung des betrachteten Finanztitels
δ_i	Gewichtung privater Information des *i*-ten Managers, $i = A, B$
ω_i	Einkommen des *i*-ten Fondsmanagers, $i = A, B$
λ_B	Gewichtung der Information des Managers A im Entscheidungskalkül des Managers B
γ_i	Gewichtungsfaktor (Zusammenfassung verschiedener Terme) im Entscheidungskalkül des Managers B, $i = A, B, C$
η	Faktor einer Zusammenfassung verschiedener Terme

Tabellenverzeichnis

Kapitel 3

Tabelle 3.1: Qualität des Signals mit $0{,}5 < w < 1$ 36

Tabelle 3.2: Investitionsentscheidung von B bei der jeweiligen Entscheidungssituation 43

Tabelle 3.3: Darstellung der möglichen Entscheidungssituationen des Entscheidungsträgers C 44

Tabelle 3.4: Entscheidungsmatrix von C 49

Tabelle 3.5: Entscheidungsmatrix von D 50

Tabelle 3.6: Wahrscheinlichkeit der Informationskaskadenbildung in Abhängigkeit von der Informationspräzision und der Anzahl der Entscheidungsträger 57

Tabelle 3.7: Wahrscheinlichkeit für die Bildung einer falschen oder richtigen Informationskaskade in Abhängigkeit von der Informationspräzision und der Anzahl der Entscheidungsträger 63

Kapitel 4

Tabelle 4.1: Entscheidungssituation des Managers A 136

Tabelle 4.2: Entscheidungssituation des Managers B 138

1 Einleitung und Gang der Untersuchung

In vielen Bereichen des täglichen Lebens sind „Massenbewegungen" vorzufinden. Nicht nur gesellschaftliches Geschehen wie Modeerscheinungen, sondern auch viele wirtschaftliche Ereignisse gelten als Massenphänomene, die sowohl für Soziologen, Psychologen als auch für Wirtschaftswissenschaftler von Interesse sind. Insbesondere ein konformes Verhalten auf den Finanzmärkten ist seit Jahrzehnten ein interessantes Forschungsobjekt. Massenbewegungen auf den Finanzmärkten haben eine lange Geschichte. Ein berühmtes historisches Beispiel ist die Tulpenzwiebelkrise. In der Zeit von 1634 bis 1637 stiegen die Preise für Tulpenzwiebeln in Holland aufgrund einer Massennachfrage zum Teil um das 50-fache an, weil die Tulpe zum Kultobjekt wurde und es nie sehr große Mengen einer bestimmten Zwiebelart gab. Zwiebeln seltener Züchtungen wurden bald sogar parallel zu Aktien an den holländischen Börsen gehandelt. Die Massenbewegung führte zur Preisblase auf dem Markt. 1637 verkauften die ersten Ängstlichen ihre Tulpenzwiebeln und lösten damit einen Zusammenbruch des Preises aus: Der Preis fiel dadurch ab 1637 drastisch. Die Massen bewegten sich nun in die umgekehrte Richtung, d. h., immer mehr Anleger stiegen aus dem Geschäft aus.[1] Derartige Massenbewegungen haben eine große Bedeutung für die ökonomische Forschung, weil der Preis eines Gutes durch die Auswirkungen einer Massenbewegung von dem Gleichgewichtspreis, der sich ohne Massenbewegung eingestellt hätte, abweicht.

Massenverhalten ist oft für Finanzkrisen verantwortlich. Es kann sich dabei nicht nur um die Preisentwicklung eines einzelnen Wertpapiers, sondern auch um große Gruppen von Wertpapieren handeln, deren Entwicklungen z.B. in einem Index zusammengefaßt werden. Eines der unvergeßlichen Ereignisse in der Geschichte war der Zusammenbruch auf dem Aktienmarkt in New York und die darauf folgende Weltwirtschaftskrise von 1929,[2] welche die Konsequenz von Überproduktion und kreditfinanzierter Massenspekulation war.

Des weiteren wirkt sich Massenverhalten auch auf Banken aus. Anfang der 90er Jahre wurden in Mexiko die Banken privatisiert, und die Aktienkurse stiegen während dieser Zeit ungewöhnlich an. Nachdem die feste Anbindung des Wechselkurses an den US-Dollar aufgegeben wurde, sanken 1994 die Aktienkurse dramatisch. Die Banken litten unter der Panik der Anleger und dem daraus folgenden massenhaften Verkauf der Aktien. Nachfolgend gerieten auch andere Länder in Lateinamerika in eine schwerwiegende Banken- und Währungskrise.[3] Im Jahr 2007 waren viele europäische Geschäftsbanken im Zuge der US-Hypothekenkrise von Liquiditätsschwierigkeiten betroffen, darunter waren auch die Düsseldorfer IKB-Bank und die Sachsen

---

1 Vgl. Palm (2004).

2 Vgl. Shefrin (2000), S. 44, Abb. 4-3.

3 Siehe Allen/Gale (2000), S. 236-238.

Landesbank. Die Ursache lag darin, daß die amerikanischen Haushalte ihre Zins- und Tilgungszahlungen von den langfristigen Hypothekarkrediten mit variabler Verzinsung aufgrund der gestiegenen Zinsen nicht mehr leisten konnten und der Anstieg der Immobilienpreise wegen eines Überangebots am Immobilienmarkt gebremst wurde. Demzufolge mußten die Geschäftsbanken, die im Vorfeld zu optimistisch agiert und hinsichtlich der Investitionen einander imitiert hatten, die forderungsbesicherten Wertpapiere mit hohem Verlust veräußern.[4]

Finanzkrisen in Form von Blasen und Zusammenbruch fanden in den vergangenen Jahren öfter statt und waren auf mehreren Kontinenten zu beobachten. Jede Endphase eines Zusammenbruchs endet mit einer Liquiditäts-, Versicherungs- und Bankenkrise.[5] Die Massenbewegung führt dabei zu einer ineffizienten Nutzung der Kapitalressourcen. In der Regel resultiert aus der Massenbewegung eine Überinvestition der Investoren, falls eine Preisblase auf dem betroffenen Markt herrscht. Diese Überinvestition wird durch ein konformes Investitionsverhalten der Investoren geprägt und bricht nicht ab, so lange keine negativen Nachrichten oder pessimistische Gerüchte auf den Markt auftauchen. Kommt es zu solchen negativen Meldungen, dreht sich die Tendenz um, und anstelle von Optimismus beherrscht nur noch die Depression den Markt.[6]

Vielfältige Ansätze in der Wirtschaftswissenschaft versuchen, ein solches ineffizientes Massenverhalten modelltheoretisch zu begründen. Die Grundmodelle der Finanzierungs- und Investitionstheorie gehen von einem perfekt funktionierenden Kapitalmarkt aus, der reibungslos und atomistisch ist und auf dem keine Arbitragemöglichkeit besteht.[7] Ein derartiger Kapitalmarkt ist Bestandteil eines vollkommenen Marktes und muß die Bedingungen der Rationalität der Marktteilnehmer, der Transparenz des Marktes, der Homogenität der Präferenzen und der unendlich schnellen Reaktionsgeschwindigkeit erfüllen.[8] Eine befriedigende Erklärung für eine Massenbewegung somit für eine Preisentwicklung wie eine Preisblase erfolgt dadurch nicht. Diese Wirtschaftstheorie kann derzeit nur mit strenger Abstraktion auf dem Gebiet der Ressourcenallokation angewandt werden.

Die Annahmen eines perfekt funktionierenden Kapitalmarktes wurden in vielerlei Hinsicht in Frage gestellt. Empirische Untersuchungen belegen, daß die Komplexität menschlicher Verhaltensweisen die Grundannahmen von Rationalitätspostulaten verletzt.[9] Die Notwendigkeit der Einführung neuer Verhaltensannahmen wird bei

[4] Vgl. Vollmer (2007), S. 485.

[5] Einen Überblick vgl. Hott (2002), S. 1-2, mit weiteren Nachweisen.

[6] Vgl. Persons/Warther (1997), S. 940. Für empirische Nachweise vgl. Freiburg (2004), S. 103 ff.

[7] Vgl. Kruschwitz (2007 b), S. 39-40, S. 63-64 und S. 144-147.

[8] Vgl. Gutenberg (1984), S. 185. Dazu vgl. noch Schwinn (1993), S. 398.

[9] Überblick zu empirischen Untersuchungen sowie weitere Literaturhinweise befinden sich in Weber (1991), S. 313-316.

verhaltenswissenschaftlichen Ansätzen durch empirische Untersuchungen bestätigt. Die Anwendung der neuen Verhaltenswissenschaft auf den Finanzbereich hat gezeigt, daß die Preise stark vom menschlichen Verhalten auf den betrachteten Märkten abhängen. Wahrnehmung und Erforschung des menschlichen Verhaltens haben daher inzwischen immer mehr an Bedeutung gewonnen. Problematisch dabei ist, daß bei empirischen Untersuchungen oft ihr Bezug zum ökonomischen Kontext fehlt. Die Problematik der Implementierung von empirisch getesteten isolierten Aussagen in ökonomische Theorien wird bei der neuen Verhaltensökonomie nicht berücksichtigt.[10] Ein weiteres Problem besteht darin, daß viele Informationen benötigt werden, um die Grenze zwischen rationalem und irrationalem menschlichen Verhalten eindeutig zu erkennen.[11] Die Schwierigkeit liegt hier vor allem in der Beschaffenheit der Informationen.

Unter Berücksichtigung der Vor- und Nachteile der Finanzierungs- und Investitionstheorie sowie Verhaltensökonomie bietet die neue Institutionenökonomik Erklärungsansätze für Massenbewegungen an, indem sie unter bestehenden Rationalitätsannahmen menschliches Entscheidungsverhalten in ökonomischen Zusammenhängen mathematisch abbildet. Ausgangspunkt ist eine asymmetrische Informationsverteilung unter den Marktteilnehmern. Einer der Ansätze zur Erklärung des Überinvestitionsproblems und eines gesellschaftlichen Geschehens wie Modeerscheinung ist der Ansatz des Herdenverhaltens, dem wiederum unterschiedliche Modellzweige zugeordnet werden können.

Rationales Herdenverhalten läßt sich grundsätzlich in drei Modellkategorien einteilen: das Informationskaskadenmodell, das Modell zum Herdenverhalten aufgrund von Zahlungsexternalitäten und das Reputationsmodell. In der Literatur sind nur vereinzelte Aussagen über den Zusammenhang zwischen den verschiedenen Modellsansätzen vorhanden. Die vorliegende Arbeit stellt die vielfältigen Wirkungsverflechtungen verschiedener Ursachen (Modellansätze) des Herdenverhaltens dar und gibt einen Überblick hierzu. Die wesentlichen Unterschiede zwischen den Modellvarianten werden auch ermittelt.

Ziel der vorliegenden Arbeit ist es, durch eine Klassifizierung der unterschiedlichen Ursachen die Entstehungs- und Wirkungsmechanismen von Herdenverhalten abzubilden und anschließend Maßnahmen zur Aufhebung dieses ineffizienten Verhaltens vorzuschlagen. Vor allem soll die Verhaltensinteraktion der Entscheidungsträger im Mittelpunkt der vorliegenden Arbeit stehen. Um die Analyse der *direkten* Auswirkung einer Informations- und Zahlungsexternalität auf die Investitionsentscheidungen von Investoren zu verdeutlichen, gehen die Modelldarstellungen in dieser Arbeit bewußt von einem vorgegebenen festen Preis aus, der dem sich ohne Herdenverhalten eingestellten Gleichgewichtspreis gleicht, obwohl typischerwei-

[10] Vgl. ebenda, S. 324.

[11] Vgl. Fama (1991), S. 1583.

se eine von dem Gleichgewichtspreis abweichende Preisbewegung auf Herdenverhalten zurückzuführen ist. Modelle sind vereinfachte Abbildungen der Realität, so daß sie per Definition eine Reduktion von Komplexität beinhalten.[12] Auch wenn die Annahme eines festen Preises für die Erklärung der Finanzkrisen in Form von Blase und Zusammenbruch nicht geeignet erscheint, kann der Entstehungsmechanismus eines Herdenverhaltens dadurch plausibel dargestellt werden.

Dazu werden im *zweiten Kapitel* zunächst Grundlagen der theoretischen Herdenverhaltensansätzen vorgestellt, wobei unterschiedliche Definitionen des Herdenverhaltens und ihre Interpretationen behandelt werden. Die Systematisierung des Herdenverhaltens und seine Abgrunzung zu normkonformem Verhalten stehen ebenfalls im Vordergrund der Analyse.

Im *dritten Kapitel* wird gezeigt, in welchen Entscheidungssituationen ein Entscheidungsträger gegen seine eigene Information seiner Vorgängerentscheidung folgen wird. Neben den Grundlagen und dem Entstehungsmechanismus einer Informationskaskade wird die Stabilität einer bestehenden Informationskaskade überprüft, indem die Auswirkungen der Aufhebung relevanter Modellannahmen auf die Entscheidungen von Akteuren anhand der komparativ-statischen Methode analysiert werden. Mit Hilfe dieser Untersuchung kann die Frage beantwortet werden, welche Faktoren bei Aufhebung oder Abmilderung einer Informationskaskade eine wichtige Rolle spielen. Am Ende des dritten Kapitels wird die Relevanz des Informationskaskadenmodells anhand zahlreicher Laborexperimente und empirischer Forschung diskutiert. Laborexperimente ermöglichen die Überprüfung der Gültigkeit relevanter Modellannahmen, während die empirischen Untersuchungen Hinweise darauf geben, welche Marktteilnehmer aus welchen Branchen eher die Neigung zum Herdenverhalten haben. Solche Kenntnisse sind wichtig für die Aufhebung des ineffizienten Herdenverhaltens.

Das *vierte Kapitel* stellt zunächst die Interessenkonflikte und Informationsasymmetrien zwischen Prinzipalen und Agenten sowie die daraus resultierenden Probleme als die Grundlagen einer Prinzipal-Agenten-Beziehung dar. In der Literatur wird eine relative Leistungsbewertung als Anreizschema der Entlohnung verwendet, um Agenten zu motivieren, im Interesse des Prinzipals zu handeln. Durch eine relative Leistungsbewertung wird nicht nur die gegenwärtige Entlohnung eines Agenten gegenüber der eines Vergleichsagenten beeinflußt, sondern auch seine Karrierechance und künftige Vergütungen. Darauf aufbauend wird die Wirkung der relativen Leistungsbewertung als Zahlungsexternalität auf die Investitionsentscheidungen im vierten Kapitel durch die komparativ-statische Methode dargestellt. Hinsichtlich des Anreizvertrages, der Reputationsbestimmung und den anderen Faktoren werden mögliche Maßnahmen zur Abmilderung des Herdenverhaltens im Rahmen der Prinzipal-Agenten-Beziehung diskutiert, wodurch die vorliegende Arbeit ihre praktische Bedeutung gewinnt. Die Relevanz des eingeführten Modells wird ebenfalls mit zahlreichen empirischen Untersuchungen konfrontiert.

---

[12] Vgl. Klein/Scholl (2004), S. 30.

Das *fünfte Kapitel* stellt eine Erweiterung gegenüber der bisherigen Literatur dar. Es werden zwei Externalitäten, nämlich die Informationsexternalität und die aus der Vergütungsregelung resultierende Zahlungsexternalität, in Verbindung miteinander untersucht. Zunächst werden die Modellannahmen, anschließend der Koordinationsmechanismus vorgestellt, schließlich werden die Auswirkungen beider Externalitäten im Rahmen der Prinzipal-Agenten-Beziehung auf die Investitionsentscheidung analysiert.

Im *sechsten Kapitel* werden die gewonnenen Erkenntnisse zusammengefaßt.

2 Grundlagen zum theoretischen Ansatz des Herdenverhaltens

2.1 Erklärungsansätze zur Problematik der Marktineffizienz

Eine ineffiziente Nutzung verfügbarer Ressourcen kann auf individuelles Entscheidungsverhalten, die Risikoeinstellung der Wirtschaftssubjekte, die Informationsaggregation oder die Eigenschaft des betrachteten Marktes zurückgeführt werden. Im folgenden werden kurz einige ausgewählte theoretische Ansätze zur Erklärung der Kapitalmarktineffizienz vorgestellt, die von der klassischen Kapitalmarkttheorie abweichen.[13] Die ausgewählten Ansätze verschaffen einen Überblick über verschiedene Faktoren, welche die Marktineffizienz beeinflussen können, und liefern somit die theoretischen Grundlagen für die Modelldarstellung des Herdenverhaltens.

1. Ökonomischer Erklärungsansatz für die Existenz von spekulativen Blasen

Eine im Zeitverlauf zunehmende Überbewertung[14] von Vermögensgegenständen, welche als spekulative Blase bezeichnet wird,[15] kann durch die Erwartung der Mehrheit der Anleger von künftigen überdurchschnittlichen Gewinnen begründet werden. Die Voraussetzung für ihre Entstehung ist eine positive Abhängigkeit des geltenden Preises von den subjektiven Erwartungen der Anleger über dessen künftige Entwicklung.[16] Des weiteren kann ein kreditfinanzierter Aktienkauf für die Entstehung spekulativer Blasen verantwortlich sein. Sind Aktienkäufe durch Kredit finanziert, so hoffen die Käufer, daß die erzielten Aktienrenditen die zu zahlenden Kreditzinsen übertreffen. Die Aktienrendite berücksichtigt sowohl die in einem Zeitraum angefallenen Dividenden als auch die eingetretenen Aktienkurssteigerungen. Je größer die Aktienkurssteigerung bei gegebenen Dividenden ist, desto höher ist die Aktienrendite. Eine steigende Nachfrage nach Aktien trägt zur spekulativen Blase bei. Folglich führen spekulative Blasen dazu, daß die Volatilität der Aktienkurse permanent höher liegt, als die Informationslage auf dem Markt dies begründen kann.[17]

---

13 Vgl. Hoffmann (2001), S. 32, Ackstaller (2005), S. 27-32.

14 Unter „Überbewertung" versteht man eine Abweichung von einem längerfristigen stabilen Gleichgewichtspreis nach oben, der sich ohne Herdenverhalten einstellen würde.

15 Vgl. Hoffmann (2001), S. 33.

16 Vgl. ebenda, S. 37 mit weiteren Nachweisen.

17 Vgl. Bruns (1994), S. 27 ff., S. 51 und S. 86-87.

2. Psychologische und verhaltensorientierte Ansätze zur Erklärung von Marktineffizienz

Für die Abweichung des Entscheidungsverhaltens der Marktteilnehmer von dem durch die Erwartungsnutzentheorie definierten rationalen Verhalten bietet die Prospect-Theorie einen Erklärungsansatz. Demzufolge hat die Wertfunktion der Wirtschaftssubjekte, die den Zusammenhang zwischen dem jeweiligen Ergebnis einer Handlungsalternative und dem dazugehörigen subjektiven Wert darstellt, eine S-förmige Gestalt. Diese Wertfunktion wird in der Abbildung 2.1 dargestellt. Die möglichen Ergebnisse einer Handlungsalternative werden als Gewinne oder Verluste in bezug auf einen Referenzpunkt kodiert, bei dem es sich typischerweise um das Anfangsvermögen des jeweiligen Entscheidungsträgers handelt. Die Steigung der Wertfunktion ist im Verlustbereich größer als im Gewinnbereich, d. h., Verluste fallen betragsmäßig pro Einheit wesentlich stärker ins Gewicht als Gewinne.[18]

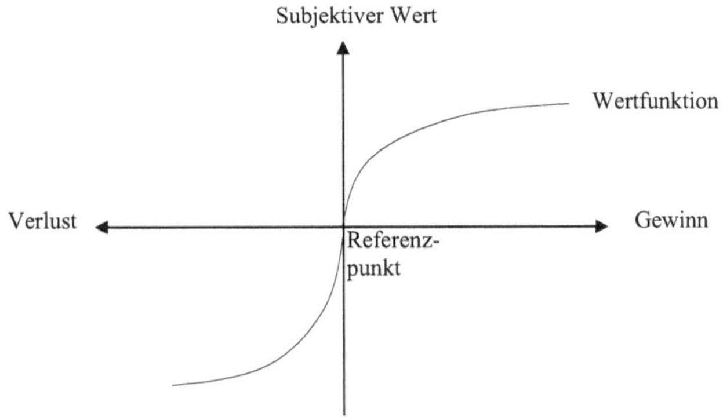

Abbildung 2.1: Wertfunktion[19]

Die Prospect-Theorie erklärt die Verlustaversion von Wirtschaftssubjekten.[20] Durch ihren Beitrag werden psychologische Wirkungen auf das Verhalten von Wirtschaftssubjekten im Forschungsgebiet „Behavioral Finance“ zu Grunde gelegt. Psychodynamische Faktoren wie Emotionen und Motivationen haben durchaus Einfluß auf die Kurse von Finanztiteln und dabei vor allem auf Aktien.[21] „Behavioral Finance“ hat gezeigt, daß Aufnahme und Verarbeitung von Informationen oft aufgrund eines beschränkten Aufnahmevermögens und einer selektiven Wahrnehmung als ineffizient

[18] Die Prospect-Theorie wurde von Kahneman/Tversky (1979) eingeführt. Zur Wertfunktion vgl. ebenda, S. 277 ff.

[19] In Anlehnung an Kahneman/Tversky (1979), S. 279.

[20] Vgl. Tversky/Kahneman (1991), S. 1040 ff. und S. 1054 ff.

[21] Vgl. Shefrin (2000), S. 134 ff. Dazu vgl. auch Hoffmann (2001), S. 53 ff.

angesehen werden können.[22] Im Rahmen des kognitiven Wahrnehmungs- und Beurteilungsprozesses von Informationen kann ein Anleger zusätzlich leicht von anderen Marktteilnehmern beeinflußt werden.[23]

3. Fehlallokation bei externen Effekten

Bei bestehenden positiven oder negativen externen Effekten wird der Nutzen eines Wirtschaftssubjektes durch die Handlung eines anderen ohne dessen Einverständnis beeinflußt.[24] Bei einem negativen externen Effekt kommt es zu einer Nutzeneinbuße bei dem betroffenen Wirtschaftssubjekt. Trotz der Nutzeneinbuße wird es nicht entschädigt. Bei einem positiven externen Effekt profitiert ein Wirtschaftssubjekt durch die Handlung des anderen, ohne daß es für diese Nutzenerhöhung zahlen muß. Eine Marktlösung bei vorliegenden externen Effekten ist ineffizient. Der gesamtwirtschaftliche Nutzen bei einem positiven externen Effekt und die gesamtwirtschaftlichen Kosten bei einem negativen externen Effekt werden im Entscheidungskalkül des Verursachers nicht mit berücksichtigt, so daß im Fall eines positiven externen Effektes zu wenig gehandelt wird, im Fall eines negativen externen Effektes zuviel. Folglich entstehen gesamtwirtschaftliche Wohlfahrtsverluste. Die Ursache für solche gesellschaftlichen Kosten ist, daß für derartige Externalitäten kompetitive Märkte fehlen. Wesentliche Gründe für das Nichtbestehen solcher kompetitiver Märkte sind nicht definierte Eigentumsrechte an Externalitäten und die hohen Einrichtungs- und Aufrechterhaltungskosten eines kompetitiven Marktes.[25]

4. Informationsineffizienz

Eine vollständige Aggregation vorhandener Informationen ist die Voraussetzung von Markteffizienz. Je nachdem, inwiefern private Informationen im Marktpreis (in öffentlichen Informationen) enthalten sind, läßt sich die Effizienz eines Marktes empirisch in drei Abstufungen unterteilen. In der schwachen Abstufung der Markteffizienz werden nur die vergangenen Informationen in den Marktpreis mit einbezogen. In der mittelstarken Abstufung sind alle beobachtbaren und öffentlich zugänglichen Informationen im Marktpreis enthalten. Als letztes umfaßt der Marktpreis in der starken Effizienzabstufung alle privaten Informationen, so daß kein Individuum aufgrund seines Informationsvorteils in bezug auf die Investitionsalternative eine höhere Gewinnerwartung als andere Entscheidungsträger hat.[26]

---

[22] Vgl. Oehler (1991), S. 600.

[23] Vgl. Shiller/Pound (1989), S. 62.

[24] Vgl. Ackstaller (2005), S. 28.

[25] Vgl. Röver (1997), S. 7.

[26] Vgl. Fama (1970), S. 383. Die Definitionen für die ersten zwei Abstufungen der Markteffizienz modifiziert der Autor in einem später veröffentlichten Aufsatz. Der Begriff der schwachen Markteffizienz wird insofern erweitert, daß die Prognose zukünftiger Renditen auch bei der Beurteilung der Effizienz mitberücksichtigt wird. Unter der mittelstarken Effizienz versteht man Ereignisstudien, die angewendet werden, um eine regelmäßige Reaktion des Aktienpreises auf Investitionsent-

Bei dem Investitionskalkül werden die vergangenen Informationen in die zukunftsorientierte Entscheidung einbezogen, daher wird die Bedingung für eine schwache Abstufung der Markteffizienz grundsätzlich erfüllt.[27] Die mittelstarke Effizienzabstufung konzentriert sich auf die Reaktion des Preises auf die generierten Ereignisse mit Informationsgehalt. Obwohl der Marktpreis die öffentlich verfügbaren Informationen enthält, verfügen insbesondere die Insider über einige wichtige private Informationen, die öffentlich nicht bekannt sind.[28] Daher ist die starke Markteffizienz in der Realität kaum erreichbar. Private Informationen können von informierten Akteuren ausgenutzt werden, um überaus hohe Gewinne zu erzielen.

Zugleich zeigten Grossman/Stiglitz (1980) auf, daß eine Marktlösung mit Informationseffizienz bei kostenpflichtigen Informationen nicht möglich ist.[29] Dieses Problem kann in zweierlei Hinsicht erklärt werden. Erstens haben Individuen nur einen geringen Anreiz, kostspielige Informationen zu erwerben, wenn die Informationsaggregation auf dem Markt relativ effizient ist. Sie können bei ihren Entscheidungen die öffentlichen Informationen kostenlos beobachten. Zweitens müssen die Beschaffungskosten der privaten Informationen nur durch die „ersten" Individuen getragen werden. Nachfolgende Individuen können den Informationsvorteil aus der Beobachtung der Vorgängerentscheidung kostenlos ziehen. Daher haben die Individuen nur eine geringe Motivation, diese Informationsexternalität zu internalisieren, obwohl sie wissen, daß eigene Informationen eine positive Wirkung auf die Informationspräzision der öffentlichen Informationen haben. Die starke Informationseffizienz des Marktes wird folglich nicht erreicht.

2.2 Herdenverhalten als Erklärungsansatz für Marktineffizienz

Neue Forschungsarbeiten haben gezeigt, daß gleichgerichtete Anlagestrategien zu einer starken Preisschwankung führen können. Ein mit dieser Entwicklung häufig in Verbindung gebrachter Ansatz wird als Herdenverhalten bezeichnet, welcher sowohl die historischen Finanzkrisen als auch einige sozialen Phänomene zu erklären vermag.[30] In diesem Kapitel werden neben der Definition des Herdenverhaltens die

scheidungen, Finanzierungsentscheidungen sowie auf Veränderungen der Kontrollmaße herauszufinden. Vgl. Fama (1991), S. 1576-1577.

[27] Vgl. Daniel/Hirshleifer/Teoh (2002), S. 145, und Fama (1970), S. 414-415.

[28] Vgl. Fama (1970), S. 409. Mögliche Beispiele des Handelns unter Insidern, die über nicht öffentliche Informationen der Unternehmen verfügen, sind Investitionen informierter Aktienanalysten und Informationsvorteile professioneller Portfolio-Manager. Dazu vgl. Fama (1991), S. 1603-1607.

[29] Vgl. Grossman/Stiglitz (1980), S. 404.

[30] Herdenverhalten als Erklärungsansatz für menschliches Verhalten und weitere soziale Phänomene wird von Bikhchandani/Hirshleifer/Welch (1992) und Banerjee (1992) behandelt. Als Krisenmechanismus wird Herdenverhalten von Hott (2004) vorgestellt. Zur Anwendbarkeit dieser Theorie auf den Kapitalmarkt vgl. Welch (1992). Einen Überblick über die Anwendung dieses Erklärungsansatzes liefern Bikhchandani/Sharma (2001) und Hirshleifer/Teoh (2003).

Abgrenzung zu normkonformem Verhalten und die Systematisierung des Herdenverhaltensansatzes nach dem Verursacher behandelt.

2.2.1 Definition des Herdenverhaltens

In der Tierwelt betrifft Herdenverhalten meistens die angeborene Verhaltensweise oder den Instinkt.[31] Jener Trieb, der bei geselligen Tieren das dauerhafte Zusammenhalten der Herde gewährleistet, wird als „Herdentrieb" bezeichnet. Konrad Lorenz, ein vergleichender Verhaltensforscher und Nobelpreisträger für Medizin und Physiologie, hat den Begriff der Herde (Schar) wie folgt definiert:

> „Der Begriff der Schar ist dadurch bestimmt, daß die Individuen einer Art *aufeinander* mit Zuwendung reagieren, also durch Verhaltensweisen zusammengehalten werden, *die ein oder mehrere Einzelwesen bei anderen auslösen*. Deshalb ist es für Scharbildung kennzeichnend, wenn viele Einzelwesen in dichtem Verbande in gleicher Richtung *wandern*."[32]

Wenn man anfängt, über diese unpersönliche Vergesellschaftung zu forschen, stellt sich die Frage, welchen Sinn dieses Zusammenhalten anonymer Scharen überhaupt hat und welchen Vorteil es den Herdentieren bringt. Wissenschaftler haben herausgefunden, daß manche Herdentiere z.B. durch ihr Zusammenhalten ihre Feinde abschrecken können. Die Scharbildung kann den Herdentieren mehr Vorteile bringen als etwaige durch sie hervorgerufene Nachteile.[33]

Bei der Übertragung der Ergebnisse zum Herdenverhalten von Tieren auf das Herdenverhalten beim Menschen entfernten sich Sozialpsychologie und Soziologie von der Ansicht einer reinen Triebsteuerung und rückten die psychologischen Wechselwirkungen zwischen den Individuen in sozialen und kulturellen Bereichen in den Mittelpunkt der Analyse. Bereits Gustave Le Bon (1982) hat aufgezeigt, daß Individuen in der Masse anders handeln, als jedes von ihnen für sich handeln würde. Die wichtigste Ursache dafür ist, daß Individuen hinsichtlich ihrer Psychologie beeinflußbar sind.[34] Shiller (1995) hat in seinem Aufsatz resümiert, wie Anthropologen und soziale Psychologen Massenverhalten innerhalb einer Gruppe ermitteln. Der Prozeß, wie sich Massenverhalten innerhalb einer Gruppe bildet, kann durchaus unterschiedlich sein, denn die Wahrnehmung von Informationen, Entscheidungsregeln und Gewohnheit ist gruppenspezifisch.[35]

---

[31] Beispiel dazu vgl. Lorenz (1995), S. 106.

[32] Siehe ebenda, S. 138.

[33] Vgl. ebenda, S. 140-141.

[34] Vgl. Le Bon (1982), S. 13 und S. 16.

[35] Vgl. Shiller (1995), S. 185.

Eine allgemeine Definition von Herdenverhalten liefern Hirshleifer/Teoh (2003). Dort wird Herdenverhalten als ein Massenverhalten infolge individueller Interaktionen bezeichnet.[36] Diese Definition sagt aber nichts darüber aus, in welcher Beziehung individuelles Verhalten zueinander steht. Eine ähnliche Definition legen auch Devenow/Welch (1996) zugrunde, wonach Herdenverhalten als ein unter den Individuen korreliertes Verhaltensmuster bezeichnet wird.[37]

In einem Aufsatz von Banerjee (1992), einem der bedeutendsten Forscher zum Herdenverhalten, wird Herdenverhalten als gleichgerichtete Entscheidungen bezeichnet, denen unterschiedliche private Informationen zugrunde liegen.[38] Ein Entscheidungsträger wird demnach gegen seine eigenen Informationen die gleiche Entscheidung treffen wie die anderen Entscheidungsträger. Unabhängig vom Modell Banerjees haben Bikhchandani/Hirshleifer/Welch (1992) etwa gleichzeitig ein Grundmodell zur Informationskaskade entwickelt. Die Definition einer Informationskaskade nach den Autoren ist ähnlich der des Herdenverhaltens im Sinne von Banerjee.[39] Die beiden Begriffe haben gemeinsame Bestandteile: gleichgerichtete Handlungen und unterschiedliche zugrunde liegende private Informationen. In beiden Modellen sind die unterschiedlichen privaten Informationen eine *hinreichende Bedingung* für das Auftreten von Herdenverhalten.[40] Auch wenn die gleichgerichteten Entscheidungen auf unterschiedlichen Informationen basieren, bedeutet dies nicht, daß die Entscheidungsträger im Entscheidungskalkül ihre eigenen Informationen vollkommen ignorieren.[41] Die privaten Informationen werden zwar ins individuelle Kalkül einbezogen, aber im Fall des Herdenverhaltens von den beobachteten Informationen dominiert.

Im Verständnis dieser Arbeit liegt Herdenverhalten dann vor, wenn sich der einzelne Entscheidungsträger unter Berücksichtigung des Verhaltens von anderen Akteuren für dasselbe Verhalten wie diese entscheidet, *auch wenn seine individuelle isoliert getroffene Entscheidung anders ausfallen würde.*[42]

---

36 Vgl. Hirshleifer/Teoh (2003), S. 27.

37 Vgl. Devenow/Welch (1996), S. 604.

38 "... we call *herd behavior* – everyone doing what everyone else is doing, even when their private information suggests doing something quite different.", siehe Banerjee (1992), S. 798. Vgl. dazu auch Freiberg (2004), S. 3; Walter (2002), S. 3. Diese Art des Herdenverhaltens wird in Bikhchandani/Sharma (2001) als „intentional herding" bezeichnet, S. 281.

39 Vgl. Bikhchandani/Hirshleifer/Welch (1992), S. 994.

40 Vgl. Devenow/Welch (1996), S. 604.

41 Vgl. Banerjee (1992), S. 802. In seinem Modell trifft jeder neue Entscheidungsträger seine Entscheidung sowohl auf Grundlage seiner eigenen Information als auch auf den beobachteten vergangenen Entscheidungen.

42 Vgl. Ackstaller (2005), S. 19.

Herdenverhalten wird in vielen Gebieten als Erklärungsansatz für unterschiedliche Phänomene verwendet z.B. in psychologischen Behandlungen, in soziologischen Analysen, bei unternehmerischen Entscheidungsfindungen und bei juristischen Sachverhalten.[43] Gegenwärtig wird der Ansatz des Herdenverhaltens insbesondere auf Finanzmärkte angewandt und in der damit verbundenen wissenschaftlichen Forschung lebhaft diskutiert. Es gibt zahlreiche Arbeiten, die nicht nur theoretisch, sondern auch experimentell untersuchen, warum Investoren ihre Anlageentscheidungen sehr stark von den Entscheidungen anderer und von den Meinungen bestimmter Experten oder Analytiker beeinflussen lassen.[44] Im Modell von Lux (1995) destabilisiert ein starkes Herdenverhalten von Anlageinvestoren das Gleichgewicht von Nachfrage und Angebot auf dem Aktienmarkt. Selbst eine kleine Abweichung vom Gleichgewicht aufgrund des Herdenverhaltens verbreitet schnell Optimismus oder Panik auf dem betroffenen Markt. Die Aktienpreise können dadurch sowohl kurzfristig als auch für lange Zeit von dem Gleichgewichtspreis abweichen, der sich ohne Herdenverhalten einstellen würde.[45]

2.2.2 Abgrenzung zu normkonformem Verhalten

Nicht jedes konforme Verhalten kann nach der Definition im letzten Abschnitt als Herdenverhalten bezeichnet werden. Voraussetzung für die Entstehung von Herdenverhalten ist, daß individuelle Entscheidungen von den Entscheidungen anderer beeinflußt werden. Falls alle Entscheidungsträger identische Informationen besitzen und vor der gleichen Entscheidungssituation stehen, werden sie sich bei der Entscheidungsfindung stets für das Gleiche entscheiden, selbst wenn keine individuelle Interaktion erfolgt.[46] Eine solche zwangsläufige gleichgerichtete Entscheidung oder Handlung ist ökonomisch nur von geringem Interesse. Ein konformes Verhalten, das durch die Anpassung an eine Norm geprägt wird, ist ebenfalls nicht mit der Definition des Herdenverhaltens in dieser Arbeit vereinbar. Ein typisches Beispiel dafür ist die Sanktionierung.

In einem totalitären Staat ist ein einheitliches Verhalten nach bestimmten Regeln oder Gesetzen eine rationale Reaktion der Individuen, weil ein abweichendes Verhalten von der politischen Macht sanktioniert wird.[47] Sanktionierungen haben eine lange Geschichte, ihre Anwendung ist auch heutzutage oft in vielen Bereichen zu finden. Beispielsweise kann eine kartellrechtliche Sanktionierung von Wettbewerbsbeschrän-

43 Einen Überblick über Literaturquellen liefert Freiburg (2004), S. 6 ff.

44 Vgl. Shiller/Pound (1989), S. 47 ff.

45 Vgl. Lux (1995), S. 885 ff. Ein dynamisches Modell zum Herdenverhalten vgl. Gaio/Kaniovski/Zaninotto (2002).

46 In Bikhchandani/Sharma (2001) wird diese Art der einheitlichen Handlungen „spurious herding" genannt, S. 281.

47 Hierzu vgl. Müller-Wollermann (2004).

kungen im Gesundheitswesen zu einer sachgemäßen Ordnung des Dienstleistungs- und Güteraustausches führen.[48] Eine Sanktionierung schafft für die Wirtschaftsakteure bestimmte wirtschaftliche, politische sowie moralische Rahmenbedingungen. Der staatliche Eingriff kann beispielsweise durch die geförderte Wettbewerbspolitik einer Monopolisierung entgegenwirken und somit die Bedingungen für vollkommene Konkurrenz verbessern.[49] Die Sanktion als Strafe dient dazu, daß alle anderen Individuen im selben sozialen System von einem Fehlverhalten abgehalten werden. Das konforme Verhalten aufgrund der Sanktionierung unterscheidet sich vom Herdenverhalten dadurch, daß solche gleichgerichteten Entscheidungen gesetzlichen Regelungen untergeordnet sind. Die beobachtbaren Handlungen aller anderen Individuen spielen hier kaum eine Rolle. Individuelle Entscheidungen werden unabhängig voneinander getroffen, sie orientieren sich nicht an den Entscheidungen der anderen Akteure, sondern lediglich an den vorgegebenen Rahmenbedingungen. Das normkonforme Verhalten ist ein gezieltes Ergebnis. Weil die individuellen Entscheidungen durch den Staatseingriff beeinflußt werden, ist die Nicht-Berücksichtigung der privaten Informationen nicht mehr der Rede wert.[50] Insofern läßt sich die Sanktionierung – anders als bei Walter (2002)[51] – vom Herdenverhalten abgrenzen.

Die fehlende Interaktion zwischen den Entscheidungsträgern grenzt das normkonforme vom herdenkonformen Verhalten ab. Wie bereits erwähnt wurde, können einheitliche Entscheidungen, die ausschließlich auf identische zugrunde liegende entscheidungsrelevante Informationen zurückzuführen sind, nicht als Herdenverhalten bezeichnet werden. Die betroffenen Individuen werden selbst in einer isolierten Entscheidungssituation die gleiche Entscheidung treffen. Es fehlen dabei die voneinander abhängigen Entscheidungen.

Bei Herdenverhalten wird die Entscheidung eines Individuums von den Entscheidungen der anderen so beeinflußt, daß es sich schließlich in gleicher Weise entscheidet. Ein Individuum kann unter Berücksichtigung dieser Interaktion eine ganz andere Entscheidung treffen als in einer isolierten Entscheidungssituation, weil sein ex-ante erwarteter Nutzen aufgrund seiner Teilnahme an den gleichgerichteten Entscheidungen der anderen erhöht wird. Eine solche Interaktion wird als *„Herdenexternalität“* bezeichnet. Eine unerwünschte *„Herdenexternalität“* kann internalisiert werden, falls ein herdenkonformes Verhalten kostspielig bestraft wird.[52]

---

[48] Vgl. Neumann (2000).

[49] Vgl. Sohmen (1992), S. 5-6.

[50] Siehe Freiberg (2004), S. 6.

[51] Vgl. Walter (2002), S. 5.

[52] Banerjee (1992), S. 799 und S. 809.

Zusammengefaßt läßt sich das Herdenverhalten durch die Interaktion der Entscheidungsträger und die wechselseitigen Auswirkungen der Entscheidungen von einem normkonformen Verhalten unterscheiden.

2.2.3 Systematisierung des Herdenverhaltens

Das Herdenverhalten läßt sich nach seinem Verursacher grundsätzlich in zwei Kategorien einteilen: a) das durch die individuellen rationalen Überlegungen entstehende und b) das durch Irrationalität geprägte Herdenverhalten.[53] Sowohl rationale als auch irrationale Ansätze werden oft zur Erklärung von Preisschwankungen auf dem Finanzmarkt herangezogen.[54]

2.2.3.1 Rationales Herdenverhalten

Herdenverhalten kann als eine rationale Antwort der Individuen auf Unsicherheit und Informationsasymmetrie in der Entscheidungsumwelt betrachtet werden.[55] Unter Rationalität versteht man, daß ein Individuum gemäß seiner Präferenz unter allen verfügbaren Informationen und allen möglichen Handlungsalternativen diejenige Alternative auswählt, die ihm den höchsten Nutzen einbringt.[56] Unter Unsicherheit sind die Handlungen rational, wenn sie vor allem das Bernoulliprinzip einhalten: Für jede Alternative wird der Erwartungsnutzen ermittelt, indem man die mit ihrer Eintrittswahrscheinlichkeit gewichtete Nutzengröße des jeweiligen Umweltzustandes summiert.[57] Ein rationales Individuum entscheidet sich dann für diejenige Alternative, die mit dem höchsten Erwartungsnutzen verbunden ist.[58]

Der Ansatz des rationalen Herdenverhaltens wird in verschiedenen Forschungsgebieten angewandt und dient zur Erklärung der sozialen und ökonomischen Phänomene. Modellvarianten, die nach dem Verursacher des Herdenverhaltens unterscheiden, sind entwickelt worden, um aufzuklären, wie rationales Herdenverhalten entsteht und

---

[53] Vgl. Devenow/Welch (1996), S. 604. Dort werden „Anomalien" und „Heuristik" der Kategorie der Irrationalität zugeordnet. Sie sind Forschungsgegenstände von „Behavioural Finance", welche sich auf die Investorpsychologie konzentriert.

[54] Dazu vgl. Avery/Zemsky (1998), S. 737-738.

[55] Vgl. ebenda, S. 726 und S. 735 ff. Die Preisentwicklung durch Herdenverhalten wird dort endogen bestimmt.

[56] Es wird vorausgesetzt, daß die individuellen Präferenzen die zugrunde liegenden Axiome erfüllen wie Vergleichbarkeit, Transitivität, Stetigkeit, Beschränkung und Dominanz. Demnach besitzt ein Individuum eine ordinale Nutzenfunktion. Vgl. Kruschwitz (2007 b), S. 30-31.

[57] Vgl. Bernoulli (1996), S. 734.

[58] Unter Unsicherheit müssen die Präferenzen ein zusätzliches Axiom erfüllen, nämlich das Unabhängigkeitsaxiom, wonach eine kardinale Nutzenfunktion existiert. Vgl. Kruschwitz (2007 b), S. 88-92.

welcher Mechanismus dabei erwartet werden kann. In den folgenden Abschnitten wird ein Überblick über die wichtigsten Modellvarianten zum Ansatz des rationalen Herdenverhaltens gegeben.[59]

2.2.3.1.1 Informationsexternalität

Seit Anfang der neunziger Jahre erschien eine Reihe wissenschaftlicher Beiträge, die sich mit dem Thema des rationalen Herdenverhaltens auseinandersetzen, das von einer Informationsexternalität verursacht wird. Dabei werden die beiden Begriffe „Informationsexternalität“ und „Herdenverhalten“ in der Literatur manchmal identisch verwendet.[60] Eine Informationsexternalität entsteht, wenn die Entscheidung eines Individuums durch die Entscheidungen der anderen so beeinflußt wird, daß *seine privaten Informationen* bei dem Entscheidungskalkül übertroffen werden und sich folglich seine Entscheidung nicht nach den eigenen Informationen ausrichten wird.[61] Daher sagen beobachtbare Entscheidungen in einer Informationsexternalität wenig über bereits dominierte private Informationen aus. Alle Individuen verhalten sich einheitlich, obwohl sie durchaus unterschiedliche Informationen erworben haben. Widersprüchliche Informationen werden wegen des identischen Verhaltens nicht ins Gewicht fallen.[62] Aufgrund der fehlenden Aggregation verschiedener privater Informationen sind solche herdenkonformen Entscheidungen nicht aussagekräftig.[63]

Eine Informationsexternalität ist häufig rational, weil es für diejenigen Marktteilnehmer, die nicht gut über Entscheidungsalternativen informiert sind, notwendig ist, eigene Entscheidungen vom beobachtbaren Marktgeschehen abhängig zu machen.[64] In diesem Fall dient ein konformes Verhalten zur Verbesserung der Informationslage und somit zur Erhöhung der Wahrscheinlichkeit, eine ex-post richtige Entscheidung zu treffen. Diese Überlegung ist insbesondere rational begründbar, wenn Informationskosten durch die Teilnahme an einer Informationskaskade entfallen.[65] Hohe Kosten der Informationsbeschaffung sind häufig die Ursache für die Entstehung von Informationsexternalitäten.

Jedes sich rational verhaltende Individuum versucht, anhand der Entscheidungen der anderen zu lernen. Je mehr Beobachtungen einem Entscheidungsträger zur Verfügung

---

59 Vgl. Bikhchandani/Hirshleifer/Welch (1992), S. 993, mit weiteren Nachweisen; vgl. Lux (1995), S. 893 und Brunnermeier (2001), S. 147-164.

60 Hierzu siehe Bikhchandani/Hirshleifer/Welch (1992), S. 994; vgl. Gale (1996), S. 618.

61 Vgl. Bikhchandani/Hirshleifer/Welch (1992), S. 994.

62 Vgl. Walter (2002), S. 4, und Brunnermeier (2001), S. 148.

63 Vgl. Avery/Zemsky (1998), S. 728.

64 Vgl. Lux (1995), S. 883.

65 Die Definition der Informationskaskade wird in Kapitel 3 detailliert behandelt.

stehen, desto mehr zieht er bei seiner Entscheidung die kollektiven Informationen in Erwägung. Dieser Sachverhalt kann durch ein Beispiel veranschaulicht werden: Ein Investor hat eine Investition durchzuführen. Neben den eigenen kostspieligen Informationen über die Rentabilität der zu betrachtenden Investition kann er noch die Entscheidungen der anderen Investoren beobachten. Solche zusätzlichen Informationen erhält er beispielsweise mit geringen Kosten aus Fachzeitschriften oder Tageszeitungen. Im Fall der Informationskaskade trifft der Investor die gleiche Entscheidung wie die anderen Investoren, selbst wenn er nach den eigenen Informationen die Investitionsentscheidung anders treffen würde. Die Aggregation der vorhandenen Informationen über die Rentabilität der Investition wird folglich auf dem Markt verhindert.[66] Im Extremfall kann der Investor auf die Akquisition privater Informationen verzichten und lediglich der Entscheidung der anderen folgen, falls die Akquisitionskosten der privaten Informationen sehr hoch sind. Ökonomisch kann dieses Problem folgendermaßen erklärt werden: Der einzelne Investor berücksichtigt nicht, daß eigene Informationen zu einer Verbesserung des Informationsgehalts der verfügbaren kollektiven Informationen führen. Mit anderen Worten verursacht eine fehlende Internalisierung der positiven Informationsexternalität die Informationskaskade.[67] Hätte jeder Investor diese Informationsexternalität mit berücksichtigt und nach seiner eigenen Information entschieden, wären die kollektiven Informationen für alle Investoren viel aufschlußreicher. Könnten alle Investoren in einem Team zusammenarbeiten und miteinander offen kommunizieren, wäre die Informationsaggregation viel effizienter.[68] Eine wahrheitsgemäße Offenlegung der individuellen Informationen ähnelt einer Entscheidungssituation unter vollständigen Informationen.[69] Je präziser die private Information ist, desto größer ist der Effizienzverlust durch eine Informationskaskade. Auch wenn sich alle Teilnehmer rational verhalten, macht sich die Informationsineffizienz deutlich bemerkbar.[70]

---

[66] Hirshleifer/Teoh (2003) stellen ein allgemeines Konzept „Behavioural Coarsening" vor. Darunter versteht man eine Situation, bei der die privaten Informationen der Individuen durch ihre gleichgerichteten Entscheidungen nur teilweise offenbart werden. Insofern kann man von einer partiellen Informationsblockierung sprechen. Eine Informationskaskade mit vollständiger Informationsblockierung ist bei den Autoren der Extremfall von „Behavioural Coarsening", S. 30.

[67] Vgl. Bru/Vives (2001), S. 9.

[68] Nach Banerjee (1992), S. 816, würde jeder Entscheidungsträger behaupten, daß seine Handlung seiner Information entspricht, falls es für ihn profitabel ist, wenn alle anderen Individuen dieselbe Entscheidung treffen wie er. Es könnte durchaus sein, daß die Betroffenen durch die Offenlegung privater Informationen die eigenen Renten beeinträchtigen, falls die gleichgerichteten Entscheidungen eine negative Zahlungsexternalität unter den Betroffenen verursachen. In solchen Fällen wird eine wahrheitsgemäße Offenlegung der Informationen verhindert. Vgl. dazu Hirth/Walter (2002), S. 36.

[69] Unter vollständigen Informationen versteht man hier eine Situation, bei der die Entscheidungsträger über alle relevanten Charakteristika der anderen Individuen bezogen auf die betrachtete Entscheidung vollständig informiert sind und keiner eine private Information besitzt, die entscheidungsrelevant ist.

[70] Vgl. Drehmann/Oechssler/Roider (2007), S. 392, FN Nr. 2.

2.2.3.1.2 Positive Zahlungsexternalität

Eine Externalität kann entweder indirekt (durch eine Preisänderung) oder unmittelbar die Nutzen- oder die Produktionsfunktion der Betroffenen beeinflussen.[71] Solche Änderungen des Nutzens oder der Produktion müssen nicht monetär meßbar sein. Ein typisches Beispiel für Herdenverhalten, das durch eine positive Externalität verursacht wird, ist die Installationsentscheidung eines Chatprogramms. Eine Installation lohnt sich nur, wenn sich alle anderen Konsumenten das gleiche Programm verschaffen. Ansonsten kann die Kommunikationsfunktion nicht erfüllt werden. Je populärer das Programm in verschiedenen Ländern ist, desto mehr Gespräche können problemlos durchgeführt werden. Es besteht ein positiver Zusammenhang zwischen der Installationsentscheidung eines Individuums und der Nutzenveränderung aller Nutzer des Programms. Zugleich wird der Nutzen des Individuums auch durch die Installationsentscheidung steigen. Diese positive Externalität motiviert jeden potentiellen Konsumenten, das Chatprogramm zu installieren.

Unter Informationsexternalität hängt das Ergebnis einer Entscheidung (in Form von Präferenzwert oder Zahlung) von der faktischen Umwelt ab. Im Unterschied dazu wird das Ergebnis unter Zahlungsexternalität durch eine unterschiedliche Ausprägung der Nutzeninteraktionen bestimmt:[72]

- Die Zahlung oder der Nutzen *jedes* Teilnehmers kann mit einer steigenden Anzahl an Teilnehmern zunehmen,[73]
- je später ein Individuum die gleiche Entscheidung trifft, desto *höher* ist der potenzielle Nutzen,[74]
- der Nutzen eines Individuums *sinkt*, je später es die gleiche Entscheidung trifft,[75]
- des weiteren ist eine *gegenseitige* Nutzenverflechtung oder Verbindung der Zahlungen zwischen den früheren und späteren Entscheidungsträgern möglich.[76]

Die unterschiedlichen Zahlungsstrukturen bestimmen den Trend und die Stabilität des Herdenverhaltens.[77] Wenn der Nutzen und die Zahlungen eines einzelnen Teilnehmers

[71] Vgl. Röver (1997), S. 8.

[72] Vgl. Drehmann/Oechssler/Roider (2007), S. 392 und S. 395.

[73] Dies ist die sog. Netzwerkexternalität. Ein Beispiel hierfür ist ein Chatprogramm.

[74] Ein Beispiel dafür ist, daß die Studenten die alten Klausuren aus den vergangenen Semestern kopieren und für die Vorbereitung ihrer Prüfung nutzen können, sofern die Vorlesungsstoffe unverändert bleiben.

[75] Ein Beispiel dafür ist eine Autofahrt auf der Autobahn. Der Nutzen eines Fahrers wird durch den Fahrer vor ihm beeinträchtigt, wenn sich ein Stau bildet.

[76] Zum Thema „Bank-Run“ vgl. Diamond/Dybvig (1983).

[77] Vgl. Drehmann/Oechssler/Roider (2007), S. 403-405.

durch die gleichgerichtete Entscheidung der anderen Individuen erhöht werden, dann streben alle Individuen danach, sich dem kollektiven Verhalten anzuschließen. Somit ist das Herdenverhalten unter derartigen Nutzeninteraktionen zwischen den Teilnehmern relativ stabil. Im Fall, daß sich die Zahlungen und der Nutzen eines Individuums durch die zunehmende Anzahl der Teilnehmer reduzieren, werden die sich später entscheidenden Individuen vermeiden, die gleiche Entscheidung zu treffen.[78] Dies kann zu einem Anti-Herdenverhalten führen, d. h., ein Individuum kann eine gegensätzliche Entscheidung treffen, selbst wenn es nach seinen privaten Informationen die Entscheidung seiner Vorgänger für richtig hält.[79]

Eine genaue Systematisierung der Zahlungsexternalität wird im Unterkapitel 4.2.1 behandelt.

2.2.3.1.3 Reputation im Rahmen von Prinzipal-Agenten-Beziehungen

Das Prinzipal-Agenten-Problem findet man allgemein bei asymmetrischen Informationen und einer hierarchischen Entscheidungsstruktur. Die Prinzipal-Agenten-Theorie ist der Neuen Institutionenökonomik zuzuordnen.[80] Es stehen mindestens zwei Entscheidungssubjekte in einem Über-/Unterordnungsverhältnis zueinander. Im Hinblick auf die Entscheidungskomplexität sowie seiner beschränkten Fähigkeiten und Kapazität überträgt der Übergeordneter (Prinzipal) auf einen oder mehrere Untergeordnete (Agenten) seine Aufgaben. Die Delegationsbeziehung zwischen den beiden Parteien wird als Prinzipal-Agenten-Beziehung bezeichnet[81], die in verschiedenen Bereichen Anwendung findet. Im Gesundheitswesen kann beispielsweise ein Patient der Prinzipal seines Arztes sein, weil er seinen Arzt beauftragt, seine Gesundheit zu fördern. Unternehmenseigentümer können als Prinzipale der angestellten Manager aufgefaßt werden. Innerhalb eines Unternehmens sind solche Delegationsbeziehungen auf den unterschiedlichen Hierarchieebenen zu finden. Ein Geschäftsführer ist sowohl der Agent der Unternehmenseigentümer als auch der Prinzipal des Abteilungsleiters einer unteren Hierarchieebene. Der Abteilungsleiter ist zugleich der Prinzipal der Angestellten seiner Abteilung. Die Prinzipal-Agenten-Beziehungen unterschiedlicher Ebenen sind miteinander verknüpft. Die Aufgabe der Agenten besteht nicht nur darin, Informationen über die zukünftig eintretenden Umweltzustände zu beschaffen, sondern auch entsprechende subjektive Wahrschein-

[78] Eine Modelldarstellung mit negativer Externalität gibt Walter (2002), S. 85 ff.

[79] Siehe Effinger/Polborn (2001), S. 386.

[80] Vgl. Richter/Furubotn (2003), S. 171. Eine Gliederung der Teilgebiete der Neuen Institutionenökonomik siehe ebenda, S. 40-45.

[81] Siehe Laux (1990), S. 2.

lichkeitsurteile über den jeweiligen Umweltzustand zu bilden und danach diejenige Alternative auszuwählen, die den höchsten Erwartungswert des Erfolges aufweist.[82]

Die Vergütung eines Agenten hängt von seiner Leistung und der Beurteilung seiner Fähigkeiten durch den Prinzipal ab. Wenn der Prinzipal der Auffassung ist, daß der Agent hoch qualifiziert ist, dann wird der Agent gut bezahlt. Anderenfalls droht dem Agenten sogar die Gefahr, daß er entlassen wird. Es ist wichtig für Agenten, diejenigen Entscheidungen zu treffen, die sich auf eine Beurteilung ihrer Fähigkeiten durch ihren Prinzipal und somit auf ihre Reputation positiv auswirken. Auch wenn der Begriff der Reputation oft in der Literatur verwendet wird, besteht keine Einigkeit über seine Definition und Bestandteile.[83] Allgemein kann die Reputation einer Person oder Institution als ein Ansehen verstanden werden, das durch deren Verhalten in der Vergangenheit entsteht und anderen einen Indikator für ihr künftiges Verhalten liefert.[84] Reputation ist eine neutrale Eigenschaft eines Individuums oder einer Institution, die sowohl eine positive als auch negative Ausprägung annehmen kann. Unter Unsicherheit kann eine positive Reputation einer Vertragspartei das Vertrauen seines Partners verstärken. Reputation in Verbindung mit Karriere ist vor allem für den Arbeitsmarkt von Bedeutung. Das Urteil des Arbeitsmarktes über die Qualität des Agenten hängt von der Güte seiner Entscheidungen ab. Die Informationen zur Bildung solcher Urteile werden stets anhand der Entscheidungen von Agenten aktualisiert. Um seine Qualität auf dem Arbeitsmarkt zu signalisieren und seine positive Reputation zu erhöhen, kann der Agent vermehrt in sein Humankapital investieren, selbst wenn dies zu keiner Erhöhung der Produktivität führt.[85] Um seine individuelle Karrierechance oder sein Einkommen in der Zukunft zu erhöhen, kann ein Agent Entscheidungen zu Lasten des Prinzipals treffen und die seiner künftigen Karriere schadenden Informationen verzerren.[86] Falls der Prinzipal unter asymmetrischen Informationen die Investitionsentscheidungen des Agenten nicht beobachten kann und die Leistung des Agenten nach Cashflow beurteilt, wird sich der Agent für diejenige Investitionsalternative entscheiden, die zwar möglichst schnellen Cashflow verspricht, aber über die gesamte Laufzeit suboptimal ist. Eine schnelle Rückzahlung der Investition kann sich frühzeitig positiv auf seine Reputation auswirken.[87] Es ist wichtig für den Agenten, sich in früheren Perioden einen guten Ruf zu verschaffen, um in den folgenden Perioden ein höheres Gehalt zu erzielen. Ein risikoscheuer Agent wird eine innovative

---

82 Vgl. ebenda, S. 18-19.

83 Siehe Schütz (2005), S. 5 ff.

84 Vgl. Husemann (1992), S. 102.

85 Vgl. Kräkel (1999), S. 84.

86 Vgl. Kräkel (2004), S. 191.

87 Vgl. Narayanan (1985), S. 1479. Demnach ist es weniger wahrscheinlich, daß sich ein erfahrener Agent ebenfalls für diese suboptimale Investition entscheidet, weil der Arbeitsmarkt über seine Fähigkeit bereits relativ präzise informiert ist, vgl. S. 1482. Eine ähnliche Aussage vgl. auch Prendergast (1999), S. 54.

Investition wahrscheinlich nicht bevorzugen, weil die Innovation bei einem möglichen Fehlschlag seiner künftigen Karriere schaden kann.[88]

Der Prinzipal geht oft davon aus, daß die Leistungen der fähigen Agenten positiv miteinander korreliert sind. Folglich wird eine falsche Entscheidung der Reputation eines Agenten nicht schaden, wenn alle anderen Agenten dieselbe Entscheidung treffen. In diesem Fall wird die exogene ungünstige Umweltentwicklung als Ursache des Fehlers anerkannt. Schon Keynes hat in seiner Allgemeinen Theorie zur Anlagestrategie eines Investors bereits geschrieben, daß für die Reputation ein gemeinsames Scheitern besser als ein alleiniger Erfolg ist.[89] Die Eigenschaften von Agenten, die schlechte Leistungen erbracht haben, werden unentdeckt bleiben. Dieser Effekt wird als „Teilung der Schuld" („sharing-the-blame") bezeichnet.[90] Solche Reputationsüberlegungen motivieren Agenten, zum Herdenverhalten zu neigen.[91] Ein Agent muß nicht sein Leben lang für den gegenwärtigen Prinzipal arbeiten. Eine gute Reputation kann seine Chance auf einen Einstieg bei einem anderen Prinzipal erhöhen. Die Alternativen auf dem Arbeitsmarkt bieten ihm in der Regel die Möglichkeit auf ein höheres Einkommen als bei seinem aktuellen Prinzipal.

Obwohl Herdenverhalten aus der Sicht von Agenten eine rationale Entscheidung sein kann, verursacht ein solches konformes Verhalten aus der gesellschaftlichen Perspektive heraus einen Wohlfahrtsverlust. Eine Effizienzanalyse des Herdenverhaltens im Rahmen der Prinzipal-Agenten-Beziehung wird in Unterkapitel 4.2.2.3 durchgeführt. Herdenverhalten von Agenten spricht gegen die Aussage von Fama (1980), wonach implizite Karriereanreize die Agenten motivieren können, sich im Interesse ihrer Arbeitgeber zu verhalten, und somit ein Anreiz- und Kontrollmechanismus auf dem funktionierenden Arbeitsmarkt nicht erforderlich ist.[92]

2.2.3.1.4 Zusammenhang zwischen verschiedenen Ansätzen zum rationalen Herdenverhalten

Die verschiedenen Modellvarianten zum rationalen Herdenverhalten können nicht isoliert voneinander betrachtet werden. Vielmehr sind sie miteinander verbunden.

---

[88] Vgl. Holmstrom (1999), S. 18.

[89] "Worldly wisdom teaches that it is better for reputation to fail conventionally than to succeed unconventionally", siehe Keynes (1936), S. 158.

[90] Siehe Scharfstein/Stein (1990), S. 466.

[91] Es gibt auch Situationen, in denen ein Agent im Widerspruch zu seinen Vorgängern entscheidet, wenn er antizipiert, daß die folgenden weiteren Individuen ihn imitieren. Aber dieser Fall kommt nur vor, wenn der Agent über seinen eigenen Typ, also seine Fähigkeit, sehr vollständig informiert ist. Das findet sich insbesondere bei unerfahrenen Agenten unter Unsicherheit sehr selten. Vgl. Trueman (1994), S. 98.

[92] Fama (1980), S. 289 und S. 298-302.

Herdenverhalten ergibt sich oft durch ein Zusammenspiel unterschiedlicher Ursachen. Eine klare und eindeutige Grenze zwischen den einzelnen Ursachen besteht nicht.

In den zahlreichen Reputationsmodellen sind Zahlungsexternalitäten vorhanden. Unterschiedliche Zahlungsstrukturen determinieren die diversen Interaktionen zwischen den Wirtschaftssubjekten. Im Reputationsmodell von Scharfstein/Stein (1990) sind die Signale der informierten Entscheidungsträger positiv miteinander korreliert.[93] Eine sich ex-post als falsch erwiesene Entscheidung schadet der Reputation eines Entscheidungsträgers nicht, so lange diese Entscheidung mit den Entscheidungen aller anderen übereinstimmt.[94] Insbesondere werden die später entscheidenden Individuen von der Konformität profitieren. Im Modell von Rajan (1994) folgen Bankmanager der Kreditvergabepolitik der renommierten Bank, um sich eine positive Reputation zu verschaffen und zu bewahren. Als Konsequenz entsteht ein Überinvestitionsproblem in einem bestimmten Sektor, welches wiederum zum Zusammenbruch des Sektors führt. Die sich früh entscheidenden Banken, die relativ gut informiert sind, werden von ihrer Kreditvergabepolitik profitieren, während die imitierenden Banken ein größeres Kreditausfallrisiko in Kauf nehmen müssen.[95] In der Arbeit von Palley (1995) werden die Manager durch eine relative Leistungsbewertung vergütet. Die Reputation der Manager wird in diesem Modell implizit berücksichtigt. Es liegt eine wechselseitige Zahlungsexternalität vor, so daß alle Manager von den konformen Investitionsentscheidungen in gleichem Ausmaß profitieren können.[96]

Herdenverhalten kann auf das Zusammenwirken positiver Externalität und der Informationskaskade zurückgeführt werden. In der Arbeit von Walter (2002) wurde das Informationskaskadenmodell von Bikhchandani/Hirshleifer/Welch (1990) um die Zahlungsexternalität erweitert.[97] Die Neigung eines Individuums zum Herdenverhalten wird unter der Berücksichtigung positiver Zahlungsexternalität stärker ausfallen als in einem reinen Informationskaskadenmodell, während bei einer dominierenden negativen Zahlungsexternalität ein Anti-Herdenverhalten auftreten kann. Die Individuen werden sich bei einer positiven Zahlungsexternalität dem konformen Verhalten anschließen, selbst wenn keine Informationsexternalität vorhanden ist. Wenn Herdenverhalten trotz einer negativen Zahlungsexternalität entsteht, kann man davon ausgehen, daß der Vorteil aus der Informationsexternalität für den einzelnen Entscheidungsträger mindestens groß genug ist, um die Nutzenminderung aus der negativen Zahlungsinteraktion zu kompensieren. In beiden Fällen kann sich die

[93] Eine Veränderung oder Aufhebung dieser Annahme wandelt das Modellergebnis von Scharfstein/Stein (1990) ab. Dazu vgl. Hirshleifer (1993), S. 156. Er hat die Annahme so geändert, daß die Signale der unfähigen Agenten auch positiv korreliert sein können. Unter der erneuerten Annahme erwartete der Autor ein Anti-Herdenverhalten.

[94] Vgl. Scharfstein/Stein (1990), S. 466.

[95] Vgl. Rajan (1994), S. 402.

[96] Vgl. Palley (1995), S. 444 ff.

[97] Vgl. Walter (2002), S. 41 ff.

Zahlungsexternalität negativ auf die Informationsverarbeitung und -aggregation auswirken.[98]

Reputation und Informationskaskade haben Auswirkungen aufeinander. Das Reputationskonzept ist vor allem aufgrund der asymmetrisch verteilten Informationen zwischen dem Arbeitgeber und den Arbeitnehmern in der ökonomischen Karriereforschung geeignet.[99] Im Fall, daß Arbeitnehmer Kenntnis über ihre eigenen Fähigkeiten haben, werden die schlecht informierten Arbeitnehmer eher den Entscheidungen der gut informierten folgen.[100] Im Fall, daß Arbeitnehmer unsicher in bezug auf ihre eigenen Fähigkeiten sind, können private Informationen leicht von den öffentlich beobachtbaren Informationen dominiert werden. Arbeitnehmer, die sich gegen ihre eigenen Informationen und mit den anderen konform entscheiden, berücksichtigen nicht die Informationsexternalität des Herdenverhaltens. Folglich sind die einheitlichen Entscheidungen weder im Informationskaskadenmodell noch im Reputationsmodell informativ. In einem Experiment von Drehmann/Oechssler/Roider (2004) bestätigte sich, daß insbesondere die Handlungen derjenigen Vorgänger von ihren Nachfolgern imitiert werden, die in der Vergangenheit aufgrund einer guten Reputation ein höheres Einkommen bekommen hatten.[101] Mit einer höheren Reputation überzeugt ein Vorgänger seine Nachfolger, daß er präzise Informationen über die betrachtete Entscheidungsalternative hat. Dementsprechend wird ein sich später entscheidendes Individuum mehr Gewicht auf die Information des mit einer guten Reputation versehenen Vorgängers als auf seine eigene Information legen. Bei widersprüchlichen Informationen wird sich ein Nachfolger wahrscheinlich gegen seine eigene Information und stattdessen wie sein Vorgänger entscheiden. Bei einem Zusammenwirken des Reputationseffektes und der Informationsexternalität läßt sich ein Entscheidungsträger von Individuen mit guter Reputation stärker beeinflussen als sonst üblich. Ein solches Phänomen wird in der Literatur mit dem Führer-Anhänger-Verhältnis („Leader-Follower"-Ansatz) erklärt.[102]

Obwohl alle Modellansätze zum Herdenverhalten von einer *asymmetrischen Informationsverteilung* ausgehen, die sich auf die Unsicherheit über den zu realisierenden Umweltzustand, die Fähigkeiten des Entscheidungsträgers und die Präzision der privaten Information bezieht, unterscheiden sich die Modellvarianten dennoch in ihren verschiedenen Annahmen und Wirkungsmechanismen.[103] Während im Informationskaskadenmodell grundsätzlich eine Informationsasymmetrie unter den

---

98 Vgl. ebenda, S. 213, und dazu vgl. auch Ottaviani/Sørensen (2000), S. 700.

99 Vgl. Kräkel (1999), S. 10.

100 Vgl. Trueman (1994), S. 105.

101 Vgl. Drehmann/Oechssler/Roider (2007), S. 404.

102 Vgl. Oehler (1998), S. 462.

103 Folgende Einführung vgl. Freiberg (2004), S. 81-86. Eine Trennung zwischen Informationskaskadenmodell und Reputationsmodell vgl. auch Walter (2002), S. 81.

Entscheidungsträgern herrscht, entsteht diese asymmetrische Informationsverteilung im Reputationsmodell hauptsächlich zwischen Prinzipal und Agenten. Die unterschiedlichen Interessen von Prinzipal und Agenten werden im Informationskaskademodell völlig ausgeblendet. Das Ziel eines Entscheidungsträgers besteht im Informationskaskadenmodell beispielsweise darin, den erwarteten Gewinn einer Investition zu maximieren. Im Unterschied zum Informationskaskadenmodell wird das Einkommen eines Entscheidungsträgers (hier eines Agenten) im Rahmen der Prinzipal-Agenten-Beziehung explizit behandelt. Die Zielfunktion des Entscheidungsträgers unterscheidet sich dann von der im Informationskaskadenmodell. Daraus resultiert ein Anreizproblem im Reputationsmodell.

Anreize der Entscheidungsträger zur Kommunikation sind in den verschiedenen Modellen unterschiedlich ausgeprägt. Würde den Entscheidungsträgern im Informationskaskadenmodell erlaubt, miteinander zu kommunizieren, wären sie bereit, ihre privaten Informationen zu offenbaren, so lange keine negative Externalität zwischen ihren Entscheidungen besteht. Durch eine ehrliche Kommunikation würden alle Entscheidungsträger besser über die betrachtete Handlungsalternative informiert. Ein solcher Informationsaustausch zwischen Agenten ist im Reputationsmodell mit relativer Leistungsbewertung nicht zu erwarten. Eine wahrheitsgemäße Offenlegung der privaten Information kann vor allem die Informationspräzision des Rivalen (des zu vergleichenden Agenten) erhöhen. Unter Berücksichtigung der Regel, daß mit sinkender Zahl erfolgreicher Agenten auf dem Arbeitsmarkt der Wert der Reputation des einzelnen erfolgreichen Agenten ansteigt,[104] wird der Anreiz des Agenten zur ehrlichen Offenlegung seiner privaten Informationen fast vollkommen beseitigt.

Die beobachteten Handlungen und die daraus abzuleitenden Informationen werden im Informationskaskadenmodell benötigt, um sich besser über eine unsichere Umweltentwicklung zu informieren und somit die Vorteilhaftigkeit einer Alternative besser einzuschätzen. Sie spielen im Reputationsmodell mit relativer Leistungsbewertung eine noch wichtigere Rolle. Die beobachteten Handlungen sind nicht nur für die Entscheidungsträger (Agenten), sondern auch für den Prinzipal relevant. Der Prinzipal benötigt solche Informationen, um die relative Leistungsbewertung durchzuführen und die Fähigkeit seines Agenten zu prüfen.

In der Regel kann eine gleichgerichtete Entscheidung der *individuellen* Entscheidungsträger vorwiegend auf eine Informationsexternalität zurückgeführt werden. Falls die individuellen Entscheidungsträger das Ziel der Gewinnmaximierung vor Augen haben, brauchen sie dann die Informationen aus den beobachteten Vorgängerentscheidungen, um die Handlungsalternative besser einschätzen zu können. Konformität bei *institutionellen* Entscheidungsträgern ist eher eine Folge ihrer Reputation. Auch wenn das Einkommen der institutionellen Entscheidungsträger in der betrachteten Periode festgelegt wird, hat ihre Reputation dennoch eine indirekte Wirkung auf ihr zukünftiges Einkommen. Eine hohe Reputation verschafft ihnen sowohl ein gutes

[104] Vgl. Effinger/Polborn (2001), S. 386.

Einstiegsgehalt bei anderen Prinzipalen in der gleichen Branche als auch eine höhere Chance, beim gegenwärtigen Prinzipal aufzusteigen oder in den nächsten Perioden besser bezahlt zu werden. Der Reputationseffekt sowie die Informations- und Zahlungsexternalität wirken selten allein auf das Verhalten eines Individuums. Öfter werden ihre Wirkungen ineinander übergehen.

2.2.3.2 Irrationales Herdenverhalten

In der empirischen Forschung lassen sich viele Phänomene durch die Annahme der Rationalität nicht zufriedenstellend darstellen und hinreichend erklären. Die Kritik basiert im wesentlichen auf der Frage, ob die Entwicklung des Marktpreises, die nicht von der klassischen Theorie erklärt werden kann, von der Marktunvollkommenheit oder eher von irrationalem menschlichen Verhalten der Marktteilnehmer verursacht wird. Eine systematische Abweichung vom Gleichgewichtspreis, der sich ohne Herdenverhalten einstellen würde, ist oft auf begrenzte Fähigkeiten und Kapazitäten von Marktteilnehmern zurückzuführen.[105] Allgemein kann *irrationales Herdenverhalten* als ein gleichgerichtetes Verhalten bezeichnet werden, das nicht rational begründbar und „weder durch neue Informationen noch durch Anreize zu rechtfertigen“ ist.[106]

In neuerer Zeit versuchen Wirtschaftswissenschaftler mit Hilfe der Psychologie Erkenntnisse über Prozesse in der Wirtschaft zu gewinnen. Die Theorie des „Behavioral Finance“, welche von der beschränkten Rationalität der Individuen ausgeht, bietet sich für die Anwendung von psychologischen Phänomen auf das Finanzverhalten von Individuen an und erörtert die Bedeutung von Verhaltenskonzepten für das Finanzwesen. In vielen Fällen benutzt der Entscheidungsträger einfache Faustregeln, die in der Literatur auch als Heuristik bezeichnet werden und weiter zu Systemfehlern bei der Wahrnehmung und Verarbeitung von Informationen und bei Entscheidungen führen.[107] Im Rahmen von „Behavioral Finance“ fungiert der heuristische Entscheidungsprozeß als Lösungsansatz zur eingeschränkten Kapazität, Selbsttäuschung und Emotion.[108] Als bedeutende Ursachen von Finanzkrisen können die beschränkte Rationalität des Verhaltens und die menschliche Psychologie angesehen werden.[109] Trotz vorhandener privater Informationen folgen Menschen aufgrund beschränkter Fähigkeit zur Informationsverarbeitung den Entscheidungen der

---

[105] Vgl. Daniel/Hirshleifer/Teoh (2002), S. 142.

[106] Nöth/Weber (2001), S. 4.

[107] Für einen Einblick in den Einfluß menschlicher psychologischer Kräfte auf die Investitionsentscheidungen und den Preis auf einzelnen Märkten vgl. Shefrin (2000), S. 123 ff.

[108] Vgl. Hirshleifer (2001), S. 1539 ff.

[109] Vgl. Kindleberger (1989), S. 13. Dazu vgl. auch Bruns (1994), S. 44 ff. und S. 93 ff.

anderen. Der ineffiziente Marktpreis wurde in der Literatur vielfach als die Konsequenz suboptimaler Reaktionen der Marktteilnehmer betrachtet.[110]

Obwohl zahlreiche wissenschaftliche Beiträge zu „Behavioral Finance" viele spezifisch auf den Finanzmärkten angesiedelte Phänomene zu erklären versucht haben, mangelt es an einer systematischen theoretischen Modelldarstellung. Demzufolge ist ein allumfassender Ansatz des irrationalen Herdenverhaltens, besonders zur Erklärung des langfristigen Verhaltens der Investoren auf Kapitalmärkten, bislang in der Literatur nicht zu finden. Daher konzentriert sich die vorliegende Arbeit bewußt auf rational begründbares Herdenverhalten, auch wenn solche Verhaltensmuster durch einen irrationalen Erklärungsansatz hinterfragt werden. Die Grenze zwischen den Annahmen der Rationalität und der Irrationalität ist in vielen Fällen nur sehr vage. Die meisten Individuen verhalten sich bei ihren Entscheidungen in Wirklichkeit gemäß gemischten Verhaltensmustern.[111] Dies führt zu einer Vielfalt an möglichen Alternativenentscheidungen.

[110] Zum suboptimalen Verhalten der Marktteilnehmer vgl. Gennotte/Leland (1990). Zum Informationsgrad und zur Risikoeinstellung der Marktteilnehmer vgl. Shleifer/Summers (1990).

[111] Vgl. Hoffmann (2001), S. 32 ff. und 179 ff. Dazu vgl. auch Nöth/Weber (2001), S. 15 ff.

3 Informationskaskade bei Investitionsentscheidungen

In diesem Kapitel wird basierend auf den Aufsätzen von Bikhchandani/Hirshleifer/Welch von 1992 und 1998 zunächst ein Informationskaskadenmodell als Erklärungsmodell eingeführt. Das heißt, es soll gleichgerichtete Investitionsentscheidungen hinsichtlich der Informationsaggregation und der Aktualisierung von privaten Informationen rational begründen. Eine wichtige Funktion dieses Kapitels besteht darin, die Stabilität eines bereits entstandenen Herdenverhaltens zu analysieren. Durch die Aufhebung einiger Modellannahmen wird auf modelltheoretischer Grundlage diskutiert, unter welchen Bedingungen sich eine Informationskaskade auflöst. Damit sollen mögliche Maßnahmen zur Beseitigung des Herdenverhaltens oder der Informationskaskade ermittelt werden. Anschließend wird die ökonomische Relevanz des Informationskaskadenmodells im Hinblick auf zahlreiche empirische Untersuchungen und Laborexperimente diskutiert.

3.1 Grundlagen

3.1.1 Definition der Informationskaskade

Die Ursache-Wirkungsbeziehung zwischen den Begriffen von Herdenverhalten und Informationskaskade haben Bikhchandani/Hirshleifer/Welch (1992, 1998) eindeutig veranschaulicht. Für Herdenverhalten ist eine große Ähnlichkeit der individuellen Entscheidungsprobleme erforderlich.[112] Das Konzept der Informationskaskade bietet dabei einen Ansatz zur Erklärung des Phänomens von Herdenverhalten. Sie stellt eine Entscheidungssituation dar, bei der die durch beobachtete Vorgängerentscheidungen erworbenen und öffentlich verfügbaren Informationen die individuellen privaten Informationen so dominieren, daß es sich für den einzelnen Entscheidungsträger nicht lohnt, eine von den Vorgängern abweichende Entscheidung zu treffen.[113] Dieser von Bikhchandani/Hirshleifer/Welch geprägte Begriff der Informationskaskade wird in der Literatur oft verwendet.[114] Die öffentlichen Informationen können folglich in zweierlei Hinsicht interpretiert werden, entweder als aus den beobachteten Entscheidungen der Vorgänger abgeleitete Informationen oder als durch die Medien öffentlich bekannt gegebene Informationen. Die Entscheidungsträger werden im Fall einer Informationskaskade den Entscheidungen der Vorgänger folgen, wobei sie sich letztendlich in einer

[112] Vgl. Bikhchandani/Hirshleifer/Welch (1998), S. 152-153, und Bikhchandani/Hirshleifer/Welch (1992), S. 993.

[113] Siehe Bikhchandani/Hirshleifer/Welch (1992), "An informational cascade occurs when it is optimal for an individual, having observed the actions of those ahead of him, to follow the behavior of the preceding individual without regard to his own information", S. 994.

[114] Vgl. Devenow/Welch (1996), S. 605 und 609, vgl. beispielsweise auch Anderson/Holt (1997), S. 847.

Herde befinden. Durch die Informationskaskade gehen die privaten Informationen scheinbar verloren, weil sie nutzlos bei den einzelnen Entscheidungsträgern bleiben.

Ein Informationskaskadenmodell soll den Mechanismus aufzeigen, wie *rational* handelnde Individuen unter Berücksichtigung von Informationen, die aus Vorgängerentscheidungen abgeleitet wurden, diesen Entscheidungen folgen, auch wenn sie aufgrund privater Informationen eine andere Entscheidung getroffen hätten.[115] Rationales Handeln orientiert sich an gesetzten Zielen und beinhaltet die Auswahl derjenigen Handlungsalternative, die wahrscheinlich die Ziele am besten erfüllen wird. Rationales Handeln kann in Planungs-, Realisations- und Kontrollphasen unterteilt werden. Dabei läßt sich die Planungsphase dieses Schemas, die einer Entscheidung zugrunde liegt, weiter unterteilen. Zum Beispiel können bei Investitionsentscheidungen die Problemstellungs-, Such-, Beurteilungs- und Entscheidungs-, Realisations-, und Kontrollphasen unterschieden werden. Die ersten drei Phasen des Investitionsentscheidungsprozesses stehen der Willensbildung zur Verfügung, die letzten beiden Phasen widmen sich der Willensdurchsetzung.[116] Investitionsentscheidungen beziehen sich auf Investitionsalternativen, deren erwartete Konsequenzen unter Berücksichtigung der subjektiven Ziele analysiert werden.[117] Bei der Analyse des Entstehungsmechanismus der Informationskaskade sind insbesondere die Suchphase und die Beurteilungs- und Entscheidungsphase der Investitionsentscheidungen von Interesse, auf welche sich die meisten Informationskaskadenmodelle implizit beschränken. In der Suchphase des Entscheidungsprozesses werden die Informationen über die möglichen Investitionsalternativen und die denkbaren Umweltzustände beschafft. Die Entscheidungsträger stellen die Resultate der Suchphase durch eine Ergebnismatrix dar, bei der die möglichen Investitionsalternativen und deren Konsequenzen in Abhängigkeit von den erwarteten Umweltzuständen beschrieben werden. In der nachfolgenden Bewertungs- und Entscheidungsphase wird die Entscheidung für eine zu realisierende Investitionsalternative getroffen, mit der höchstwahrscheinlich die gesetzten Ziele am besten erreicht werden.[118]

Die meisten Investitionsentscheidungen werden unter Unsicherheit getroffen, wobei sich die Unsicherheit in der Investitionstheorie allein und einzig auf den Eintritt der künftigen Umweltzustände bezieht.[119] Jeder Entscheidungsträger ermittelt die Eintrittswahrscheinlichkeit für den vorliegenden Umweltzustand. Die subjektive Wahrscheinlichkeitseinschätzung basiert hauptsächlich auf privaten Informationen. Zusätzlich können die Entscheidungsträger aus den beobachteten Vorgängerentschei-

[115] Vgl. Devenow/Welch (1996), „Cascades models show that later agents, inferring information from the actions of prior agents, optimally decide to ignore their own information and act alike“, S. 605.

[116] Siehe Matschke (1993), S. 44-45.

[117] Vgl. Kruschwitz (2007 a), S. 1.

[118] Vgl. Matschke (1993), S. 46-47.

[119] Vgl. Kruschwitz (2007 a), S. 319.

dungen Informationen ableiten. Durch diese Beobachtung wird die Wahrscheinlichkeitsbildung aktualisiert, und die Investitionsentscheidung des Entscheidungsträgers wird dementsprechend beeinflußt. Falls seine privaten Informationen durch widersprechende, aus den beobachteten Entscheidungen abgeleitete Informationen dominiert werden, folgt der Entscheidungsträger den Vorgängerentscheidungen. Auch wenn die Entscheidungsträger in der Informationskaskade eine Entscheidung gegen ihre eigenen Informationen treffen, handelt es sich hierbei nicht um eine unüberlegte Nachahmung. Im Gegenteil ist dieses Handeln durchaus rational, weil jeder Entscheidungsträger versucht, durch die Aktualisierung der Wahrscheinlichkeitseinschätzung den vorliegenden wahren Zustand sicherer zu treffen. Hätte er keine Möglichkeit, die Vorgängerentscheidungen zu beobachten, dann müsste er nur auf der Basis seiner eigenen Informationen die Investitionsentscheidung treffen. Unter Berücksichtigung der aus der Beobachtung abgeleiteten Informationen kann er sich gegen seine eigenen Informationen entscheiden, wenn mit der zusätzlich beobachteten Information ein anderer Umweltzustand mit einer höheren Wahrscheinlichkeit erwartet werden kann. Selbst wenn die Entscheidung letztendlich gegen die eigenen Informationen getroffen wird, werden diese dennoch nicht ignoriert. Die von den Entscheidungsträgern erworbenen privaten Informationen, seien sie kostenlos oder kostspielig, werden in das jeweilige Entscheidungskalkül einbezogen. Die privaten Informationen, die der einheitlichen Entscheidung in der Informationskaskade widersprechen, bleiben jedoch für alle anderen Entscheidungsträger unbekannt.

3.1.2 Merkmale der Informationskaskade

1. Informationsgehalt der beobachteten Investitionsentscheidungen

Unter Unsicherheit hängt die Vorteilhaftigkeit jeder Entscheidungsalternative nicht nur von den jeweiligen Nettoeinzahlungen, sondern auch von der Eintrittswahrscheinlichkeit des Umweltzustandes ab. Jeder Entscheidungsträger wird versuchen, mit seiner Entscheidung möglichst den wahren Zustand zu treffen, der später auch tatsächlich eintreten wird. Um die Eintrittswahrscheinlichkeit präziser einzuschätzen, werden so viele Informationen wie möglich beschafft. Neben seinen erworbenen privaten Informationen stehen jedem Entscheidungsträger zum Entscheidungszeitpunkt ferner die beobachtbaren Handlungen der anderen Individuen oder deren Ergebnisse zur Verfügung, wobei jedoch die zugrunde liegenden Informationen nicht beobachtet werden können. Wenn ein Entscheidungsträger beispielsweise beobachtet, daß die anderen Individuen eine Investitionsalternative durchgeführt haben, dann geht er davon aus, daß die Informationen der anderen Entscheidungsträger die Investitionsentscheidung unterstützen. In Wirklichkeit kann einer der Vorgänger die Entscheidung aber zufällig getroffen haben, weil er über die zu beurteilenden Projekte kaum informiert ist. Es kann auch sein, daß sich der Vorgänger in einer Informationskaskade befindet, so daß er den Entscheidungen der anderen folgt, selbst wenn er sich nach seinen eigenen Informationen für eine andere Investitionsalternative entschieden hätte. In einer Informationskaskade befinden sich alle Nachfolger in derselben Situation, und ihre eigenen Informationen werden stets von kollektiven Entscheidungen dominiert, die aber keine zusätzlichen Informationen liefern. Die Entscheidungen sowie Handlungen in der Informationskaskade sind insofern *ohne Informationsgehalt.*

Avery/Zemsky (1998) unterscheiden zwei Fälle vom Informationsgehalt auf den Aktienmärkten. In erstem Fall haben sich die meisten Anleger über die gehandelten Aktien schlecht informiert. Nur einige informierte Händler haben über die unternehmensinternen Informationsereignisse erfahren. Eine konforme Anlagestrategie, die sich auf die Entscheidungen der informierten Händler ausrichtet, hat dann Informationsvorteile. In zweitem Fall sind die Informationen unter den Anlegern gleichmäßig verteilt. Durch eine konforme Anlagestrategie werden die privaten Informationen dominiert. Eine Informationskaskade kann für die uninformierten Anleger durchaus vorteilhaft sein, während das konforme Verhalten unter den informierten Anlegern schädlich ist.[120]

2. Richtigkeit der kollektiven Investitionsentscheidungen

In einer Informationskaskade können Entscheidungsträger aufgrund fehlender Informationen die Unsicherheit über die Umweltentwicklung schlecht abschätzen. Ein falscher Rückschluß auf die zugrunde liegenden Informationen der Vorgängerentscheidungen kann *zu einem kollektiven falschen Ergebnis* führen. Wenn der befolgten Entscheidung des Vorgängers Informationen mit unzureichender Genauigkeit zugrunde lagen, dann ist die Wahrscheinlichkeit dafür, daß die bestehende Informationskaskade zur Fehlentscheidung führt, sehr groß. Nur in dem Fall, daß der imitierte Entscheidungsträger über eine präzise Information verfügt, können alle nachfolgenden Individuen eine richtige Investitionsentscheidung treffen, wobei die Richtigkeit der kollektiven Entscheidung bedeutet, daß sich die kollektiv ausgewählte Investition später auch tatsächlich als ex-post profitabel erweist. Jedoch ist eine richtige Entscheidung im Informationskaskadenmodell keineswegs gewährleistet.[121] Eine Fehlentscheidung hinsichtlich der Investitionen *verhindert* unmittelbar *eine optimale Kapitalallokation.* Eine Über- oder Untertreibung des gehandelten Aktienpreises kann mit dem Ansatz der Informationskaskade erklärt werden. Einige informierte Investoren nehmen dabei die Position des Anführers ein, wobei sie das Herdenverhalten der anderen Investoren durchaus ausnutzen können. Die nachfolgenden Investoren schlagen denselben Weg wie die Anführer ein, was die Phänomene der spekulativen Blasen und Überschussvolatilität ("Bubbles and Excess Volatility") auf dem Aktienmarkt erklärt.[122] Die Rendite des zusätzlichen Kapitaleinsatzes durch die nachfolgenden Investoren steht in der Informationskaskade nicht im Vordergrund. Eine effiziente Nutzung des Kapitals ist dadurch nicht möglich.

---

[120] Vgl. Avery/Zemsky (1998), S. 734.

[121] Vgl. Heinemann (2001), S. 106 und S. 130.

[122] Im Modell von Banerjee wurde von der *Rationalität* der Investoren ausgegangen, vgl. Banerjee (1992), S. 800; Im Gegensatz dazu macht Bruns den Herdentrieb für kurzfristige *irrationale* Kursbewegungen auf dem Aktienmarkt verantwortlich, vgl. Bruns (1994), S. 103-105.

3. Ausmaß der Informationsaggregation

In der Informationskaskade versuchen alle Entscheidungsträger aus rationalen Gründen, eine einheitliche Entscheidung zu treffen, selbst wenn diese nicht ihren eigenen Informationen entspricht. Die Aggregation aller privaten Informationen ist unvollständig: Die Anzahl der genutzten Informationen wird nicht durch die zunehmende Anzahl der Entscheidungsträger vergrößert. Die öffentlich zur Verfügung stehenden Informationen sind geringer als die tatsächlich vorhandenen privaten Informationen, weil viele private Informationen durch die konforme Entscheidung unentdeckt bleiben. Es liegt eine suboptimale Nutzung der privaten Informationen vor. Selbst wenn sich in einer Informationskaskade die kollektive Investitionsentscheidung letztendlich als richtig erweisen wird, läßt sich der Nachteil einer *schlechten Informationslage* nicht vermeiden.

Der Prozeß der Entscheidungsbildung ist hier nicht effizient. Eine bessere Informationsaggregation wird erreicht, wenn den ersten Entscheidungsträgern untersagt wird, die Handlungen ihrer Vorgänger zu beobachten. So haben sie keine andere Wahl, als ihren eigenen Informationen zu folgen, sofern sie über diese verfügen. Gleiche Entscheidungen treffen sie nur dann, wenn ihnen identische Informationen vorliegen.[123] Danach können ihre Handlungen wiederum öffentlich bekannt gemacht werden. Obwohl hierbei eine Informationsverzerrung unter den ersten Entscheidungsträgern hervorgerufen wird, wenn auch nur in geringerem Maße, ist es für die Gesellschaft aus dem ex-ante-Wohlfahrtsaspekt dennoch vorteilhafter als im Fall der Informationskaskade, wo die Informationsaggregation wahrscheinlich schon viel früher blockiert wird.[124] Die Individuen wollen sich durch die Beobachtung der Entscheidungen eine bessere Einschätzung über den unsicheren wahren Umweltzustand verschaffen. Jedoch werden sie gerade deshalb schlecht informiert, da sie in eine Informationskaskade eintreten. Dies ist eigentlich die Konsequenz einer *negativen Informationsexternalität.* Hätte jedes Individuum nach seiner privaten Information gehandelt, könnten sich alle Nachfolger über die Umweltentwicklung besser informieren. Der einzelne Entscheidungsträger wird bei seinem Entscheidungskalkül aber nicht auf die Nutzung seiner privaten Informationen für seine Nachfolger achten. Sein individuelles Kalkül schädigt alle Nachfolger durch die negative Informationsexternalität. Wenn sein eigener Nutzen direkt durch diese von ihm ausgelöste negative Informationsexternalität beeinträchtigt werden könnte, würde der Entscheidungsträger sicher nach seiner eigenen Information entscheiden. Die negative Informationsexternalität kann internalisiert werden, wenn der Entscheidungsträger durch seine Handlung seine private Information offenlegt.

---

123 Auch aus identischen Informationen können je nach Zielsetzung oder Risikoeinstellung unterschiedliche Entscheidungen getroffen werden.

124 Vgl. Banerjee (1992), S. 811.

4. Fragilität der Informationskaskade

Eine Informationskaskade bildet sich bereits nach der Aggregation weniger Informationen, was zur *Instabilität* der Informationskaskade führt. Eine zusätzliche Information, die öffentlich bekannt gegeben wird, kann die Informationskaskade zerstören. Diese zusätzliche Information kann als Informationsereignis bezeichnet werden. Wenn eine präzise und glaubhafte öffentliche Information beispielsweise vor der ersten Entscheidung verkündet wird, richtet der erste Entscheidungsträger, statt seiner privaten Information zu folgen, mit Sicherheit seine Handlung nach der öffentlich bekannten Information aus, falls seine Information im Vergleich zu der öffentlichen weniger Informationsgehalt besitzt. Eine zusätzliche Information kann auch endogen durch einen anderen Entscheidungsträger vermittelt werden, wenn dieser Informationen mit einem hohen Präzisionsgrad erhalten hat. Sonst hätte er keine Veranlassung gehabt, von der Informationskaskade abzuweichen. Seine Abweichung signalisiert seinem Nachfolger, daß es sich wahrscheinlich um eine bessere Information handelt. Diese zusätzliche Information fällt im Entscheidungskalkül aller weiteren Individuen ein großes Gewicht zu. Demzufolge werden die nachfolgenden Individuen seiner Abweichung folgen, wodurch eine neue Kaskade mit der von ihm eingeschlagenen Richtung beginnt. Ob die neue Informationskaskade in die richtige Richtung gelenkt wird, hängt somit von der Qualität der abweichenden Information ab. Weil die Informationskaskade fragil ist, sind Maßnahmen zur Aufhebung einer schon bestehenden Kaskade möglich.[125]

Alle Merkmale der Informationskaskade werden im nachfolgenden Informationskaskadenmodell aufgegriffen.

3.2 Informationskaskadenmodell

3.2.1 Modellannahmen

Das Modell baut auf den Aufsatz von Bikhchandani/Hirshleifer/Welch (1992) auf und stellt den Entstehungsprozeß einer Informationskaskade vereinfacht dar. Ziel der folgenden Ausführungen ist es, die Grundlagen für den Modellaufbau in den nächsten Abschnitten zu vermitteln. Im folgenden werden alle Modellannahmen zusammengestellt:

- *Unsicherheiten.* Im Modell herrscht *Unsicherheit über die Umweltentwicklung.* Nachdem alle Entscheidungsträger ihre Investitionsentscheidungen getroffen haben, wird der Umweltzustand realisiert. Er beschränkt sich auf zwei Varianten: entweder ein guter Zustand H oder ein schlechter Zustand L, jeweils mit einer a priori Eintrittswahrscheinlichkeit von 50%.

[125] Vgl. Bikhchandani/Hirshleifer/Welch (1992), S. 1004 ff.

Eine weitere Unsicherheit bezieht sich auf *die den Investitionsentscheidungen zugrunde liegenden privaten Informationen.* Kein Entscheidungsträger weiß genau, aufgrund welcher privaten Informationen die anderen Individuen agieren. Beobachtbar sind nur die Investitionsentscheidungen, aber nicht die Signale. Eine Kommunikation unter den Beteiligten ist nicht möglich. Es herrscht Informationsasymmetrie zwischen den Entscheidungsträgern.

- *Beobachtbarkeit der vergangenen Investitionsentscheidungen.* Es wird unterstellt, daß die Investitionsentscheidung eines Entscheidungsträgers von der Informationslage, in der er sich befindet, abhängt.[126] Jeder Entscheidungsträger kann kostenlos beobachten, ob sich seine Vorgänger für die Durchführung der Investition entschieden haben. Durch die Beobachtung der Investitionsentscheidungen von Vorgängern versucht jeder Entscheidungsträger die zugrunde liegenden Informationen zu ermitteln. Die dadurch erworbenen Informationen ermöglichen den Entscheidungsträgern, ihre subjektive a posteriori Wahrscheinlichkeit über den zu realisierenden wahren Zustand zu erneuern und sich somit besser über die Rentabilität der Investition zu informieren. Dies bedeutet aber nicht, daß die abgeleiteten Informationen wirklich den wahren privaten Informationen entsprechen.

- *Die Ergebnisse aus den beobachteten Investitionsentscheidungen der Vorgänger sind nicht beobachtbar.* Der Umweltzustand tritt erst dann ein, nachdem *alle* Entscheidungsträger ihre Entscheidungen getroffen haben. Daher ist es zum Zeitpunkt der Entscheidung unsicher, ob es sich lohnt, die Investition durchzuführen.

- *Rationalität der Entscheidungsträger.* Rationalität wird hier als zielorientiertes Handeln verstanden. Die Entscheidungsträger sind risikoneutral. Auf Grund der Risikoneutralität besteht das Ziel des einzelnen Entscheidungsträgers darin, den erwarteten Gewinn oder Kapitalwert zu maximieren.[127] Bei gegebenen Entscheidungen aller anderen wählt jeder Entscheidungsträger diejenige Alternative aus, die seinen erwarteten Nutzen maximiert. Dabei verwendet er die Bayessche Regel[128], um die bedingte Eintrittswahrscheinlichkeit über die unsicheren Umweltzustände, von denen seine zukünftigen Zahlungen abhängen, zu aktualisieren. Die Bayessche Regel ermöglicht die Minimierung der erwarteten mittleren quadratischen Abweichung.

---

[126] Vgl. Geanakoplos (1992), S. 66.

[127] Diese klassische Entscheidungsregel wird oft als μ-Prinzip bezeichnet.

[128] Für alle möglichen Ereignisse $A_1,..., A_k$ mit $\bigcup_{i=1}^{k} A_i = \Omega$, $A_i \cap A_j = \varnothing$ für alle $i \neq j$, und ein beliebiges Ereignis B, mit $\Pr(B) \neq 0$, wird die Wahrscheinlichkeit für ein bestimmtes Ereignis A_i, bei Eintritt des Ereignisses B, nach der Bayesschen Regel folgendermaßen ermittelt:

$$\Pr(A_i / B) = \frac{\Pr(B / A_i) \cdot \Pr(A_i)}{\Pr(B)} = \frac{\Pr(B / A_i) \cdot \Pr(A_i)}{\sum_{j=1}^{k} \Pr(B / A_j) \cdot \Pr(A_j)} \quad .$$

- *Die einzelnen privaten Informationen der Entscheidungsträger sind nicht beobachtbar.* Dies bedeutet zugleich, daß die abgeleiteten Informationen aus den beobachteten Investitionsentscheidungen der Vorgänger falsch sein können. Eine Durchführung der Investition sagt noch nicht aus, daß der Entscheidungsträger ein Signal über eine günstige Umweltentwicklung erhalten hat. Er kann sogar gegen seine private Information die Investition durchführen, wobei sein Entscheidungskalkül durchaus rational ist. Die Entscheidung und die zugrunde liegenden Informationen müssen nicht gekoppelt sein.

- *Diskrete, begrenzte Investitionsentscheidungen der Entscheidungsträger.* Es handelt sich um eine einperiodige Investition, deren erwartete Konsequenzen im Hinblick auf den Kapitalwert analysiert werden. Die Entscheidungen im Modell sind binär. Jeder Akteur hat zwei Alternativen: er kann die Investition entweder durchführen oder unterlassen. Weitere Handlungsmöglichkeiten sind ausgeschlossen. Es geht dabei um die Wahlentscheidungen.[129] Der Nutzen der Durchführung des Projektes ist für alle Entscheidungsträger identisch.

- *Aus- und Einzahlungen hinsichtlich der Investition.* Im guten Zustand H besitzt der Barwert der Einzahlungen aus der betrachteten Investition die Höhe von $Z_H = 1$; im schlechten Zustand L erhält der Entscheidungsträger den Barwert der Einzahlungen in Höhe von $Z_L = 0$.[130] Der a priori Erwartungswert des Barwertes der Einzahlungen $E(Z)$ beträgt zum Entscheidungszeitpunkt $E(Z) = \Pr(H) \cdot Z_H + \Pr(L) \cdot Z_L = 0,5 \cdot 1 + 0,5 \cdot 0 = 0,5$. Es wird angenommen, daß zum Entscheidungszeitpunkt die Investitionsauszahlung K für alle Entscheidungsträger in Höhe von 0,5 gleich ist. Wird die Investition nicht durchgeführt, entstehen keine Investitionskosten.

Im Vordergrund der Analyse steht nicht die Frage, wie viel ein Investor investieren soll, sondern die Frage, *ob* eine Investition überhaupt getätigt werden soll. Falls das Projekt durchgeführt wird, beträgt der a priori Erwartungswert des Kapitalwertes insgesamt $E(KW) = E(Z) - K = 0,5 - 0,5 = 0$. Mit diesem Grenzfall, bei dem die Investition für den Entscheidungsträger gleichgültig ist, wird bezweckt, daß im Fall der Indifferenz zwischen den Entscheidungsalternativen (Investition und Unterlassung) die Entscheidungsträger nur auf Basis der eigenen Signale entscheiden.

- *Konstanter Marktpreis und konstante Zahlungen der Investition.* Die Anzahl der Investitionsentscheidungen hat keinen Einfluß auf den Preis und die laufenden Investitionszahlungen, d. h., es liegt keine Zahlungsexternalität vor.[131] Diese Annahme

[129] Vgl. Kruschwitz (2007 a), S. 6.

[130] Der Abzinsungsfaktor wird hier nicht explizit betrachtet.

[131] Walter (2002), S. 43, versteht unter der „Externalitätsauszahlung'' die zusätzliche Zahlungskomponente aus einem Projekt, die durch einen externen Effekt zwischen den individuellen Entscheidungen verursacht wird. Ein gutes Beispiel einer solchen „Externalitätsauszahlung" ist der Netzwerkeffekt. Für eine allgemeine Analyse der Auswirkung der Netzwerkexternalitäten auf die individuellen Investitionsentscheidungen vgl. Röver (1997). Der Preis der Investition kann ferner

ist zwar nicht realistisch, weil die gleichgerichteten Investitionsentscheidungen gerade zu einer veränderten Nachfrage von Investitionsgütern führen. Ein konstanter Preis kann die Information über die Angebots-Nachfrage-Beziehungen nicht enthalten. Dennoch hat diese Annahme den großen Vorteil, daß kein Entscheidungsträger den Anreiz hat, seine Nachfolger strategisch so zu beeinflussen, daß er seinen Gewinn durch die von ihm gelenkten kollektiven Entscheidungen vergrößern kann. Im Modell wird dieses Spekulationsmotiv außer acht gelassen. Der Entscheidungsträger kann sich nicht nur durch die Preisänderung sondern auch durch die Beobachtung der Entscheidungen seiner Vorgänger über die Investition informieren. Unter der Annahme eines konstanten Preises werden weder die Investitionskosten noch die Konkurrenzverhältnisse die einzelnen Investitionsentscheidungen beeinflussen. Im Vordergrund des Modells steht die Aktualisierung der Wahrscheinlichkeitsbildungen der einzelnen Entscheidungsträger, wodurch eine explizite Betrachtung der Informationskaskade möglich ist.

- *Keine Kommunikation zwischen den Entscheidungsträgern.* Ein Informationsaustausch findet unter den Entscheidungsträgern nicht statt. Hätten die Entscheidungsträger die Möglichkeit, sich miteinander zu unterhalten, würden private Informationen unter ihnen ausgetauscht. Ist eine direkte Kommunikation vertrauenswürdig und kostenlos, könnte sie dazu führen, daß die Informationen vollständig aggregiert werden. Die Entscheidungsträger könnten sich dadurch über die Vor- und Nachteile der zu beurteilenden Investitionsalternative gut informieren. Derjenige Entscheidungsträger, der besser informiert ist, wird in diesem Fall versuchen, die anderen von seiner Informationsqualität zu überzeugen. Selbst wenn sich einige Entscheidungsträger im Rahmen der Kommunikation gegen ihre ursprünglichen Informationen entscheiden, könnte ein solches gleichgerichtetes Verhalten nicht als „Informationskaskade" bezeichnet werden, denn in einer Informationskaskade werden die Entscheidungsträger nicht von den zugrunde liegenden Informationen, sondern von den Entscheidungen ihrer Vorgänger per se überzeugt.

- *Diskrete Signalmenge.* Jeder Entscheidungsträger i erhält ein Signal über den zukünftigen Umweltzustand, das entweder die Ausprägung S_H^i, welches dem guten Zustand entspricht, oder S_L^i, welches dem schlechten Zustand entspricht, annimmt. Eine kontinuierliche Signalmenge über den unsicheren Umweltzustand wird ausgeschlossen. Die Signale sind identisch und unabhängig verteilt. Mit der Wahrscheinlichkeit w_i erhält der Entscheidungsträger i ein Signal, das mit dem vorliegenden Umweltzustand positiv korreliert ist und als ex-post richtig bezeichnet werden kann. Es gilt also $\Pr(S_H^i / H) = w_i$, und $\Pr(S_L^i / L) = w_i$, wobei $0,5 < w_i < 1$ sei. Anders ausgedrückt spiegelt w_i die Qualität des Signals wider.[132] Ein Signal wäre

aufgrund zunehmender Nachfrage steigen. Diese Preisänderung bezeichnet man als Zahlungsexternalität, die im Modell aus Vereinfachungsgründen aber ausgeschlossen wird.

[132] Im Rahmen dieser Arbeit werden die Bezeichnungen „Signalpräzision", „Informationspräzision" und „Informationsqualität" synonym gebraucht.

unpräzise und nicht informativ, falls $w_i \leq 0,5$ gilt. Ein derartiges Signal ist ökonomisch gesehen von geringem Interesse.[133]

- *Identische Qualität der individuellen Informationen.* Es wird angenommen, daß alle Entscheidungsträger hinsichtlich ihrer Fähigkeiten identisch sind.[134] Die Qualität der individuellen Signale ist demzufolge gleich, es gilt also $w_i = w$, für alle i. Gleichzeitig kann ein einzelnes Signal deshalb wie folgt bezeichnet werden $S_H^i = S_H$ und $S_L^i = S_L$, für alle i. Mit einer Gegenwahrscheinlichkeit von $(1-w)$ erhält der Entscheidungsträger ein falsches Signal, das nicht dem zugrunde liegenden Umweltzustand entspricht: $\Pr(S_H / L) = \Pr(S_L / H) = 1 - w$. Mögliche Umweltzustände und die Präzision der Signale werden in folgender Tabelle zusammengefaßt:

Qualität des Signals / Umweltzustand	$\Pr(S_H$ / Zustand)	$\Pr(S_L$ / Zustand)
Zustand H	w	$1-w$
Zustand L	$1-w$	w

Tabelle 3.1: Qualität des Signals mit $0,5 < w < 1$[135]

- *Exogene Entscheidungsreihenfolge und einmalige Entscheidungen.* Die einzelnen Entscheidungen werden im Modell sequentiell getroffen, wobei die Entscheidungsreihenfolge per Annahme exogen vorgegeben und jedem Entscheidungsträger bekannt ist. Im Unterschied zu einer endogenen Entscheidungsreihenfolge[136] kann kein Individuum strategisch die Investitionsentscheidungen der anderen Entscheidungsträger abwarten und seine eigene Entscheidung verzögern.[137] Die nachfolgenden Entscheidungsträger können die bereits getroffenen Entscheidungen beobachten, und sie in ihr Entscheidungskalkül mit einbeziehen. Jedes Individuum trifft seine Entscheidung nur einmal. Dadurch hat der Entscheidungsträger keine Möglichkeit zu lernen, wie er Fehler bei der nächsten Runde vermeiden kann.

- *Kostenlose Informationen.* Es wird angenommen, daß private Informationen oder Signale über unsichere Umweltzustände kostenlos erworben werden. Die kollektiven Investitionsentscheidungen der Vorgänger können ebenfalls kostenlos beobachtet

[133] Eine ähnliche Annahme wurde auch in der Arbeit von Lee (1993) getroffen, S. 399.

[134] Scharfstein/Stein (1990) differenzieren hinsichtlich der Managementfähigkeiten zwei Typen von Managern: der schlaue Typ von Managern erhält die informativen Signale, die anderen Manager bekommen nur die uninformativen („noisy"), vgl. S. 466.

[135] In Anlehnung an Bikhchandani/Hirshleifer/Welch (1992), S. 997.

[136] Bei einer endogenen Reihenfolge kann jedes Individuum selbst entscheiden, wann es handelt. Wenn es ein Signal mit hoher Präzision erhält, kann es die Rolle des ersten Entscheidungsträgers übernehmen.

[137] Im Modell wird die Tatsache, daß eine zeitliche Verzögerung den Kapitalwert einer zu betrachteten Investition nicht erhöhen, sondern nur verringern kann, ausgeblendet.

werden. Außerdem wird den Kosten der Informationsbearbeitung keine Beachtung geschenkt. Sämtliche Wirkungen der Informationskosten auf die Investitionsentscheidungen werden im Modell nicht berücksichtigt.

Das im folgenden vorgestellte Modell basiert auf den genannten Annahmen. Sie sind für die Entstehung der Informationskaskade verantwortlich. Die Frage, ob sie auch hinreichend für die Bildung einer Informationskaskade sind, wird später diskutiert. Im Informationskaskadenmodell werden die Zahlungs- und Reputationsexternalitäten ausgeblendet.

3.2.2 Koordinationsmechanismus

Aufgrund der exogen vorgegebenen Entscheidungsreihenfolge werden die individuellen Entscheidungskalküle sukzessiv betrachtet. Zuerst werden exemplarisch die Entscheidungen von den Entscheidungsträgern A, B, C und D diskutiert. Um die allgemeinen Eigenschaften der Informationskaskade herleiten zu können, wird anschließend eine Analyse mit zahlreichen Beobachtungen herangezogen.

3.2.2.1 Individuelle Vorteilskalküle in verschiedenen Entscheidungssituationen

3.2.2.1.1 Kalkül des Entscheidungsträgers A

Zunächst entscheidet der Entscheidungsträger A, ob die zu beurteilende Investition durchgeführt werden soll. Beispielsweise erhält A ein Unterlassungssignal S_L^A, d. h., die Informationen, die A erworben hat, sprechen für einen schlechten Umweltzustand. Eine a priori Eintrittswahrscheinlichkeit für den jeweiligen Umweltzustand beträgt per Annahme $\Pr(L) = \Pr(H) = 0,5$. Bei der Investitionsentscheidung muß A sowohl sein eigenes Signal S_L^A als auch die a priori Wahrscheinlichkeit berücksichtigen. Dabei verwendet A die bedingten Eintrittswahrscheinlichkeiten $\Pr(H / S_L^A)$ und $\Pr(L / S_L^A)$, um die Unsicherheit über den zukünftigen Umweltzustand einzuschätzen. Mit Hilfe der Bayesschen Formel ergeben sich die beiden bedingten Eintrittswahrscheinlichkeiten wie folgt:

$$\begin{aligned}\Pr(H / S_L^A) &= \frac{\Pr(S_L^A / H)\cdot \Pr(H)}{\Pr(S_L^A / H)\cdot \Pr(H) + \Pr(S_L^A / L)\cdot \Pr(L)} \\ &= \frac{(1-w)\cdot 0,5}{(1-w)\cdot 0,5 + w\cdot 0,5} \\ &= \frac{(1-w)\cdot 0,5}{0,5} \\ &= 1-w\,,\end{aligned} \tag{3.1}$$

$$\Pr(L / S_L^A) = 1 - \Pr(H / S_L^A)$$
$$= 1 - (1 - w) \qquad (3.2)$$
$$= w \, .$$

In Gleichung (3.1) wird die Bayessche Regel angewandt: im Zähler steht das Produkt aus der Wahrscheinlichkeit $\Pr(H)$, wonach der zugrunde liegende Umweltzustand gut ist, und der Wahrscheinlichkeit $\Pr(S_L^A / H)$, wonach Entscheidungsträger A trotz des zugrunde liegenden guten Zustands ein ungünstiges Signal S_L^A erhält. Insgesamt stellt der Zähler die Wahrscheinlichkeit für das Ereignis dar, daß der zugrunde liegende Zustand gut ist, aber von A falsch eingeschätzt wurde. Bevor der Umweltzustand eintritt, hat A bereits das Unterlassungssignal erhalten. Zum Entscheidungszeitpunkt ist es daher möglich, daß der zugrunde liegende Umweltzustand schlecht und somit das Unterlassungssignal richtig ist. Um die bedingte Wahrscheinlichkeit $\Pr(H / S_L^A)$ zu ermitteln, muß das im Zähler beschriebene Ereignis noch mit den gesamten möglichen Ereignissen gewichtet werden.

Im Vergleich zur a priori Wahrscheinlichkeit $\Pr(H) = 0,5$ ist die bedingte Wahrscheinlichkeit $\Pr(H / S_L^A) = 1 - w$ kleiner, weil w per Annahme einen Wert größer als 0,5 hat.[138] Umgekehrt ist die bedingte Eintrittswahrscheinlichkeit $\Pr(L / S_L^A) = w$ größer als die a priori Wahrscheinlichkeit $\Pr(L)$. Die bedingten Eintrittswahrscheinlichkeiten der Umweltzustände hängen eher von dem Signal ab, das A erhaltenen hat. Die Einschätzung der Unsicherheit wird überwiegend durch die privaten Informationen determiniert.

Der erwartete Barwert der Einzahlungen aus der Investition $E(Z / S_L^A)$ zum Entscheidungszeitpunkt ist gleich der Summe aller mit der jeweiligen zugehörigen a posteriori Eintrittswahrscheinlichkeit multiplizierten Barwerte der Einzahlungen:

$$E(Z / S_L^A) = Z_H \cdot \Pr(H / S_L^A) + Z_L \cdot \Pr(L / S_L^A)$$
$$= 1 \cdot (1 - w) + 0 \cdot w \qquad (3.3)$$
$$= 1 - w \, .$$

Entscheidungsträger A erhält einen erwarteten Kapitalwert in Höhe von:

$$E(KW / S_L^A) = E(Z / S_L^A) - K$$
$$= 1 - w - 0,5 \qquad (3.4)$$
$$= 0,5 - w \, .$$

Aufgrund der Annahme, daß sich Entscheidungsträger A risikoneutral verhält, orientiert er sich an dem zu maximierenden erwarteten Kapitalwert. Wäre A hingegen

[138] Siehe S. 35.

risikoavers, so müsste seine Zielfunktion entsprechend modifiziert werden. Die Investitionsauszahlung K betragen 0,5 und sind größer als der erwartete Barwert der Einzahlungen $(1-w)$. Der erwartete Kapitalwert ist somit negativ. Es kann davon ausgegangen werden, daß A die Investition ablehnen wird, wenn er ein Unterlassungssignal S_L^A erhält. Analog wird A die Investition durchführen, wenn er ein gutes Signal S_H^A hat.[139]

Grundsätzlich gilt, daß A stets nach seinem eigenen Signal die Investitionsentscheidung trifft. Voraussetzung ist, daß es bei der Durchführung der Investitionen keine Zahlungsexternalität zwischen den Entscheidungsträgern besteht. Falls eine positive Zahlungsexternalität vorhanden wäre, könnte der Entscheidungsträger A selbst bei einem Unterlassungssignal die Investition durchführen, solange der Barwert der erwarteten Externalitätszahlungen größer ist als der in Gleichung (3.4) dargestellte ex-ante-Verlust aus der Investition. In diesem Fall hätte A den Anreiz, gegen seine Information die Investition zu verwirklichen, um die ihm nachfolgenden Entscheidungsträger so zu beeinflussen, daß sie ebenfalls die für ihn vorteilhafte Entscheidung treffen. Dieser Anreiz ist aufgrund der im Modell fehlenden Zahlungsexternalität ausgeschlossen. Deswegen ist A nicht motiviert, eine von seinem Signal abweichende Entscheidung zu treffen. Aus seiner Entscheidung kann man eindeutig einen Rückschluß auf die zugrunde liegende Information ziehen.

3.2.2.1.2 Kalkül des Entscheidungsträgers B unter Berücksichtigung der Entscheidung von A

Nachfolgend wird davon ausgegangen, daß Entscheidungsträger A die Investition ablehnt. Die Analyse für den Fall, daß A die Investition durchführt, ist hierzu symmetrisch. Der zweite Entscheidungsträger B kann entweder das Signal S_H^B oder das Signal S_L^B erhalten. Betrachten wir zuerst den Fall, daß B über einen schlechten Umweltzustand informiert ist und in diesem Fall ein Unterlassungssignal S_L^B erhalten hat. Das Kalkül von B ähnelt dem von A. Der Unterschied zwischen den beiden Kalkülen besteht nur darin, daß B die Entscheidung von A beobachten kann. Aus der Unterlassungsentscheidung von A kann B einen Rückschluß auf die zugrunde liegende Information seines Vorgängers ziehen, wonach A nur das Signal S_L^A erhalten haben kann.[140] Diese Information wird in der Wahrscheinlichkeitsbildung von B zusätzlich mit berücksichtigt. Die a posteriori Eintrittswahrscheinlichkeiten $\Pr(H / S_L^A, S_L^B)$ und $\Pr(L / S_L^A, S_L^B)$ sind nicht nur durch das eigene Signal von B bedingt, sondern ebenfalls

---

[139] Wenn A ein Durchführungssignal S_H^A erhält, ist der ex-ante erwartete Barwert der Einzahlungen aus der Investition: $E(Z / S_H^A) = Z_H \cdot \Pr(H / S_H^A) + Z_L \cdot \Pr(L / S_H^A) = 1 \cdot w + 0 \cdot (1-w) = w > 0{,}5$. Der erwartete Kapitalwert ergibt sich in Höhe von $E(KW / S_H^A) = E(Z / S_H^A) - K = w - 0{,}5 > 0$. In diesem Fall wird der Entscheidungsträger A die zu betrachtende Investition realisieren.

[140] B ist in der Lage, das Entscheidungskalkül von A zu durchschauen. Er antizipiert, daß sein Vorgänger A keine von seinem Signal abweichende Entscheidung treffen kann.

durch das Signal von A. Um die beiden bedingten Wahrscheinlichkeiten zu ermitteln, wird wieder die Bayessche Formel angewandt:

$$\begin{aligned}\Pr(H / S_L^A, S_L^B) &= \frac{\Pr(S_L^A, S_L^B / H)\cdot \Pr(H)}{\Pr(S_L^A, S_L^B / H)\cdot \Pr(H) + \Pr(S_L^A, S_L^B / L)\cdot \Pr(L)}\\ &= \frac{\Pr(S_L^A / H)\cdot \Pr(S_L^B / H)\cdot \Pr(H)}{\Pr(S_L^A / H)\cdot \Pr(S_L^B / H)\cdot \Pr(H) + \Pr(S_L^A / L)\cdot \Pr(S_L^B / L)\cdot \Pr(L)}\\ &= \frac{(1-w)^2 \cdot 0,5}{(1-w)^2 \cdot 0,5 + w^2 \cdot 0,5}\\ &= \frac{(1-w)^2}{w^2 + (1-w)^2}\ ,\end{aligned} \tag{3.5}$$

$$\begin{aligned}\Pr(L / S_L^A, S_L^B) &= 1 - \Pr(H / S_L^A, S_L^B)\\ &= 1 - \frac{(1-w)^2}{w^2 + (1-w)^2}\\ &= \frac{w^2}{w^2 + (1-w)^2}\ .\end{aligned} \tag{3.6}$$

Mit der Bayesschen Regel hat B seine a posteriori Eintrittswahrscheinlichkeit für den jeweiligen Umweltzustand aktualisiert.[141] Seine bedingte Wahrscheinlichkeit für den Fall, daß ein schlechter Umweltzustand vorliegt, steigt, wenn sein Vorgänger A ebenfalls ein Unterlassungssignal erhält. Bezogen auf den schlechten Zustand L hat B einen höheren Erwartungswert als A, $\Pr(L / S_L^A, S_L^B) = \frac{w^2}{w^2 + (1-w)^2} > w = \Pr(L / S_L^A)$, wobei $0,5 < w < 1$.[142] Dies bedeutet, B ist durch die ablehnende Entscheidung von A stärker von seinem eigenen Unterlassungssignal überzeugt; A hatte im Gegensatz dazu keinen Vorgänger, durch dessen Information sein Signal unterstützt worden wäre.

Der erwartete Barwert der Einzahlungen aus der Investition ist wiederum gleich der Summe aller Barwerte der Einzahlungen im jeweiligen Umweltzustand multipliziert mit der zugehörigen a posteriori Eintrittswahrscheinlichkeit:

[141] Es muß beachtet werden, daß die Signale identisch und insgesamt unabhängig verteilt sind. Liegt insgesamt Unabhängigkeit vor, so sind zwei zufällige Ereignisse auch paarweise unabhängig. Daher ist beispielsweise die gemeinsame Wahrscheinlichkeit $\Pr(S_L^A, S_L^B / H)$ ein Produkt aus $\Pr(S_L^A / H)$ und $\Pr(S_L^B / H)$. Vgl. Schaich (1998), S. 75.

[142] Unter der Annahme, daß die Signalpräzision einen Wert zwischen 0,5 und 1 hat, sind die folgenden Ungleichungen erfüllt: $w-1<0$, und $2w-1>0$. Es gilt dann $(w-1)\cdot(2w-1)<0$ oder $w(2w^2-3w+1)<0$, somit ist die Ungleichung $w^2 > w(2w^2-2w+1)$ oder $\frac{w^2}{w^2+(1-w)^2} > w$ erfüllt.

$$E(Z / S_L^A, S_L^B) = Z_H \cdot \Pr(H / S_L^A, S_L^B) + Z_L \cdot \Pr(L / S_L^A, S_L^B)$$
$$= 1 \cdot \frac{(1-w)^2}{w^2 + (1-w)^2} + 0 \cdot \frac{w^2}{w^2 + (1-w)^2} \tag{3.7}$$
$$= \frac{(1-w)^2}{w^2 + (1-w)^2}$$

Der ex-ante-Kapitalwert ergibt sich somit als:

$$E(KW / S_L^A, S_L^B) = E(Z / S_L^A, S_L^B) - K$$
$$= \frac{(1-w)^2}{w^2 + (1-w)^2} - \frac{1}{2} \tag{3.8}$$
$$= \frac{1-2w}{2 \cdot \left[w^2 + (1-w)^2 \right]} \ .$$

Weil die Signalpräzision per Annahme einen Wert zwischen 0,5 und 1 hat, ist der Zähler $(1-2w)$ negativ. Der Ausdruck in der letzten Zeile ist also stets kleiner als null. Das bedeutet, daß der erwartete Kapitalwert für B immer negativ ist. Eine Durchführung der Investition lohnt sich nicht. Hierbei kann man sicher davon ausgehen, daß B in diesem Fall die Investition ablehnen wird, solange er sich rational verhält.

Der zweite Fall, wonach B im Gegensatz zu A ein gutes Signal S_H^B über die zu beurteilende Investition erhält, ist für die Analyse interessanter. B erhält das Durchführungssignal und ist darüber informiert, daß A ein Unterlassungssignal erhalten hat. Die ex-ante-Eintrittswahrscheinlichkeiten für die beiden Zustände betragen in diesem Fall:

$$\Pr(H / S_L^A, S_H^B) = \frac{\Pr(S_L^A, S_H^B / H) \cdot \Pr(H)}{\Pr(S_L^A, S_H^B / H) \cdot \Pr(H) + \Pr(S_L^A, S_H^B / L) \cdot \Pr(L)}$$
$$= \frac{\Pr(S_L^A / H) \cdot \Pr(S_H^B / H) \cdot \Pr(H)}{\Pr(S_L^A / H) \cdot \Pr(S_H^B / H) \cdot \Pr(H) + \Pr(S_L^A / L) \cdot \Pr(S_H^B / L) \cdot \Pr(L)}$$
$$= \frac{(1-w) \cdot w \cdot 0{,}5}{(1-w) \cdot w \cdot 0{,}5 + w \cdot (1-w) \cdot 0{,}5} \tag{3.9}$$
$$= \frac{1}{2}$$

$$\begin{aligned} &\Pr(L / S_L^A, S_H^B) = 1 - \Pr(H / S_L^A, S_H^B) \\ &= \frac{1}{2} \end{aligned} \tag{3.10}$$

Die beiden bedingten Eintrittswahrscheinlichkeiten sind identisch und betragen jeweils 50%. Das bedeutet, daß sich die jeweilige ex-ante-Wahrscheinlichkeit nicht von der zugehörigen a priori Wahrscheinlichkeit unterscheidet. Der Grund dafür ist, daß das Signal von A S_L^A und das Signal von B S_H^B per Annahme die gleiche Qualität aufweisen. Weil sie zwei unterschiedliche Informationen enthalten, heben sie sich bezogen auf ihren Informationsgehalt gegenseitig auf.[143] Bezogen auf die beiden ex-ante-Eintrittswahrscheinlichkeiten ist Entscheidungsträger B zwischen den beiden Optionen (Durchführung oder Ablehnung der Investition) indifferent. Der erwartete Barwert der Einzahlungen sowie der erwartete Kapitalwert aus der Investition müssen dennoch berücksichtigt werden:

$$\begin{aligned} &E(Z / S_L^A, S_H^B) = Z_H \cdot \Pr(H / S_L^A, S_H^B) + Z_L \cdot \Pr(L / S_L^A, S_H^B) \\ &= 1 \cdot \frac{1}{2} + 0 \cdot \frac{1}{2} \\ &= \frac{1}{2} \end{aligned} \tag{3.11}$$

$$\begin{aligned} &E(KW / S_L^A, S_H^B) = E(Z / S_L^A, S_H^B) - K \\ &= 0 \end{aligned} \tag{3.12}$$

Die Indifferenz von B ist durch den erwarteten Kapitalwert von null gerechtfertigt. In diesem Fall wird in der Literatur oft unterstellt, daß B durch einen Münzwurf seine Entscheidung trifft. Das heißt, mit einer Wahrscheinlichkeit von 50% wird B trotz seinem Durchführungssignal S_H^B die Investition ablehnen.[144] Nur wenn B die Investition durchführt, können die nachfolgenden Entscheidungsträger mit Sicherheit davon ausgehen, daß B ein gutes Signal S_H^B über den Zustand erhalten hat. Aus einer Unterlassungsentscheidung kann man keinen eindeutigen Rückschluß ziehen, weil eine Ablehnung der Investition sowohl durch ein gutes als auch ein schlechtes Signal begründet sein kann. Die Handlung von B ist aufgrund einer solchen Annahme für weitere Entscheidungsträger nicht informativ. Um diese weiche Annahme zu vermeiden, wird hier *zusätzlich angenommen*, daß Individuum B stets nach seiner eigenen Information entscheiden wird, falls die beiden Optionen, Investition und Unterlassung, für B indifferent sind. Diese Änderung der Annahme dient dazu, daß im Modell die Möglichkeit für eine Informationskaskade eliminiert wird, zumindest wird garantiert, daß die Informationskaskade nicht durch die ersten zwei Entscheidungs-

[143] Vgl. Bikhchandani/Hirshleifer/Welch (1998), S. 154.

[144] Vgl. Bikhchandani/Hirshleifer/Welch (1992), S. 996.

träger A und B verursacht wird. Der Entscheidungsträger B handelt stets nach seiner privaten Information, unabhängig davon, was für eine Entscheidung A bereits getroffen hat. Aufgrund dieser Annahme können alle Nachfolger die B zugrunde liegende Information, S_H^B oder S_L^B, durch die beobachtete Entscheidung des B unverkennbar ableiten.

Zusammengefaßt wird B die Investition ablehnen (durchführen), falls er ein Unterlassungssignal S_L^B (Investitionssignal S_H^B) erhalten hat. Analog zu seinem Vorgänger A handelt B stets nach der Ausprägung des eigenen Signals. Obwohl B in seinem Kalkül die Entscheidung des A mit berücksichtigt hat, handelt er dennoch nach seiner eigenen Information. Hier gibt es also kein Anzeichen einer Informationskaskade. Die Entscheidungen der beiden ersten Entscheidungsträger verfügen über einen Informationsgehalt, da die Signale durch die Entscheidungen vollständig offenbart werden. Die Anzahl der Informationen, die öffentlich verfügbar sind, ist identisch mit der Anzahl der tatsächlich vorhandenen privaten Informationen. Bei der Entscheidungssituation bleibt keine Information unentdeckt. In Tabelle 3.2 werden die verschiedenen Entscheidungssituationen von B dargestellt, wobei sowohl seine eigene Information als auch das Signal von A berücksichtigt werden.

Beobachtbare Entscheidung von A / Signal von B	Durchführung S_H^A	Unterlassung S_L^A
S_H^B	Investition	Investition
S_L^B	Unterlassung	Unterlassung

Tabelle 3.2: Investitionsentscheidung von B bei der jeweiligen Entscheidungssituation

Obwohl nur die Entscheidung von A beobachtet werden kann, kann B das zugrunde liegende Signal von A dennoch genau identifizieren. Die jeweilige Entscheidung von B fällt unabhängig von der Entscheidung von A aus, weil bei der Entscheidungsfindung nur das eigene Signal relevant ist. Insofern darf die geschilderte Entscheidungssituation nicht mit dem Gefangenendilemma verwechselt werden.[145] Es besteht hier keine Zahlungsinterdependenz wie im Gefangenendilemma, bei welchem die Zahlungen eines Entscheidungsträgers von der Entscheidung des anderen abhängen. Im Gegenteil hängen die Zahlungen im Modell nur vom Eintreten des jeweiligen Zustandes ab, weswegen B die ex-ante-Eintrittswahrscheinlichkeit unter exogener Unsicherheit bildet. Das Verhalten des Vorgängers ist im Modell direkt beobachtbar. Dies unterscheidet sich auch von jener Entscheidungssituation im Gefangenendilem-

[145] Zum Gefangenendilemma allgemein vgl. Feess (2004), S. 45 ff.

ma, bei der B zusätzlich eine Erwartung über das Verhalten von A bildet. Derartige strategische Entscheidungssituationen sind im Modell nicht vorhanden.

3.2.2.1.3 Kalkül des Entscheidungsträgers C unter Berücksichtigung der Entscheidungen von A und B

Der Entscheidungsträger C kann mit vier beobachtbaren Situationen konfrontiert sein:

1) sowohl A als auch B haben sich für „Unterlassen" entschieden;
2) A hat die Investition abgelehnt, und B hat sie durchgeführt;
3) sowohl A als auch B haben sich für die Investition entschieden;
4) A hat die Investition durchgeführt, und B hat sie abgelehnt.

Die vier Entscheidungskombinationen von A und B sind in der jeweiligen Spalte der Tabelle 3.3 zu sehen. Aus den Handlungen von A und B kann der Entscheidungsträger C direkt den Rückschluß auf die zugrunde liegenden Informationen ziehen. C kann entweder ein gutes Signal S_H^C oder ein schlechtes Signal S_L^C über den zu realisierenden Umweltzustand erhalten. Die vier möglichen Beobachtungen ergeben in Kombination mit dem jeweiligen Signal von C insgesamt acht Entscheidungssituationen, die in Tabelle 3.3 durch die Buchstaben von a bis h bezeichnet werden. Die Fälle a, b, c und d, in denen der erste Entscheidungsträger A die Investition abgelehnt hat, werden detailliert analysiert. Die Analyse für die Entscheidungssituationen e, f, g und h, in denen A die Investition durchgeführt hat, ist hierzu analog.

Entscheidungen von A und B / Signal von C	(1) S_L^A, S_L^B	(2) S_L^A, S_H^B	(3) S_H^A, S_H^B	(4) S_H^A, S_L^B
S_H^C	a	c	e	g
S_L^C	b	d	f	h

Tabelle 3.3: Darstellung der möglichen Entscheidungssituationen des Entscheidungsträgers C

Zuerst wird das Entscheidungskalkül des C in Entscheidungssituation a untersucht. In diesem Fall erhält C ein Durchführungssignal S_H^C, das eine gegensätzliche Information zu den beiden Vorgängern enthält. Das Ziel von C besteht nach wie vor darin, den erwarteten Kapitalwert zu maximieren. Zur Berechnung des erwarteten Kapitalwertes sind die jeweiligen ex-ante-Eintrittswahrscheinlichkeiten der Umweltzustände erforderlich:

$$\begin{aligned}
\Pr(H / S_L^A, S_L^B, S_H^C) &= \frac{\Pr(S_L^A, S_L^B, S_H^C / H) \cdot \Pr(H)}{\Pr(S_L^A, S_L^B, S_H^C / H) \cdot \Pr(H) + \Pr(S_L^A, S_L^B, S_H^C / L) \cdot \Pr(L)} \\
&= \frac{\Pr(S_L^A / H) \cdot \Pr(S_L^B / H) \cdot \Pr(S_H^C / H) \cdot \Pr(H)}{\Pr(S_L^A / H) \cdot \Pr(S_L^B / H) \cdot \Pr(S_H^C / H) \cdot \Pr(H) + \Pr(S_L^A / L) \cdot \Pr(S_L^B / L) \cdot \Pr(S_H^C / L) \cdot \Pr(L)} \\
&= \frac{(1-w)^2 \cdot w \cdot 0{,}5}{(1-w)^2 \cdot w \cdot 0{,}5 + w^2 \cdot (1-w) \cdot 0{,}5} \\
&= \frac{(1-w)}{(1-w)+w} \\
&= 1-w \ ,
\end{aligned} \tag{3.13}$$

$$\begin{aligned}
\Pr(L / S_L^A, S_L^B, S_H^C) &= 1 - \Pr(H / S_L^A, S_L^B, S_H^C) \\
&= w \ .
\end{aligned} \tag{3.14}$$

Aus den Formeln (3.9), (3.10), (3.13) und (3.14) kann ermittelt werden, daß sich die widersprechenden Signale in bezug auf ihren Informationsgehalt gegenseitig aufheben. Deshalb wird zur Berechnung der bedingten Eintrittswahrscheinlichkeiten nur den Überschuß der Signale betrachtet.[146] Dies kann durch die folgenden Formeln (3.15) bis (3.18) verdeutlicht werden:

$$\Pr(L / S_L^A, S_H^B) = \Pr(L) = \frac{1}{2} \ . \tag{3.15}$$

$$\Pr(H / S_L^A, S_H^B) = \Pr(H) = \frac{1}{2} \ . \tag{3.16}$$

$$\Pr(H / S_L^A, S_L^B, S_H^C) = \Pr(H / S_L^A) = 1 - w \ , \tag{3.17}$$

$$\Pr(L / S_L^A, S_L^B, S_H^C) = \Pr(L / S_L^A) = w \ . \tag{3.18}$$

Im Hinblick auf B entsprechen die beiden bedingten Wahrscheinlichkeiten in den Gleichungen (3.15) und (3.16) den jeweiligen ex-post-Wahrscheinlichkeiten. Vom Standpunkt von C aus heben sich der Informationsgehalt seines Signals und des Signals von B gegenseitig auf, so daß sich C in der gleichen Entscheidungssituation befindet wie sein Vorgänger A. Demzufolge sind seine bedingten Wahrscheinlichkeiten mit denen von A identisch. Dies setzt aber voraus, daß alle privaten Informationen oder Signale eine identische Qualität aufweisen.

In der Entscheidungssituation a beträgt der erwartete Barwert der Einzahlungen

[146] Vgl. Bikhchandani/Hirshleifer/Welch (1992), S. 997, und Walter (2002), S. 223.

$$E\left(Z / S_L^A, S_L^B, S_H^C\right) = Z_H \cdot \Pr\left(H / S_L^A, S_L^B, S_H^C\right) + Z_L \cdot \Pr\left(L / S_L^A, S_L^B, S_H^C\right)$$
$$= 1 \cdot (1-w) + 0 \cdot w \tag{3.19}$$
$$= 1 - w \ ,$$

und der erwartete Kapitalwert der Investition

$$E\left(KW / S_L^A, S_L^B, S_H^C\right) = E\left(Z / S_L^A, S_L^B, S_H^C\right) - K = 1 - w - 0{,}5 \ . \tag{3.20}$$

Weil die Signalpräzision w einen Wert zwischen 0,5 und 1 annimmt, ist der erwartete Kapitalwert negativ. Trotz seines Durchführungssignals S_H^C wird der Entscheidungsträger C dennoch in der Entscheidungssituation a entgegen seiner Information die Investition nicht durchführen. Die private Information von C spiegelt sich demnach nicht in der Unterlassungsentscheidung wider. Alle Nachfolger können aus seiner Ablehnung keinen eindeutigen Rückschluß auf die ihm vorliegenden Informationen ziehen. Somit ist diese Entscheidung für weitere Entscheidungsträger nicht informativ. In diesem Fall initiiert C eine Informationskaskade, weil sein Signal über den Umweltzustand von den Informationen der beiden Vorgänger dominiert wird, obwohl der Entscheidungsträger C nach seiner eigenen Information eine andere Entscheidung treffen würde. Seine im Widerspruch zum ihm vorliegenden Signal getroffene Entscheidung beeinflußt alle weiteren Entscheidungsträger, weil sie sich in derselben Entscheidungssituation wie C befinden. Die weiteren Entscheidungen in der Kaskade bieten keine zusätzlichen Informationen, somit endet die Informationsaggregation. Der Lernprozeß wird ab dem dritten Entscheidungsträger C bereits abgebrochen.

Betrachtet man den Fall b erhalten alle drei Entscheidungsträger ein Unterlassungssignal. Durch die gleichen Informationen von A und B wird das erhaltene Signal von C unterstützt, und die ablehnende Entscheidung von C bestärkt. In der Entscheidungssituation b lehnt C auf jeden Fall die Investition ab. Folgende Gleichungen liefern die formale Begründung:

$$\Pr\left(H / S_L^A, S_L^B, S_L^C\right) = \frac{\Pr\left(S_L^A, S_L^B, S_L^C / H\right) \cdot \Pr(H)}{\Pr\left(S_L^A, S_L^B, S_L^C / H\right) \cdot \Pr(H) + \Pr\left(S_L^A, S_L^B, S_L^C / L\right) \cdot \Pr(L)}$$
$$= \frac{\Pr\left(S_L^A / H\right) \cdot \Pr\left(S_L^B / H\right) \cdot \Pr\left(S_L^C / H\right) \cdot \Pr(H)}{\Pr\left(S_L^A / H\right) \cdot \Pr\left(S_L^B / H\right) \cdot \Pr\left(S_L^C / H\right) \cdot \Pr(H) + \Pr\left(S_L^A / L\right) \cdot \Pr\left(S_L^B / L\right) \cdot \Pr\left(S_L^C / L\right) \cdot \Pr(L)}$$
$$= \frac{(1-w)^3 \cdot 0{,}5}{(1-w)^3 \cdot 0{,}5 + w^3 \cdot 0{,}5} \tag{3.21}$$
$$= \frac{(1-w)^3}{(1-w)^3 + w^3} \ ,$$

$$\begin{aligned}\Pr\left(L / S_L^A, S_L^B, S_L^C\right) &= 1 - \Pr\left(H / S_L^A, S_L^B, S_L^C\right)\\ &= 1 - \frac{(1-w)^3}{(1-w)^3 + w^3}\\ &= \frac{w^3}{(1-w)^3 + w^3}\ .\end{aligned} \tag{3.22}$$

Der erwartete Barwert der Einzahlungen und der erwartete Kapitalwert betragen jeweils:

$$\begin{aligned}E\left(Z / S_L^A, S_L^B, S_L^C\right) &= Z_H \cdot \Pr\left(H / S_L^A, S_L^B, S_L^C\right) + Z_L \cdot \Pr\left(L / S_L^A, S_L^B, S_L^C\right)\\ &= \frac{(1-w)^3}{(1-w)^3 + w^3}\ ,\end{aligned} \tag{3.23}$$

$$\begin{aligned}E\left(KW / S_L^A, S_L^B, S_L^C\right) &= E\left(Z / S_L^A, S_L^B, S_L^C\right) - K\\ &= \frac{(1-w)^3}{(1-w)^3 + w^3} - \frac{1}{2}\ .\end{aligned} \tag{3.24}$$

Ob der Entscheidungsträger C die Investition unterlassen wird, hängt von dem Vorzeichen des letzten Ausdrucks in Formel (3.24) ab. Dies läßt sich im folgenden nachweisen:

Weil $0,5 < w < 1$ ist, gilt $0 < 1 - w < w$

$$\Rightarrow \frac{1-w}{w} < 1 \Rightarrow \left(\frac{1-w}{w}\right)^3 < 1^3 = 1$$

$$\Rightarrow (1-w)^3 < w^3 \Rightarrow (1-w)^3 + (1-w)^3 < w^3 + (1-w)^3$$

$$\Rightarrow 2 \cdot (1-w)^3 < (1-w)^3 + w^3 \Rightarrow \frac{(1-w)^3}{(1-w)^3 + w^3} < \frac{1}{2}$$

$$\Rightarrow E\left(KW / S_L^A, S_L^B, S_L^C\right) = \frac{(1-w)^3}{(1-w)^3 + w^3} - \frac{1}{2} < 0\ .$$

Der erwartete Kapitalwert ist demnach negativ. Das bedeutet, daß die Investition unvorteilhaft ist und nicht durchgeführt werden soll.

Deshalb wird C die Investition ebenfalls ablehnen, solange seine Vorgänger gleichgerichtete ablehnende Entscheidungen getroffen haben, unabhängig davon, welches Signal er erhält. Demnach entsteht eine Informationskaskade in den Entscheidungssituationen der Spalte (1) in Tabelle 3.3. Symmetrisch hierzu wird eine Informationskaskade ab dem dritten Entscheidungsträger C in den Entscheidungssituationen e und f der Spalte (3) gebildet, wenn sich die ersten zwei Entscheidungsträger A und B für die Investition entschieden haben.

In der Entscheidungssituation c erhält Individuum A das Signal S_L^A. Im Unterschied dazu erhalten sowohl B als auch C ein gutes Signal über den vorliegenden Zustand. Der Informationsgehalt zweier sich widersprechender Informationen, S_L^A und S_H^B, hebt sich gegenseitig auf, so daß nur das Signal S_H^C bei der Bildung von ex-ante-Eintrittswahrscheinlichkeiten eine Rolle spielt. Analog zu den Gleichungen (3.17) und (3.18) ergeben sich folgende bedingten Eintrittswahrscheinlichkeiten:

$$\Pr\left(H / S_L^A, S_H^B, S_H^C\right) = \Pr\left(H / S_H^C\right) = w \ , \tag{3.25}$$

$$\Pr\left(L / S_L^A, S_H^B, S_H^C\right) = \Pr\left(L / S_H^C\right) = 1 - w \ . \tag{3.26}$$

C befindet sich hier in einer Entscheidungssituation wie A: Um die Entscheidung treffen zu können orientiert sich C nur an seiner eigenen Information S_H^C. Die Berechnung des erwarteten Barwertes von Einzahlungen und vom Kapitalwert aus der Investition stellt sich folgendermaßen dar:

$$\begin{aligned} & E\left(Z / S_L^A, S_H^B, S_H^C\right) = Z_H \cdot \Pr\left(H / S_L^A, S_H^B, S_H^C\right) + Z_L \cdot \Pr\left(L / S_L^A, S_H^B, S_H^C\right) \\ & = 1 \cdot w + 0 \cdot (1 - w) \\ & = w \ , \end{aligned} \tag{3.27}$$

$$\begin{aligned} & E\left(KW / S_L^A, S_H^B, S_H^C\right) = E\left(Z / S_L^A, S_H^B, S_H^C\right) - K \\ & = w - 0,5 > 0 \ . \end{aligned} \tag{3.28}$$

Der erwartete Kapitalwert der Investition ist positiv, insofern wird sich C für die Durchführung entscheiden. C wird in diesem Fall nach seiner privaten Information handeln. In der Entscheidungssituation c entsteht also keine Informationskaskade.

Die Analyse für die letzte zu betrachtende Entscheidungssituation d ist analog zur Situation c. Der Unterschied zwischen den beiden Fällen besteht nur darin, daß in Entscheidungssituation d das Individuum C statt dem Durchführungssignal S_H^C ein Unterlassungssignal S_L^C erhält. Der Informationsgehalt der widersprechenden Signale von A und B hebt sich wiederum gegenseitig auf. C wird in diesem Fall ebenso nach seiner eigenen Information entscheiden und dementsprechend die Investition ablehnen.

Die Investitionsentscheidungen von C werden den jeweiligen Entscheidungssituationen zugeordnet und sind in Tabelle 3.4 zusammengestellt.

Signal von C \ Entscheidungen von A und B	(1) S_L^A, S_L^B	(2) S_L^A, S_H^B	(3) S_H^A, S_H^B	(4) S_H^A, S_L^B
S_H^C	a Unterlassung	c Investition	e Investition	g Investition
S_L^C	b Unterlassung	d Unterlassung	f Investition	h Unterlassung

Tabelle 3.4: Entscheidungsmatrix von C

Aus Tabelle 3.4 ist ersichtlich, daß in den Entscheidungssituationen (1) und (3) der Entscheidungsträger C unabhängig von seiner eigenen Information den Entscheidungen der Vorgänger folgen wird. Somit entstehen in den beiden Entscheidungssituationen Informationskaskaden, die sich jedoch unterscheiden. In Spalte (1) wird C auf jeden Fall die Investition ablehnen, selbst wenn er ein gutes Signal S_H^C erhält. Sein direkter Nachfolger D kann aus seiner Unterlassungsentscheidung die zugrunde liegende Information jedoch nicht identifizieren, weil die Entscheidung von C nicht informativ ist. Demnach wird D, wie alle weiteren Entscheidungsträger, ebenfalls die Investition ablehnen. In Situation (1) handelt sich also um eine *Down-Kaskade*, in der alle Individuen, mit Ausnahme von A und B, unabhängig von den eigenen Informationen keine Investition vornehmen.

In Situation (3) wird C der Durchführungsentscheidung seiner Vorgänger folgen, selbst wenn er ein schlechtes Signal S_L^C erhält. Somit wird eine *Up-Kaskade* gebildet, in der sich alle Entscheidungsträger, abgesehen von A und B, unabhängig von ihren Informationen für die Investition entscheiden werden. Der Grund für die Entstehung sowohl einer Up- als auch einer Down-Informationskaskade liegt darin, daß unter der Annahme gleicher Signalqualität die Informationen aus den beobachteten gleichen Entscheidungen der Vorgänger eine spätere, widersprechende Information dominieren.

3.2.2.1.4 Kalkül des Entscheidungsträgers D unter Berücksichtigung der Entscheidungen aller seiner Vorgänger

Die zugrunde liegenden Informationen von C können in den beiden Fällen der Informationskaskaden, nämlich in den Entscheidungssituationen (1) und (3) aus der Tabelle 3.4, nicht eindeutig identifiziert werden. Somit stehen D insgesamt sechs unterschiedliche Entscheidungskombinationen seiner Vorgänger gegenüber, die in den Spalten der Tabelle 3.5 zusammengefaßt sind. Der Entscheidungsträger D antizipiert, daß die Entscheidungen von A und B mit ihren zugrunde liegenden Informationen in Einklang stehen müssen. Deswegen werden die Signale von A und B in der Tabelle angegeben, auch wenn sie nicht direkt beobachtbar sind. In den Fällen, daß A, B und C gleichgerichtete Entscheidungen getroffen haben, kann D zwar die Entscheidung von

C beobachten, nicht aber seine Information feststellen. In Spalte (1) stellt U^C die Unterlassungsentscheidung des C dar, wobei C hierbei mit 50% Wahrscheinlichkeit über ein Durchführungssignal S_H^C verfügt. In Spalte (4) wird die Investitionsentscheidung von C mit I^C bezeichnet, wobei C mit 50% Wahrscheinlichkeit ein Unterlassungssignal S_L^C erhält. Unabhängig von den Entscheidungen seiner Vorgänger kann D entweder ein gutes Signal S_H^D oder ein schlechtes Signal S_L^D über den zukünftigen Zustand erhalten. Demzufolge ergeben sich insgesamt zwölf Entscheidungssituationen für D, die in Tabelle 3.5 durch die Buchstaben von a bis l gekennzeichnet werden. Eine Durchführungsentscheidung von D wird durch einen Haken (✓) gekennzeichnet. Unterlassungsentscheidungen von D werden in den Entscheidungsfeldern durch ein Kreuz (✕) dargestellt.

Vorgängerentscheidungen / Signal von D	(1) S_L^A, S_L^B, U^C	(2) S_L^A, S_H^B, S_H^C	(3) S_L^A, S_H^B, S_L^C	(4) S_H^A, S_H^B, I^C	(5) S_H^A, S_L^B, S_L^C	(6) S_H^A, S_L^B, S_H^C
S_H^D	a: ✕	c: ✓	e: ✓	g: ✓	i: ✓	k: ✓
S_L^D	b: ✕	d: ✕	f: ✕	h: ✓	j: ✕	l: ✕

Tabelle 3.5: Entscheidungsmatrix von D

Zuerst werden die Entscheidungssituationen in den Spalten (2), (3), (5) und (6) betrachtet. Ihre Gemeinsamkeit besteht darin, daß A und B hinsichtlich der Investition unterschiedliche Entscheidungen getroffen haben. Wie im letzten Abschnitt analysiert wird C in diesen Entscheidungssituationen nach seiner eigenen Information entscheiden, weil sich der Informationsgehalt der sich widersprechenden Signale von A und B gegenseitig aufhebt. C verfügt somit über die gleichen bedingten Wahrscheinlichkeiten für den Eintritt des jeweiligen Zustandes und dabei über die gleiche Entscheidungssituation analog zu A. Dementsprechend befindet sich D in derselben Entscheidungssituation wie B: Die jeweilige Entscheidung von D in den Entscheidungssituationen (2), (3), (5) und (6) orientiert sich ebenfalls an seinem zugrunde liegenden Signal. Somit entsteht keine Informationskaskade in diesen Entscheidungssituationen.

Nun werden die Entscheidungssituationen in den Spalten (1) und (4) analysiert. Zwei Fälle lassen sich unterscheiden: in Spalte (1) haben sich alle Vorgänger von D gegen die Investition entschieden. Im Gegensatz dazu entscheiden sie sich in Spalte (4) für die Investition. Zunächst betrachten wir die Entscheidungssituationen in Spalte (1). D ist bekannt, daß die Ablehnungsentscheidungen von A und B ihren zugrunde liegenden Informationen entsprechen müssen. Es ist für ihn aber unklar, ob C tatsächlich ein Unterlassungssignal erhält, denn die Informationskaskade startet bereits mit C. In der Entscheidungssituation a hat D ein Signal über einen guten Umweltzustand erhalten. Der Informationsgehalt der widersprechenden Signale von A und D hebt sich daher gegenseitig auf. Wenn C ebenfalls ein Unterlassungssignal wie B erhalten hat, bildet die Ablehnung eine dominante Entscheidung für D. Falls C aber ein Durchführungssignal erhalten hat, wäre D zwischen Investition und Ablehnung gerade indifferent, weil sich der Informationsgehalt der sich widersprechenden Signale von B und C in diesem Fall wiederum gegenseitig aufheben würde. Bei Indifferenz würde D annahmegemäß nach seinem eigenen Signal entscheiden und die Investition tätigen. Von Interesse ist, daß es sich im Fall von B um ein sicheres Unterlassungssignal handelt, während C in der Informationskaskade nur mit 50% Wahrscheinlichkeit ein Durchführungssignal erhält. Demzufolge ist für D die bedingte Eintrittswahrscheinlichkeit eines schlechten Zustandes größer als die eines guten Zustandes. Somit lehnt D in Entscheidungssituation a, wie alle seine Vorgänger, ebenfalls die Investition ab, obwohl er ein Durchführungssignal erhält. In diesem Fall entscheidet D also gegen seine Information und folgt damit den Entscheidungen seiner Vorgänger.

Die Analyse für die Entscheidungssituation b ist im Vergleich zu der für a einfacher, weil D hier ebenfalls über ein Unterlassungssignal analog zu seinen Vorgängern verfügt. Unabhängig davon, über welches Signal C tatsächlich verfügt, ist die Unterlassungsentscheidung für D dominant. D wird somit auf jeden Fall in den Entscheidungssituationen in Spalte (1) die Investition ablehnen und sich der Informationskaskade anschließen. Analog wird D in den Entscheidungssituationen in Spalte (4) den Entscheidungen seiner Vorgänger folgen und die zu betrachtende Investition vornehmen, selbst wenn er ein Unterlassungssignal erhält. Somit befindet sich D in der Informationskaskade, die durch C entsteht. Dies betrifft auch alle weiteren Entscheidungsträger. Falls eine derartige Informationskaskade entsteht, werden alle nachfolgenden Entscheidungsträger unter den gegebenen Modellannahmen ebenfalls analog handeln.

Falls A und B unterschiedliche Investitionsentscheidungen treffen, werden C und D nach ihren eigenen Informationen entscheiden, weil sich der Informationsgehalt der sich widersprechenden Signale von A und B gegenseitig aufhebt. Dabei kann der Fall eintreten, daß C und D die gleichen Signale erhalten und demnach identische Entscheidungen treffen.[147] In solchen Fällen wird die private Information des fünften Entscheidungsträgers E wiederum von den gleichgerichteten Informationen von C und D dominiert. Somit ist eine Informationskaskade ab dem fünften Individuum E zu erwarten. Dies läßt die Schlußfolgerung zu, daß immer nach zwei Individuen – A und B, oder C und D, etc. – eine Informationskaskade eintreten kann. Mit anderen Worten taucht eine Informationskaskade nach einer geraden Anzahl an Entscheidungsträgern in der Entscheidungsreihe wahrscheinlich auf.[148]

---

[147] Siehe die Entscheidungssituationen c, f, j und k in Tabelle 3.5.

[148] Eine optimale Entscheidungsregel eines Entscheidungsträgers wird von Bikhchandani/Hirshleifer/Welch (1998), S. 155, folgendermaßen formuliert: d sei die Differenz zwischen der Anzahl seiner Vorgänger, die sich für die Investition entschieden haben, und der Anzahl seiner Vorgänger, welche die Investition abgelehnt haben. Falls $d > 1$ gilt, haben sich mehr Vorgänger für die Investition entschieden, somit wird das Individuum unabhängig von seinem Signal ebenfalls investieren. Falls $d = 0$, befindet sich das Individuum in der Entscheidungssituation des A und trifft die Entscheidung nach seiner eigenen Information. Falls $d = 1$ ist, hat es dieselbe Entschei-

3.2.2.2 Gleichgewichtsbestimmung bei vielen Beobachtungen

Bei der bisherigen Analyse kann noch keine Aussage getroffen werden, mit welcher Wahrscheinlichkeit eine Informationskaskade in der Entscheidungsreihe überhaupt gebildet wird. Diese Frage wird in einem verallgemeinerten Modell mit vielen Entscheidungsträgern beantwortet, wobei das Entscheidungskalkül des einzelnen Entscheidungsträgers per Annahme weiterhin unverändert bleibt. Abschließend soll diskutiert werden, mit welcher Wahrscheinlichkeit die Entscheidungsträger in der Informationskaskade eine Entscheidung treffen, die sich ex-post als richtig erweisen wird. Eine ex-post richtige Entscheidung bedeutet im Modell, daß sich die getroffenen Entscheidungen in dem jeweiligen Umweltzustand als profitabel zeigen. Die Durchführungs- oder die Unterlassungsentscheidungen stimmen mit dem tatsächlichen guten oder schlechten Zustand überein.[149]

3.2.2.2.1 Wahrscheinlichkeit der Informationskaskadenbildung

Die zwei ersten Individuen A und B orientieren sich für ihre Entscheidungen stets an ihren eigenen Informationen. Eine Informationskaskade kann demzufolge nicht durch A oder B initiiert werden. Im Fall, daß A und B gleichgerichtete Entscheidungen treffen, wird der dritte Entscheidungsträger C den Vorgängerentscheidungen folgen, selbst wenn er sich gemäß seiner eigenen Information anders entscheiden würde. Eine Informationskaskade ist nach den ersten zwei Individuen nur möglich, wenn die Entscheidungen von A und B übereinstimmen.[150] Daß A und B unterschiedliche Signale erhalten, ist sowohl die notwendige als auch die hinreichende Bedingung für die *Nicht-Entstehung* einer Informationskaskade. Die Wahrscheinlichkeit dafür, daß nach zwei Individuen (Anzahl der Entscheidungsträger $n = 2$) keine Informationskaskade entsteht, kann wie folgt formuliert werden:

dungssituation wie B, somit wird es sich nach seinem Signal verhalten. Die Entscheidungsregeln für $d = -1$ und $d < -1$ sind dazu analog.

[149] Die Vorziehenswürdigkeit einer Investitionsentscheidung hängt von dem zu realisierenden Umweltzustand ab. Daher richtet sich die Definition der Richtigkeit einer Informationskaskade nach dem ex-post-Umweltzustand. Die Wahrscheinlichkeit dafür, daß selbst eine vollständige Informationsaggregation auch zu einer ex-post falschen Entscheidung führen kann, ist relativ gering. Vgl. hierzu Walter (2002), S. 14, und Hirth/Walter (2001), S. 19-20.

[150] Vgl. Entscheidungssituationen (1) und (3) in Tabelle 3.4.

$$
\begin{aligned}
&\Pr(\text{keine Informationskaskadenbildung nach n=2}) \\
&= \Pr(H)\cdot\left[\Pr\left(S_H^A, S_L^B / H\right) + \Pr\left(S_L^A, S_H^B / H\right)\right] + \Pr(L)\cdot\left[\Pr\left(S_H^A, S_L^B / L\right) + \Pr\left(S_L^A, S_H^B / L\right)\right] \\
&= \frac{1}{2}\cdot\left[\Pr\left(S_H^A / H\right)\Pr\left(S_L^B / H\right) + \Pr\left(S_L^A / H\right)\Pr\left(S_H^B / H\right)\right] + \\
&\quad \frac{1}{2}\cdot\left[\Pr\left(S_H^A / L\right)\Pr\left(S_L^B / L\right) + \Pr\left(S_L^A / L\right)\Pr\left(S_H^B / L\right)\right] \\
&= \frac{1}{2}\cdot\left[w\cdot(1-w) + (1-w)\cdot w\right] + \frac{1}{2}\cdot\left[(1-w)\cdot w + w\cdot(1-w)\right] \\
&= \frac{1}{2}\cdot\left[4\cdot w\cdot(1-w)\right] \\
&= 2\left(w - w^2\right).
\end{aligned}
\tag{3.29}
$$

Die unterschiedlichen Entscheidungen von A und B sind abhängig von den bedingten Eintrittswahrscheinlichkeiten der Umweltzustände.[151] Die Wahrscheinlichkeit für die Nicht-Bildung einer Informationskaskade ist demzufolge durch den Umweltzustand H oder L bedingt. Der erste Summand in der Gleichung (3.29) unterstellt einen zugrunde liegenden guten Zustand. Der zweite Summand hingegen geht von einem schlechten Zustand aus. Unter der Annahme, daß B sich stets nach seiner eigenen Information entscheidet, ist die gesuchte Wahrscheinlichkeit für die Nicht-Bildung einer Informationskaskade nach zwei Entscheidungsträgern größer als die im Modell von Bikhchandani/Hirshleifer/Welch (1992), welche nur $(w-w^2)$ beträgt.[152] Dort wurde angenommen, daß B bei Indifferenz zwischen den beiden Handlungsoptionen (Investition oder Unterlassung) mit Hilfe eines Münzwurfs, demnach mit einer Wahrscheinlichkeit von jeweils 50%, seine Entscheidung trifft. Daß A und B gleiche Signale haben, ist bei Bikhchandani/Hirshleifer/Welch (1992) nur die notwendige, aber nicht hinreichende Bedingung für eine Informationskaskadenbildung.[153] Bei den Autoren entsteht mit 50%-Wahrscheinlichkeit eine Informationskaskade, selbst wenn sich die Signale von A und B unterscheiden. Im vorliegenden Modell wird die Wahrscheinlichkeit für eine Informationskaskadenbildung durch eine veränderte Annahme reduziert.

Die Wahrscheinlichkeit dafür, daß nach zwei Entscheidungsträgern eine Informationskaskade gebildet wird, ist dementsprechend gegeben durch:

[151] Vgl. die Analyse für das Entscheidungskalkül von A im Abschnitt 3.2.2.1.1 und für das von B im Abschnitt 3.2.2.1.2. Es sollte beachtet werden, daß die Entscheidungen von A und B stets mit ihren Signalen übereinstimmen.

[152] Vgl. Bikhchandani/Hirshleifer/Welch (1992), S. 997.

[153] Vgl. Walter (2002), S. 15.

$$\begin{aligned}&\Pr(\text{Informationskaskadenbildung nach n=2})\\&=1-\Pr(\text{keine Informationskaskadenbildung nach n=2})\\&=1-2\left(w-w^2\right)\ .\end{aligned}\tag{3.30}$$

Die Wahrscheinlichkeiten für die zwei Typen von Informationskaskaden, nämlich Up-Kaskade mit Durchführungsentscheidung und Down-Kaskade mit Ablehnungsentscheidung, sind gleich und betragen:

$$\begin{aligned}&\Pr(\text{Up-Kaskade nach n=2})=\Pr(\text{Down-Kaskade nach n=2})\\&=\frac{1}{2}\Pr(\text{Informationskaskadenbildung nach n=2})\\&=\frac{1}{2}\cdot\left[1-2\left(w-w^2\right)\right]\\&=\frac{1}{2}-\left(w-w^2\right)\ .\end{aligned}\tag{3.31}$$

Es wurde bereits festgestellt, daß eine Informationskaskadenbildung nur nach einer geraden Anzahl an Entscheidungsträgern möglich ist.[154] Die Wahrscheinlichkeit für die Nicht-Bildung einer Informationskaskade nach Abfolge der Entscheidungen von vier Entscheidungsträgern ist demnach ein Produkt aus der Wahrscheinlichkeit, daß nach A und B keine Informationskaskade initiiert wird, und der Wahrscheinlichkeit, daß nach C und D ebenfalls keine Informationskaskade resultieren wird. Nur wenn A und B, C und D paarweise unterschiedliche Signale erhalten, ist keine Informationskaskade nach dem vierten Entscheidungsträger D zu erwarten. Die Berechnung für die Wahrscheinlichkeit der Nicht-Bildung einer Informationskaskade nach vier Entscheidungsträgern ergibt sich als:

$$\begin{aligned}&\Pr(\text{keine Informationskaskadenbildung nach n=4})\\&=\Pr(\text{keine Informationskaskadenbildung nach n=2})\cdot\\&\Pr\begin{pmatrix}\text{keine Informationskaskadenbildung nach}\\\text{weiteren zwei Entscheidungsträgern}\end{pmatrix}\\&=2\cdot\left(w-w^2\right)\cdot2\cdot\left(w-w^2\right)\\&=2^2\left(w-w^2\right)^2\ .\end{aligned}\tag{3.32}$$

Die Gegenwahrscheinlichkeit für eine Informationskaskadenbildung nach vier Entscheidungsträgern besteht aus zwei Komponenten: Die erste Komponente ist die Wahrscheinlichkeit für eine Informationskaskadenbildung nach zwei Entscheidungsträgern; die zweite Komponente reflektiert die Wahrscheinlichkeit, daß die Informationskaskade nicht nach zwei, sondern erst nach vier Entscheidungsträgern

[154] Vgl. S. 51.

gebildet wird. Die Summe der beiden Komponenten ergibt die gesuchte Wahrscheinlichkeit:

$$\begin{aligned}
&\Pr(\text{Informationskaskadenbildung nach n=4})\\
&= \Pr(\text{Informationskaskadenbildung nach n=2}) +\\
&\Pr(\text{keine Informationskaskadenbildung nach n=2}) \cdot\\
&\Pr\begin{pmatrix}\text{Informationskaskadenbildung nach}\\ \text{weiteren zwei Entscheidungsträgern}\end{pmatrix}\\
&= \left[1-2\cdot\left(w-w^2\right)\right] + 2\cdot\left(w-w^2\right)\cdot\left[1-2\cdot\left(w-w^2\right)\right]\\
&= \left[1-2\cdot\left(w-w^2\right)\right]\cdot\left[1+2\cdot\left(w-w^2\right)\right]\\
&= 1-\left[2\left(w-w^2\right)\right]^2\\
&= 1-2^2\left(w-w^2\right)^2 \quad .
\end{aligned} \tag{3.33}$$

Die Up-Informationskaskade unterscheidet sich wieder von der Down-Informationskaskade. Die Wahrscheinlichkeit für den jeweiligen Informationskaskadentyp zeigt sich nach:[155]

$$\begin{aligned}
&\Pr(\text{Up-Kaskade nach n=4}) = \Pr(\text{Down-Kaskade nach n=4})\\
&= \frac{1}{2}\cdot\Pr(\text{Informationskaskadenbildung nach n=4})\\
&= \frac{1}{2}\cdot\left[1-2^2\cdot\left(w-w^2\right)^2\right]\\
&= \frac{1}{2}-2\left(w-w^2\right)^2 \quad .
\end{aligned} \tag{3.34}$$

Die bisherige Vorgehensweise kann bei der Berechnung für die Wahrscheinlichkeit der Nicht-Bildung einer Informationskaskade nach endlichen vielen Individuen (n=N) weiter verwendet werden, wobei N eine gerade Zahl ist:

[155] Die Berechnung für die Wahrscheinlichkeit einer Up-Informationskaskade kann beispielsweise nach Bikhchandani/Hirshleifer/Welch (1992), S. 997, FN Nr. 11, dargestellt werden als:

$$\begin{aligned}
&\Pr(\text{Up-Kaskade nach n=4})\\
&= \Pr(\text{Up-Kaskade nach n=2}) + \Pr\begin{pmatrix}\text{keine Informations-}\\ \text{kaskadenbildung nach n=2}\end{pmatrix}\cdot\Pr\begin{pmatrix}\text{Up-Kaskade nach weiteren}\\ \text{zwei Entscheidungsträgern}\end{pmatrix}\\
&= \left(\frac{1}{2}-\left(w-w^2\right)\right) + 2\cdot\left(w-w^2\right)\cdot\left(\frac{1}{2}-\left(w-w^2\right)\right)\\
&= \frac{1}{2}-2\left(w-w^2\right)^2 \quad .
\end{aligned}$$

$$
\begin{aligned}
&\Pr(\text{keine Informationskaskadenbildung nach n = N}) \\
&= \Pr(\text{keine Informationskaskadenbildung nach n = 2}) \cdot \\
&\Pr\begin{pmatrix}\text{keine Informationskaskadenbildung nach} \\ \text{weiteren zwei Entscheidungsträgern}\end{pmatrix} \cdot \ldots \cdot \\
&\Pr\begin{pmatrix}\text{keine Informationskaskadenbildung nach} \\ \text{weiteren zwei Entscheidungsträgern}\end{pmatrix} \\
&= \underbrace{2(w-w^2)}_{\text{für n=1, 2}} \cdot \underbrace{2(w-w^2)}_{\text{für n=3, 4}} \cdot \ldots \cdot \underbrace{2(w-w^2)}_{\text{für n=N-1, N}} \\
&= \left[2(w-w^2)\right]^{\frac{N}{2}}
\end{aligned}
\tag{3.35}
$$

Der erste Multiplikator $2(w-w^2)$ in Gleichung (3.35) stellt die Wahrscheinlichkeit für die Nicht-Bildung einer Informationskaskade nach den ersten zwei Entscheidungsträgern dar. Der zweite Faktor $2(w-w^2)$ bedeutet die Wahrscheinlichkeit, daß die beiden weiteren Entscheidungsträger, also $n = 3, 4$, unterschiedliche Signale erhalten und somit keine Informationskaskadenbildung nach diesen zwei Entscheidungsträgern auftritt. Diese Überlegung gilt für alle weiteren Paare. Der letzte Multiplikator $2(w-w^2)$ aus dem Produkt stellt die Wahrscheinlichkeit dar, daß der vorletzte ($n = N-1$) und der letzte ($n = N$) Entscheidungsträger unterschiedlich über den künftigen Umweltzustand informiert sind. Die jeweiligen Wahrscheinlichkeiten als Multiplikatoren sind identisch. Weil insgesamt N Entscheidungsträger betrachtet werden, wird die Wahrscheinlichkeit $2(w-w^2)$ $\frac{N}{2}$-mal multipliziert.

Die Gegenwahrscheinlichkeit für die Informationskaskadenbildung nach endlichen vielen Individuen ist demzufolge gegeben durch:

$$
\begin{aligned}
&\Pr(\text{Informationskaskadenbildung nach n=N}) \\
&= 1 - \Pr(\text{keine Informationskaskadenbildung nach n=N}) \\
&= 1 - \left[2(w-w^2)\right]^{\frac{N}{2}} \quad .
\end{aligned}
\tag{3.36}
$$

Analog zur Gleichung (3.34) ergibt sich die Wahrscheinlichkeit für eine Up- oder Down-Informationskaskade nach N Entscheidungsträgern wie folgt:

$$
\begin{aligned}
&\Pr(\text{Up-Kaskade nach n=N}) = \Pr(\text{Down-Kaskade nach n=N}) \\
&= \frac{1}{2} \cdot \Pr(\text{Informationskaskadenbildung nach n=N}) \\
&= \frac{1}{2} \cdot \left[1 - \left[2(w-w^2)\right]^{\frac{N}{2}}\right] \quad .
\end{aligned}
\tag{3.37}
$$

Aus der Gleichung (3.36) gelangen wir zu folgender Erkenntnis: Ob eine Informationskaskade auftreten wird, hängt von der Informationspräzision w und von der Anzahl der Entscheidungsträger n ab. Die Frage, inwiefern diese beiden Faktoren die Wahrscheinlichkeit für eine Informationskaskadenbildung beeinflussen können, soll mit Hilfe von Tabelle 3.6 beantwortet werden. In der ersten Spalte sind die unterschiedlichen Informationspräzisionen angegeben, die einen Wert zwischen 0,5 und 1 annehmen. Obwohl annahmegemäß $0,5 < w < 1$ gilt, werden hier die Ober- ($w = 1$) und Untergrenze ($w = 0,5$) der Signalpräzision dennoch bei der Wahrscheinlichkeitsberechnung berücksichtigt. Die Anzahl der Entscheidungsträger ist in der ersten Zeile angegeben und variiert zwischen 2 und 50. In den einzelnen Feldern der Matrix sind die jeweiligen Wahrscheinlichkeiten der Informationskaskadenbildung in Abhängigkeit von der Informationspräzision und der Anzahl der Entscheidungsträger dargestellt, wobei davon ausgegangen wird, daß alle Entscheidungsträger Informationen mit gleicher Präzision w erhalten.

	Anzahl der Entscheidungsträger n						
Informations-präzision	n = 2	n = 4	n = 6	n = 8	n = 10	n = 20	n = 50
$w = 0,5$	0,5	0,75	0,875	0,9375	0,96875	0,99902	0,99999
$w = 0,6$	0,52	0,7696	0,88941	0,94692	0,97452	0,99935	0,99999
$w = 0,7$	0,58	0,8236	0,92591	0,96888	0,98693	0,99983	0,99999
$w = 0,8$	0,68	0,8976	0,96723	0,98951	0,99664	0,99999	1
$w = 0,9$	0,82	0,9676	0,99417	0,99895	0,99981	1	1
$w = 1$	1	1	1	1	1	1	1

Tabelle 3.6: Wahrscheinlichkeit der Informationskaskadenbildung in Abhängigkeit von der Informationspräzision und der Anzahl der Entscheidungsträger

Bei einer gegebenen Signalpräzision wird sich die Wahrscheinlichkeit der Informationskaskadenbildung vergrößern, wenn die Anzahl der Entscheidungsträger steigt. Bei einer Informationspräzision von $w = 0,8$ beträgt beispielsweise die Wahrscheinlichkeit Pr(Informationskaskadenbildung nach n=2) 0,68. Bei der gleichen Informationsqualität erhöht sich die Wahrscheinlichkeit für Pr(Informationskaskadenbildung nach n=20) auf 0,99999. Je mehr Entscheidungsträger beobachtet werden, desto wahrscheinlicher ist eine Informationskaskadenbildung. Zwar sind die Entscheidungen der Vorgänger beobachtbar, nicht jedoch ihre zugrunde liegenden Informationen, die nur abgeleitet werden können. Die sich später entscheidenden Individuen sind aufgrund der Informationsexternalität sowie der schlechten Informationsaggregation nicht besser informiert als ihre Vorgänger. Je mehr Vorgänger ein Entscheidungsträger hat, desto schwieriger ist es für ihn, die Informationen aus den jeweiligen Handlungen abzuleiten. Falls eine Informationskaskade entsteht, werden sich alle weiteren Entscheidungsträger im Modell ebenfalls in derselben Informationskaskade befinden. Es ist für die sich später entscheidenden Individuen kaum möglich, die gleichgerichteten Entscheidungen der Vorgänger den möglichen Signalen zuzuordnen. Oft kommt es zu einer Verwirrung, und die Informationen der späteren Entscheidungsträger werden dominiert.

Anhand von Tabelle 3.6 kann ferner festgestellt werden, daß bei gegebener Anzahl der Entscheidungsträger mit zunehmender Informationspräzision die Wahrscheinlichkeit für eine Informationskaskadenbildung ansteigt. Beispielsweise entsteht bei $n = 2$ und $w = 0,5$ eine Informationskaskade mit einer Wahrscheinlichkeit in Höhe von 0,5, d. h. vergleichbar mit einem Münzwurf. Mit steigender Qualität der Information nimmt die Wahrscheinlichkeit der Informationskaskadenbildung tendenziell gegen eins zu. Anders ausgedrückt: Eine Informationskaskade bildet sich bei präzisen Signalen schneller als bei weniger informativen.[156] Eine Informationskaskade wird mit Sicherheit entstehen, falls die privaten Informationen mit dem vorliegenden Umweltzustand übereinstimmen, d. h., falls gilt $\Pr(S_H / H) = \Pr(S_L / L) = w = 1$. In diesem Fall entscheiden sich Entscheidungsträger A und B identisch, weil sie mit höchster Wahrscheinlichkeit dasselbe Signal erhalten haben. Die anderen Entscheidungsträger haben ebenfalls die gleichen Informationen über den Umweltzustand und treffen dieselbe Entscheidung. In diesem extremen Fall gilt ferner: Wenn die Signalpräzision aller Entscheidungsträger derart exakt dem vorliegenden Umweltzustand entspricht, werden die Entscheidungsträger durchaus nach dem eigenen Signal handeln. Die gleichen Entscheidungen können hier nicht mehr als Informationskaskade betrachtet werden, weil sie nur durch die identischen Informationen ausgelöst werden. Die Aussage der Informationskaskade kann dennoch für den Fall, daß die Informationspräzision $w = 1$ beträgt, auf den Fall *vieler* Entscheidungsträger übertragen werden. Einerseits werden grundsätzlich die Entscheidungsträger bei einer hohen Informationspräzision mehr auf die eigenen Signale achten. Andererseits werden die privaten Informationen in solchen Entscheidungssituationen zum Treffen der richtigen Entscheidung nicht mehr benötigt, weil die Entscheidungen der Vorgänger mit perfekten Entscheidungsgrundlagen den Hinweis auf den noch unbekannten Umweltzustand liefern.[157] Dadurch kann auch die Tendenz, daß qualifizierte Informationen eher für eine Informationskaskade sorgen, erklärt werden. Auch wenn die vorhandenen Informationen wenig sind, weisen die zu verarbeitenden Informationen eine gute Qualität auf.

Aufgrund der schlechten Informationsaggregation sind wenige Informationen in einer Kaskade vorhanden. Je weniger Informationen in den Entscheidungsprozeß einbezogen werden, desto wahrscheinlicher ist eine Informationskaskadenbildung. Nach den Wahrscheinlichkeitsangaben in Tabelle 3.6, die sowohl von der Informationspräzision als auch von der Anzahl der Individuen abhängen, können die gleichen Aussagen getroffen werden wie bei Walter (2002): Die Anzahl der ins Entscheidungskalkül einbezogenen und somit öffentlich zur Verfügung stehenden Informationen wird sich einerseits durch die zunehmende Signalpräzision reduzieren und andererseits mit der steigenden Anzahl der Entscheidungsträger nur gering wachsen.[158] Mit einer steigenden Anzahl von Entscheidungsträgern nimmt die Wahrscheinlichkeit für eine

[156] Dazu vgl. Bikhchandani/Hirshleifer/Welch (1992), S. 997.

[157] Vgl. Freiberg (2004), S. 22; Vgl. dazu auch Nelson (2002), S. 68.

[158] Vgl. Walter (2002), S. 27.

Informationskaskadenbildung bei gegebener Informationspräzision geringer zu. Bei einer Signalpräzision in Höhe von $w = 0,7$ unterscheidet sich die Wahrscheinlichkeit für Pr(Informationskaskadenbildung nach n=20) =0,99983 wesentlich von der Wahrscheinlichkeit Pr(Informationskaskadenbildung nach n=2) =0,58. Wenn sich die Anzahl der Entscheidungsträger von 20 auf 50 erhöht, steigt die entsprechende Wahrscheinlichkeit Pr(Informationskaskadenbildung nach n=50) =0,99999 aber nur gering an. Die Anzahl der verarbeiteten Informationen wird ferner durch die Zunahme der Anzahl von Individuen schwach positiv beeinflußt. Die zunehmende Anzahl der Entscheidungsträger trägt wenig zur Anzahl der in den Entscheidungsprozeß einbezogenen Informationen bei. Wenn eine Informationskaskade bereits nach wenigen Entscheidungsträgern entsteht, werden die Informationen der später entscheidenden Individuen mit geringerer Gewichtung ins Kalkül einbezogen, so daß sie mit zunehmender Anzahl an Entscheidungsträgern schnell durch die Informationskaskade dominiert werden, somit bleibt die Informationslage weiterhin schlecht.

Zusammengefaßt nimmt die Wahrscheinlichkeit für eine Informationskaskadenbildung zu, wenn sich die Signalpräzision und die Anzahl der Entscheidungsträger erhöhen. Unabhängig davon, ob eine Informationskaskade zu einem richtigen Ergebnis führt, ist sie hinsichtlich der Informationslage *nicht effizient*. In einer Informationskaskade können nur wenige Informationen wahrgenommen und weiter im Entscheidungskalkül verarbeitet werden, selbst wenn genügend Entscheidungsträger mit unterschiedlichen Informationen in der Entscheidungsreihe verfügbar sind. Wenn wir die wesentlichen Einflußfaktoren einer Informationskaskadenbildung erkennen, ist es möglich, eine eventuell auftretende Informationskaskade zu verhindern oder ihre Entstehungswahrscheinlichkeit zu reduzieren.

3.2.2.2.2 Wahrscheinlichkeit für eine richtige oder falsche Informationskaskade

Die Wahrscheinlichkeit der Informationskaskadenbildung wurde im letzten Abschnitt allgemeinen untersucht. Die Frage, mit welcher Wahrscheinlichkeit sich eine „richtige" oder „falsche" Informationskaskade bildet, bleibt dabei noch offen. Eine richtige Informationskaskade bedeutet, daß die Entscheidung zur Durchführung oder Unterlassung einer Investition mit dem tatsächlichen guten oder schlechten Zustand übereinstimmt. Damit stellt sich die getroffene Entscheidung als die beste Alternative heraus. Dementsprechend versteht man unter einer falschen Informationskaskade diejenige Alternative, die sich bei dem resultierenden Umweltzustand als unprofitabel erweist. Um die Wahrscheinlichkeit für die Bildung einer richtigen oder falschen Informationskaskade nach endlichen vielen Individuen zu ermitteln, betrachten wir zuerst wiederum die entsprechende Wahrscheinlichkeit im Fall von zwei Entscheidungsträgern.

Die Bedingung, daß A und B über unterschiedliche Informationen verfügen, ist im vorgestellten Modell nicht nur notwendig, sondern auch hinreichend für die *Nicht-Bildung* einer Informationskaskade. Dementsprechend müssen A und B über den

Umweltzustand gleich informiert sein, damit sich nach den beiden Entscheidungsträgern eine Informationskaskade überhaupt bildet. Eine richtige Informationskaskade ergibt sich, wenn die beiden Signale auch mit dem vorliegenden Umweltzustand übereinstimmen. Das heißt, die Signalpräzision von A und B kann bei einer richtigen Informationskaskade durch $\Pr(S_H^A, S_H^B / H)$ oder $\Pr(S_L^A, S_L^B / L)$ ausgedrückt werden, die bei der Ermittlung der gesuchten Wahrscheinlichkeit jeweils mit der ex-post-Eintrittswahrscheinlichkeit des zu realisierenden Umweltzustandes, $\Pr(H)$ oder $\Pr(L)$, gewichtet wird. Demnach ergibt sich die gesuchte Wahrscheinlichkeit für die Bildung einer richtigen Informationskaskade nach zwei Entscheidungsträgern folgendermaßen:

$$\begin{aligned}
&\Pr(\text{richtige Informationskaskadenbildung nach n=2})\\
&=\Pr(H)\cdot\Pr\left(S_H^A, S_H^B / H\right)+\Pr(L)\cdot\Pr\left(S_L^A, S_L^B / L\right)\\
&=\frac{1}{2}\cdot\Pr\left(S_H^A / H\right)\cdot\Pr\left(S_H^B / H\right)+\frac{1}{2}\cdot\Pr\left(S_L^A / L\right)\cdot\Pr\left(S_L^B / L\right)\\
&=\frac{1}{2}\cdot w^2+\frac{1}{2}\cdot w^2\\
&=w^2\;.
\end{aligned}\tag{3.38}$$

Eine falsche Informationskaskade entsteht, wenn sich die übereinstimmenden Signale der ersten zwei Individuen vom tatsächlichen Umweltzustand unterscheiden. Das heißt, die Signalpräzision von A und B kann in diesem Fall durch $\Pr(S_H^A, S_H^B / L)$ oder $\Pr(S_L^A, S_L^B / H)$ charakterisiert werden, die bei der Ermittlung der gesuchten Wahrscheinlichkeit wieder mit der ex-post-Eintrittswahrscheinlichkeit des jeweiligen Umweltzustandes gewichtet wird. Die Wahrscheinlichkeit für eine falsche Informationskaskadenbildung ist dementsprechend gegeben durch:

$$\begin{aligned}
&\Pr(\text{falsche Informationskaskadenbildung nach n=2})\\
&=\Pr(H)\cdot\Pr\left(S_L^A, S_L^B / H\right)+\Pr(L)\cdot\Pr\left(S_H^A, S_H^B / L\right)\\
&=\frac{1}{2}\cdot\Pr\left(S_L^A / H\right)\cdot\Pr\left(S_L^B / H\right)+\frac{1}{2}\cdot\Pr\left(S_H^A / L\right)\cdot\Pr\left(S_H^B / L\right)\\
&=\frac{1}{2}\cdot(1-w)^2+\frac{1}{2}\cdot(1-w)^2\\
&=(1-w)^2\;.
\end{aligned}\tag{3.39}$$

Die Wahrscheinlichkeit einer Informationskaskadenbildung ist zusammengesetzt aus der Wahrscheinlichkeit einer falschen und der einer richtigen Informationskaskadenbildung. Daher stimmt die Summe der beiden Wahrscheinlichkeiten aus (3.38) und (3.39) mit der aus (3.30) überein. Im Vergleich zum Modell von Bikhchandani/Hirshleifer/Welch (1992) ist die Wahrscheinlichkeit der Bildung einer Informationskaskade im hier eingeführten Modell kleiner, weil der zweite Entscheidungsträger B annahmegemäß stets nach seiner Information die Entscheidung trifft, wenn sich sein

Signal von dem des A unterscheidet. Dies führt dazu, daß die beiden Wahrscheinlichkeiten in (3.38) und (3.39) kleiner sind als die entsprechenden Wahrscheinlichkeiten im Modell von Bikhchandani/Hirshleifer/Welch.[159]

Die Informationskaskade bildet sich, wie festgestellt wurde, nach einer geraden Anzahl an Entscheidungsträgern. Aus diesem Grund werden die Entscheidungsträger im folgenden immer paarweise in Betracht gezogen. Für die Wahrscheinlichkeitsberechnung einer richtigen Informationskaskade nach vier Entscheidungsträgern sind zwei Möglichkeiten zu berücksichtigen: Entweder entsteht eine richtige Informationskaskade bereits nach zwei Entscheidungsträgern, oder die richtige Informationskaskade wird erst nach zwei weiteren Entscheidungsträgern gebildet. Diese Kenntnis spiegelt sich in Gleichung (3.40) wider.

$$\begin{aligned}
&\Pr(\text{richtige Informationskaskadenbildung nach n=4})\\
&= \Pr(\text{richtige Informationskaskadenbildung nach n=2}) +\\
&\Pr(\text{keine Informationskaskadenbildung nach n=2}) \cdot\\
&\Pr\begin{pmatrix}\text{richtige Informationskaskadenbildung nach}\\ \text{weiteren zwei Entscheidungsträgern}\end{pmatrix}\\
&= w^2 + 2\left(w - w^2\right) \cdot w^2\\
&= w^2 \cdot \left[1 + 2\left(w - w^2\right)\right] \quad .
\end{aligned} \tag{3.40}$$

Analog ergibt sich die Wahrscheinlichkeit für eine falsche Informationskaskadenbildung wie folgt:

$$\begin{aligned}
&\Pr(\text{falsche Informationskaskadenbildung nach n=4})\\
&= \Pr(\text{falsche Informationskaskadenbildung nach n=2}) +\\
&\Pr(\text{keine Informationskaskadenbildung nach n=2}) \cdot\\
&\Pr\begin{pmatrix}\text{falsche Informationskaskadenbildung nach}\\ \text{weiteren zwei Entscheidungsträgern}\end{pmatrix}\\
&= (1 - w)^2 + 2\left(w - w^2\right) \cdot (1 - w)^2\\
&= (1 - w)^2 \cdot \left[1 + 2\left(w - w^2\right)\right] \quad .
\end{aligned} \tag{3.41}$$

Diese Vorgehensweise wird für einen Fall mit endlichen vielen Entscheidungsträgern weiter verwendet. Die Wahrscheinlichkeit für eine richtige Informationskaskadenbildung nach N Entscheidungsträgern ist gegeben durch:

---

[159] In Bikhchandani/Hirshleifer/Welch (1992), S. 998, gilt die Wahrscheinlichkeit

$$\Pr(\text{richtige Informationskaskadenbildung nach n=2}) = \frac{w(w+1)}{2} \quad .$$

$$\begin{aligned}
&\Pr\left(\text{richtige Informationskaskadenbildung nach n=N}\right)\\
&=\Pr\left(\text{richtige Informationskaskadenbildung nach n=2}\right)+\\
&\Pr\left(\text{keine Informationskaskadenbildung nach n=2}\right)\cdot\\
&\Pr\begin{pmatrix}\text{richtige Informationskaskadenbildung nach}\\ \text{weiteren zwei Entscheidungsträgern}\end{pmatrix}+\\
&\Pr\left(\text{keine Informationskaskadenbildung nach n=4}\right)\cdot\\
&\Pr\begin{pmatrix}\text{richtige Informationskaskadenbildung nach}\\ \text{weiteren zwei Entscheidungsträgern}\end{pmatrix}+\ldots+\\
&\Pr\left(\text{keine Informationskaskadenbildung nach n=N-2}\right)\cdot\\
&\Pr\begin{pmatrix}\text{richtige Informationskaskadenbildung nach}\\ \text{weiteren zwei Entscheidungsträgern}\end{pmatrix}\\
&=w^2+2\cdot\left(w-w^2\right)\cdot w^2+2^2\cdot\left(w-w^2\right)^2\cdot w^2+\ \ldots\ +2^{\frac{N-2}{2}}\cdot\left(w-w^2\right)^{\frac{N-2}{2}}\cdot w^2\\
&=w^2\cdot\left[1+2\cdot\left(w-w^2\right)+2^2\cdot\left(w-w^2\right)^2+\ \ldots\ +2^{\frac{N-2}{2}}\cdot\left(w-w^2\right)^{\frac{N-2}{2}}\right]\\
&=w^2\cdot\frac{1-\left[2\left(w-w^2\right)\right]^{\frac{N}{2}}}{1-2\left(w-w^2\right)}\quad.
\end{aligned}\tag{3.42}$$

Bei dem Ausdruck in der vorletzten Zeile handelt es sich um eine endliche geometrische Reihe. Für die Wahrscheinlichkeitsberechnung werden die Entscheidungsträger paarweise betrachtet. Daher werden in der eckigen Klammer insgesamt $\frac{N}{2}$ Zahlen addiert, die vorausgehende mit der Konstanten $2\cdot(w-w^2)$ multipliziert werden. Die letzte Zeile stellt die Lösung für diese endliche geometrische Reihe dar, solange der Quotient $2\cdot(w-w^2)\neq 1$ gilt.

Demnach ist die Wahrscheinlichkeit für die Bildung einer falschen Informationskaskade nach N Entscheidungsträgern gegeben durch:[160]

[160] Das folgende Ergebnis erhält man auch durch die Differenz der Wahrscheinlichkeit einer Informationskaskadenbildung nach N Entscheidungsträgern und der einer richtigen Informationskaskadenbildung nach N Entscheidungsträgern:

$$\begin{aligned}
(3.36)-(3.42)&=\left[1-\left[2\left(w-w^2\right)\right]^{\frac{N}{2}}\right]-w^2\cdot\frac{1-\left[2\left(w-w^2\right)\right]^{\frac{N}{2}}}{1-2\left(w-w^2\right)}\\
&=\frac{\left[1-\left[2\left(w-w^2\right)\right]^{\frac{N}{2}}\right]\cdot\left[1-2\left(w-w^2\right)-w^2\right]}{1-2\left(w-w^2\right)}=\left(1-w\right)^2\cdot\frac{1-\left[2\left(w-w^2\right)\right]^{\frac{N}{2}}}{1-2\left(w-w^2\right)}\quad.
\end{aligned}$$

$$
\begin{aligned}
&\Pr(\text{falsche Informationskaskadenbildung nach n=N}) \\
&= \Pr(\text{falsche Informationskaskadenbildung nach n=2}) + \\
&\Pr(\text{keine Informationskaskadenbildung nach n=2}) \cdot \\
&\Pr\begin{pmatrix}\text{falsche Informationskaskadenbildung nach} \\ \text{weiteren zwei Entscheidungsträgern}\end{pmatrix} + \ldots + \\
&\Pr(\text{keine Informationskaskadenbildung nach n=N-2}) \cdot \\
&\Pr\begin{pmatrix}\text{falsche Informationskaskadenbildung nach} \\ \text{weiteren zwei Entscheidungsträgern}\end{pmatrix} \\
&= (1-w)^2 + 2\cdot\left(w-w^2\right)\cdot(1-w)^2 + \ \ldots\ + 2^{\frac{N-2}{2}}\cdot\left(w-w^2\right)^{\frac{N-2}{2}}\cdot(1-w)^2 \\
&= (1-w)^2\cdot\left[1+2\cdot\left(w-w^2\right) + \ \ldots\ + 2^{\frac{N-2}{2}}\cdot\left(w-w^2\right)^{\frac{N-2}{2}}\right] \\
&= (1-w)^2\cdot\frac{1-\left[2\left(w-w^2\right)\right]^{\frac{N}{2}}}{1-2\left(w-w^2\right)} \quad .
\end{aligned}
\tag{3.43}
$$

Die beiden Wahrscheinlichkeiten in (3.42) und (3.43) hängen wieder von der Signalpräzision w sowie von der Anzahl der Entscheidungsträger n ab. Tabelle 3.7 zeigt Implikationen der beiden Einflußfaktoren hinsichtlich der Bildung von falschen oder richtigen Informationskaskaden.

	$\Pr\begin{pmatrix}\text{falsche Informations-} \\ \text{kaskadenbildung nach n}\end{pmatrix}$				$\Pr\begin{pmatrix}\text{richtige Informations-} \\ \text{kaskadenbildung nach n}\end{pmatrix}$			
Informations-präzision	$n=2$	$n=4$	$n=20$	$n=50$	$n=2$	$n=4$	$n=20$	$n=50$
$w=0{,}5$	0,25	0,375	0,49951	0,5	0,25	0,375	0,49951	0,5
$w=0{,}6$	0,16	0,2368	0,30749	0,30769	0,36	0,5328	0,69186	0,69231
$w=0{,}7$	0,09	0,1278	0,15515	0,15517	0,49	0,6958	0,84468	0,84483
$w=0{,}8$	0,04	0,0528	0,05882	0,05882	0,64	0,8448	0,94117	0,94118
$w=0{,}9$	0,01	0,0118	0,0122	0,0122	0,81	0,9558	0,9878	0,9878
$w=1$	0	0	0	0	1	1	1	1

Tabelle 3.7: Wahrscheinlichkeit für die Bildung einer falschen oder richtigen Informationskaskade in Abhängigkeit von der Informationspräzision und der Anzahl der Entscheidungsträger

Zuerst kann festgestellt werden, daß bei einer gegebenen Anzahl an Entscheidungsträgern und einer bestimmten Informationspräzision die Summe der Wahrscheinlichkeit für eine richtige und für eine falsche Informationskaskadenbildung gleich der Wahrscheinlichkeit für die Bildung einer Informationskaskade aus der Tabelle 3.6 ist. Handelt es sich beispielsweise um $n=4$ Entscheidungsträger und die Informationspräzision $w=0{,}6$, beträgt die Wahrscheinlichkeit für eine falsche Informationskaskadenbildung 0,2368 und für eine richtige 0,5328. Die Summe beider Wahrscheinlichkeiten mit dem Wert von 0,7696 entspricht der Wahrscheinlichkeit in Tabelle 3.6, bei der sich eine Informationskaskade bei gleicher Individuenanzahl und Informationsqualität überhaupt bildet. Eine einmal entstandene Informationskaskade schlägt sich in zwei möglichen Richtungen nieder. Sie kann entweder mit dem zugrunde liegenden Zustand übereinstimmen oder ihm widersprechen. Eine andere Einwicklung gibt es im Modellrahmen nicht. Die Aussage der Tabelle 3.6, wonach sich bei gegebener Anzahl der Entscheidungsträger die Wahrscheinlichkeit für eine Informationskaskadenbildung mit zunehmender Signalpräzision erhöht, verschärft sich in Tabelle 3.7: Bei gegebener Anzahl n sinkt die Wahrscheinlichkeit für eine falsche Informationskaskadenbildung durch die Zunahme der Informationspräzision. Im Gegenzug erhöht sich die Wahrscheinlichkeit für eine richtige Informationskaskadenbildung.

Aus Tabelle 3.7 ist ferner ersichtlich, daß die Signalpräzision einen größeren Einfluß auf die betrachteten Wahrscheinlichkeiten hat als die Anzahl der Entscheidungsträger. Bei einer Informationspräzision $w = 0,6$ gilt die Wahrscheinlichkeit Pr(richtige Informationskaskadenbildung nach n = 4) = 0,5328 und die Wahrscheinlichkeit Pr(richtige Informationskaskadenbildung nach n = 50) = 0,69231. Obwohl sich die Anzahl der Entscheidungsträger von 4 auf 50 erhöht, steigt die Wahrscheinlichkeit nur um 29,94%. Bei einer unveränderten Anzahl der Entscheidungsträger von $n = 4$ steigt die gleiche Wahrscheinlichkeit um 58,56%, wenn sich die Signalpräzision von 0,6 auf 0,8 erhöht. Selbst wenn viele Entscheidungsträger betrachtet werden, ist die Wahrscheinlichkeit für eine richtige Informationskaskade bei unpräziser Information verhältnismäßig gering. Ob eine Informationskaskade zu einem ex-post richtigen Ergebnis führt, hängt demzufolge stärker von der Informationsqualität der Entscheidungsträger ab.

Die Relation der Wahrscheinlichkeit einer richtigen Informationskaskadenbildung zur Wahrscheinlichkeit der Bildung einer Informationskaskade drückt aus, wie informativ die betrachtete Informationskaskade ist.[161] Diese Relation gibt die Güte der Informationsverarbeitung an[162] und ist gegeben durch:

$$\frac{\Pr\left(\text{richtige Informationskaskadenbildung nach N Entscheidungsträgern}\right)}{\Pr\left(\text{Informationskaskadenbildung nach N Entscheidungsträgern}\right)} = \frac{w^2 \cdot \dfrac{1-\left[2\left(w-w^2\right)\right]^{\frac{N}{2}}}{1-2\left(w-w^2\right)}}{1-\left[2\left(w-w^2\right)\right]^{\frac{N}{2}}} = \frac{w^2}{1-2\left(w-w^2\right)} \quad . \tag{3.44}$$

---

[161] Vgl. Bikhchandani/Hirshleifer/Welch (1998), S. 156.

[162] Vgl. Walter (2002), S. 22.

Dementsprechend kann die Relation der Wahrscheinlichkeit einer falschen Informationskaskadenbildung zur Wahrscheinlichkeit der Bildung einer Informationskaskade dargestellt werden als:

$$\frac{\Pr\left(\text{falsche Informationskaskadenbildung nach N Entscheidungsträgern}\right)}{\Pr\left(\text{Informationskaskadenbildung nach N Entscheidungsträgern}\right)}$$

$$= \frac{(1-w)^2 \cdot \dfrac{1-\left[2\left(w-w^2\right)\right]^{\frac{N}{2}}}{1-2\left(w-w^2\right)}}{1-\left[2\left(w-w^2\right)\right]^{\frac{N}{2}}} \tag{3.45}$$

$$= \frac{(1-w)^2}{1-2\left(w-w^2\right)} \ .$$

Eine Informationskaskade ist im Modellrahmen entweder ex-post richtig oder falsch. Daher muß die Summe der Relationen aus (3.44) und (3.45) gleich eins sein.

Beide Relationen sind vollkommen unabhängig von der Anzahl der Entscheidungsträger. Obwohl die jeweiligen Wahrscheinlichkeiten von der Anzahl an Entscheidungsträgern beeinflußt werden, ändern sich die Relationen nur bei einer Variation der Signalpräzision. Die Güte der Informationsverarbeitung hängt alleine von der Informationspräzision ab. Die Signalpräzision w befindet sich in Gleichung (3.44) sowohl im Zähler als auch im Nenner. Wir können vorerst vermuten, daß je höher die Informationsqualität ist, desto wahrscheinlicher ist eine richtige Informationskaskade, und somit um so größer die Relation in (3.44). Die folgende Abbildung 3.1 liefert eine klare Aussage darüber, inwiefern die gesuchten Relationen von der Signalpräzision beeinflußt werden.

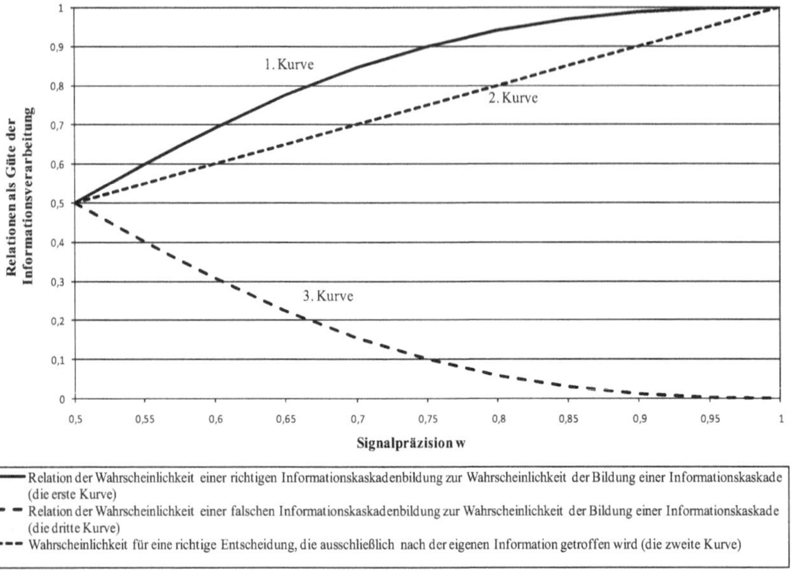

Abbildung 3.1: Zusammenhang zwischen der Signalpräzision und der Informationsverarbeitung[163]

Die erste Kurve in Abbildung 3.1 stellt die Relation der Wahrscheinlichkeit einer richtigen Informationskaskadenbildung zur Wahrscheinlichkeit der Bildung einer Informationskaskade dar und basiert auf Gleichung (3.44). Die dritte Kurve gibt die Relation der Wahrscheinlichkeit einer falschen Informationskaskadenbildung zur Wahrscheinlichkeit der Bildung einer Informationskaskade an und basiert auf Gleichung (3.45). Die erste Kurve liegt stets über der dritten Kurve, somit kann festgestellt werden, daß die Wahrscheinlichkeit für eine richtige Informationskaskade bei jeder gegebenen Informationsqualität größer ist als ihre Gegenwahrscheinlichkeit. Der Grund hierfür liegt darin, daß die Signalpräzision per Annahme einen Wert zwischen 0,5 und 1 annimmt. Die beiden Kurven hätten ihre Lage getauscht, wenn die Informationsqualität auf das Intervall $w \in (0;0,5)$ beschränkt werden würde. Eine richtige Entscheidung wird durch die Zunahme der Informationsqualität wahrscheinlicher getroffen.

In Abbildung 3.1 zeigt die zweite Kurve die Wahrscheinlichkeit für eine richtige Entscheidung auf, die ausschließlich nach privaten Informationen getroffen wird. Es wird also dargestellt, mit welcher Wahrscheinlichkeit ein Entscheidungsträger eine richtige Investitionsentscheidung trifft, wenn er sich in einer Situation befindet, die ihm nicht ermöglicht, die Entscheidungen der anderen Entscheidungsträger zu beobachten. In einer solchen Situation kann er seine Entscheidung nur auf Basis der

[163] In Anlehnung an Bikhchandani/Hirshleifer/Welch (1992), S. 998. Vgl. dazu auch Bikhchandani/Hirshleifer/Welch (1998), S. 157.

eigenen Informationen treffen. Die Wahrscheinlichkeit, daß seine Entscheidung richtig ist, kann als

$$\begin{aligned}
&\Pr(\text{richtige Entscheidung nach der eigenen Information})\\
&=\Pr(H)\cdot\Pr(S_H/H)+\Pr(L)\cdot\Pr(S_L/L)\\
&=\frac{1}{2}w+\frac{1}{2}w\\
&=w
\end{aligned} \tag{3.46}$$

bezeichnet werden. Sie hängt nur von der Signalpräzision ab. Bei jeder gegebenen Signalpräzision entspricht die Wahrscheinlichkeit einer richtigen Entscheidung dem Wert der Signalpräzision. Aus diesem Grund verläuft die zweite Kurve mit einem 45° Winkel zur x Achse. Sie verläuft nicht durch den Ursprung, weil die Signalpräzision w einen Wert größer als 0,5 annimmt. Diese Entscheidungssituation ist mit einer Autarkie-Situation vergleichbar, in der kein Informationsaustausch zwischen den Entscheidungsträgern stattfindet, jeder nur über seine eigenen Informationen verfügt und seine Entscheidung danach orientieren muß.

Die erste Kurve liegt stets über der zweiten Kurve, weil es gilt $\frac{w^2}{1-2(w-w^2)}>w$, für $0,5<w<1$.[164] Dies impliziert, daß eine Investitionsentscheidung in einer nicht isolierten Situation besser fundiert ist. Es kann aber auch festgestellt werden, daß der Abstand zwischen der ersten und der zweiten Kurve zunächst zunimmt, ab einer bestimmten Signalpräzision abnimmt und dieser Abstand insgesamt relativ klein ist.[165] Das bedeutet, daß die Chance mit einer Informationskaskade eine richtige Entscheidung zu treffen, im Vergleich zu der in einer Autarkie-Situation nicht wesentlich größer ist, obwohl die Entscheidungsträger die Entscheidungen der anderen beobachten können. Aufgrund der schlechten Informationsaggregation können die Entscheidungsträger nicht viel über die den Entscheidungen zugrunde liegenden Informationen lernen.[166]

[164] Beweis:

$$0,5<w<1\Rightarrow 1<2w\Rightarrow 1-w<2w(1-w)\Rightarrow w>1-2w(1-w)$$

$$\Rightarrow w^2>w-2w^2+2w^3\Rightarrow w^2>w-2w(w-w^2)\Rightarrow\frac{w^2}{1-2(w-w^2)}>w\ .$$

[165] Die Differenz der Veränderungen der Wahrscheinlichkeit in Abhängigkeit von der Signalpräzision kann als der Grenznutzen einer richtigen Informationskaskade im Vergleich zur Autarkie-Situation interpretiert werden. Er ist zunächst positiv, wird ab einer bestimmten Signalpräzision negativ. Es gibt somit eine Signalpräzision, bei der die Bildung einer richtigen Informationskaskade im Vergleich zur Autarkie-Situation den größten Nutzen stiftet. Allerdings wären solche Optimierungsüberlegungen nur sinnvoll, wenn die Kosten der Bildung einer Informationskaskade berücksichtigt werden. Dies ist jedoch im hier dargestellten Modellzusammenhang nicht der Fall.

[166] Vgl. Bikhchandani/Hirshleifer/Welch (1998), S. 157.

3.2.3 Ineffizienz der Informationskaskade

Im Informationskaskadenmodell werden private Informationen nicht effizient genutzt. Die Informationskaskade wäre Pareto-effizient, wenn es keine Pareto-Verbesserungsmöglichkeit gäbe.[167] Im Modell ergeben sich die folgenden Effizienzmängel:

1) *Informationsexternalität in der Informationskaskade.* Entscheidungsrelevante Informationen kann ein Entscheidungsträger in einer Informationskaskade nicht erhalten, falls er durch die beobachtbaren Entscheidungen keinen Rückschluß auf ihre zugrunde liegenden Informationen ziehen kann. Selbst wenn eine Informationskaskade zu einem ex-post richtigen Ergebnis führt, ergibt sich dennoch die Ineffizienz der Nutzung vorhandener Informationen. Inwieweit bei einer Entscheidung die tatsächlich vorhandenen Informationen effektiv genutzt werden, kann mit folgender Formel ermittelt werden:[168]

$$\frac{\text{bei der Entscheidung gebrauchte Informationen}}{\text{tatsächlich vorhandene Informationen}}$$
$$= \text{effektiver Nutzungsgrad der tatsächlich vorhandenen Informationen}\,.$$

Im Informationskaskadenmodell werden die privaten Informationen, die der konformen Entscheidung nicht entsprechen, nicht an nachfolgende Entscheidungsträger weitergegeben. Solche tatsächlich vorhandenen Informationen können in einer Informationskaskade nicht in die Kalküle der anderen Entscheidungsträger einbezogen werden. Je mehr Entscheidungsträger sich mit diversen privaten Informationen in einer Informationskaskade befinden, desto geringer ist der *effektive Nutzungsgrad der tatsächlich vorhandenen Informationen.* Dabei ergibt sich das Problem einer zu geringen Investition in die öffentlichen Informationen, das in zweifacher Hinsicht erläutert werden kann:[169] Einerseits werden in der Informationskaskade die privaten Informationen bei den individuellen Entscheidungen zu wenig gewichtet. Die öffentlichen Informationen übertreffen in einer Informationskaskade die privaten Informationen, so daß die Entscheidungen nicht unbedingt den zugrunde liegenden privaten Informationen entsprechen. Die Entscheidungsträger in einer Informationskaskade haben mehr Vertrauen in die Qualität der öffentlichen Informationen.[170] Andererseits erweist sich die Qualität der öffentlichen Informationen in einer Informationskaskade schlechter als die in einer Situation, bei der die Entscheidungsträger ihre Informationen offenlegen. Je weniger die privaten Informationen bei den Entscheidungen beachtet werden, desto weniger werden sie durch die Entscheidungen öffentlich aggregiert.

[167] Vgl. Varian (1999), S. 15.

[168] Wittmann (1959), S. 24.

[169] Vgl. Vives (1997), S. 179.

[170] Vgl. Vives (1996), S. 598.

Je stärker die privaten Informationen bei den Entscheidungen gewichtet werden, desto aufschlußreicher sind die öffentlichen Informationen. Die später entscheidenden Individuen werden davon profitieren, daß ihre Vorgänger nach eigenen Informationen handeln. Diese positive Informationsexternalität zwischen den Entscheidungsträgern wird bei den individuellen Entscheidungskalkülen in einer Informationskaskade nicht mit berücksichtigt. Die vorherigen Entscheidungsträger können nicht von der späteren hohen Informationsqualität profitieren, und sie werden nicht von den nachfolgenden Entscheidungsträgern kompensiert. Somit haben sie keinen Anreiz, die Informationsexternalität zu internalisieren. Diese individuelle, rationale Überlegung der einzelnen Entscheidungsträger verursacht einen gesellschaftlichen Wohlfahrtsverlust hinsichtlich der Informationsaggregation. Die nachfolgenden Entscheidungsträger, deren Informationsvorteil durch die nicht internalisierte Informationsexternalität eingebüßt wird, werden nicht von ihren Vorgängern entschädigt.[171] Der mit der gestiegenen Anzahl der Individuen zunehmende Informationsverlust ist Teil der sozialen Kosten der Informationskaskade. Die Kosten in Form von externen Effekten, die bei Dritten anfallen, nicht aber ins individuelle Entscheidungskalkül einbezogen werden, führen zur einen ineffizienten Ressourcenallokation.[172] Die Informationsaggregation in einer Informationskaskade ist nur ein privatwirtschaftliches Ergebnis.[173] Der Informationsverlust kann selbst bei wiederholten individuellen Interaktionen nicht vermieden werden.

Zur Internalisierung der positiven Informationsexternalität hat Vives (1997) eine Team-Lösung vorgeschlagen, in der die Entscheidungsregeln von einem externen unabhängigen Teammanager gesteuert werden. Der Teammanager kann den einzelnen Entscheidungsträgern (Teammitgliedern) vorschreiben, mit welcher Gewichtung ihre privaten Informationen bei den Entscheidungen berücksichtigt werden.[174] Diese Lösung setzt aber voraus, daß der Teammanager über die privaten Informationen und das Verhalten der einzelnen Entscheidungsträger gut informiert ist. Insofern kann die Team-Lösung nicht in der Praxis durchgesetzt werden.

2) *Lernprozeß in der Informationskaskade.* Der gesamte Entscheidungsprozeß in einer Informationskaskade kann als Lernprozeß aufgefaßt werden. Aus den Entscheidungen der anderen Akteure oder den von ihnen beeinflußten aggregierten Größen kann ein Entscheidungsträger entscheidungsrelevante Informationen erhalten und somit eine bessere Entscheidung treffen.[175] Die Signale sind im Modell per Annahme unkorreliert und voneinander unabhängig. Hätten die Entscheidungsträger perfekt korrelierte

---

[171] Der Mangel an Märkten ist eine wesentliche Eigenschaft des externen Effektes. Eine negative Informationsexternalität kostet ihren Verursacher nichts.

[172] Vgl. Feess (2004), S. 486.

[173] Vgl. Wied-Nebbeling/Schott (2007), S. 287-288.

[174] Vgl. Vives (1997), S. 184. Dazu vgl. auch Vives (1996), S. 597.

[175] Vgl. Heinemann (2001), S. 98. Dazu vgl. auch Gale (1996), S. 618. Eine von den Wirtschaftssubjekten beeinflußbare Größe ist beispielsweise der Marktpreis.

Signale, würden sie aufgrund der gleichen Informationen dieselbe Entscheidung treffen und könnten nichts voneinander lernen.[176] Um die Schätzfehler der Zielvariablen (z.B. Erwartungswert des Kapitalwertes) zu minimieren, aktualisiert jeder Entscheidungsträger anhand der Bayesschen Regel seine nicht perfekten privaten Informationen. Seine Entscheidung wird als Teil der öffentlichen Informationen wieder von anderen Wirtschaftssubjekten beobachtet. Dieser Prozeß wiederholt sich. Darüber hinaus werden die individuellen Informationen aggregiert. Ein erfolgreicher Lernprozeß kann beispielsweise folgendermaßen beschrieben werden:[177] Die Varianz und die Gaußische Verteilung eines gesuchten Mittelwertes sind bekannt. In jeder Periode erhält ein Individuum ein Signal aus dieser Verteilung. Zur Einschätzung des wahren Mittelwertes der Verteilung kann es außerdem die Schätzung seiner Vorgänger beobachten. Bei seiner Entscheidung wird dann das Regressionsverfahren nach der Methode der kleinsten Quadrate verwendet, um die quadratische Abweichung vom wahren Mittelwert zu minimieren. Dieser Lernprozeß wird durch die weiteren Entscheidungsträger fortgeführt, bis die Schätzung des Mittelwertes schließlich zum wahren Mittelwert konvergiert. Die Konvergenzgeschwindigkeit ist davon abhängig, wie die privaten und die beobachtbaren öffentlichen Informationen in den Entscheidungskalkülen gewichtet werden.

Die veränderbare Gewichtung zwischen den privaten und öffentlichen Informationen sorgt für ein Dilemma: Wenn die öffentlichen Informationen unpräzise sind, werden sich die Entscheidungsträger mehr auf eigene Informationen verlassen. Durch ihre Entscheidungen tragen die einzelnen Individuen zur Verbesserung der Qualität der öffentlichen Informationen bei. Dieser positive Effekt wird als „Selbstkorrektur" („Self-Correcting") bezeichnet. Mit zunehmender Präzision der öffentlichen Informationen werden die Individuen, vorausgesetzt, daß sie nicht perfekte Informationen erhalten, bei Entscheidungen ihre eigenen Informationen stets weniger berücksichtigen. Dies führt dazu, daß die später aggregierten öffentlichen Informationen wieder zu wenig sind. Dieser negative Effekt wird „Selbstschädigung" („Self-Defeating") genannt, welcher die direkte Konsequenz der negativen Informationsexternalität ist.[178] Die anfänglich hohe Präzision der privaten Informationen in einer Informationskaskade führt dazu, daß die durchschnittliche Sensibilität zu eigenen Informationen zu null tendiert.

In dem Fall, daß sich im eingeführten Informationskaskadenmodell sowohl der erste als auch der zweite Entscheidungsträger für die Durchführung der Investition entschieden haben, entsteht nachfolgend eine Informationskaskade, in der alle weiteren Entscheidungsträger ebenfalls die Entscheidung zur Durchführung der Investition treffen werden. Die privaten Informationen können nicht durch die zwei beschränkten Entscheidungsalternativen enthüllt werden. Die nachfolgenden Ent-

[176] Vgl. Vives (1993), S. 334-335.

[177] Vgl. Banerjee (1992), S. 809.

[178] Vgl. Vives (1997), S. 182, und dazu auch Vives (1996), S. 594.

scheidungsträger können sich nicht mehr durch die Beobachtung der Entscheidungen der Vorgänger über die Umweltentwicklung informieren. Die Informationsaggregation hört bereits nach den beiden ersten Entscheidungsträgern auf. Eine ex-post richtige Investitionsentscheidung kann nur getroffen werden, wenn die Informationen der beiden ersten Entscheidungsträger sehr präzise sind. Die nicht vollständige Informationsaggregation führt zu einer suboptimalen Entscheidung. Bildet sich einmal eine Informationskaskade, ist ein Lerneffekt kaum vorhanden.[179]

3) *Private Bereitstellung öffentlicher Informationen.* Im Modell hängt die Menge der öffentlichen Informationen vom Aggregat der privaten Informationen ab. Die öffentlichen Informationen werden privat bereitgestellt. Für die *einzelnen Entscheidungsträger* erfüllen die öffentlichen Informationen die Eigenschaften des Nicht-Ausschlußprinzips und der Nicht-Rivalität im Konsum, welche die typischen Charakteristika öffentlicher Güter sind.[180] Ein Entscheidungsträger N in einer Entscheidungsreihe wird nicht von der Nutzung der durch (N – 1) Entscheidungsträger aggregierten öffentlichen Informationen ausgeschlossen. Seine Nutzung der öffentlichen Informationen führt zu keiner Beeinträchtigung der Nutzung durch die anderen Entscheidungsträger. Insofern kann die Informationsaggregation im eingeführten Modell als die private Bereitstellung öffentlicher Güter betrachtet werden. Die öffentlichen Informationen stehen allen Entscheidungsträgern gleichermaßen zur Nutzung zur Verfügung, insofern sie bereitgestellt worden sind. Der uneingeschränkte Zugriff gilt nicht nur für diejenigen Entscheidungsträger, die eigene Informationen als Beiträge zu den öffentlichen Informationen geliefert haben, sondern auch für die Entscheidungsträger, deren private Informationen bei den Entscheidungen zu wenig gewichtet und somit nicht öffentlich enthüllt werden können. Wenn die Entscheidungsträger von den privaten Informationen der anderen kostenlos profitieren können, besteht für sie wenig Anreiz, ihren Beitrag zur Bereitstellung öffentlicher Informationen zu leisten. Dies ist ein typisches Trittbrettfahrerproblem bei der privaten Bereitstellung öffentlicher Güter. Im individuellen Entscheidungskalkül wird der externe Effekt nicht berücksichtigt, wonach eine verringerte Bereitstellungsmenge an privaten Informationen direkt die Informationspräzision der öffentlichen Informationen reduziert. Die Nicht-Berücksichtigung des externen Effektes verursacht die zu geringe Bereitstellung der öffentlichen Informationen, insbesondere wenn die privaten Bereitstellungskosten hoch sind. Dies wurde von Hendricks/Kovenock (1989) am Beispiel der Investitionsentscheidungen zweier Ölgesellschaften erläutert. Die beiden Ölgesellschaften haben ein Bohrrecht für das gleiche Gelände. Sie können selbst entscheiden, ob sie bohren möchten. Es ist unsicher, ob durch die Bohrung tatsächlich Öl gefunden wird. Wenn sich eine Ölgesellschaft in der ersten Periode für die Bohrung entscheidet, kann die andere kostenlos das Ergebnis beobachten und im Fall eines Ölfundes risikofrei in der nächsten Periode bohren. Insofern ist die Information über die Bodenbeschaffenheit

[179] Vgl. Bikhchandani/Hirshleifer/Welch (1992), S. 998.

[180] Vgl. Feess (2004), S. 481.

durch die Bohrentscheidung in der ersten Periode ein öffentliches Gut. In einem Nash-Gleichgewicht mit Bayesscher Entscheidungsregel werden beide Ölgesellschaften in der ersten Periode nicht bohren und jeweils auf das Ergebnis von Bohrentscheidung der anderen warten. Dies führt dazu, daß in der ersten Periode zu wenig öffentliche Informationen über die Bodenbeschaffenheit des Geländes bereitgestellt werden. Dies zieht größere gesellschaftliche Kosten nach sich: die Nicht-Bohrentscheidung einer Ölgesellschaft vermittelt der anderen den Eindruck, daß sie über ein negatives Signal zur Bodenbeschaffenheit verfügt. Dies verringert den Erwartungswert der Rentabilität einer Investition für die andere Ölgesellschaft, so daß sie in der zweiten Periode auch nicht bohren wird, selbst wenn jede Ölgesellschaft ein gutes Signal über die Bodenbeschaffenheit des Geländes erhalten hat.[181] Infolgedessen ist die Allokation, die durch ein Nash-Gleichgewicht der individuellen Beiträge bestimmt wird, im Vergleich zur Pareto-optimalen Allokation nicht effizient, obwohl sie vom einzelnen individuellen Standpunkt aus optimal ist.[182]

Das Nicht-Ausschlußprinzip der öffentlichen Informationen stößt im hier behandelten Modell an seine Grenze. Jeder Entscheidungsträger kann zwar die aggregierten Informationen aus den Entscheidungen der Vorgänger beobachten und nutzen, nicht aber die zu aggregierenden Informationen aus den nachfolgenden Entscheidungen. Insofern sind die vorherigen Entscheidungsträger von der Nutzung der späteren öffentlichen Informationen ausgeschlossen. Der relativ beschränkte Zugriff auf die öffentlichen Informationen verschlimmert das Problem ihrer unzureichenden Bereitstellung: warum sollte ein Entscheidungsträger mehr in öffentliche Informationen investieren, wenn er selber davon nicht profitieren kann? Die Antizipation des Problems kann unter Umständen die Bohrentscheidungen der Ölgesellschaften im Beispiel von Hendricks/Kovenock (1989) verändern. Wenn eine Ölgesellschaft antizipiert, daß die andere auf die eigene Bohrentscheidung warten wird, dann hat sie keinen Vorteil, durch Abwarten mehr über die Bodenbeschaffenheit des Geländes zu erfahren. Folglich haben die beiden Ölgesellschaften mehr Anreiz, bereits in der ersten Periode zu bohren. Das Problem der unzureichenden Bereitstellung der öffentlichen Informationen wäre gelöst.[183]

4) *Suboptimale Kapitalallokation aufgrund einer falschen Informationskaskade.* Wenn die ersten beiden Entscheidungsträger im Modell die gleichen Entscheidungen treffen, entsteht nachfolgend bereits eine Informationskaskade. Die privaten Informationen der weiteren Entscheidungsträger werden von den öffentlichen Informationen, die wenige private Informationen enthalten, dominiert, so daß die weiteren Entscheidungsträger unabhängig von eigenen Signalen der Entscheidung der Vorgänger folgen. Ob die Informationskaskade zu einem ex-post richtigen Ergebnis führt, hängt von der Signalpräzision der ersten zwei Entscheidungsträger ab, wobei die Richtigkeit der

[181] Vgl. Hendricks/Kovenock (1989), S. 174.

[182] Vgl. Eichberger (2004), S. 212-215.

[183] Vgl. Melissas (2005), S. 518 und S. 529.

Entscheidungen auf die Realisierung des vorliegenden Umweltzustandes abzielt. Bei einer ungünstigen Entscheidungsreihenfolge, in der eine falsche Information die dominierende Rolle spielt, wird das ex-post richtige Ergebnis trotz der großen Anzahl an Entscheidungsträgern nicht erreicht.[184]

Bei einer falschen Informationskaskade kann eine optimale Kapitalallokation nicht erreicht werden. Im Rahmen der normativen Ökonomik versteht man unter einer optimalen Kapitalallokation die effiziente Verwendung oder Verteilung von knappen Finanzmitteln, mit der das höchste Wohlfahrtsniveau erreicht wird.[185] Ein effizienter Kapitaleinsatz ist die Voraussetzung für die optimale Kapitalallokation. In einer Gesellschaft, in der alle Individuen knappe Kapitalressourcen in eine Alternative investieren, die sich nach der Realisierung des Umweltzustandes als unvorteilhaft erweist, wird das Kapital als Produktionsfaktor nicht effizient eingesetzt. Ein zusätzlicher Kapitaleinsatz in eine Alternative bringt in diesem Fall höhere Grenzerlöse. Insofern verursacht eine falsche Informationskaskade hohe Opportunitätskosten.

Informationskaskaden sind nicht nur bei Investitionsentscheidungen, sondern auch bei Konsumentscheidungen relevant. Hohe Opportunitätskosten können ebenfalls durch eine Imitation bei Konsumentscheidungen privater Haushalte verursacht werden, wenn sich die individuellen Präferenzen hinsichtlich des Konsums unterscheiden. In einer Informationskaskade werden die Individuen unabhängig von ihren eigenen Informationen ihre Konsumentscheidungen treffen. Die Tatsache, daß verschiedene Individuen über unterschiedliche Grenznutzen aus dem Konsum verfügen, wird beim individuellen Entscheidungskalkül nicht berücksichtigt. Eine Informationskaskade kann durchaus den Nutzen eines Entscheidungsträgers senken, wenn sein eigener Grenznutzen aus dem Konsum der *nicht* ausgewählten Alternative vergleichsweise größer ist. In diesem Fall kann die individuelle Wohlfahrt nicht maximiert werden.[186] Diese Aussage hat allerdings beschränkte Gültigkeit, da die Individuen sich höchstwahrscheinlich anders verhalten würden, wenn sie sich der Vielfältigkeit der Präferenzen bewußt sind.[187]

Im Modell sind vor allem die beschränkten Entscheidungsalternativen und die begrenzte Informationspräzision für eine ineffiziente Informationskaskade verantwortlich.[188] Durch die beschränkten Entscheidungsalternativen können die privaten Informationen nicht vollständig an nachfolgende Entscheidungsträger weiter über-

[184] Beispiele in verschiedenen Bereichen, vgl. Bikhchandani/Hirshleifer/Welch (1992), S. 1010-1013, dazu vgl. auch Hirshleifer (1995), S. 201-206.

[185] Vgl. Röck (1995), S. 4.

[186] Vgl. ebenda, S. 50.

[187] Vgl. Smith/Sørensen (2000), S. 373. Die Wirkung der unterschiedlichen Präferenzen auf die Investitionsentscheidungen im Modell wird im Unterkapitel 3.3.1 behandelt.

[188] Vgl. Vives (1996), S. 591-593.

mittelt werden. Wären alle Entscheidungsträger vollkommen über die Unsicherheit informiert, würden sie nach ihren eigenen Informationen die gleiche und somit die ex-post richtige Entscheidung treffen. Kontinuierliche Handlungen können zugrunde liegende Informationen widerspiegeln, so daß ein Entscheidungsträger durch Beobachtung aller Entscheidungen seiner Vorgänger den Rückschluß auf ihre zugrunde liegenden Informationen eindeutig ziehen könnte. Insofern könnten die kontinuierlichen Entscheidungsalternativen das unerwünschte Ergebnis im dargestellten Modell vermeiden, mit anderen Worten ist die Informationskaskade gerade wegen ihrer schlichten Informationsaggregation nicht robust. Im folgenden wird untersucht, welche Faktoren die Stabilität der Informationskaskade beeinflussen können. Dabei werden vor allem die Wirkungen der wichtigsten Modellannahmen untersucht. Damit sollen mögliche Maßnahmen zur Aufhebung der ineffizienten Informationskaskade abgeleitet werden.

3.3 Maßnahmen zur Aufhebung der ineffizienten Informationskaskade

3.3.1 Mögliche Maßnahmen zur Aufhebung der Informationskaskade im Hinblick auf die Stabilität der Informationskaskade

Die Stabilität der Informationskaskade wird in zweifacher Hinsicht untersucht: Bei gegebenen Modellannahmen wird untersucht, welche exogenen Faktoren die Informationsaggregation einer Kaskade beeinflussen können. Durch eine komparativ-statische Analyse wird danach die Frage beantwortet, welche Wirkungen eine Modifikation einer wichtigen Modellannahme auf die Stabilität der Informationskaskade hat, wenn die anderen Modellannahmen unverändert bleiben. Die Modellannahmen bilden das Grundgerüst für die Entstehung von Informationskaskaden. So lassen sich wirksame Maßnahmen zur Aufhebung einer Informationskaskade ableiten. Dadurch sollen mögliche Rahmenbedingungen für eine effiziente Informationsaggregation ermittelt werden.

1. Öffentliche Informationsmitteilungen als ein exogener Einflußfaktor

Bisher stehen dem einzelnen Entscheidungsträger zwei Informationsquellen zur Verfügung: private und aggregierte öffentliche Informationen. In einer Informationskaskade werden zu wenig private Informationen öffentlich zugänglich gemacht. Dies führt dazu, daß die Informationskaskade sehr sensitiv auf zusätzliche Informationen reagiert. Solche zusätzlichen entscheidungsrelevanten Informationen können nicht im Modell endogen bestimmt werden, sondern nur exogen vermittelt werden.[189]

Ob eine exogene öffentliche Informationsvermittlung vorteilhaft ist, hängt davon ab, wie informativ sie ist und wann sie bekannt gemacht wird. Eine Bekanntgabe einer falschen Information kann für Entscheidungsträger schädlich sein, denn der erste Entscheidungsträger wird aufgrund der zusätzlichen Information nicht nach seiner

[189] Vgl. Bikhchandani/Hirshleifer/Welch (1992), S. 1004.

eigenen Information entscheiden, wenn er glaubt, daß die Präzision der öffentlichen Bekanntmachung höher ist als seine eigenen Informationen. Bei fehlender öffentlicher Information hätte er nur auf der Basis seiner eigenen privaten Informationen gehandelt. Dies kann eine noch schnellere Bildung einer falschen Informationskaskade verursachen: Ein glaubwürdiger Bericht aus der lokalen Zeitung über ein Restaurant X kann beispielsweise den ersten Entscheidungsträger so überzeugen, daß er es gegenüber dem Konkurrenzrestaurant Y bevorzugt, obwohl er sich sonst für Restaurant Y entscheiden würde. Falls es sich dann um einen verfälschten Bericht handelt, leiden alle Besucher des Restaurants X, nicht nur der erste Entscheidungsträger, sondern auch alle nachahmenden Besucher, unter einer Nutzeneinbuße, so lange sie über die gleiche Nutzenfunktion verfügen. Es besteht also die Gefahr, daß eine anfängliche gezielte Informationsbekanntmachung beispielsweise durch den Staat, Forschungsinstitute, Experten, Medien etc. private Informationen verdrängen kann.[190]

Im Modell entsteht eine Up-Informationskaskade, wenn die beiden ersten Entscheidungsträger die gleichen Durchführungsentscheidungen getroffen haben. Denn der dritte Entscheidungsträger wird hier unabhängig von seiner privaten Information den Entscheidungen der Vorgänger folgen. Daher kann eine zu den beiden ersten privaten Informationen widersprüchliche öffentliche Information, die vor der Entscheidung des dritten Entscheidungsträgers bekannt gemacht wird, sehr nützlich sein. Im Fall, daß der dritte Entscheidungsträger ein Unterlassungssignal erhält, kann ein Unterlassungssignal aus einer öffentlichen Bekanntmachung dazu führen, daß der dritte Entscheidungsträger nach seiner eigenen Information entscheiden wird. Die widersprüchlichen Aussagen der gezielten öffentlichen und der privaten Information des ersten Individuums heben sich per se gegenseitig auf, und die eigene Information des dritten Entscheidungsträgers spricht gegen die des zweiten. In einer solchen Entscheidungssituation wird der dritte Entscheidungsträger seine Entscheidung nach der eigenen Information treffen. Damit wird eine Informationskaskade, die bereits nach zwei Entscheidungsträgern auftreten kann, fern gehalten. Zur Vermeidung weiterer Informationskaskaden und zur Verbesserung der Informationsaggregation ist eine kontinuierliche öffentliche Informationsmitteilung hilfreich.

Eine öffentliche Informationsbekanntgabe kann *nach* der Kaskadenbildung den Informationsverlust reduzieren. Solche Verlautbarungen müssen nicht sehr präzise sein, weil ihre Aufgabe hauptsächlich darin besteht, eine bessere Informationsaggregation zu ermöglichen. Eine gezielte öffentliche Informationsmitteilung, auch wenn sie nicht viel informativer als die durchschnittlichen privaten Informationen ist, kann eine bereits gebildete Informationskaskade beenden. Die zusätzliche exogene Information kann die folgenden Entscheidungsträger so beeinflussen, daß sie angesichts der neuen Information bei ihren Entscheidungen die eigenen Informationen stärker gewichten werden. Ohne die öffentliche Mitteilung würden die nachfolgenden Entscheidungsträger einfach die vorherige Entscheidung imitieren. Die zusätzliche exogene Informationsbekanntmachung läßt sie ihre Entscheidung nochmals überdenken.

[190] Vgl. Hirshleifer (1995), S. 199.

Zusammengefaßt können gezielte Informationsmitteilungen beispielsweise durch Staat, Forschungsinstitute, Medien und sonstige öffentliche Behörden eine bereits entstandene Informationskaskade abbrechen, die Informationsaggregation verbessern und somit auch eine optimale Kapitalallokation ermöglichen. Die Aufhebung der Informationskaskade und die Verbesserung der Informationsaggregation hängen von der *Präzision* der öffentlichen Informationen, die *vor* der Kaskadenbildung bekannt gemacht werden, und von dem *Zeitpunkt* der exogenen Informationsmitteilung ab.

2. Flexibler Preis

Im hier dargestellten Modell – wie auch oft in der Literatur – wird die Preisbewegung außer acht gelassen. Die Annahme eines konstanten Preises ist nicht realistisch, weil angesichts der größeren oder kleineren Nachfrage auch der Preis auf dem betrachteten Markt entsprechend erhöht oder reduziert wird. Insbesondere ist ein fester Preis auf dem Finanzmarkt nicht möglich. Mit einem flexiblen Preis lassen sich Effekte wie Preisblasen und Zusammenbruch auf dem Finanzmarkt ebenfalls durch Informationskaskaden erklären.[191] Avery/Zemsky (1998) unterscheiden in ihrem Modell drei Arten von Unsicherheiten auf dem Finanzmarkt: Unsicherheit über die künftigen Kurse eines Wertpapiers, Unsicherheit über die Ereignisse, die den Kurs des Wertpapiers beeinflussen können, und die Unsicherheit über die Informationspräzision der anderen Marktteilnehmer.[192] Bei Anwesenheit der ersten zwei Unsicherheiten kann die Informationskaskade kurzfristig eintreten, weil die Marktteilnehmer für ihre Investitionsentscheidungen die Daten aus dem vergangenen Handeln stärker gewichten werden. Mit Wirkung der dritten Unsicherheit kann eine Informationskaskade den Marktpreis verzerren. Abgesehen von einer Spekulationsmotivation haben die Anleger einen höheren Anreiz, ein Wertpapier zu kaufen, wenn der Preis durch die steigende Nachfrage zunimmt, denn es kann aufgrund der Kaufentscheidungen davon ausgegangen werden, daß die vorangegangenen Entscheidungsträger Informationen über die positive Rentabilität des betrachteten Wertpapiers erhalten. Wegen dieser Informationsexternalität entscheiden sich die nachfolgenden Anleger für das gleiche Wertpapier. Somit entsteht eine Informationskaskade, in der sich die Informationsaggregation wiederum verschlechtert.[193] Dies liefert die Erklärung dafür, warum auf dem Finanzmarkt eine Preisblase selbst unter sich rational verhaltenden Teilnehmern auftreten kann. Die übertriebenen Preisbewegungen ergeben sich endogen durch die Interaktion der Informationskaskade und der Unsicherheit über die Informationspräzision der anderen Marktteilnehmer. Die Einführung eines flexiblen Preises auf einem Markt mit komplexer Informationsstruktur ändert die Existenz der Informationskaskade in dem eingeführten Modell nicht.[194]

[191] Vgl. Fama (1991), S. 1603 ff.

[192] Vgl. Avery/Zemsky (1998), S. 726.

[193] Vgl. Welch (1992), S. 696.

[194] Banerjee (1992) hat auch erwähnt, daß in einer Informationsstruktur, bei der die Verteilung der vergangenen Handlungen beobachtbar ist, immer noch eine Informationskaskade zu erwarten ist. Vgl. ebenda, S. 815.

Andererseits können sich die Marktteilnehmer dem Trend widersetzen, wenn sich der Marktpreis und die subjektive Einschätzung über den Wert des Wertpapiers gravierend unterscheiden.[195] Eine Umkehrung der Preisblase wird auch im Modell von Lee (1998) als Erklärung für einen Preissturz auf dem Aktienmarkt dargestellt. Neben einem flexiblen Preis nimmt Lee zusätzlich an, daß die Marktteilnehmer bei einer vom Vorgänger abweichenden Entscheidung noch Transaktionskosten zu zahlen haben.[196] Ein Teilnehmer wird gegen seine eigenen Informationen entscheiden und den Entscheidungen der Vorgänger folgen, wenn er ein Verkaufssignal erhält, das zwar den Kaufentscheidungen seiner Vorgänger widerspricht, aber dessen Wert nicht signifikant genug ist, um eine vom Vorgänger abweichende Entscheidung unter Berücksichtigung der Transaktionskosten vorteilhaft werden zu lassen. Eine trotz bestehender Transaktionskosten getroffene gegenteilige Entscheidung läßt alle anderen Marktteilnehmer erkennen, daß es sich dabei um einen geschätzten Wert des Wertpapiers handelt, der eindeutig unter dem auf dem Markt gehandelten Preis liegen muß. Der Entscheidungsträger mit konträrer Entscheidung ist somit der Auslöser der Umkehrung einer Preisblase, falls in der Informationskaskade genügend Entscheidungsträger vorhanden sind, die trotz des eigenen Verkaufssignals die Aktien gekauft haben. Danach entsteht ein Preissturz auf dem Aktienmarkt, wobei es sich um einen Vorgang zur Korrektur der Informationskaskade handelt.[197]

Die Umkehrung einer Preisblase zeigt die Instabilität einer Informationskaskade, welche direkt auf die unvollständige Informationsaggregation zurückgeführt werden kann. Nach der Auffassung von Avery/Zemsky (1998) lassen die gegensätzliche Wirkungen der Informationskaskade und der daraus resultierenden Umkehrung langfristig den Marktpreis wieder den Gleichgewichtspreis des gehandelten Wertpapiers widerspiegeln, der sich ohne Informationskaskade ergeben würde.[198]

3. Beobachtbare Signale und Informationen

Wenn die Entscheidungsträger die privaten Informationen aller Vorgänger beobachten können, dann ist die Entscheidungssituation mit derjenigen vergleichbar, bei der die Kommunikation unter den Individuen perfekt ist. Allein die Signale liefern den weiteren Entscheidungsträgern die entscheidungsrelevanten Informationen. Es ist in diesem Fall nicht relevant, ob die Entscheidungen beobachtbar sind. Mit genügender Anzahl an Beobachtungen kann eine ex-post richtige Entscheidung getroffen

---

[195] Vgl. Avery/Zemsky (1998), S. 738-739.

[196] Vgl. Lee (1998), S. 744. Die Transaktionskosten werden nur bei der ersten konträren Entscheidung einmalig bezahlt und sind von den gehandelten Mengen unabhängig. Nach dem Coase-Theorem kann die Internalisierung der externen Effekte durch Verhandlungen nur gelingen, wenn keine Transaktionskosten bei den Verhandlungen anfallen. Die Aussage von Coase wird hier indirekt bestätigt, weil im Modell von Lee die Informationskaskade bei bestehenden Transaktionskosten vorliegt.

[197] Vgl. ebenda, S. 742.

[198] Vgl. Avery/Zemsky (1998), S. 740.

werden.[199] Die Entscheidungsträger werden durch den Lernprozeß asymptotisch den wahren Zustand erkennen. Letztendlich werden die Entscheidungsträger wie in der Informationskaskade die gleiche Entscheidung treffen. Allerdings ist die Informationsaggregation in diesem Fall bereits vollständig, so daß die gleichen Entscheidungen nicht durch eine Imitation, sondern durch eine hohe Informationspräzision begründet sind. Folglich bleibt das Ergebnis sehr stabil. Kurzfristig könnten die eigenen Informationen durch die verfügbaren Informationen der anderen Individuen dominiert werden. Die Informationsaggregation wird dadurch aber nicht beeinflußt, denn alle privaten Informationen sind öffentlich beobachtbar und stehen für weitere Entscheidungen zur Verfügung.[200] Eine genügende Menge von Informationen wird langfristig fast immer zu einem richtigen Ergebnis führen. Sowohl die Informationsaggregation als auch die Kapitalallokation sind unter der Annahme der beobachtbaren Signale effizient.[201]

Obwohl die modifizierte Annahme das Problem der Informationskaskade beseitigen kann, ist diese „Lösung“ dennoch nicht durchführbar. Die privaten Informationen sind praktisch für andere weder frei zugänglich noch beobachtbar. Trotzdem kann ein nützlicher Hinweis dadurch gewonnen werden, daß die Offenlegung der privaten Informationen der vorangegangenen Entscheidungsträger für die Effizienz der Informationsaggregation und die Richtigkeit der späteren Entscheidungen sorgt. Die Informationen werden enthüllt, wenn die Individuen ihre Entscheidungen nach eigenen Informationen treffen. Demzufolge sollen die Entscheidungen der Vorgänger mindestens für eine bestimmte Anzahl der Individuen nicht bekannt gemacht werden, damit die Individuen nur die eigenen Informationen zur Verfügung haben und sich danach entscheiden müssen.

---

[199] Vgl. Welch (1992), S. 703. Dazu vgl. auch Heinemann (2001), S. 102-104.

[200] Es kann angenommen werden, daß die Individuen die Signalkombination $(S_L^1, S_L^2, S_H^3, S_H^4, ..., S_H^{N-1}, S_H^N)$ haben und wie im Grundmodell nur die Vorgängerentscheidungen nicht aber die Signale beobachten können. Die beiden ersten Individuen werden nach eigenen Unterlassungssignalen S_L die Investition ablehnen. Der dritte Entscheidungsträger wird anhand der Gleichung (3.20) *gegen* seine Information die Investition ebenfalls ablehnen. In diesem Fall werden sich alle weiteren Individuen in einer Down-Kaskade befinden, selbst wenn die meisten Individuen ein gutes Signal über die betrachtete Investition erhalten haben. Eine aller Voraussicht nach profitable Investition wird nicht getätigt. Unter der Annahme, daß die Informationen der Vorgänger beobachtbar sind, lehnt zwar der dritte Entscheidungsträger immer noch die Investition ab, aber der vierte Entscheidungsträger wird die Investition durchführen: Er kann das Investitionssignal seines Vorgängers beobachten und nimmt die Ablehnungsentscheidung des dritten Individuums nicht mehr wahr. Die Investition wird bei einer vollständigen Informations-aggregation von den meisten Individuen durchgeführt. Das Ergebnis ist viel effizienter als im hier dargestellten Modell.

[201] Das modifizierte Modell ähnelt dem effizienten Modell des Lernens von Bikhchandani/Hirshleifer/Welch (1998), S. 153-154.

4. (Teilweise) nicht beobachtbare Entscheidungen

Die Beobachtung der Entscheidungen verliert in einer Informationskaskade ihre Bedeutung, weil die Individuen aus den beobachteten gleichen Entscheidungen nichts mehr über die zugrunde liegenden privaten Informationen erfahren können. Statt mehr über die Unsicherheit zu informieren, wird die Informationsaggregation erschwert oder ganz blockiert. Eine Vielzahl beobachtbarer vergangener Entscheidungen ist folglich noch keine Garantie für eine verlustfreie Informationsaggregation.[202] Dem richtigen Ergebnis wird sie sich selbst bei einer großen Menge an Individuen nie annähern, falls sich die die Informationskaskade auslösenden Entscheidungsträger falsch entschieden haben.[203] Andererseits ist die Beobachtbarkeit der Entscheidungen auch keine notwendige Bedingung für die Bildung einer Informationskaskade. In einem effizienten Lernprozeß können die Individuen die Entscheidungen der Vorgänger zwar beobachten, sie haben aber keinen Anreiz, einander zu imitieren. Anders ausgedrückt kann die Beobachtbarkeit der Entscheidungen allein die Informationskaskade nicht auslösen.

Falls die Entscheidungen nicht beobachtbar sind, dann sind die einzelnen Individuen nicht in der Lage, die Entscheidungen der Vorgänger zu imitieren. Sie müssen sich nach eigenen Informationen für oder gegen die Investition entscheiden. Eine Möglichkeit für Trittbrettfahrer ist von Anfang an ausgeschlossen, weil die privaten Informationen die einzigen Informationen sind, die für die Entscheidungen zur Verfügung stehen. Es werden zwar die privaten Informationen bei den Entscheidungen in vollem Umfang berücksichtigt, aber es erfolgt keine Informationsaggregation. Ein Markt ohne Informationsaustausch kann nicht effizient sein.

Eine Alternative besteht darin, daß den ersten Entscheidungsträger nicht erlaubt wird, die Entscheidungen ihrer Vorgänger zu beobachten. Deren Entscheidungen werden zunächst verborgen gehalten, bevor sie für alle weiteren Individuen bekannt gemacht werden. Folglich werden sich die ersten Individuen nach ihren eigenen Informationen entscheiden, und eine Informationskaskade ist unter ihnen nicht möglich.[204] Der Vorteil dieses Vorschlages im Vergleich zum hier dargestellten Grundmodell besteht darin, daß die Anzahl der öffentlich aggregierten Informationen durch die ersten Individuen vergrößert und somit ein besserer Ausgang der späteren Informationsaggregation geschaffen wird. Die Informationsaggregation wird im Grundmodell bereits nach dem zweiten Individuum beendet. Unter dieser modifizierten Annahme ist zwar nach den ersten betrachteten Entscheidungsträgern eine Informationskaskade abermals möglich, aber die Informationsexternalität wird in gewissem Umfang internalisiert. Man nimmt den Nachteil in Kauf, daß keine Informationsaggregation unter den ersten Individuen erfolgt, um die spätere Informationseffizienz zu erreichen. Obwohl diese Methode nur über beschränkte Anwendungsmöglichkeiten verfügt, kann

[202] Vgl. Vives (1996), S. 599.

[203] Vgl. Banerjee (1992), S. 809.

[204] Vgl. Bikhchandani/Hirshleifer/Welch (1992), S. 1009.

sie insbesondere in einer Gruppe empfohlen werden, in der die Wahlentscheidung in einer Hierarchiestruktur getroffen werden soll. In einer solchen Gruppe ist oft zu erwarten, daß die Mitglieder nach der Meinungsäußerung des Vorgesetzten auch dieselbe Meinung vertreten werden. Selbstverständlich spielen hier nicht nur die Informationen, sondern auch persönliche Motive eine wichtige Rolle. In solchen Fällen ist eine offene Wahl wahrscheinlich nicht besonders ratsam. Eine geheime Wahl unter einer bestimmten Anzahl informierter Mitglieder (meistens die Führungskräfte) führt eher dazu, daß diese wahrheitsgemäß ihre eigene Meinung äußern. Danach werden die Ergebnisse den weiteren Mitgliedern offen verkündigt, ohne daß die Entscheidungsträger namentlich genannt werden. Die weiteren Mitglieder werden anhand der vollständigen Informationsaggregation ihre Entscheidung besser treffen können, weil die Mitglieder aus den unteren Hierarchieebenen in der Regel schlechter als die Führungskräfte informiert sind.

5. Stetige Signale

Im hier dargestellten Modell handelt es sich um ein binäres Signal hinsichtlich eines guten (S_H) oder schlechten Umweltzustandes (S_L). Sobald sich zwei Individuen identisch entschieden haben, schließen sich die weiteren Individuen derselben Entscheidung an. Das binäre Signal bringt die zugrunde liegenden Informationen schlecht zum Ausdruck. Dieser Nachteil kann durch stetige Signale aufgehoben werden. Dabei unterscheiden sich zwei Entscheidungssituationen: Stetige Signale werden durch diskrete oder durch stetige Entscheidungen zu erkennen gegeben. Die beiden Entscheidungssituationen haben sehr unterschiedliche Wirkungen auf die Informationseffizienz und die Kapitalallokationseffizienz.

Eine Entscheidungssituation mit stetigen Signalen und binären Entscheidungsalternativen wurde bereits von Gale (1996) untersucht.[205] Die individuellen Signale, durch die man über die Vorteilhaftigkeit der betrachteten Investition informiert wird, sind im Intervall $[-1, 1]$ voneinander unabhängig und gleich verteilt. Mit anderen Worten beinhalten die Signale hier den erwarteten Kapitalwert der betrachteten Investition. Alle Individuen haben nur eine binäre Entscheidung zu treffen. Sie können entweder die Investition durchführen oder sie ablehnen. Für die Bildung des Erwartungswertes vom Kapitalwert spielen die Signale der anderen Individuen eine große Rolle. Ein Individuum wird sich nur dann für die Investition entscheiden, wenn der erwartete Kapitalwert positiv ist. Der erste Entscheidungsträger A investiert, falls für ihn der erwartete Kapitalwert positiv ist, also falls gilt $S^A > 0$. Der zweite Entscheidungsträger B kann die Entscheidung seines Vorgängers beobachten. Bei einer Durchführungsentscheidung kann er davon ausgehen, daß das Signal von A im Intervall $(0, 1]$ liegen muß und der Erwartungswert $\frac{1}{2}$ beträgt. Er wird ebenfalls investieren, wenn für ihn

[205] Folgende Ausführung vgl. Gale (1996), S. 619-620.

der erwartete Kapitalwert positiv ist, d. h., wenn $\frac{1}{2}\left(S^B+\frac{1}{2}\right)>0$ gilt. Er wird die Investition tätigen, solange sein Signal einen Wert größer als $-\frac{1}{2}$ hat. Im Fall, daß sein Signal im Intervall $\left(-\frac{1}{2},\ 0\right]$ liegt, wird der zweite Entscheidungsträger die Investition durchführen, selbst wenn er allein nach seinem eigenen Signal eine Ablehnungsentscheidung treffen würde. Hier entsteht eine Informationskaskade, auch wenn die Signale – wie angenommen – stetig sind. Der zweite Entscheidungsträger lehnt die Investition nur ab, wenn sein Signal einen deutlich schlechteren Wert hat, also $-1\leq S^B\leq -\frac{1}{2}$ gilt. Weiterhin kann festgestellt werden, daß je mehr Vorgänger die Durchführungsentscheidung getroffen haben, desto unwahrscheinlicher entscheidet sich ein Nachfolger gegen die Investition. Bei einer Ablehnungsentscheidung muß ein Entscheidungsträger einen signifikanten negativen Wert haben, um das Vorzeichen der Summe aller Signale zu ändern. Falls ein Entscheidungsträger dies dennoch tut, wird die Informationskaskade sofort beendet. Die Informationsaggregation kommt hier nicht vollständig zum Erliegen. Die Entscheidungsträger können ihre Informationen nicht durch die beschränkten Entscheidungsalternativen vollständig zum Ausdruck bringen. Folglich können ihre Nachfolger den Rückschluß auf die zugrunde liegenden Informationen nicht eindeutig ziehen. Die diskreten Entscheidungen verhindern eine vollständige Benutzung der kontinuierlichen privaten Informationen. Im Fall, daß die kontinuierlichen Signale durch diskrete Entscheidungen ausgedrückt werden sollen, ist eine effiziente Informationsaggregation nicht möglich.[206]

Im Gegensatz dazu kann die Informationsaggregation bei kontinuierlichen Entscheidungen im Zusammenhang mit kontinuierlichen Informationen nicht blockiert werden. Kontinuierliche Entscheidungen sind statistisch signifikant für ihre zugrunde liegenden Informationen.[207] Langfristig werden effiziente Entscheidungen in den Entscheidungssituationen getroffen, in denen kontinuierliche Signale durch ebenfalls kontinuierliche Entscheidungen zum Ausdruck gebracht werden.[208] Lee (1993) zeigt, daß diskrete Entscheidungen im Modell von Bikhchandani/Hirshleifer/Welch (1992) für eine unmittelbar gebildete Informationskaskade mit unvollständigen Informationsaggregationen verantwortlich sind.[209] Kontinuierliche Entscheidungen sind die notwendige und hinreichende Bedingung für eine völlige Offenlegung von

[206] Vgl. ebenda, S. 621.

[207] Vgl. Vives (1996), S. 591. Dazu auch vgl. Lee (1993), S. 401.

[208] Vgl. Vives (1997), S. 178.

[209] Vgl. Lee (1993), S. 402. Die gleiche Aussage wird auch von Gul/Lundholm (1995) gemacht. Die Handlungen sind dort kontinuierlich, und die Entscheidungen werden in ihrem Modell endogen getroffen. Diese beiden Modellannahmen führen zu einer effizienten Informationsaggregation. Ohne die Annahme der kontinuierlichen Handlungen ist eine vollständige Informationsoffenbarung allein durch den individuellen Koordinationsmechanismus nicht möglich, S. 1054. Chari/Kehoe (2004) vertreten den gleichen Standpunkt im Hinblick auf den Finanzmarkt, S. 129.

Informationen.[210] Das daraus resultierende Ergebnis ist aufgrund der vollständigen Informationsaggregation sehr stabil und wird nicht von der zusätzlichen öffentlichen Bekanntgabe von Informationen beeinflußt.[211] Eine gezielte Informationsmitteilung hinsichtlich der Informationsaggregation ist somit nicht mehr erforderlich.

Folglich ist es sinnvoll, ein zu lösendes diskretes Entscheidungsproblem in eines mit kontinuierlicher Eigenschaft umzuwandeln.[212] Die Entscheidungsträger sollen sich nicht binär zwischen Durchführung und Unterlassung einer Investition entscheiden. Es kann beispielsweise möglich sein, eine Investition innerhalb eines Intervalls [0, 1] durchzuführen. Wenn sich ein Individuum für 0 entscheidet, bedeutet dies, daß für es die Investition nicht vorteilhaft ist und somit die Investition nicht durchgeführt wird. Die Wahl der Investitionsmenge von 1 sagt aus, daß der Entscheidungsträger im ursprünglichen diskreten Entscheidungsproblem die unteilbare Investition ebenfalls durchführen würde. Die zwischen 0 und 1 liegenden Investitionsmengen stufen die zugrunde liegenden privaten Informationen ab und geben sie an alle Nachfolger weiter. Konkrete Informationen lassen sich durch die kontinuierlichen Entscheidungen ableiten. Dadurch werden die Individuen das Entscheidungsproblem überdenken, statt eine vorangegangene Entscheidung lediglich zu imitieren. Die Entscheidungsträger werden motiviert, bei ihren Entscheidungen mehr auf die eigenen Informationen zu achten.

6. Unterschiedliche Qualität der privaten Informationen

Die Informationsqualität aller Entscheidungsträger wird im Modell als identisch angenommen. In Wirklichkeit informieren sich Individuen aufgrund verschiedener Berufserfahrungen, ihrem Bildungsniveau etc. unterschiedlich. Ein Automechaniker ist beispielsweise bei der Kaufentscheidung eines bestimmten Autos besser informiert als die anderen. Erfahrene Investoren können die Rentabilität eines Investitionsprojektes und die damit verbundene Unsicherheit besser einschätzen als junge unerfahrene Investoren. Allein die verschiedenen Informationsquellen führen bereits zu unterschiedlicher Informationsqualität. Ein Entscheidungsträger, dessen Information präziser als die von anderen ist, würde im Kontext seiner Entscheidungsfindung seine privaten Informationen höher bewerten als die öffentlichen Informationen. Dementsprechend sind die gut informierten Individuen eher in der Lage, sich gegen eine bereits entstandene Informationskaskade zu entscheiden. Solche konträren Entscheidungen sagen viel über ihre zugrunde liegende Informationspräzision aus. Ein

---

[210] Vgl. Lee (1993), S. 404-408.

[211] Vgl. ebenda, S. 410.

[212] In Wirklichkeit verfügen Menschen nur über begrenzte Fähigkeiten, genaue Abstufungen von Betrachtungsgegenständen wahrzunehmen. Selbst wenn eine Entscheidung eine kontinuierliche Eigenschaft aufweist, versuchen die Entscheidungsträger ihre Handlungen in einer diskreten Form auszudrücken, damit das Entscheidungsproblem vereinfacht wird. Daher tritt sogar ein Informationsverlust in einer vertrauenswürdigen direkten Kommunikation unter Entscheidungsträgern ein. Dazu vgl. Bikhchandani/Hirshleifer/Welch (1998), S. 159.

Entscheidungsträger würde sich sonst nicht trauen, dies zu tun, wenn er nicht in der Lage wäre zu erkennen, daß seine Information deutlich besser als die der anderen ist. Konträre Entscheidungen ermöglichen vor allem zusätzliche entscheidungsrelevante Informationen, die ähnliche Eigenschaften haben wie gezielte exogene Informationsbekanntmachungen. Die Wirkung solcher gegenteiligen Entscheidungen hängt von der Reihenfolge ab, in der die Entscheidungen getroffen werden. Falls eine exogen bestimmte Entscheidungsreihe überhaupt möglich ist, dann sollte der gesamte Entscheidungsablauf strategisch geplant werden. Eine sofortige Informationskaskade, die allerdings wahrscheinlich zum richtigen Ergebnis führen kann, ist gegen eine bessere Informationsaggregation abzuwägen. Eine Annahme der gleichen Informationspräzision im dargestellten Modell läßt unberücksichtigt, daß eine Informationskaskade durch die Widerlegung der später entscheidenden Individuen mit höherer Informationsqualität aufgehoben werden kann.

Falls der erste Entscheidungsträger bereits über eine hohe Informationspräzision verfügt, dann wird eine Informationskaskade schnell entstehen, solange die anderen Individuen von seiner Informationspräzision erfahren. Der erste Entscheidungsträger wird oft als Mode-Macher („Fashion Leader“) bezeichnet.[213] Das Phänomen ist auch unter Akademikern und Wissenschaftlern beobachtbar. Wenn von einem unbekannten Wissenschaftler eine neue Theorie entwickelt wird, wird sie im Regelfall weniger anerkannt als bei einem angesehenen Wissenschaftler aus einer renommierten Universität. Demzufolge könnten insbesondere junge Wissenschaftler weniger motiviert werden, ein völlig neues Modell zu entwickeln. Stattdessen folgen sie der gängigen Meinung auf dem Forschungsgebiet.[214] Die Informationsaggregation bleibt zwar in diesem Fall weiterhin unvollständig, die Informationskaskade führt aufgrund des informativen Signals jedoch wahrscheinlicher zu einem ex-post richtigen Ergebnis. Allerdings ist nicht notwendigerweise die Informationsqualität des ersten Entscheidungsträgers besser als die Qualität der kumulativen Informationen.

Wenn Individuen mit weniger informativen Signalen zuerst entscheiden, werden sie im Gegensatz zum Modell weniger auf die Entscheidungen ihrer Vorgänger achten, solange sie wissen, daß die anderen Informationen genauso unpräzise wie die eigenen sind. Durch diese Überlegungen wird eine Informationskaskade verhindert. Mehrere private Informationen werden enthüllt, auch wenn sie einzeln nicht besonders präzise sind. Falls die kumulativen Informationen dennoch aufschlußreicher als die private Information eines gut informierten Individuums sind, kann eine Entscheidungsreihe nur vorteilhaft sein, in der ein gut informierter Entscheidungsträger später zu entscheiden hat.[215] In dem Fall, daß sich die nicht gut informierten Individuen in einer Informationskaskade befinden, wird die Informationsaggregation durch die entgegengesetzte Entscheidung einer gut informierten Person weiter fortgesetzt.

---

[213] Vgl. Hirshleifer (1995), S. 197.

[214] Vgl. ebenda, S. 204-205.

[215] Vgl. Bikhchandani/Hirshleifer/Welch (1992), S. 1002-1004. Dazu vgl. auch Hirshleifer (1995), S. 198. Eine solche Rangordnung herzustellen ist nicht einfach. Vor allem ist sie kaum durchsetzbar.

7. Endogene Entscheidungsreihenfolge

Ob in einer Informationskaskade die betrachtete Investition durchgeführt wird, hängt bei einer vorgegebenen Entscheidungsreihenfolge davon ab, in welcher Reihenfolge die Signale angeordnet sind.[216] Identische Unterlassungssignale der beiden ersten Entscheidungsträger A und B führen im Modell zu einer Down-Informationskaskade, in der die Investition abgelehnt wird. Eine exogene Reihenfolge erleichtert zwar die Modelldarstellung, ist aber insbesondere unrealistisch, wenn die Anzahl der Entscheidungsträger sehr groß ist. Chamley/Gale (1994) haben eine Entscheidungssituation modelliert, in der die Individuen selbst entscheiden können, wann sie eine Entscheidung treffen. Sie können entweder sofort investieren oder ihre Entscheidungen so lange verzögern, bis sie die Entscheidungen der anderen Individuen beobachten können.[217] Die Entscheidungsreihenfolge wird durch die Individuen endogen bestimmt und ist nicht durch strategische Zahlungsinteraktionen und technologischen Vorteil beeinflußbar.[218] Je mehr Entscheidungsträger sich für eine Investition entschieden haben, desto mehr werden sie von der Rentabilität der Investition überzeugt. Die Informationsaggregation hängt folglich positiv von der Anzahl der durchgeführten Investitionen ab.[219] Der Nachteil des Abwartens ist, daß eine um eine Periode aufgeschobene Investition wegen des positiven Abzinsungsfaktors einen kleineren Barwert des Kapitalwertes zum gegenwärtigen Zeitpunkt hat. Man hätte die Zinsen auf den Kapitalwert der Investition in der nächsten Periode erhalten, wenn die Investition bereits zum gegenwärtigen Zeitpunkt realisiert worden wäre. Der Zinsverlust entspricht den Opportunitätskosten des Abwartens. Je länger ein Entscheidungsträger die Investitionsentscheidungen der anderen Akteure abwartet, desto höhere Opportunitätskosten werden durch die Investitionsverzögerung verursacht. Ein Entscheidungsträger wird zu einem optimalen Zeitpunkt die Investition tätigen, in dem der Grenzvorteil (zusätzliche Informationen) dem Grenznachteil der Verzögerung (zusätzlichem Zinsverlust) entspricht. Im Fall, daß sich kein Entscheidungsträger für die Durchführung der Investition entscheidet, wird ein Akteur mit einem Durchführungssignal so lange abwarten, bis die anderen Entscheidungsträger investieren. Der zusätzliche Informationsgewinn ist in diesem Fall größer als der Grenznachteil.[220] Das

[216] Vgl. Bikhchandani/Hirshleifer/Welch (1998), S. 155.

[217] Vgl. Chamley/Gale (1994), S. 1071.

[218] Ein Beispiel für strategische Zahlungsinteraktionen ist, daß eine allgemeine Verzögerung des Markteintritts ein Sinken des Marktpreises vermeiden kann, somit die Fixkosten der Unternehmen auf dem vollkommenen Markt gedeckt werden. Bei einer neuen Technologie hat der früh entscheidende Investor den Vorteil. Vgl. ebenda, S. 1066-1067.

[219] Die Entscheidungsträger würden länger abwarten, wenn die Entscheidungsalternativen kontinuierlich wären. Eine kleine Änderung der Entscheidung des Vorgängers enthüllt bereits die zugrunde liegenden privaten Informationen. Der Vorteil aus der Entscheidungsverzögerung ist demzufolge bei den kontinuierlichen Entscheidungen stets positiv. Hier wird vorausgesetzt, daß die Individuen die Informationen mit der gleichen Präzision erhalten. Vgl. ebenda, S. 1081. Dazu auch Gale (1996), S. 623.

[220] Vgl. Chamley/Gale (1994), S. 1073.

Problem besteht darin, daß keiner investieren wird, wenn jeder auf die Durchführungsentscheidungen der anderen wartet. Individuen mit Unterlassungssignalen oder ohne Informationen werden keine Aktivität ausüben. Folglich werden keine Informationen enthüllt. Das gleiche Problem tritt auch bei einer Entscheidungssituation auf, in der eine der beiden sich gegenseitig ausschließenden Investitionsalternativen ausgewählt wird. Durch die Auswahlentscheidungen der anderen Individuen kann sich ein Entscheidungsträger besser über die Vorteilhaftigkeit der Alternativen informieren.[221] Dabei besteht aber eine große Wahrscheinlichkeit, daß eine relativ vorteilhafte Investitionsalternative nicht oder erst später durchgeführt wird.

Hinsichtlich der Kapitalallokation kann bei einer endogenen Entscheidungsreihenfolge das Problem der Unterinvestition auftreten, selbst wenn sich die betrachtete Investition als ex-post richtig erweist, und die meisten Entscheidungsträger ein Durchführungssignal erhalten haben.[222] Die Informationen können bei einer endogenen Entscheidungsreihenfolge ohne weitere Annahmen nicht vollständig enthüllt werden. Falls kein Individuum die Investition in der ersten Periode durchführt, kann die „Nicht-Investition" als Strategie aller Entscheidungsträger für mehrere Perioden gelten, selbst wenn sich die Individuen ihren eigenen Informationen zufolge für die Investition entscheiden würden. Es entsteht wieder eine Informationskaskade, und das Ergebnis ist gesamtgesellschaftlich nicht effizient.[223]

Die durch eine Informationsexternalität verursachte Ineffizienz kann vermindert werden, wenn die Länge der gewählten Zeitintervalle zunimmt: Der Barwert des Kapitalwerts einer später durchgeführten Investition wird bei zunehmender Periodenlänge geringer, wodurch der Grenznachteil der Entscheidungsverzögerung vergrößert wird. Zur Internalisierung der Informationsexternalität ist es auch möglich, einen Pauschaltransfer an die in der ersten Periode investierenden Individuen zu zahlen. Die Höhe des Transfers soll so bestimmt werden, daß der Investitionsvorteil zuzüglich des Transfers in der Gegenwart nicht kleiner ist als der Vorteil der Investitionsverzögerung um eine weitere Periode. Die Durchführbarkeit des Transfers ist allerdings unter Informationsasymmetrien kaum möglich, weil die Individuen ihre Informationen bei einem fehlenden Anreizmechanismus nicht wahrheitsgemäß offenbaren.[224]

Gul/Lundholm (1995) gehen in ihrem Modell nicht nur von einer endogenen Entscheidungsreihe aus, sondern nehmen zusätzlich an, daß die Entscheidungsalternativen kontinuierlich und die Informationspräzisionen unterschiedlich sind. Bei einer

[221] Siehe Choi (1997), S. 418. Möglich wäre auch, daß sich jedes Individuum für die Alternative entscheidet, die von anderen Individuen am wahrscheinlichsten ausgewählt wird. Vgl. Brunnermeier (2001), S. 147.

[222] Vgl. Chamley/Gale (1994), S. 1081.

[223] Vgl. Gale (1996), S. 623.

[224] Vgl. Chamley/Gale (1994), S. 1079.

vorteilhaften Investition ist der Nachteil der Investitionsaufschiebung für einen gut informierten Entscheidungsträger viel größer als die Informationsgewinnung, weil die meisten Individuen weniger über die Investition informiert sind als er. Die Opportunitätskosten des Abwartens führen dazu, daß sich die gut informierten Individuen bereits zum gegenwärtigen Zeitpunkt für die Investition entscheiden werden.[225] Durch die Wahl des Entscheidungszeitpunktes können die einzelnen Informationspräzisionen von Entscheidungsträgern erkannt werden. Insbesondere ermöglichen die kontinuierlichen Entscheidungsalternativen eine relativ vollständige Informationsaggregation. Dennoch zeigen die Autoren auf, daß kein Individuum bei seiner Entscheidungskalkulation berücksichtigt, daß die anderen Individuen von seiner frühzeitigen Investition profitieren können. Die gesamten Opportunitätskosten (Zinsverlust) als Wohlfahrtsverlust stellen die Kosten der Informationsexternalität dar, die bei einer endogenen Entscheidungsreihe unvermeidbar sind.[226]

8. Kostspielige Informationen

Fama (1970) vertritt den Standpunkt, daß die Effizienz eines Marktes nicht an den Informationskosten scheitern kann, solange es genügend Investoren auf dem Markt gibt, die bereit sind, für die Informationen zu zahlen. Zugleich weist er darauf hin, daß kostspielige Informationen eine potentielle Quelle für die Ineffizienz eines Marktes sind.[227] Diese Aussage wird auch durch Burguet/Vives (2000) bestätigt. Die Beziehung zwischen den Informationskosten und der Präzision von privaten Informationen wird bei den Autoren durch eine konvex verlaufende Kurve beschrieben.[228] Das bedeutet, daß die individuelle Informationsqualität durch die steigenden Informationsinvestitionen überproportional zunimmt. Einerseits versuchen die Individuen, Schätzfehler durch die neu erworbenen Informationen zu minimieren. Andererseits sollen auch die Informationskosten möglichst gering sein. Zur

[225] Vgl. Gul/Lundholm (1995), S. 1057. Die Wirkungen einer endogenen Reihenfolge und unterschiedlicher Informationspräzision werden auch im Modell von Zhang (1997) untersucht. Im Unterschied zu Gul/Lundholm sind die Entscheidungsalternativen und Signale dort diskret. Die Entscheidungsträger treffen ihre Auswahlentscheidungen zwischen zwei Alternativen, von denen nur eine profitabel ist. Im Gleichgewicht werden die Individuen so lange abwarten, bis das Individuum mit der besten Informationsqualität die Auswahlentscheidung trifft. Aufgrund der binären Signale können die nachfolgenden Entscheidungsträger keine zusätzlichen Informationen durch weitere Beobachtungen gewinnen. Es gibt daher keinen Grund mehr, abzuwarten. Gleich nach dem ersten Individuum entscheiden sich alle weiteren Individuen für dieselbe Alternative. Vgl. Zhang (1997), S. 190.

[226] Vgl. Gul/Lundholm (1995), S. 1054. Im Gegensatz dazu wird im Modell von Chari/Kehoe (2004) eine Informationskaskade gebildet, in der die schlecht informierten Individuen ihre Durchführungsentscheidungen aufgrund der Opportunitätskosten des Abwartens frühzeitig treffen. Dadurch führt die Informationskaskade zu einem falschen Ergebnis. Hätten die uninformierten Individuen abgewartet, könnten sie mehr von der Informationsaggregation profitieren. In diesem Fall entsteht ein Wohlfahrtsverlust hinsichtlich der effizienten Kapitalallokation, auch wenn die individuellen Opportunitätskosten des Abwartens minimiert werden, S. 130.

[227] Vgl. Fama (1970), S. 387-388. Die Beobachtung der öffentlichen Informationen verursacht hier keine Informationskosten.

[228] Sowohl die erste als auch die zweite Ableitung der Informationskostenfunktion nach der Informationspräzision sind positiv. Dazu vgl. Burguet/Vives (2000), S. 189.

Minimierung des Schätzfehlers stehen zusätzlich noch die beobachtbaren Entscheidungen der Vorgänger als öffentliche Informationen kostenlos zur Verfügung, deren Präzision mit der Genauigkeit der eigenen Informationen substituierbar ist. Demnach reduziert eine marginale Zunahme der Präzision der öffentlichen Informationen die marginale Zahlungsbereitschaft für die eigenen Informationen.[229] Das Trittbrettfahrerproblem wird bei hohen Informationskosten vergrößert. Die Individuen in dem hier eingeführten Modell verfügen zumindest noch über die privaten Informationen. Wenn die Informationspräzision der frei verfügbaren öffentlichen Informationen ein bestimmtes Niveau erreicht hat, ist der Grenzvorteil der eigenen Informationen kleiner als die Grenzkosten der Informationsakquisition. Folglich werden die Entscheidungsträger keine entscheidungsrelevanten Informationen mehr erwerben. Insofern verschärft sich das Informationskaskadenproblem. Vives (1993) bestätigt durch die Betrachtung der Preisanpassungsbewegung auf dem Markt, daß die positiven marginalen Informationsakquisitionskosten die Informationsaggregation blockieren. Die Präzision der öffentlichen Informationen wird mit zunehmenden Informationskosten sinken.[230]

Nicht nur die Akquisition privater Informationen kann kostspielig sein. Unter Umständen müssen die Individuen auch für die Beobachtung der vergangenen Entscheidungen zahlen. Ein vollkommen kostenfreier Zugang zu öffentlichen Informationen ist in Wirklichkeit selten. Es kann angenommen werden, daß die Beobachtung einer einzelnen vergangenen Entscheidung konstante Kosten in Höhe von k, $k > 0$ verursacht. Wenn sich ein Individuum über die Entscheidungen von zwei Vorgängern informieren möchte, dann muß es für die öffentlichen Informationen insgesamt $2k$ bezahlen. Bei weiteren unveränderten Annahmen des behandelten Modells wird der zweite Entscheidungsträger auf die kostspieligen öffentlichen Informationen verzichten, weil er nur nach seiner privaten Information die Entscheidung treffen wird. Der dritte Entscheidungsträger wird für die Beobachtung der *beiden* Vorgängerentscheidungen die Akquisitionskosten in Höhe von $2k$ zahlen, falls seine private Information im Widerspruch zu der Entscheidung des ersten Individuums steht. Eine Durchführungsentscheidung des dritten Individuums interpretiert zumindest zwei Durchführungssignale der drei ersten Individuen. Der vierte Entscheidungsträger antizipiert diese Überlegung und wird folglich nur für die Beobachtung der Entscheidung des dritten Entscheidungsträgers die Kosten k zahlen. Die weiteren Entscheidungsträger werden demnach nur die Entscheidung des direkten Vorgängers beobachten, die mit Kosten verbunden ist. Die Informationsaggregation bei Akquisitionskosten der öffentlichen Informationen wird bereits nach den ersten beiden Individuen – wie im behandelten Modell – blockiert. Nur wenn die Akquisitionskosten k so hoch sind, daß der dritte Entscheidungsträger auf die Beobachtung der zwei Vorgängerentscheidungen verzichten wird, werden alle Individuen in der Entscheidungsreihe nach ihren eigenen Informationen entscheiden.

229 Vgl. Burguet/Vives (2000), S. 191.

230 Vgl. Vives (1993), S. 340.

Eine Informationskaskade wird also nicht entstehen, falls die öffentlichen Informationen zu kostspielig sind.[231]

Hohe Informationsakquisitionskosten privater und öffentlicher Informationen haben insofern gegensätzliche Wirkungen. Um eine Informationskaskade zu verhindern, können entweder die Beschaffungskosten der privaten Informationen subventioniert oder die Chancen, die vergangenen Investitionsentscheidungen zu beobachten, reduziert werden.[232] Durch die Subvention können die Individuen aufgrund des verbesserten Verhältnisses von Grenznutzen zu Grenzkosten der Informationsakquisition motiviert werden, in private Informationen zu investieren und folglich bei ihren Entscheidungen stärker auf diese zu achten.[233] Es ist aber kritisch zu sehen, ob durch die Subvention eine Informationseffizienz erreicht werden kann. In der Periode, in der die Akquisition von privaten Informationen gefördert wird, ist die Informationsaggregation der öffentlichen Informationen relativ vollständig. Dies kann paradoxerweise zu einer Unterinvestition in private Informationen in den folgenden Perioden führen.[234] Die später einbezogenen Individuen werden bei ihren Entscheidungen angesichts der hohen Informationspräzision stärker auf die öffentlichen Informationen achten, weil zur Minimierung der Schätzfehler die privaten Informationen durch öffentliche Informationen ersetzt werden können.[235] Die Entscheidungsregel, wonach die privaten Informationen bei den Entscheidungen gewichtet werden sollen, kann nicht vorgeschrieben werden. Eine mit Kosten verbundene Reduzierung des Informationsverlustes in der Gegenwart bedeutet hierbei, daß sich die Subventionskosten in den folgenden Perioden noch erhöhen müssen. Ein weiteres Problem der Subventionen ergibt sich durch die fehlende Kontrollmöglichkeit. Wenn eine Kontrolle der Verwendung der Subvention nicht durchgeführt werden kann, können die Entscheidungsträger das Geld zweckentfremdet verwenden und sich weiter als Trittbrettfahrer verhalten. Falls eine Kontrolle wegen hoher Kontrollkosten nicht durchführbar ist, sollte die Subvention nicht monetär bezahlt werden. Gütertransfer und Dienstleistungen, welche die Empfänger nicht weiter verkaufen können, stellen mögliche Alternativen dar.[236]

Zusammengefaßt können die Akquisitionskosten der privaten Informationen zuerst subventioniert werden. Danach soll der Zugang zu den öffentlichen Informationen

---

231 Vgl. Kultti/Miettinen (2006), S. 27-28.

232 Aufgrund der Finanzierungskosten des Anreizsystems kann eine direkte Beschränkung des Zugangs zu Informationen vorteilhafter sein. Vgl. Ackstaller (2005), S. 242-248.

233 Vgl. Burguet/Vives (2000), S. 193-194.

234 Vgl. Vives (1996), S. 594 und Vives (1997), S. 183. Dazu vgl. auch Burguet/Vives (2000), S. 194-195.

235 Vgl. Burguet/Vives (2000), S. 188.

236 Die Bemessungsgrundlagen der Subvention sind schwierig zu bestimmen. Ferner ist das Verhältnis vom Grenzvorteil zum Grenznachteil der Informationsakquisition für die verschiedenen Individuen unterschiedlich. Vgl. Eichberger (2004), S. 204-205.

erschwert werden, indem eine Gebühr für den Zugriff auf die vergangenen Daten zu entrichten ist. Nach einer bestimmten Individuenanzahl oder Periodenlänge kann die Zugangsgebühr aufgehoben werden, wenn die Präzision der öffentlichen Informationen für eine ex-post richtige Entscheidung genügt. Dabei muß beachtet werden, daß eine genaue Trennung zwischen privaten und öffentlichen Informationen kaum möglich ist. Eine effiziente Informationsaggregation kann trotz solcher Maßnahmen nicht garantiert werden.

9. Beobachtbare Konsequenzen der Entscheidungen

Im behandelten Modell sind nur die Entscheidungen der Individuen beobachtbar. Die Konsequenz der jeweiligen Entscheidung wird erst dann bekannt gemacht, wenn alle Individuen ihre Entscheidungen getroffen haben. Oft können sich die Marktteilnehmer über die Vorteilhaftigkeit einer bereits erfolgten Investition informieren. In Fällen, in denen die späteren Entscheidungsträger die Konsequenz wie z.B. die Rentabilität einer Investition beobachten können, wird die Unsicherheit über die Investition reduziert. Letztendlich wird nur diejenige Investition getätigt, die sich als vorteilhaft erwiesen hat. Eine Lösung bei beobachtbaren Konsequenzen der Entscheidungen ist langfristig stabil.[237] Im Gegensatz dazu führt die dominierende gleichgerichtete Entscheidung im behandelten Modell mit hoher Wahrscheinlichkeit nicht zu einer effizienten Kapitalallokation, und das Ergebnis ist innerhalb einer Informationskaskade nicht stabil.

Weiterhin ist die beobachtbare Konsequenz von Entscheidungen immer noch keine Garantie für eine effiziente Kapitalallokation. Dies kann durch ein Beispiel verdeutlicht werden. Die Entscheidungsträger sollen zwischen zwei Investitionsalternativen X und Y wählen. Das erste Individuum hat sich für das Projekt X entschieden. Nach kurzer Zeit stellt sich die Investition X bereits als vorteilhaft heraus. Das positive Ergebnis kann von allen nachfolgenden Entscheidungsträgern beobachtet werden. Der zweite sowie alle weiteren Entscheidungsträger werden sich ebenfalls für Investition X entscheiden. Eine Ineffizienz der Kapitalallokation kann trotzdem nicht vermieden werden, wenn die Investition Y letztendlich besser als X wäre. Durch die Informationskaskade wird die Vorteilhaftigkeit der Investition Y nicht entdeckt. Selbst wenn einige Individuen gute Signale über die Investition Y erhalten haben, werden sie sich auch für das scheinbar sichere und „vorteilhafte" Projekt X entscheiden. Die privaten Informationen treten nicht mehr in Erscheinung, weil sie jetzt statt von den Entscheidungen der Vorgänger von dem beobachteten Erfolg der Investition X dominiert werden, wobei die Entscheidungskonsequenzen noch aussagekräftiger und überzeugender als die Entscheidung selber sind. Gegebenenfalls kann der Wohlfahrtsverlust aufgrund der ineffizienten Informationsaggregation und Kapitalallokation noch größer sein als in einer Entscheidungssituation, in der die Entscheidungskonsequenzen

[237] Vgl. Banerjee/Fudenberg (2004), S. 16.

nicht beobachtbar sind.[238] Das aufgezeigte Problem kann nicht nur bei den einzelnen Investitionsentscheidungen, sondern auch bei Entscheidungen hinsichtlich der Branchenauswahl entstehen. Die Unternehmen dringen in eine anfänglich profitable Branche ein, was dazu führt, daß der Marktpreis aufgrund der zunehmenden Angebote sinken wird. Im Endeffekt können die Fixkosten der Unternehmen nicht gedeckt werden und die Unternehmen erwirtschaften einen Verlust. Sowohl für die einzelnen Unternehmen als auch für die gesamte Makroökonomie sind solche Entscheidungen ineffizient. Die Kapitalallokation kann folglich nicht optimal sein.[239]

10. Heterogene Präferenzen der Entscheidungsträger

Im dargestellten Modell wird angenommen, daß alle Individuen über gleiche Präferenzen verfügen. Es ist aber durchaus vorstellbar, daß die Entscheidungsträger hinsichtlich zweier oder mehrerer Alternativen unterschiedliche ordinale Präferenzordnungen haben.[240] Die verschiedenen Präferenzen führen dazu, daß die Individuen selbst bei gleicher Entscheidung unterschiedliche Nutzen erhalten. Dies ist äquivalent zu dem Fall, daß Individuen mit homogener Präferenz unterschiedliche Zahlungen aus der gleichen Investition erhalten.[241] Im Gegensatz zur Informationskaskade werden die Entscheidungsträger mit heterogenen Präferenzen mehr auf ihre privaten Informationen achten. Ihre Entscheidungen sind folglich für alle weiteren Individuen informativ. Sämtliche Entscheidungsalternativen werden wahrscheinlich nach den Präferenzordnungen der jeweiligen Individuen ausgewählt, während sich die Individuen im behandelten Modell nur für eine einzige Alternative entscheiden. Demnach werden bei heterogener Präferenz mehr Informationen offenbart, und die Informationsaggregation ist relativ vollständig. Je mehr sich die Präferenzen voneinander unterscheiden, desto informativer sind die öffentlich verfügbaren Informationen.[242] Die Wahrscheinlichkeit für eine Informationskaskade ist aufgrund der heterogenen Präferenzen der Entscheidungsträger gering, so lange die Zahlungen der Alternativen nicht von der Anzahl der Investoren abhängen.[243] Allerdings spielt es bei der Informationseffizienz eine große Rolle, ob die individuellen Präferenzen nur privat oder allgemein bekannt sind. Falls jedes Individuum über die Präferenzen der anderen informiert ist, dann werden die Individuen mit gleicher Präferenz in der späteren Entscheidungsreihenfolge eventuell unabhängig von ihren Informationen

---

[238] Vgl. Cao/Hirshleifer (2000), S. 18-19. Das gleiche Forschungsergebnis haben Persons/Warther (1997) im Bereich von Corporate Finance, Derivate und Hedge ermittelt, S. 943-944 und S. 954-955.

[239] Vgl. Caplin/Leahy (1993), S. 788.

[240] Vgl. Smith/Sørensen (2000), S. 373.

[241] Vgl. Bikhchandani/Hirshleifer/Welch (1998), S. 160.

[242] Vgl. Goeree/Palfrey/Rogers (2006), S. 247 und S. 261. Wenn sich die heterogenen Präferenzen der Entscheidungsträger nicht sehr unterscheiden, ist eine Informationskaskade immer noch wahrscheinlich. Vgl. Smith/Sørensen (2000), S. 383.

[243] Vgl. Arthur (1989), S. 120.

dieselbe Entscheidung treffen. Anders als im hier behandelten Modell werden die unterschiedlichen Informationskaskaden durch jeweils unterschiedliche Typen von Individuen gebildet. Falls die Akteurstypen nur privat bekannt sind, können die Entscheidungsträger nicht feststellen, ob eine unterschiedliche Vorgängerentscheidung auf die zugrunde liegende verschiedene Information oder auf die andersgeartete Präferenz zurückgeführt werden kann.[244] In diesem Fall werden die Individuen eher motiviert, bei ihren Entscheidungen stärker die eigenen Informationen zu gewichten.

11. Stochastisch generierte Umweltzustände

Im hier behandelten Modell wurden zwei Umweltzustände vorgestellt: ein guter Zustand und ein schlechter Zustand. Die Zahlungen aus der betrachteten Investition hängen von der Realisierung des Umweltzustandes ab. Ein Entscheidungsträger erhält im guten Zustand den Barwert einer Einzahlung in Höhe von eins und im schlechten Zustand von null. Der vorliegende Zustand bleibt unverändert. Die einheitlichen Entscheidungen sind aus der Sicht von nachfolgenden Entscheidungsträgern hinreichend für die Erkennung des wahren Zustandes, so daß die privaten Informationen bei den Entscheidungen unterbewertet werden. Im Gegensatz dazu kann eine stochastische Entwicklung des Umweltzustandes im Zeitablauf die Entscheidungsträger von einer Informationskaskadenbildung abhalten. Die vergangenen Entscheidungen werden in diesem Fall für die Erkennung des wahren Umweltzustandes nicht mehr als statistisch signifikant angesehen. Um diese stochastische Entwicklung einzuschätzen, müssen die Individuen neue Informationen beschaffen und sie berücksichtigen. Eine *temporäre* Informationskaskade kann bei sich stochastisch entwickelnden Umweltzuständen nur entstehen, wenn die Realisierung des Umweltzustandes in der nächsten Periode anhand von kumulativen Informationen vorausgesagt werden kann.[245] Die Wertminderung der öffentlichen Informationen und die zunehmende Bedeutung der privaten Informationen führen zu einem kontinuierlichen Lernprozeß. Damit ist die Informationsaggregation relativ effizient.[246]

3.3.2 Zusammenfassung der wirksamen Maßnahmen

Die Analyse im letzten Abschnitt liefert einen Überblick über die relevanten Einflußfaktoren der Informationskaskade, wobei sich die Informationskaskade durch die Einführung einiger modifizierten Annahmen als instabil erweist. Die Informationskaskade, die auf einer schlechten Informationsaggregation aufbaut, wird früher oder später zu Fall gebracht.

---

[244] Vgl. Bikhchandani/Hirshleifer/Welch (1998), S. 161.

[245] Vgl. Moscarini/Ottaviani/Smith (1998), S. 664.

[246] Vgl. Moscarini/Ottaviani/Smith (1998), S. 658-659. Bikhchandani/Hirshleifer/Welch (1992) haben auch gezeigt, daß eine zunehmende Unsicherheit über den zugrunde liegenden Wert die Informationskaskade verhindern kann, S. 1014-1015.

Eine Informationskaskade ist sowohl aus ex-ante- als auch aus ex-post-Sicht ineffizient. Dabei bezieht sich die ex-ante-Ineffizienz der Informationskaskade auf eine unvollständige Informationsaggregation, während die ex-post-Ineffizienz auf eine falsche Wahl der Alternativen und somit eine fehlerhafte Kapitalallokation hinweist. Daher ist es notwendig, einige wirksame Maßnahmen zur Vermeidung oder Aufhebung einer Informationskaskade zu diskutieren. Die Eigenschaft der Instabilität der Informationskaskade ermöglicht eine Verbesserung der Informationseffizienz. Grundsätzlich können alle Lösungsansätze des letzten Kapitels zur Verbesserung der Informationslage der Entscheidungsträger beitragen.

Um private Informationen so gut wie möglich und weitestgehend zwischen den Entscheidungsträgern auszutauschen, könnte eine Befragung über das zu entscheidende Objekt durchgeführt werden, falls die Transaktionskosten nicht zu hoch sind. Das Ergebnis wird bekanntgemacht, bevor die einzelnen Entscheidungen getroffen werden. Im Zuge der Befragung sollen binäre Entweder-oder-Entscheidungen vermieden werden. Die Präferenzen hinsichtlich des Projektes sollen in kontinuierlicher Form dargestellt werden. Heterogene Präferenzen sollen durch unterschiedliche Präferenzordnungen wiedergegeben werden.[247]

In einer Situation, in der die privaten Informationen nicht wahrheitsgemäß offenbart werden, kann das Ziel der Befragung nicht erreicht werden. Alternativ dazu kann der Zugang zu den vergangenen Informationen verhindert werden, so daß die Individuen bei ihren Entscheidungen die eigenen Informationen verwenden. Die Akquisitionskosten für die Beobachtung der Vorgängerentscheidungen sind hoch festzulegen, damit die Nachfolger auf diese Beobachtung verzichten. Andererseits können die Beschaffungskosten der Informationen (ohne die Information über die Vorgängerentscheidungen) vor allem in Form von Gütertransfers und Dienstleistungen subventioniert werden, um die individuelle Motivation zur Informationsakquisition zu erhöhen.

Falls eine Entscheidungsreihenfolge ex-ante bestimmt werden kann, so wären die erfahrenen Akteure mit relativ präzisen Informationen wie Fachleute und Experten an hinterer Stelle zu positionieren. Generell sollten die Entscheidungsträger in einer Reihenfolge angeordnet werden, welche ein negatives Verhältnis zu ihrer Signalpräzision hat. Falls zwei identische Entscheidungen in der Entscheidungsreihe getroffen werden, sollte eine gegensätzliche Information rechtzeitig öffentlich bekannt gemacht werden. Dadurch sollte dem nächsten Entscheidungsträger ein Anreiz vermittelt werden, sich nach seiner privaten Information zu entscheiden. Im Fall, daß eine exogen konkretisierte Entscheidungsreihenfolge nicht möglich ist, sollte zumindest die Periodenlänge der Entscheidungen vergrößert werden. Dadurch werden die Individuen, die über eine relativ hohe Informationspräzision verfügen, aufgrund des

[247] Ackstaller (2005) schlägt eine altruistische Präferenz zur Internalisierung der Informationsexternalität vor, vgl. S. 248-252. Eine solche Präferenz kann nur als idealistische Annahme bestehen, nicht aber als Maßnahme zur Aufhebung der Informationskaskade empfohlen werden. Vgl. dazu auch Bikhchandani/Sharma (2001), S. 287.

großen Zinsverlustes nicht auf die Entscheidungen der anderen warten und eigene Entscheidungen nicht verzögern.

Im Fall von Entscheidungen, bei denen keine kontinuierlichen Handlungen vorliegen, sollten Konsequenzen von Vorgängerentscheidungen nicht zu früh öffentlich bekannt gemacht werden, auch wenn sich die durchgeführte Investitionsalternative bereits als vorteilhaft erwiesen hat. Den Individuen sollte die Möglichkeit eingeräumt werden, sich über die Vorteilhaftigkeit von noch unbekannten Alternativen zu informieren, die eventuell vorteilhafter sind. Eine solche Innovationspolitik sorgt insgesamt für eine höhere ökonomische Wohlfahrt. Ferner kann den Akteuren die Möglichkeit gegeben werden, ihre Entscheidungen wiederholt zu treffen. Durch wiederholbare Entscheidungen lernen die Individuen von vorherigen Fehlern. Somit kann man sich einer korrekten Entscheidung durch einen verstärkten Lernprozeß allmählich annähern.[248]

Allgemein ist eine Informationsasymmetrie für eine Informationskaskade verantwortlich. Um die Informationsasymmetrie zwischen den Entscheidungsträgern abzubauen und somit die Informationslage der Akteure zu verbessern, sollte eine transparente Bereitstellung von Wirtschaftsdaten erfolgen. Durch den Erlaß gesetzlicher Regelungen und Vorschriften (beispielsweise Ad-hoc-Publizität) kann ermöglicht werden, daß Unternehmensinformationen an alle Marktteilnehmer zum selben Zeitpunkt uneingeschränkt weitergegeben werden.[249] Das Problem unzureichender privater Informationsbereitstellung sollte durch staatlichen Eingriff verbessert werden. Allerdings sind die Maßnahmen, die einer Informationskaskade entgegenwirken sollen, mit Kosten verbunden. Für die Auswahl der wirksamen Maßnahmen zur Aufhebung der Informationskaskade sollte die Kosten-Nutzen-Analyse als Kriterium herangezogen werden.

3.4 Anwendung des Informationskaskadenmodells

Im folgenden wird ein Überblick über Laborexperimente und empirische Forschungsarbeiten zur Informationskaskade gegeben, um so die empirische Relevanz des theoretischen Modells zu bestätigen oder zu hinterfragen.

3.4.1 Laborexperimente zur Bestätigung der Informationskaskade

Im Vergleich zu empirischen Untersuchungen haben Laborexperimente generell den Vorteil, daß eine Reihe von Faktoren, die das individuelle Verhalten beeinflussen, durch die Laborbedingungen kontrolliert werden können. Das behandelte Informationskaskadenmodell kann somit relativ „nah" nachgebildet werden.

[248] Zu beachten ist, daß wiederholte Entscheidungen noch keine Garantie für eine korrekte Entscheidung sind. Vgl. Krause (2005), S. 186-187.

[249] Vgl. Freiberg (2004), S. 183-184.

Das Experiment von Anderson/Holt (1997) wurde nach dem dargestellten Informationskaskadenmodell von Bikhchandani/Hirshleifer/Welch (1992) entworfen, welches insgesamt aus sechs Abschnitten bestand.[250] Für jeden Teil wurden sieben Studenten aus dem Ökonomie-Studiengang der Universität Virginia eingestellt. Die Studenten kannten die Bayessche Regel und konnten sie bei ihren Entscheidungen anwenden. Ein Student wurde durch Zufallsprinzip als Moderator ausgewählt; die sechs restlichen Studenten waren Entscheidungsträger. Per Zufall entschied der Moderator, welche von zwei verfügbaren Urnen für das Experiment in der jeweiligen Periode verwendet wurde. Urne A hatte eine dunkle und zwei helle Glaskugeln; Urne B hatte eine helle und zwei dunkle Glaskugeln. Alle Kugeln waren hinsichtlich Größe und Gewicht identisch. Jeder Entscheidungsträger sollte in einer durch Zufall generierten Reihenfolge eine Glaskugel aus einem nicht gekennzeichneten Behälter ziehen, die danach gleich wieder ersetzt wurde. Er wurde dann gefragt, um welche Urne es sich bei dem Behälter handelte.[251] Obwohl seine Antwort für alle anderen Studenten beobachtbar war, blieb sein Signal, das durch die gezogene Kugel gegeben war, für die anderen unbekannt. Nachdem alle sechs Entscheidungsträger geantwortet hatten, zeigte der Moderator die Urne offen. Damit endete die Periode. Dieses Vorgehen wiederholte sich 15 Mal mit derselben Gruppe in jedem Abschnitt. Für jede korrekte Antwort erhielt ein Student am Ende der jeweiligen Periode 2 $.[252] Das einzige Ziel jedes Studenten war, seine erwarteten Zahlungen zu maximieren. Unter den Studenten war keine Zahlungsinterdependenz möglich. Bei dem Experiment wurde die Bildung einer Informationskaskade bestätigt. In 41 der 56 Perioden waren Informationskaskaden zu beobachten, auch wenn sich die meisten Studenten rational im Sinne der Bayesschen Regel verhielten.[253]

Zusätzlich wurde festgestellt, daß der zweite Student in 95% der Fälle, in denen seine gezogene Kugel der Vorhersage seines Vorgängers nicht entsprach, nach seinem eigenen Signal entschieden hatte.[254] Die Annahme im dargestellten Modell, daß der zweite Entscheidungsträger nach seiner eigenen Information die Entscheidung trifft, falls sein Signal der Vorgängerentscheidung widerspricht, wurde durch das Experiment bestätigt.

---

[250] Zu den folgenden Ausführungen vgl. Anderson/Holt (1997), S. 850-856.

[251] Die ersten drei Abschnitte des Experiments verliefen nach diesem Verfahren. In den anderen drei Abschnitten basierten die Entscheidungen der Studenten sowohl auf der von ihnen ausgezogenen Glaskugel als auch auf einer öffentlichen Auslosung.

[252] Die Experimentteilnehmer verdienten durchschnittlich über 20 $. Sie wurden mit Bargeld bezahlt, wenn das Experiment beendet war. Jedem Studenten wurden außerdem 5 $ als Anreiz für seine Teilnahme bezahlt.

[253] 26% der Studenten verhielten sich nicht nach der Bayesschen Regel; 4% der gesamten Entscheidungen standen weder mit der Bayesschen Regel noch mit der eigenen Information in Einklang. Auch Huck/Oechssler (2000) bestätigen durch ihre Untersuchung, daß sich Individuen nicht nach der Bayesschen Regel verhalten, vgl. S. 666.

[254] Vgl. Anderson/Holt (1997), S. 855. Anderson (2001) erweiterte das Experiment um eine Fehlerquotenanalyse. Sein Ziel bestand darin, die Wirkung der Fehlerquote der Vorgängerentscheidungen auf die Fehlerquote der nachfolgenden Entscheidungen zu bestätigen, vgl. S. 613-614.

Eine endogene Entscheidungsreihenfolge wurde im Laborexperiment von Sgroi (2003) implementiert. Auf Grundlage der Frage, um welche Urne es sich bei dem Behälter handelte, durfte ein Teilnehmer selbst entscheiden, ob er am Ende jeder Periode seine Antwort bekannt gibt oder abwartet. Allerdings kostete ihn eine verzögerte Antwort 0,25 Pfund pro Minute. Die theoretische Aussage von Chamley/Gale (1994), wonach die Teilnehmer mit unpräzisen Informationen ihre Antworten aufschieben und dann den Vorgängerentscheidungen folgen werden, wurde bestätigt.[255]

Laborexperimente ermöglichen es, die Gültigkeit der relevanten Annahmen der theoretischen Informationskaskadenmodelle zu überprüfen. Weil das Verhalten des einzelnen Experimentteilnehmers und seine Einflußfaktoren im Rahmen der Experimente relativ leicht kontrollierbar sind, kann eine Ursache-Wirkungsbeziehung überprüft werden. Obwohl eine Informationskaskade bereits durch zahlreiche Laborexperimente nachgewiesen wurde,[256] ist es nicht immer einfach, Rückschlüsse aus Laborexperimenten auf das zu erwartende individuelle Verhalten von Entscheidungsträgern in der Realität außerhalb des Labors zu ziehen.

3.4.2 Empirische Forschung zur Informationskaskade

Viele soziale Phänomene können durch den Ansatz der Informationskaskade erklärt werden. Beispielsweise zeigt Becker (1991) in seinem Aufsatz, daß einerseits Konsumenten gerne gut besuchte Restaurants, Bars und Theater aufsuchen und Bestseller kaufen, andererseits Preis und Kapazität trotz andauernder Nachfrageüberschüsse nicht entsprechend erhöht und vergrößert werden. Diese sozialen Phänomene haben eine Gemeinsamkeit mit dem eingeführten Informationskaskadenmodell: Individuen konsumieren Dienstleistungen gemeinsam und können die Nachfrage beobachten (beobachtbare Entscheidungen der Vorgänger). Obwohl Becker nicht den Begriff Informationskaskade verwendet, nimmt er dennoch an, daß die Konsumentennachfrage positiv von der gesamten Nachfragemenge abhängig ist.[257] Je mehr Konsumenten ein Restaurant besuchen, desto mehr wird ein potentieller Besucher von der Qualität der Küche überzeugt. Dies steht in Einklang mit dem Ansatz des Herdenverhaltens von Banerjee (1992), der das gleiche Beispiel anführt.[258] Diese Kenntnis über die Nachfragefunktion kann in der Praxis genutzt werden, um Kundschaft zu werben. Aber nicht nur durch Werbung können die Unternehmen Konsumverhalten beeinflussen. Einige gut besuchte Restaurants, Bars und Theater werden ihre Kapazität absichtlich nicht vergrößern, auch wenn die Nachfragemenge

[255] Vgl. Sgroi (2003), S. 164-165 und S. 168.

[256] Ein guter Überblick über die experimentellen Prüfungen der modelltheoretischen Annahmen findet sich in Freiberg (2004), S. 146.

[257] Vgl. Becker (1991), S. 1111.

[258] Siehe Banerjee (1992), S.798-799.

dauerhaft größer als ihre Angebotsmenge ist. Denn die beobachtbare Überschußnachfrage läßt sie mehr Kundschaft gewinnen.[259]

Unmittelbare empirische Untersuchungen zu den Implikationen verschiedener theoretischer Modellansätze sind nicht durchführbar, weil die Modellbedingungen in der Realität nicht erfüllt werden können. Vergleicht man die Handlung eines Individuums mit dem Durchschnitt der Handlungen anderer Individuen, so läßt sich eine Informationskaskade näherungsweise nachweisen.[260] Problematisch ist hierbei, daß man bei gleichgerichteten Entscheidungen noch nicht davon ausgehen kann, daß die Individuen unabhängig von ihren privaten Informationen gehandelt haben. Die Ursache von gleichen Entscheidungen oder gemeinsamen Reaktionen kann eine Bekanntgabe zusätzlicher Informationen sein. Eine Informationskaskade, in der Informationen stets unvollständig kumuliert werden, kann aufgrund fehlender Informationen keine dauerhafte positive Auswirkung auf die Investitionsentscheidungen haben.[261] Allerdings sind wegen der mangelnden Datenverfügbarkeit eine genaue Identifizierung einer Informationskaskade und die Messung ihres Umfangs kaum möglich.

Zur Messung des Umfangs von Herdenverhalten auf Finanzmärkten ist bereits mehrfach das Maß von Lakonishok/Shleifer/Vishny (1992) verwendet worden, welches den durchschnittlichen tendenziellen Verkäufer-/Käuferanteil an den gesamten handelnden Akteuren eines einzelnen Wertpapiers mit demjenigen erwarteten Verkäufer-/Käuferanteil im gleichen Quartal vergleicht, wenn die Akteure unabhängig voneinander gehandelt hätten.[262] Mit Hilfe dieses Vergleichsmaßes ist das Herdenverhalten institutioneller Anleger zum großen Teil bestätigt worden.[263] Es ergeben sich dennoch folgende Nachteile[264]: Einerseits berücksichtigt das Vergleichsmaß zur Messung des Herdenverhaltens nur die Anzahl der Verkäufer oder Käufer eines Wertpapiers, nicht aber die jeweiligen Handelsvolumen. Andererseits kann man mit Hilfe des Maßes nur die Aussage treffen, ob Herdenverhalten im einzelnen

[259] Vgl. Becker (1991), S. 1115.

[260] Vgl. Graham (1999), S. 261 ff.

[261] Vgl. Kennedy (2002), S. 63-64.

[262] Die Formel dazu siehe Lakonishok/Shleifer/Vishny (1992), S. 29-30.

[263] Lakonishok/Shleifer/Vishny (1992) untersuchten das Herdenverhalten von Pensionsfondsmanagern und erhielten ein Ausmaß an Herdenverhalten von 2,7%, vgl. S. 30; Grinblatt/Titman/ Wermers (1995) haben ein Ausmaß an Herdenverhalten unter Investment-Fondsmanagern in Höhe von 2,5% gemessen, vgl. S. 1100; Wermers (1999) hat eine Teilmenge aus den Daten von Grinblatt/Titman/Wermers (1995) untersucht und ein geringfügig höheres durchschnittliches Ausmaß des Herdenverhaltens in Höhe von 3,4% ermittelt. Außerdem wurde die Auswirkung des Herdenverhaltens auf den Aktienpreis bestätigt. Kurzfristig können Fondsmanager einen Vorteil aus Herdenverhalten ziehen, der aber nicht über einen längeren Zeitraum gehalten werden kann. Dazu vgl. Wermers (1999), S. 594 und S. 609.

[264] Vgl. Bikhchandani/Sharma (2001), S. 297.

Wertpapierhandel zu finden ist. Die Frage, ob ein bestimmter institutioneller Anleger im Zeitablauf Herdenverhalten zeigt, bleibt aber offen.

Neben institutionellem Herdenverhalten auf Ebene des einzelnen Wertpapiers wurde auch marktweites Herdenverhalten untersucht. Christie/Huang (1995) führten eine Regressionsanalyse zur Identifizierung von marktweitem Herdenverhalten durch. Es wurde ein linearer Zusammenhang zwischen der geschätzten Standardabweichung der Aktienrenditen zu Marktrenditen und der Aktienkursbewegung angenommen. Das Ziel der Regressionsanalyse bestand darin, im Fall einer starken Veränderung des Aktienkurses die unbekannten Regressionskoeffizienten zu bestimmen. Ein negativer Wert der Regressionskoeffizienten zeigte ein marktweites Herdenverhalten auf.[265] Diese Vorgehensweise ist aber nicht unumstritten. Das Investitionsverhalten verschiedener Marktteilnehmergruppen kann durch die Anwendung dieser Methode nicht voneinander unterschieden werden. Die marktweiten einheitlichen Kauf- und Verkaufsentscheidungen können nicht eindeutig auf eine Informationskaskade zurückgeführt werden. Solche Phänomene können auch dadurch erklärt werden, daß die Marktteilnehmer kurzfristig nur diejenigen Informationen als wertvoll erachten, die auch von anderen Marktteilnehmern aufgenommen werden. Die Zahlungsinterdependenzen spielen für die Motivation dann eine größere Rolle als die Informationen.[266] Vor allem ist die Streuung der Aktienrenditen allein noch nicht ausreichend für den Nachweis von Herdenverhalten.[267]

Empirisch wurden zahlreiche Untersuchungen in mehreren Branchen unter verschiedenen Investorengruppen und in unterschiedlichen Ländern zur Messung des Herdenverhaltens durchgeführt.[268] Die meisten empirischen Untersuchungen erfüllen nur teilweise die Annahmen des Grundmodells und können somit die theoretischen Aussagen nicht ganz bestätigen. Die Ursache-Wirkungsbeziehung zwischen einer Informationskaskade und einheitlichen Handlungen kann dadurch nicht eindeutig identifiziert werden. Trotzdem weisen die empirischen Studien darauf hin, daß Herdenverhalten oft unter denjenigen Marktteilnehmern auftritt, die einen beschränkten Zugang zu (privaten) Informationen und nicht genügend Kapazität für deren Verwertung haben. In Wachstumsbranchen und „New Economy" wie der Hochtechnologie, bei denen die Unsicherheit über künftige Einzahlungen der Investition ziemlich hoch ist, und in Transformationsländern, in denen eine geringe Markttransparenz seitens Politik und von Unternehmen vorhanden ist und die Informationsasymmetrien zwischen den Marktteilnehmern sehr stark ausgeprägt sind, ist Herdenverhalten

[265] Vgl. Christie/Huang (1995), S. 32-33.

[266] Vgl. Devenow/Welch (1996), S. 607.

[267] Vgl. Richards (1999), S. 21.

[268] Zusammenfassung der bisherigen relevanten empirischen Untersuchungen vgl. Devenow/Welch (1996), S. 609-610; Bikhchandani/Sharma (2001), S. 293 ff.; Hirshleifer/Teoh (2003), S. 44 ff. und Freiberg (2004), S. 93 ff.

besonders zu erwarten.[269] Solche Hinweise ermöglichen es, schnell Informationskaskaden zu erkennen und können so bei einer zielgerichteten Maßnahmenauswahl zur Erhöhung der Informationseffizienz nützlich sein.

[269] Vgl. Freiberg (2004), S. 129-141.

4 Herdenverhalten im Rahmen der Prinzipal-Agenten-Beziehung

Verschiedene Modelle versuchen das Phänomen des Herdenverhaltens zu erklären. Ein relativ einfaches Informationskaskadenmodell wurde im Kapitel 3.2 vorgestellt. Dabei rückte das Informationsaggregationsproblem in den Vordergrund der Analyse, interpersonale Interessenkonflikte zwischen Individuen wurden ausgeblendet. In der Realität können Entscheidungsträger als Auftragnehmer bei Entscheidungen durchaus anderen Zielen als denen des Auftragsgebers folgen. Prinzipal-Agenten-Ansätze beschäftigen sich mit Interessenkonflikten und den damit verbundenen Anreizproblemen im Rahmen vertraglicher Beziehungen zwischen Auftraggeber (Prinzipal) und Auftragnehmer (Agenten). Im vorliegenden Fall agiert der Entscheidungsträger als Agent. Der Auftraggeber wird als Prinzipal bezeichnet. Wirkungen eines Entlohnungs- und Anreizsystems auf die Entscheidungen von Agenten haben hier eine besondere Relevanz, weil die Neigung der Agenten zum Herdenverhalten dadurch verstärkt werden kann.

Im folgenden wird zuerst die theoretische Grundlage geschaffen, um das Problem der Informationsasymmetrie und des Interessenkonfliktes zwischen Prinzipal und Agenten allgemein zu veranschaulichen. Anschließend werden Wirkungen der relativen Leistungsbewertung als Anreizmechanismus auf Investitionsentscheidungen von Agenten analysiert. In Kombination mit einer Informationskaskade können Agenten vor dem Hintergrund eines derartigen Anreizmechanismuses mehr zum Herdenverhalten neigen. Dabei sollen wirksame Maßnahmen zur Aufhebung des ineffizienten Herdenverhaltens diskutiert werden. Schließlich wird auf die ökonomische Relevanz des Herdenverhaltensmodells im Rahmen der Prinzipal-Agenten-Beziehung eingegangen.

4.1 Grundlage einer Prinzipal-Agenten-Beziehung

4.1.1 Interessenkonflikt zwischen Prinzipal und Agenten

Die Prinzipal-Agenten-Theorie als ein Zweig der neuen Institutionenökonomik greift neben der herkömmlichen Prämisse rationalen Verhaltens noch zusätzliche Eigenschaften der Interdependenz zwischen menschlichem Verhalten und institutionellen Regelungen auf.[270] Die Delegationsbeziehung zwischen Prinzipal und Agenten allein kann noch nicht garantieren, daß Agenten im Interesse ihres Prinzipals handeln. Die sich rational verhaltenden Prinzipale und Agenten streben nach der Maximierung ihrer jeweiligen Ziele, die nicht miteinander übereinstimmen müssen. Aus Vereinfachungsgründen wird eine Gewinnmaximierung meistens dem Prinzipal als Zielsetzung unterstellt. Daher interessiert sich der Prinzipal für die bestmögliche Durchführung der Aufgabe durch den Agenten. Als Gegenleistung muß er den Agenten für die Aufgabenerfüllung entlohnen. Einerseits fördert eine große Anstrengung des Agenten die Zielerreichung, andererseits erhöht sich die Entlohnung des

---

[270] Vgl. zu nachfolgenden Ausführungen Hax (1991), S. 56-57.

Agenten mit seiner Anstrengung, somit reduziert sich der Anteil des Prinzipals am Unternehmensgewinn. Folglich kann davon ausgegangen werden, daß der Prinzipal sowohl einen hohen Arbeitseinsatz des Agenten als auch eine niedrige Entlohnung des Agenten wünscht. Auch der Agent verhält sich eigennützig und folgt seiner persönlichen Zielsetzung. Sein Ziel besteht grundsätzlich darin, die Entlohnung seines Arbeitseinsatzes, also sein Einkommen, zu maximieren sowie beispielsweise seine Reputation auf dem Arbeitsmarkt. Eine gute Reputation ermöglicht ihm ein höheres Einkommen in den nächsten Perioden.[271] Ein Streben nach Reputation ist nichts anderes als die Maximierung des künftigen Einkommens. Weiterhin ist ein Arbeitseinsatz für den Agenten mit einem Verzicht auf Freizeit sowie einer starken physischen und geistigen Anstrengung verbunden. Die korrespondierende Nutzenfunktion des Agenten hängt demnach positiv vom Einkommen und negativ vom Arbeitseinsatz ab.[272]

Zusätzlich enthält die Prinzipal-Agenten-Beziehung auch ein Koordinationsproblem zwischen interdependenten Entscheidungsträgern, die konkurrierende Verhältnisse zueinander haben. Die Koordinationsbereitschaft der Agenten untereinander ist vor allem gering, wenn ihre Leistungen erfolgsorientiert beurteilt werden und die Koordination aufwendig und schwer zu kontrollieren ist. Die Agenten haben dann weniger Anreiz, entscheidungsrelevante Informationen auszutauschen. Dies kann zu Lasten des Gesamterfolgs des Unternehmens führen, da dieser dadurch nicht notwendigerweise maximiert wird.[273]

Angesichts verschiedener Interessenkonflikte sollte das Agentenverhalten durch Verträge gestaltet und gesteuert werden. In der Literatur gibt es verschiedene Definitionen von „Vertrag“. Dazu werden verschiedene Vertragstypen klassifiziert.[274] Die Vertragstheorie „beschäftigt sich mit wirtschaftlichen Beziehungen zwischen individuellen Parteien, deren Zusammenwirken durch strategische Interaktion geprägt ist.“[275] Die Delegationsbeziehung zwischen Prinzipal und Agenten kann als eine Vertragsbeziehung interpretiert werden, „bei der der Beauftragte gegen einen Entlohnungsanspruch die Verpflichtung zur Erfüllung einer Dienstpflicht für den Auftraggeber eingeht.“[276] Das Ziel des Prinzipals besteht darin, durch die Vertragsgestaltung die strategischen Handlungen der Agenten so zu beeinflussen, daß sie mit seinem Gewinnmaximierungsziel vereinbar sind.[277] Dabei sollen die möglichen Interaktionen zwischen allen betroffenen Institutionen zum Zeitpunkt des Vertrags-

[271] Vgl. Scharfsein/Stein (1990), S. 466. Dazu auch Zwiebel (1995), S. 3.

[272] Vgl. Jost (2001), S. 17.

[273] Vgl. Rousek (1998), S. 7-8.

[274] Zur Mehrdeutigkeit des Begriffs „Vertrag“ vgl. Richter/Furubotn (2003), S. 165 ff.

[275] Schweizer (1999), S. 1.

[276] Meinhövel (1999), S. 7.

[277] Vgl. Jost (2001), S. 17.

abschlußes weit gefaßt werden. Um sein Ziel zu erreichen, soll der Prinzipal mit Hilfe eines unvollständigen Vertrages die Nachverhandlungen der Vertragsparteien antizipieren und eine Anpassung der Vertragsbeziehung im Zeitlauf ermöglichen.[278] Es kann sich nicht nur um eine einmalige, sondern auch um eine dynamische Vertragsbeziehung handeln. Eine dynamische Vertragsbeziehung erlaubt dem Prinzipal, durch die Handlungen des Agenten und die daraus erfolgenden Ergebnisse im Zeitablauf mehr über die Fähigkeit des betrachteten Agenten zu erfahren. Diese Kenntnis dient wieder als Grundlage für eine neue Vertragsgestaltung.[279]

Die Vereinbarung eines effizienten Vertrages soll nicht nur für beide Vertragspartner akzeptabel sein, sondern auch den Anreiz schaffen, die vereinbarten Vertragsverpflichtungen tatsächlich zu erfüllen. Die Ökonomie (im Sinne der Disziplin) ist bestrebt, bestehende Allokationsverzerrungen (aufgrund von Fehlanreizen) zu erkennen und darauf aufbauend ein optimales Anreizschema (etwa im Kontext der Vergütung) zu entwickeln, das zur Beseitigung der Allokationsverzerrung führt.[280] Ein Anreiz ist deswegen notwendig, weil unterstellt wird, daß die Vertragsparteien stets nur ihr eigenes Interesse verfolgen. Keine Vertragspartei kann sich darauf verlassen, daß der Vertragspartner freiwillig kooperiert und die relevanten Informationen offenbart. Demzufolge kann nicht angenommen werden, daß die Vertragsregeln für die beiden Vertragsparteien bindend sind und sich von selbst durchsetzen. Dementsprechend müssen die Vertragsgrößen verifizierbar sein, so daß bei Nicht-Erfüllung des Vertrages der Anspruchserhebende vor Gericht beweisen kann, daß der Vertragspartner nicht gemäß der vertraglichen Vereinbarung gehandelt hat.[281]

In Abbildung 4.1 wird eine Delegationsbeziehung zwischen einem Prinzipal und seinem Agenten dargestellt.[282]

---

[278] Vgl. Schweizer (1999), S. 6. Vollständige Verträge sind nach Richter/Furubotn (2003) „*explizit* vereinbarte Verträge mit *symmetrischer Information*", S. 170. Die Institutionenökonomik interessiert sich aufgrund der asymmetrischen Informationsverteilung zwischen den Vertragsparteien nicht für vollständige Verträge.

[279] Vgl. Kräkel (1999), S. 105 ff. Dazu vgl. auch Altonji/Pierret (2001), S. 314 und S. 342.

[280] Vgl. Hart/Holmström (1987), S. 76-77.

[281] Vgl. Jost (2001), S. 13-15. Ein Vertrag ist beispielsweise nicht verifizierbar, wenn er entweder auf einer verborgenen Handlung oder auf einer verborgenen Information beruht. Dazu vgl. Schweizer (1999), S. 23.

[282] Nicht jede Prinzipal-Agenten-Beziehung basiert auf derselben Struktur. Eine durch einen Kreditvertrag zustande gekommene Prinzipal-Agenten-Beziehung hat beispielsweise einen anderen Ablauf. Der Kreditgeber als der Prinzipal verlangt von dem Kreditnehmer (Agenten) einen vertraglich vereinbarten Zinssatz. Nach der Realisierung der Investition erhält der Kreditnehmer (Agent) die Einzahlungsüberschüsse, die ausreichen sollten, um die Zinsen und die Tilgung an den Kreditgeber (Prinzipal) zurückzuzahlen. In diesem Fall wird der Kreditgeber (Prinzipal) vom Kreditnehmer (Agenten) „entlohnt". Dazu vgl. Kleine (1995), S. 37.

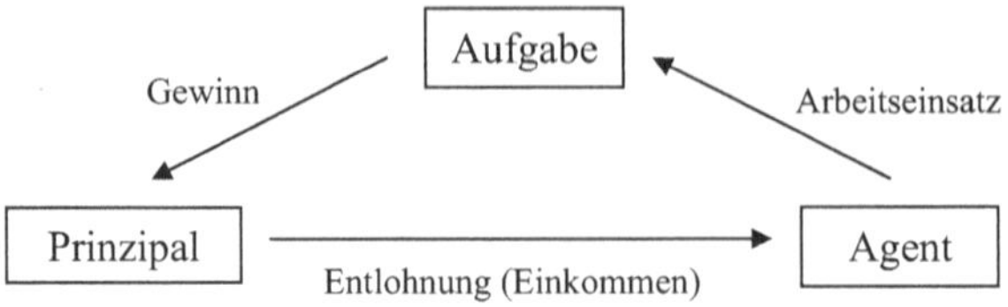

Abbildung 4.1: Struktur einer Prinzipal-Agenten-Beziehung

Die Delegationsbeziehung kommt durch den Arbeitsvertrag zustande. Nach dem Vertragsabschluß entscheidet der Agent selbst, in welchem Umfang er einen Arbeitseinsatz bei der Aufgabendurchführung leistet. Das Ergebnis hängt nicht nur von seinem Arbeitseinsatz, sondern auch von den Zufallsvariablen ab, die nicht vom Agenten beeinflußt werden können. Nach der Durchführung einer Aufgabe, etwa im Sinne einer Investition, erhält der Prinzipal den erzielten Gewinn. Der Agent wird schließlich gemäß der Vertragsvereinbarung entlohnt. Damit werden alle vertraglichen Leistungen und Gegenleistungen von beiden Vertragsparteien erfüllt. Der Prinzipal verfolgt eine Gewinnmaximierung, der Agent eine Einkommensmaximierung. Als Konsequenz des Interessenkonfliktes besteht für den Prinzipal die Gefahr, daß der Agent bei der Auftragserfüllung nicht in seinem Sinne handelt. Der Prinzipal ist aufgrund der Informationsasymmetrie und der hohen Kontrollkosten nicht in der Lage, den Arbeitseinsatz des Agenten zu überprüfen. Eine Nicht-Erfüllung der Aufgabe kann beispielsweise auf einen ungünstigen Umweltzustand zurückgeführt werden, selbst wenn der Agent mit seinem besten Willen im Sinne des Prinzipals gehandelt hat. In solchen Fällen ist es für den Prinzipal schwierig zu beurteilen, ob der Agent an dem Mißerfolg schuld ist. Die Informationsasymmetrie verschärft insofern das Problem des Interessenkonfliktes zwischen den beiden Vertragsparteien.

4.1.2 Informationsasymmetrien und die daraus resultierenden Probleme

Bei einer Vertragsgestaltung werden sowohl implizite als auch explizite Verhaltensnormen vorgegeben, an denen sich der Agent zu orientieren hat. Bei expliziten Verhaltensnormen werden dem Agenten nicht nur die Aufgaben, sondern auch Anweisungen zu Aufgabenerfüllungen eindeutig vorgeschrieben. In einer Prinzipal-Agenten-Beziehung beispielsweise zwischen Unternehmenseigentümern und Managern werden eher implizite Verhaltensnormen vereinbart, die mehrdeutig formuliert sind.[283] Die Zielsetzung der Unternehmenseigentümer wird den Managern zwar vorgegeben, diese haben aber einen Handlungsspielraum für ihre Entscheidungen, welche Alternative zur Zielerreichung herangezogen werden soll. Da die Vertragsbeziehungen zwischen beiden Parteien in der Regel auf Dauer angelegt sind, können viele hervorzubringende Leistungen zum Vertragsabschluß noch nicht bestimmt werden. Die in Zukunft auftretenden und sich entwickelnden Umweltzustän-

[283] Vgl. Laux (1990), S. 2-4.

de sind zum Zeitpunkt des Vertragsabschlusses nicht vorhersehbar. Die Vertragsparteien verfügen nicht über den gleichen Informationsstand. Die Unsicherheit des Prinzipals bezieht sich nicht nur auf die Umweltentwicklung, sondern auch auf das Verhalten des Agenten. Der Prinzipal kann aufgrund der Informationsasymmetrie die Strategie und das eigennützige opportunistische Verhalten seines Agenten nicht beobachten. Insofern handelt es sich bei Prinzipal-Agenten-Beziehungen um ein nichtkooperatives Spiel.[284] Das Informationsdefizit des Prinzipals gegenüber seinem Agenten hat verschiedene Ausprägungen. Die Informationsasymmetrien unterscheiden sich nach der Quelle, dem Eintrittszeitpunkt und den daraus resultierenden Vertragsproblemen in verborgene entscheidungsrelevante Eigenschaften („Hidden Characteristics"), verborgene entscheidungsrelevante Informationen („Hidden Information") und verborgenes entscheidungsrelevantes Verhalten („Hidden Action").[285] Die drei Formen treten selten isoliert, sondern in der Regel kombiniert auf. Nachfolgend werden die verschiedenen Formen der Informationsasymmetrien dargestellt und voneinander abgegrenzt.

1. Verborgene entscheidungsrelevante Eigenschaften

Verborgene entscheidungsrelevante Eigenschaften („Hidden Characteristics") bezeichnen Informationsasymmetrien, die bereits exogen vor dem Vertragsabschluß bestehen. Realistischerweise wird angenommen, daß ein Agent seine eigene Produktivität und Leistungsfähigkeit besser als sein potentieller Prinzipal beurteilen kann.[286] Auch wenn sich der Typ des Agenten hinsichtlich seiner Fähigkeit und Produktivität im Lauf der Zeit noch ändern kann, so stellen doch die Ausprägungen bezüglich der Eigenschaften des Agenten zum Zeitpunkt des Vertragsabschlusses private Informationen des Agenten dar. Die Fähigkeit des Agenten kann dem Prinzipal gegenüber irreführend dargestellt und somit vom Prinzipal falsch wahrgenommen werden. Gerade diese Art der Unsicherheit verursacht noch größere Verhaltensunsicherheit in der Kooperation zwischen beiden Geschäftspartnern.[287]

Bei einer Informationsasymmetrie zwischen beiden Vertragsparteien kann eine wahrheitsgemäße Offenbarung von seiten des Agenten nicht erwartet werden. Falls ein Prinzipal einem Agenten einen auf dem durchschnittlichen Fähigkeitsniveau der Agenten zugeschnittenen Vertrag anbietet, ergibt sich das Problem der negativen Risikoauslese („Adverse Selection").[288] Ein Agent mit überdurchschnittlicher Qualität und Fähigkeit kann sich auf dem Markt benachteiligt fühlen und den angebotenen

[284] Vgl. Kleine (1995), S. 17.

[285] Vgl. Jost (2001), S. 24-25.

[286] „Hidden Characteristics" können auch als „Qualitätsunsicherheit" bezeichnet werden. Vgl. Spremann (1990), S. 566.

[287] Vgl. Spremann (1990), S. 562. Es kann nicht ausgeschlossen werden, daß der Prinzipal einen gewissen Informationsvorteil hat. Der Agent ist nicht unbedingt in der Lage abzuschätzen, welche Leistungsanforderungen der Prinzipal von ihm verlangen wird.

[288] Vgl. Jost (2001), S. 28.

Vertrag ablehnen, wenn eine alternative Kooperationsform mit weniger pauschaler Bewertung zur Verfügung steht.[289] Es besteht für den Prinzipal die Gefahr, statt einen qualifizierten nur einen unterdurchschnittlich befähigten Agenten einzustellen. Der Prinzipal kann sich auch durch Prüfungen und Tests Informationen über die Fähigkeit des Agenten beschaffen. Dabei müssen die Informationsbeschaffungskosten mit dem Nachteil des Informationsdefizits verglichen werden. Hohe Prüfungskosten könnten diese Informationsbeschaffung unterbinden.

Eine in der Literatur oft diskutierte zweitbeste Lösung wird als Selbstauswahl („Self-Selection") bezeichnet: Der Prinzipal bietet dem Agenten unterschiedliche Vertragstypen an, aus denen der Agent im Eigeninteresse einen Vertrag auswählt, durch den der Prinzipal die Fähigkeit und Eigenschaft des Agenten ablesen kann.[290] Der Vertrag für den guten, qualifizierten Agententyp kann beispielsweise mit einem höheren Arbeitsaufwand und hoher Entlohnung ausgestaltet werden. Umgekehrt fokussiert ein Vertrag mit weniger Arbeitsaufwand und niedriger Entlohnung auf den weniger guten Agententyp. Der Prinzipal sollte einerseits den fähigen Agenten motivieren, den Vertrag tatsächlich abzuschließen, andererseits jedem Agenten den Anreiz vermitteln, beim Vertragsabschluß die private Information über den eigenen Typ wahrheitsgemäß zu offenbaren.

Eine andere Lösung ist der Ansatz der Signalsendung („Signaling"), bei dem die Initiative von dem gut qualifizierten Agenten ausgeht. Der gut qualifizierte Agent sendet dem Prinzipal ein mit Kosten verbundenes Signal, wodurch er sich von dem schlecht qualifizierten Agenten unterscheidet. Die Signalkosten spielen bei dem Ansatz eine große Rolle. Sie können sowohl physisch als auch monetär sein. Ob der Arbeitgeber aus dem Signal des potentiellen Arbeitnehmers Rückschlüsse auf seine Qualifikation ziehen kann, hängt von den Signalkosten ab. Die Signalkosten müssen mit der Produktivität oder Fähigkeit des Agenten negativ korrelieren. Andernfalls würden alle Agenten in dasselbe Signal investieren, wodurch der Ansatz der Signalsendung sinnlos wäre. Beispielsweise kann ein Agent dem Prinzipal durch Vorweisen seines Hochschuldiploms seine Qualifikation signalisieren, weil die Ausbildungskosten für einen unproduktiven Agenten viel höher als für den befähigten sind, so daß der weniger befähigte Agent auf ein hohes Ausbildungsniveau verzichten und damit eine geringere Entlohnung akzeptieren wird. Ein Agent wird die Signalkosten nur akzeptieren, wenn er mit dem Angebot des Prinzipals eine hinreichende Entschädigung für seine Signalinvestition erhalten wird, so daß die Differenz aus der Entlohnung und den Signalkosten maximiert werden kann.[291]

---

[289] Vgl. Spremann (1990), S. 575.

[290] Vgl. Arrow (1985), S. 42.

[291] Vgl. Spence (1973), S. 358.

2. Verborgene entscheidungsrelevante Informationen

Bei der Vertragsdurchführung muß der Agent relevante Informationen über Alternativen beschaffen, an denen er seine Auswahlentscheidung orientieren kann. Die Informationen müssen nicht unbedingt dem Prinzipal vorgelegt werden. Der Prinzipal kann zwar die Entscheidung der Agenten beobachten, weiß aber nicht, ob die getroffene Alternative tatsächlich die Beste ist.[292] Der Agent erlangt Informationen, von denen der Prinzipal keine Kenntnis hat. Diese Informationsasymmetrie zwischen Prinzipal und Agenten wird als verborgene entscheidungsrelevante Informationen („Hidden Information") bezeichnet. Der Informationsvorsprung des Agenten bezüglich der Handlungsalternativen, der Einflußfaktoren und der unsicheren Umweltzustände ergibt sich erst nach dem Vertragsabschluß.[293] Selbst wenn der Arbeitseinsatz und das Handlungsergebnis des Agenten für den Prinzipal verifizierbar sind, kann er immer noch nicht kontrollieren, ob die Informationen des Agenten in seinem Sinne angewendet werden.

In der Situation, daß ein guter Umweltzustand zu erwarten ist, wird der Agent einen höheren Arbeitseinsatz leisten, um die Gewinnwahrscheinlichkeit zu steigern. Im Fall einer ungünstigen Umweltentwicklung ist ein Erfolg eher unwahrscheinlich, selbst wenn sich der Agent sehr anstrengen wird. Folglich hat der Agent bei der Existenz verborgener entscheidungsrelevanter Informationen den Anreiz, die ihm zur Verfügung stehenden Informationen dem Prinzipal nicht wahrheitsgemäß zu übermitteln. Bei einem Mißerfolg kann der Agent behaupten, daß die ungünstigen exogenen Faktoren für die Nicht-Erfüllung der Aufgabe verantwortlich sind, auch wenn in Wirklichkeit die Umweltentwicklung gut war und der Mißerfolg allein auf seinen unzureichenden Arbeitseinsatz zurückzuführen ist. Der Prinzipal kann sich nicht richtig über die Ursache-Wirkungsbeziehung informieren. Demnach besteht für ihn ein Risiko, daß der Agent ihm diejenigen Informationen vermitteln wird, die für den Agenten vorteilhaft sind.

Durch eine entsprechende Kooperationsgestaltung kann dieses Informationsdefizit des Prinzipals vermindert oder gänzlich eliminiert werden. Das Ziel einer solchen Kooperationsgestaltung besteht hauptsächlich darin, die Agenten zu motivieren, bei positiven Informationen mehr Arbeitseinsatz als bei negativen Informationen zu leisten.[294] Die mit Ressourcenaufwand verbundene Kooperationsgestaltung auf Seiten des Prinzipals wird als zweitbeste Lösung bezeichnet, bei der neben Sanktionierung und Strafe auch Anreizmechanismen implementiert werden. Dadurch können sowohl der Agent als auch der Prinzipal diesen Kooperationsvorteil realisieren.[295]

[292] Vgl. Arrow (1985), S. 38.

[293] Vgl. Kiener (1990), S. 90-91.

[294] Vgl. Jost (2001), S. 31.

[295] Vgl. Spremann (1990), S. 575 ff.

Die verborgenen entscheidungsrelevanten Informationen treten in den meisten Fällen mit dem vom Prinzipal nicht kontrollierbaren Agentenverhalten in Erscheinung, das bei der Vertragsgestaltung in Abhängigkeit aller denkbaren Umweltentwicklungen nicht festgelegt werden kann.

3. Verborgenes entscheidungsrelevantes Verhalten

Nach dem Vertragsabschluß oder nach der Realisierung der Agentenentscheidung entsteht eine weitere Informationsasymmetrie. Der Prinzipal kann zwar das Gesamtergebnis als Gegenleistung des Agenten beobachten, nicht aber den Arbeitseinsatz des Agenten verifizieren. Diese Form der Informationsasymmetrie wird als verborgenes entscheidungsrelevantes Verhalten („Hidden Action") bezeichnet.[296] Ob der Agent seinen Arbeitseinsatz nach der Vertragsregelung geleistet hat, kann der Prinzipal aufgrund der Kosten und dem Informationsmangel nur in beschränktem Maße unmittelbar prüfen.[297] Einerseits hängt das Ergebnis der Aufgabenerfüllung positiv von dem Arbeitseinsatz des Agenten ab. Andererseits wird das Gesamtergebnis durch die per Zufall generierten Umwelteinflußfaktoren mit bestimmt, auf die weder Agent noch Prinzipal Einfluß nehmen können. Der Prinzipal verfügt nicht über die entscheidungsrelevanten Informationen, somit kann er aus dem Gesamtergebnis vom Agenten keinen eindeutigen Rückschluß auf den tatsächlichen Arbeitseinsatz des Agenten ziehen. Eine nicht im Interesse des Prinzipals getroffene Entscheidung kann bei Existenz des verborgenen entscheidungsrelevanten Verhaltens nicht als Ursache eines Mißerfolges nachgewiesen werden.[298] Die Handlungen des Agenten sind in vielen Fällen schwer überprüfbar, und sie sind vom Willen des Agenten abhängig. Folglich hat der Agent einen Anreiz, einen geringen Arbeitseinsatz zu leisten und somit Nutzenvorteile zu erlangen. Das daraus resultierte Vertragsproblem wird in der Literatur als moralische Versuchung („Moral Hazard") bezeichnet.[299]

Kombiniert mit den verborgenen Informationen verstärkt das verborgene entscheidungsrelevante Verhalten des Agenten den Interessenkonflikt zwischen den beiden Vertragsparteien. Dieses Informationsdefizit auf Seiten des Prinzipals besteht besonders bei einer Delegationsbeziehung, in der der Agent einen relativ großen Handlungsfreiraum hat.[300] Insofern muß das Vertragsproblem der moralischen Versuchung besonders bei der Aufgabendelegation zwischen Unternehmenseigentümern und Managern berücksichtigt werden. Bei der Ausgestaltung des Entlohnungsvertrages ist eine explizite Berücksichtigung des Arbeitseinsatzniveaus nicht sinnvoll.

[296] Vgl. Müller (1995), S. 62.

[297] Vgl. Jost (2001), S. 26-27.

[298] Vgl. Kraft/Reichling (2000), S. 162.

[299] Vgl. Spremann (1990), S. 571 ff.

[300] Beispielsweise ist das Problem der moralischen Versuchung bei Fließbandarbeit kaum zu erwarten. Selbst wenn der Arbeitseinsatz nicht beobachtet wird, kann der Prinzipal aus der Outputmenge die Anstrengung des Agenten verifizieren.

Der Prinzipal kann den Arbeitseinsatz des Agenten nicht beobachten, somit ist eine First-Best-Optimierungslösung ausgeschlossen.[301] Dadurch unterscheidet sich die Prinzipal-Agenten-Theorie von der traditionellen neoklassischen Theorie. Die traditionelle neoklassische Theorie fokussiert auf die First-Best-Lösung, weil ein Vertragsproblem aufgrund von Interessenkonflikten zwischen Prinzipal und Agenten wegen der vollkommenen Informationen und der Leistungsüberprüfbarkeit kostenlos durch eine akzeptierte Instanz reguliert werden kann.[302] Im Gegensatz dazu besteht die Aufgabe der Prinzipal-Agenten-Theorie darin, bei gegebenen institutionellen Rahmenbedingungen dem beauftragten Agenten einen Anreiz zu vermitteln, im Sinne seines Auftraggebers zu handeln. Ein Mechanismus wie Sanktionierung ist in solchen Situationen in der Regel nicht effizient.[303]

Ein positiver Anreiz kann den Agenten in die Lage bringen, im Interesse seines Prinzipals zu handeln. Dadurch wäre weniger Kontrolle notwendig.[304] Zur Lösung des Problems der moralischen Versuchung werden Effizienzlohn- und Gewinnbeteiligungsmodelle verwendet, wobei die Ergebnisbeteiligung als Anreizmechanismus eine Second-Best-Lösung darstellt.[305] Ein solches Entlohnungsschema maximiert zusammen mit einem induzierten Arbeitseinsatzniveau den Erwartungsnutzen des Prinzipals.[306] Entlohnungen können nicht nur monetär, sondern auch auf andere Arten vorgenommen werden.[307] Nachfolgend wird ein finanzielles Anreizsystem betrachtet.

4.1.3 Anreizschema der Entlohnungen

Der risikoneutrale Prinzipal zahlt dem risikoscheuen Agenten eine Erfolgsbeteiligung als Risikoprämie, um ihn zu motivieren, Risiken in bezug auf erwartete Umweltzustände einzugehen. Um seinen Informationsrückstand auszugleichen und den Agenten zu hoher Anstrengung zu motivieren, übernimmt der risikoneutrale Prinzipal die erforderlichen Anreizkosten und einen Teil der betrachteten Risiken. Bei einer ergebnisunabhängigen Entlohnung spart der Prinzipal zwar die Risikoprämie, kann aber den Agenten nicht motivieren. Der Prinzipal muß zwischen einer Pareto-effizienten Risikoteilung und einer optimalen Motivation des Agenten abwägen.[308]

---

[301] Vgl. Kraft/Reichling (2000), S. 151 und S. 157.

[302] Vgl. Kleine (1995), S. 23 und S. 28.

[303] Vgl. Hax (1991), S. 59-60.

[304] Auf eine Kontrolle ist trotz der Gewährung positiver Anreize nicht zu verzichten. Siehe Laux (1990), S. 7.

[305] Vgl. Richter/Furubotn (2003), S. 236.

[306] Vgl. Kraft/Reichling (2000), S. 161.

[307] Analyse für eine nicht-monetäre Belohnung vgl. Blickle-Liebersbach (1990), S. 105 ff.

[308] Vgl. Kraft/Reichling (2000), S. 164-165. Dazu vgl. auch Hax (1991), S. 60-61.

Aus dem motivationsbedingten Leistungsergebnis des Agenten kann der Prinzipal seinen Nutzen ziehen. Umgekehrt kann das Anreizsystem nur funktionieren, wenn der Agent aus dem Entlohnungsschema auch einen Vorteil zieht. Der Prinzipal antizipiert, daß der Agent unter den angebotenen Rahmenbedingungen der Entlohnung nur denjenigen Arbeitseinsatz wählen wird, der seinen eigenen Nutzen maximiert. Daher muß der Prinzipal bei der Ausgestaltung des Entlohnungsschemas darauf achten, daß die Entlohnung von den Größen abhängt, die der Agent auch tatsächlich mit seiner Handlung und seinem Willen beeinflussen kann. Außerdem sollen die abhängigen Größen für die beiden Vertragsparteien beobachtbar und verifizierbar sein. Die Entlohnung orientiert sich sowohl in der Theorie als auch in der Realität oft an ökonomischen Outputgrößen (beispielsweise dem Unternehmensgewinn), welche wiederum vom Arbeitseinsatz des Agenten beeinflußt werden. Der erzielte Unternehmensgewinn wird häufig als Grundlage herangezogen werden, um die Entlohnung für die Managerleistungen zu bemessen. Die Zielgrößen müssen überprüfbar sein, so daß eine Kontrolle möglich ist. Zusätzlich soll der Agent den funktionalen Zusammenhang zwischen seinem Verhalten und seiner Entlohnung erkennen und verstehen, damit er seinen Arbeitseinsatz sowie seinen möglichen Vorteil kalkulieren kann.[309]

Im folgenden werden die absolute und die relative Ergebnisbeteiligung als Vergütungsschemata kurz vorgestellt, bei denen eine lineare Entlohnungsform angewandt und die Entlohnung des Agenten proportional zum Outputergebnis berechnet wird. Bei der Ausgestaltung des Entlohnungsvertrages wird davon ausgegangen, daß keine Informationsasymmetrie in Form von verborgenen entscheidungsrelevanten Eigenschaften vorhanden ist. Der Prinzipal soll bei der Entlohnungsgestaltung sicher sein, daß sein Agent für die Aufgabenerfüllung geeignet ist.[310] Der Prinzipal antizipiert, wie der Agent unter einer bestimmten Ergebnisbeteiligung über seinen Arbeitseinsatz entscheidet, um seinen persönlichen Nutzen zu maximieren. Daher bietet er dem Agenten ein Entlohnungsschema an, bei dem der Agent aus eigenem Interesse diejenige Anstrengung wählt, die den Nutzen des Prinzipals maximiert.

4.1.3.1 Vergütung durch absolute Ergebnisbeteiligung

Es wird angenommen, daß die Agenten hinsichtlich ihrer Produktivität, Fähigkeit und Risikoeinstellung identisch sind. Der Output des jeweiligen Agenten ist eine Zufallsgröße, die nicht nur vom Arbeitseinsatz des Agenten, sondern auch von den zufallsgenerierten Umwelteinflußfaktoren abhängt. Es kann sich um eine vom Agenten durchgeführte Investition handeln, deren Outputgröße in Zusammenhang mit der

---

[309] Vgl. Spremann (1990), S. 582.

[310] Vgl. Kraft/Reichling (2000), S. 151.

Leistung des Agenten steht. Vereinfacht ergibt sich der Output als lineare Funktion in Abhängigkeit vom Arbeitseinsatz und der Umweltentwicklung:[311]

$$X_i = t \cdot e_i + \varepsilon \,. \tag{4.1}$$

Je mehr Arbeiteinsatz e_i Agent i leistet, desto größer ist ceteris paribus der resultierende Erfolg X_i. Bei gleichem Arbeitseinsatz hängt das Outputergebnis X_i von der Produktivität des Agenten i ab. Die Agenten sind per Annahme identisch. Daher kann die Produktivität eines Agenten allgemein als t bezeichnet werden, $t > 0$. Die Umweltentwicklung als stochastische Größe ε wirkt auf die Realisierung des Ergebnisses X_i ein und kann durch den Agenten i nicht beeinflußt werden. Ferner wird unterstellt, daß ε unabhängig normalverteilt ist und einen Erwartungswert von null sowie eine Varianz in Höhe von σ^2 aufweist.

In der Regel wird dem risikoscheuen Agenten zur Versicherung des Einkommensrisikos eine fixe Entlohnung gewährt, die vom Outputniveau unabhängig ist. Eine ergebnisunabhängige Entlohnung kann aber den Agenten nicht motivieren, durch seine Anstrengung eine effiziente Inputallokation zu schaffen.[312] Daher muß eine weitere vom Outputniveau abhängige Komponente im Entlohnungsschema berücksichtigt werden. Aus Vereinfachungsgründen wird eine lineare Entlohnungsfunktion unterstellt:

$$\omega_i = a + bX_i \,, \tag{4.2}$$

wobei ω_i die Entlohnung oder das Einkommen des Agenten i darstellt. Es besteht ein linearer Zusammenhang zwischen dem Einkommen ω_i und dem Outputergebnis X_i. Der risikoscheue Agent erhält einen festen, risikounabhängigen Grundlohn a, $a > 0$, und eine variable Vergütung bX_i, wobei b als Prämiensatz bezeichnet wird.[313] Es gilt $b > 0$. a und b sind branchenspezifisch und gelten für alle Agenten in derselben Branche.[314] Für die Varianz des Einkommens gilt $\mathrm{var}(\omega_i) = b^2\sigma^2$.

Es wird angenommen, daß der risikoscheue Agent über eine additiv separable Nutzenfunktion verfügt,[315] die aus zwei Teilen besteht. Einerseits hängt der Nutzen

[311] Für die folgende Einführung vgl. Winter (1996 a), S. 899 ff. Dazu vgl. auch Kräkel (2004), S. 36 ff.

[312] Vgl. Spremann (1988), S. 617.

[313] Siehe Müller (1995), S. 63.

[314] Die hier betrachteten Entlohnungs- und Produktionsfunktionen sind nur auf die gleiche Branche bezogen. Die Entlohnungsfunktionen über einzelne Branchen hinaus sind schwierig zu vergleichen. Eine Gestaltung branchenidentischer Vergütungsfunktionen trotz der unterschiedlichen branchenspezifischen Produktionsfunktionen wäre ungerechtfertigt.

[315] Zur Definition für eine separable Nutzenfunktion siehe Kleine (1995), S. 49.

positiv vom Einkommen ω_i ab. Andererseits wird sich das Nutzenniveau mit dem zunehmenden Arbeitseinsatz e_i reduzieren. Somit kann die Nutzenfunktion definiert werden als:

$$U(\omega_i, e_i) = v(\omega_i) - \psi(e_i) . \tag{4.3}$$

Der erste Ausdruck $v(\omega_i)$ auf der rechten Seite der Gleichung ist die Risikonutzenfunktion des Agenten, die in der Literatur oft als eine exponentielle Funktion in Abhängigkeit vom Einkommen angenommen wird.[316] Sie verläuft aufgrund der Annahme der Risikoaversion streng konkav: Die Zunahme des Nutzens nimmt bei steigendem Einkommen ab. Es gilt also $v'(\omega_i) > 0$, und $v''(\omega_i) < 0$. Der zweite Ausdruck $\psi(e_i)$ ist die Arbeitsleidfunktion des Agenten in Abhängigkeit vom Arbeitseinsatz e_i, weil sich der Agent durch den Arbeitseinsatz körperlich und geistig anstrengen und zudem noch auf seine Freizeit verzichten muß. Es gilt $\psi'(e_i) > 0$, $\psi''(e_i) \geq 0$. Diese Arbeitsanstrengung mindert den gesamten Nutzen des Agenten und kann in monetären Größen über die persönliche Kostenfunktion $C(e_i)$ beschrieben werden[317]:

$$C(e_i) = \beta e_i^2 \ , \tag{4.4}$$

wobei β als Arbeitsleidkoeffizient betrachtet werden kann, $\beta > 0$.[318] Die persönlichen Kosten, die aus der Erbringung der Leistung resultieren, nehmen mit steigendem Arbeitsaufwand e_i streng monoton zu und zwar mit einer nicht fallenden Rate. Dies läßt sich durch die quadratische Funktion in (4.4) plausibel darstellen. Es gilt also $C'(e_i) > 0$, und $C''(e_i) > 0$. Ein unproduktiver Agent muß bei gleichem Arbeitseinsatz, der meistens per Arbeitszeit gemessen wird, mehr Arbeitsleid als ein produktiver Agent empfinden: Je größer der Arbeitsleidkoeffizient β ist, desto unproduktiver ist der Agent. Weil die hier betrachteten Agenten als identisch angesehen werden, verfügen sie über den gleichen Arbeitsleidkoeffizienten.

Das Ziel des Agenten besteht darin, seinen erwarteten Nutzen $E\left[U(\omega_i, e_i)\right]$ zu maximieren. Betrachtet man die Gleichungen (4.1) bis (4.4), kann festgestellt werden, daß die Nutzenfunktion des Agenten $U(\omega_i, e_i)$ der Bernoulli-Nutzenfunktion entspricht. Sie hängt nur von seinem Arbeitseinsatz e_i ab. Daher wird sein Erwartungsnutzen maximiert, wenn folgende Bedingung erster Ordnung gilt:

---

[316] Vgl. Laux (1990), S. 37.

[317] Vgl. Kräkel (2004), S. 37.

[318] Vgl. Laux (1990), S. 59.

$$\frac{\partial E\left[U(e_i)\right]}{\partial e_i} = 0 \quad . \tag{4.5}$$

Die Zielgröße dieser Bernoulli-Nutzenfunktion $U(\omega_i,\ e_i)$ ist normalverteilt. Die zu maximierende Zielfunktion des Erwartungsnutzens kann mit Hilfe des Sicherheitsäquivalentes S_i umgeschrieben werden:[319]

$$S_i = E(\omega_i) - C(e_i) - \frac{1}{2} \cdot R \cdot \mathrm{var}(\omega_i) \quad . \tag{4.6}$$

Der letzte Ausdruck auf der rechten Seite der Gleichung (4.6) stellt die Risikoprämie dar, die an den risikoscheuen Agenten ausgezahlt werden soll. Sie bemißt sowohl das objektive Einkommensrisiko, das durch die unsicheren Umweltfaktoren verursacht wird, als auch den subjektiven Risikoaversionsgrad des Agenten, der durch das Arrow-Pratt-Maß R ausgedrückt wird. R kann auch als absolute Risikoaversion bezeichnet werden. Es gilt $R = -v''(\omega_i) / v'(\omega_i)$. Folglich gilt für einen risikoscheuen Agenten $R > 0$.[320] Weil die Agenten per Annahme identisch sind, verfügen sie über die gleiche absolute Risikoaversion. Die Risikoprämie ist die Hälfte des Produktes aus dem objektiven Einkommensrisiko, gemessen an der Varianz des Einkommens $\mathrm{var}(\omega_i)$, und dem subjektiven Risikoabneigungsgrad, gemessen durch das Arrow-Pratt-Maß R.[321] Eine exponentielle Risikonutzenfunktion $v(\omega_i)$ impliziert eine konstante absolute Risikoabneigung.[322] Die persönlichen Kosten aufgrund der Arbeitsanstrengung $C(e_i)$ sind nach der Gleichung (4.4) eine monetäre Größe, somit mindern sie ebenfalls das Sicherheitsäquivalent.

Setzt man die Gleichungen (4.1), (4.2) und (4.4) in die Gleichung (4.6) ein, ergibt sich folgende Zielfunktion des Agenten:

$$\begin{aligned} S_i &= E(\omega_i) - C(e_i) - \frac{1}{2} \cdot R \cdot \mathrm{var}(\omega_i) \\ &= a + bE(X_i) - \beta e_i^2 - \frac{1}{2} \cdot Rb^2\sigma^2 \\ &= a + bte_i - \beta e_i^2 - \frac{1}{2} \cdot Rb^2\sigma^2 \quad . \end{aligned} \tag{4.7}$$

---

319 Vgl. Müller (1995), S. 63, Bamberg/Trost (1995), S. 126 und dazu vgl. auch Laux (1990), S. 39-40 und S. 86. Hier ist die Entlohnung abzüglich des Arbeitsleides eine normalverteilte Zufallsvariable.

320 Bei Risikoaversion ist der Zähler kleiner als null, wodurch R einen positiven Wert annimmt. Bei Risikoneutralität ist die zweite Ableitung der Nutzenfunktion gleich null, daher gilt $R = 0$.

321 Die Herleitung der Gleichung zur approximativen Berechnung von Risikoprämien vgl. Kruschwitz (2007 b), S. 108-111. Zur Risikoprämie vgl. auch Kräkel (2004), S. 70-72.

322 Vgl. Kruschwitz (2007 b), S. 114.

Das optimale Arbeitseinsatzniveau des Agenten, das sein Sicherheitsäquivalent maximiert, erfüllt folgende Bedingung:

$$\frac{\partial S_i}{\partial e_i} = bt - 2 \cdot \beta e_i = 0 \ . \tag{4.8}$$

Der gesuchte optimale Arbeitseinsatz ergibt sich bei einem *gegebenen* Entlohnungsschema als:

$$e_i^* = \frac{bt}{2 \cdot \beta} \ , \tag{4.9}$$

wobei der optimale Prämiensatz b noch vom Prinzipal bestimmt werden muß. Aus Gleichung (4.9) läßt sich erkennen, daß der fixe Grundlohn a keinen Einfluß auf das gewählte Arbeitseinsatzniveau des Agenten hat. Das Ausmaß an Arbeitsanstrengung ist also vom Prämiensatz b der flexiblen Entlohnung abhängig. Weiterhin gilt, daß das Niveau des Arbeitseinsatzes von der Varianz des Erfolges unabhängig ist. Dies resultiert aus der Annahme, daß die Umweltfaktoren unabhängig von dem Arbeitseinsatz des Agenten das Outputergebnis beeinflussen können.[323]

Im optimalen Entlohnungsvertrag antizipiert der Prinzipal dieses Optimierungskalkül des Agenten. Das Residualeinkommen π_i des Prinzipals stellt das Outputergebnis abzüglich der Entlohnung des Agenten i dar:

$$\begin{aligned} \pi_i(e_i) &= X_i - \omega_i \\ &= te_i + \varepsilon - (a + bX_i) \\ &= te_i + \varepsilon - a - b(te_i + \varepsilon) \\ &= (1-b) \cdot te_i - a + (1-b) \cdot \varepsilon \ . \end{aligned} \tag{4.10}$$

Ein risikoneutraler Prinzipal hat das Ziel, sein erwartetes Residualeinkommen zu maximieren. Aus (4.10) erkennen wir, daß das Residualeinkommen ebenfalls vom Arbeitseinsatz e_i abhängt. Die Aufgabe des Prinzipals besteht darin, ein für ihn residualeinkommensmaximierendes Entlohnungsschema zu bestimmen, das den Agenten zu einer Entscheidung im Interesse des Prinzipals motiviert. Dabei muß der Prinzipal zwei Nebenbedingungen berücksichtigen.

Einerseits handelt es sich um die Partizipations-[324] oder Teilnahmebedingung[325]. Der Agent hat auf dem Arbeitsmarkt alternative Angebote. Um einen risikoscheuen

[323] Vgl. auch Laux (1990), S. 111.

[324] Vgl. Arrow (1985), S. 44.

[325] Vgl. Kiener (1990), S. 37.

Agenten zu gewinnen, muß der Prinzipal dem Agenten eine Entlohnung anbieten, bei der das Reservationsnutzenniveau des Agenten erreicht wird.[326] Ein Reservationsnutzenniveau ist ein Mindestnutzenniveau für die Teilnahme des Agenten, das durch ein alternatives Angebot erzielt wird.[327] Es kann entweder durch eine Einigung der beiden Vertragsparteien oder durch den Markt bestimmt werden.[328] Wenn das Reservationsnutzenniveau durch die Entlohnung nicht erreicht wird, wird der Agent das Angebot des Prinzipals ablehnen und sich einem anderen Prinzipal zuwenden. Das Reservationsnutzenniveau des Agenten kann durch das Mindestniveau des Sicherheitsäquivalentes $\underline{S_i}$ gemessen werden.[329] Diese Teilnahmebedingung läßt sich folgendermaßen darstellen:

$$\underline{S_i} = a + bte_i - \beta e_i^2 - \frac{1}{2} \cdot Rb^2 \sigma^2 \quad . \tag{4.11}$$

Anderseits handelt es sich um die Anreizkompatibilitätsbedingung, bei der das Sicherheitsäquivalent des Agenten bei einem gegebenen Entlohnungsschema maximiert wird. Zum Zeitpunkt der Ausgestaltung des Entlohnungsschemas muß der Prinzipal die optimale Arbeitseinsatzentscheidung des Agenten nach Gleichung (4.9) berücksichtigen. Im Optimum stimmt das Kalkül des Prinzipals mit dem des Agenten überein. Um das optimale Entlohnungsschema gestalten zu können, setzt man zunächst den optimalen Arbeitseinsatz e_i^* aus (4.9) in die Gleichung (4.11) ein und löst dann nach dem Grundlohn a auf:

$$\begin{aligned} a &= \underline{S_i} - bte_i + \beta e_i^2 + \frac{1}{2} \cdot Rb^2 \sigma^2 \\ &= \underline{S_i} - bt \cdot \frac{bt}{2\beta} + \beta \cdot \frac{b^2 t^2}{4\beta^2} + \frac{1}{2} \cdot Rb^2 \sigma^2 \\ &= \underline{S_i} - b^2 \cdot \frac{t^2 - 2 \cdot \beta R \sigma^2}{4 \cdot \beta} \quad . \end{aligned} \tag{4.12}$$

Das Ziel des Prinzipals besteht darin, sein erwartetes Residualeinkommen gegenüber Gleichung (4.10) zu maximieren

$$\max \; E(\pi_i) = (1-b) \cdot te_i - a \quad . \tag{4.13}$$

Setzt man die Gleichungen (4.9) und (4.12) in die Zielfunktion (4.13) ein, erhält man:

326 Vgl. Jost (2001), S. 58.

327 Vgl. Kleine (1995), S. 31-32.

328 Vgl. Jost (2001), S. 48.

329 Vgl. Bamberg/Trost (1995), S. 126. Dazu vgl. auch Kossbiel (1995), S. 128.

$$\max\ E(\pi_i) = (1-b) \cdot b \cdot \frac{t^2}{2 \cdot \beta} - \underline{S_i} + b^2 \cdot \frac{t^2 - 2 \cdot \beta R \sigma^2}{4 \cdot \beta} \quad . \tag{4.14}$$

Die notwendige Bedingung für ein Maximum des erwarteten Sicherheitsäquivalentes ist, daß die erste Ableitung nach der Variablen, also nach dem Prämiensatz b, gleich null ist:

$$\frac{\partial E(\pi_i)}{\partial b} = (1 - 2 \cdot b) \cdot \frac{t^2}{2 \cdot \beta} + 2 \cdot b \cdot \frac{t^2 - 2 \cdot \beta R \sigma^2}{4 \cdot \beta} = 0 \quad . \tag{4.15}$$

Wird nach dem optimalen Prämiensatz b^* aufgelöst, ergibt sich:[330]

$$b^* = \frac{t^2}{t^2 + 2 \cdot \beta R \sigma^2} \quad . \tag{4.16}$$

Für alle positiven t, β und R befindet sich der optimale Prämiensatz im Intervall $(0,\ 1)$. Das heißt, der risikoscheue Agent übernimmt zwar nicht das gesamte Erfolgsrisiko, ist aber daran beteiligt. Die Entlohnung hängt nicht mehr von dem Leistungsergebnis ab, falls der Prämiensatz b einen Wert in Höhe von null annimmt. Der Prinzipal hätte einen Verlust, falls der Prämiensatz b einen Wert größer als eins hat. Aus der Gleichung (4.16) können einige Beziehungen zwischen dem variablen Entlohnungsanteil des Agenten b^* und dessen Determinanten festgestellt werden: Je produktiver der Agent ist, also je größer t ist, desto größer ist sein Anteil am Outputergebnis. Dies resultiert daraus, daß das Outputergebnis bei unverändertem Arbeitseinsatz zunimmt, wenn die Produktivität steigt. Ein produktiver Agent wird folglich besser bezahlt. Aus demselben Grund hängt b^* negativ vom Arbeitsleidkoeffizienten β ab, da ein größerer Arbeitsleidkoeffizient einer niedrigen Produktivität des Agenten entspricht. Weiterhin ist bekannt, daß je größer der subjektive Risikoaversionsgrad und die Varianz des Outputergebnisses sind, desto kleiner sollte der variable Anteil am Erfolg sein. Der risikoneutrale Prinzipal sollte bei großer Risikoaversion des Agenten und Einkommensunsicherheit mehr Risiko als der Agent übernehmen.

Setzt man schließlich die Gleichung (4.16) in die Gleichung (4.12) ein, um den optimalen Prämiengrundlohn a^* zu erhalten, so resultiert:

[330] Zur Nebenrechnung siehe Anhang dieser Arbeit.

$$
\begin{aligned}
a^* &= \underline{S}_i - b^{*2} \cdot \frac{t^2 - 2 \cdot \beta R \sigma^2}{4 \cdot \beta} \\
&= \underline{S}_i - \frac{t^4}{\left(t^2 + 2 \cdot \beta R \sigma^2\right)^2} \cdot \frac{t^2 - 2 \cdot \beta R \sigma^2}{4\beta} \\
&= \underline{S}_i - \frac{t^4 \left(t^2 - 2 \cdot \beta R \sigma^2\right)}{4 \cdot \beta \cdot \left(t^2 + 2 \cdot \beta R \sigma^2\right)^2} \quad .
\end{aligned}
\tag{4.17}
$$

Demnach ergibt sich das optimale Entlohnungsschema als:

$$
\begin{aligned}
\omega_i &= a^* + b^* X_i \\
&= \underline{S}_i - \frac{t^4 \left(t^2 - 2 \cdot \beta R \sigma^2\right)}{4 \cdot \beta \cdot \left(t^2 + 2 \cdot \beta R \sigma^2\right)^2} + \frac{t^2}{t^2 + 2 \cdot \beta R \sigma^2} \cdot X_i \quad .
\end{aligned}
\tag{4.18}
$$

Aus Gleichung (4.18) ist zu erkennen, daß bei der Ausgestaltung eines optimalen Entlohnungsschemas die Fähigkeit des Agenten, die durch t und β geprägt ist, sowie der subjektive Risikoabneigungsgrad R für den Prinzipal bekannt sein müssen. Eine Informationsasymmetrie in Form von verborgenen entscheidungsrelevanten Eigenschaften wird somit im Rahmen dieses Optimierungsproblems der Entlohnung nicht beachtet.

Setzt man die Gleichung (4.16) in (4.14) ein, ergibt sich das maximale erwartete Residualeinkommen des Prinzipals als:[331]

$$
E\left(\pi_i^*\right) = \frac{t^4}{4 \cdot \beta \cdot \left(t^2 + 2 \cdot \beta R \sigma^2\right)} - \underline{S}_1 \quad .
\tag{4.19}
$$

Bei einer First-Best-Lösung, in der die Informationen symmetrisch verteilt sind, bietet der Prinzipal dem Agenten einen Vertrag mit vorgegebenem Arbeitseinsatz an, bei dem das Reservationsniveau des Agenten gerade erreicht wird. Der Agent hat keinen Anreiz, von diesem *vorgeschriebenen* Arbeitseinsatz abzuweichen. Der Agent wird bei einer Abweichung derart bestraft, daß sein Nutzen deutlich unter dem Reservationsnutzen liegt.[332] In einer Situation mit Informationsasymmetrien ist die Entlohnung eine Funktion des zufallsabhängigen Outputergebnisses. Der Agent wählt *freiwillig* denjenigen Arbeiteinsatz, der den Nutzen des Prinzipals maximiert. Jegliches Vorschreiben des Arbeitseinsatzes ist aufgrund mangelnder Beobachtbarkeit und Verifizierbarkeit sinnlos.

---

[331] Zur Nebenrechnung siehe Anhang dieser Arbeit.

[332] Vgl. Kleine (1995), S. 34.

Im Vergleich zur First-Best-Lösung unter Informationsvollkommenheit beinhaltet eine zweitbeste Lösung bei Informationsasymmetrien, die einer Entlohnung in Abhängigkeit von den verifizierbaren Outputgrößen entspricht, einen Wohlfahrtsverlust. Die Abweichung von der optimalen First-Best-Lösung liegt nicht nur in der asymmetrischen Informationsverteilung, sondern auch in der Risikoeinstellung der beiden Vertragsparteien begründet. Das Einkommen eines Agenten ist annahmegemäß nur mit dem Vertragsverhältnis verknüpft. Folglich ist der Agent gegenüber der Einkommensvarianz risikoscheu. Im Gegensatz dazu kann der Prinzipal durch eine bessere Diversifikationsmöglichkeit das Einkommensrisiko absichern. Unter dem Aspekt der Risikoallokation sollte der risikoneutrale Prinzipal das gesamte Einkommensrisiko übernehmen und dem Agenten einen fixen Lohn anbieten, der vom Outputergebnis unabhängig ist. Daraus ergibt sich aber ein Anreizproblem bei bestehenden Informationsasymmetrien: Der Agent kann seinen Arbeitseinsatz bei gegebener Fixentlohnung minimieren, so daß sein eigener Nutzen maximiert wird. Eine ergebnisunabhängige Entlohnung ist also bei Informationsasymmetrien nicht optimal. Der Prinzipal soll dem Agenten für seinen Anteil der Risikoübernahme eine Risikoprämie zahlen. Die durch die zusätzlichen Zahlungen an den Agenten entstehende Nutzeneinbuße des Prinzipals wird in der Literatur als Agentenkosten („Agency-Kosten") bezeichnet.[333] Neben den Nutzeneinbußen des Prinzipals können Agentenkosten auch in Form von Kontrollinformations- und Vertragskosten ausgedrückt werden.[334] Im Vergleich zur First-Best-Lösung handelt es sich bei den Agentenkosten um einen Wohlfahrtsverlust bei bestehenden Informationsasymmetrien. Formal ausgedrückt können die Agentenkosten bei Existenz der moralischen Versuchung als die Differenz zwischen dem maximalen erreichbaren Wert des Erwartungsnutzens vom Prinzipal und dem tatsächlich zu realisierenden Wert aus dem gewählten Entlohnungsschema verstanden werden.[335] Falls sowohl der Agent als auch der Prinzipal risikoneutral gegenüber dem Einkommensrisiko sind, wird jedes Entlohnungsschema in bezug auf die Risikoeinstellung optimal sein. Folglich könnte eine First-Best-Lösung unter Informationsasymmetrien erreicht werden.[336]

Eine absolute Ergebnisbeteiligung schafft zwar einen Anreiz für den risikoscheuen Agenten, sich bei der Informationsbeschaffung und der Durchführung eines Investitionsvorhabens anzustrengen, verursacht aber hohe Agentenkosten für den Prinzipal.[337] Um die an den Agenten zu zahlende Risikoprämie zu reduzieren und

[333] Vgl. ebenda, S. 36.

[334] Vgl. Kiener (1990), S. 116-117. Die dort beschriebenen Vertragskosten des Agenten sind ähnlich wie die Nutzeneinbuße des Prinzipals im vorliegenden Fall. Die Vertragskosten des Agenten werden durch die Prämienentlohnung kompensiert, welche aber letztendlich der Prinzipal zu tragen hat.

[335] Vgl. ebenda, S. 117.

[336] Vgl. Kleine (1995), S. 38.

[337] Vgl. Kräkel (2004), S. 42 ff.

zugleich die tatsächlich erbrachten Leistungen der Agenten meßbar zu machen, wird im folgenden eine relative Leistungsbewertung vorgestellt.

4.1.3.2 Vergütung durch relative Leistungsbewertung

Im Fall der absoluten Ergebnisbeteiligung wird die Leistung eines Agenten durch das Kriterium des absoluten Erfolges der vom Agenten durchgeführten Aufgabe beurteilt. Dieses Leistungskriterium allein ist unter Unsicherheit nicht gerechtfertigt, weil selbst ein fähiger Agent mit seinen Anstrengungen falsche Entscheidungen treffen und ein unerwünschtes Ergebnis erhalten kann. Ein ex-post schlechtes Ergebnis als Folge der Aufgabendurchführung kann nicht auf eine mangelnde Kompetenz des Agenten zurückgeführt werden. Im Fall einer ungünstigen Umweltentwicklung können viele kompetente Agenten gleichermaßen betroffen sein. Eine Möglichkeit zur Reduzierung des Zufallseinflusses besteht darin, das Ergebnis des Agenten vergleichbaren Outputergebnissen anderer Agenten gegenüberzustellen, die auch von denselben Zufallsvariablen beeinflußt werden. Die Ergebnisdifferenz wird demzufolge durch unterschiedliche Handlungen der Agenten bestimmt. Eine relative Leistungsbewertung bietet den Vorteil, daß die Störeinflüsse, die alle Agenten gleichermaßen betreffen, herausgefiltert werden.[338] Damit kann der Prinzipal die Risikoprämie ohne Minderung der Anreizwirkung reduzieren.[339] Eine relative Leistungsbewertung kann insbesondere bei Agenten mit vergleichbaren Aufgaben, beispielsweise aus derselben Branche, verwendet werden. Sie kann in Form einer leistungsabhängigen Prämienauszahlung, einer zusätzlichen Volumenvergabe verfügbarer Kapitalmittel, einer Vertragsverlängerung und einer Beförderung denjenigen Agenten entlohnen, der im Vergleich zu den anderen die beste Leistung erbracht hat.[340] Die Entscheidung des Prinzipals, ob er einen Agenten weiter behalten oder entlassen sollte, wird auch zur relativen Leistungsbewertung gerechnet.[341]

Im vorliegenden Unterkapitel wird ausschließlich die Form der leistungsabhängigen Prämienauszahlung vorgestellt, welche aus Vereinfachungsgründen als eine lineare Funktion der Differenz zwischen dem Outputergebnis eines Agenten und dem eines anderen Agenten oder einer Referenzgruppe angenommen wird.[342] Bei der Referenzgruppe handelt es sich meistens um Agenten aus derselben Branche. Somit können die

[338] Eine anreiztheoretische Analyse zur relativen Leistungsbewertung wurde zum ersten Mal von Holmstrom (1982) untersucht. Vgl. ebenda, S. 334 ff.

[339] Vgl. Kräkel (2004), S. 91.

[340] Vgl. Hoffmann (2001), S. 97.

[341] Vgl. Harbring/Irlenbusch (2004), S. 572.

[342] Siehe Winter (1996 a), S. 899.

Wirkungen von Einflußfaktoren wie beispielsweise einer schlechten konjunkturellen Entwicklung eliminiert werden.[343]

Hier wird von zwei identischen Agenten ausgegangen. Sie können entweder einem Unternehmen oder verschiedenen Unternehmen derselben Branche angehören. Im ersten Fall handelt es sich um eine interne, im zweiten Fall um eine externe relative Leistungsbewertung.[344] Im vorliegenden Kapitel wird der Unterschied zwischen den beiden Fällen zunächst nicht beachtet. Es wird angenommen, daß die Unternehmen die gleichen Parameter für ein optimales Entlohnungsschema wählen. Die Zielsetzungen von Agenten und Prinzipalen bleiben unverändert.

Die stochastische Variable ε aus Gleichung (4.1) beschreibt die Umwelteinflußfaktoren, die sich in zwei Kategorien einteilen lassen: Die erste umfaßt das konjunkturell bedingte oder branchenbedingte Risiko, sie wird durch ε_g bezeichnet und betrifft alle Unternehmen in der gleichen Weise. Die zweite Kategorie stellt die unternehmensspezifischen Zufallseinflußfaktoren $\hat{\varepsilon}_i$ dar, die das unternehmensindividuelle Risiko umfassen. Es gilt $\varepsilon = \varepsilon_g + \hat{\varepsilon}_i$. Das Outputergebnis der Aufgabenerfüllung $\hat{X}_i$ bei einer relativen Leistungsbewertung kann folgendermaßen umformuliert werden:

$$\hat{X}_i = t\hat{e}_i + \varepsilon_g + \hat{\varepsilon}_i \ , \quad i = 1,\ 2 \ . \tag{4.20}$$

Weiterhin wird unterstellt, daß ε_g und $\hat{\varepsilon}_i$ unabhängig und normalverteilt sind und jeweils einen Erwartungswert in Höhe von null haben. Die gemeinsame Zufallsvariable ε_g hat eine Varianz von σ_g^2. Die unternehmensspezifischen Zufallseinflußfaktoren $\hat{\varepsilon}_i$ besitzen eine Varianz von $\mathrm{var}(\hat{\varepsilon}_i)$. Aus Vereinfachungsgründen gilt: $\mathrm{var}(\hat{\varepsilon}_1) = \mathrm{var}(\hat{\varepsilon}_2) = \hat{\sigma}^2$.

Die relative Entlohnung hängt von der Differenz der Outputergebnisse der beiden Agenten ab. Die folgende Analyse betrifft nur den ersten Agenten. Die Analyse für den zweiten Agenten stellt sich analog dar. Das Einkommen des ersten Agenten bei einer relativen Leistungsbewertung ergibt sich als:

$$\hat{\omega}_1 = a_0 + \hat{b}\left(\hat{X}_1 - \hat{X}_2\right) . \tag{4.21}$$

Um das optimale Entlohnungsschema im Fall der relativen Leistungsbewertung von demjenigen bei absoluter Ergebnisbeteiligung zu unterscheiden, wird der Grundlohn hier als a_0 und der Prämiensatz der relativen Vergütung als $\hat{b}$ bezeichnet. Setzt man

[343] Durch die relative Leistungsbewertung auf den Finanzmärkten wird das systematische Risiko kompensiert, das selbst durch eine weitere Diversifizierung des Portfolios nicht eliminiert werden kann. Zum Unterschied zwischen systematischem und unsystematischem Risiko vgl. Franke/Hax (2004), S. 344.

[344] Vgl. Winter (1996 a), S. 914.

die beiden Outputergebnisse $\hat{X}_1$ und $\hat{X}_2$ aus Gleichung (4.20) in (4.21) ein, erhält man das Einkommen des ersten Agenten:

$$\hat{\omega}_1 = a_0 + \hat{b}t \cdot (\hat{e}_1 - \hat{e}_2) + \hat{b} \cdot (\hat{\varepsilon}_1 - \hat{\varepsilon}_2) \quad . \tag{4.22}$$

Von der Unsicherheit ε_g sind die beiden Agenten in gleichem Umfang betroffen. Diese Art des Einkommensrisikos kann durch die relative Leistungsbewertung herausgefiltert werden. Letztendlich beeinflußt nur noch das unternehmensspezifische Risiko, bezeichnet durch $\hat{\varepsilon}_1$ und $\hat{\varepsilon}_2$, das Agenteneinkommen.

Das Sicherheitsäquivalent des ersten Agenten beträgt:

$$\begin{aligned}
\hat{S}_1 &= E(\hat{\omega}_1) - C(\hat{e}_1) - \frac{1}{2} \cdot R \cdot \operatorname{var}(\hat{\omega}_1) \\
&= a_0 + \hat{b}t \cdot (\hat{e}_1 - \hat{e}_2) - \beta \hat{e}_1^2 - \frac{1}{2} \cdot R \cdot \hat{b}^2 \cdot \operatorname{var}(\hat{\varepsilon}_1 - \hat{\varepsilon}_2) \\
&= a_0 + \hat{b}t \cdot (\hat{e}_1 - \hat{e}_2) - \beta \hat{e}_1^2 - \frac{1}{2} \cdot R \cdot \hat{b}^2 \cdot \left[\operatorname{var}(\hat{\varepsilon}_1) + \operatorname{var}(-\hat{\varepsilon}_2)\right] \\
&= a_0 + \hat{b}t \cdot (\hat{e}_1 - \hat{e}_2) - \beta \hat{e}_1^2 - \frac{1}{2} \cdot R \cdot \hat{b}^2 \cdot (\hat{\sigma}^2 + \hat{\sigma}^2) \\
&= a_0 + \hat{b}t \cdot (\hat{e}_1 - \hat{e}_2) - \beta \hat{e}_1^2 - R\hat{b}^2 \hat{\sigma}^2 \quad .
\end{aligned} \tag{4.23}$$

Das Ziel des ersten Agenten besteht darin, bei *gegebenem* Arbeitseinsatz $\hat{e}_2$ des zweiten Agenten sein Sicherheitsäquivalent zu maximieren. Folgende Bedingung erster Ableitung muß erfüllt sein:

$$\frac{\partial \hat{S}_1}{\partial \hat{e}_1} = \hat{b}t - 2\beta \hat{e}_1 = 0 \quad . \tag{4.24}$$

Somit ergibt sich der optimale Arbeitseinsatz des ersten Agenten bei der relativen Leistungsbewertung wie folgt:

$$\hat{e}_1^* = \frac{\hat{b}t}{2 \cdot \beta} \quad . \tag{4.25}$$

Der Prämiensatz b der absoluten Ergebnisbeteiligung ist nicht mit $\hat{b}$ der relativen Leistungsbewertung identisch. Daher stimmt der optimale Arbeitseinsatz e_1^* aus Gleichung (4.9), wobei $i = 1$ gilt, nicht mit demjenigen $\hat{e}_1^*$ aus Gleichung (4.25) überein.

Das Ziel des Prinzipals bleibt bei der relativen Leistungsbewertung unverändert, nämlich die Maximierung des erwarteten Residualeinkommens. Gemäß Gleichung (4.11) kann der erste Agent bei relativer Leistungsbewertung auch nur das Mindestniveau des Sicherheitsäquivalentes erreichen. Die rechte Seite der Gleichung (4.23) kann somit durch $\underline{S_1}$ ersetzt werden. Der Prinzipal antizipiert das Optimierungsproblem des Agenten. Dies bedeutet, daß der optimale Arbeitseinsatz aus Gleichung (4.25) in die Gleichung (4.23) eingesetzt werden kann. Löst man nach dem Grundlohn a_0 auf, ergibt sich:

$$a_0 = \underline{S_1} + \hat{b}t\hat{e}_2 + R\hat{b}^2\hat{\sigma}^2 - \frac{\hat{b}^2 t^2}{4\beta} \quad . \tag{4.26}$$

Der Grundlohn in (4.26) hängt vom Arbeitseinsatz $\hat{e}_2$ des zweiten Agenten ab. Bei der Ausgestaltung des optimalen Entlohnungsschemas kann der Prinzipal davon ausgehen, daß die identischen Agenten bei einem identischen Entlohnungsschema gleiche optimale Leistungen anbieten werden.[345] Der optimale Arbeitseinsatz in (4.25) gilt somit auch für den zweiten Agenten. Setzt man den optimalen Arbeitseinsatz des zweiten Agenten in die Gleichung (4.26) ein, erhält man den folgenden Zusammenhang zwischen dem Grundlohn a_0 und dem Prämiensatz $\hat{b}$:

$$a_0 = \underline{S_1} + \hat{b}^2 \cdot \left(\frac{t^2 + 4 \cdot \beta R \hat{\sigma}^2}{4 \cdot \beta} \right) \quad . \tag{4.27}$$

Das erwartete Residualeinkommen des Prinzipals vom ersten Agenten soll maximiert werden:

$$\max \; E(\hat{\pi}_1) = E(\hat{X}_1 - \hat{\omega}_1) \; . \tag{4.28}$$

Setzt man die Gleichungen (4.20) und (4.22) in die Gleichung (4.28) ein, so ergibt sich die Zielfunktion als:

$$\max \; E(\hat{\pi}_1) = (1 - \hat{b}) t\hat{e}_1 + \hat{b}t\hat{e}_2 - a_0 \quad , \tag{4.29}$$

wobei $\hat{e}_1$ und $\hat{e}_2$ bei identischen Agenten gleich groß sind. Weiterhin sollen die Gleichungen (4.25) und (4.27) in (4.29) eingesetzt werden. Somit erhält man:

[345] Vgl. Winter (1996 a), S. 902.

$$\max\ E(\hat{\pi}_1) = \left(1-\hat{b}\right) t \cdot \frac{\hat{b}t}{2\cdot\beta} + \hat{b}t \cdot \frac{\hat{b}t}{2\cdot\beta} - \underline{S_1} - \hat{b}^2 \cdot \left(\frac{t^2 + 4\cdot\beta R\hat{\sigma}^2}{4\cdot\beta}\right)$$
$$= \frac{2\hat{b}t^2 - \hat{b}^2 t^2}{4\cdot\beta} - R\hat{b}^2\hat{\sigma}^2 - \underline{S_1}\ . \tag{4.30}$$

Für die erste Ableitung der Gleichung (4.30) nach $\hat{b}$ muß im Maximum gelten:

$$\frac{\partial E(\hat{\pi}_1)}{\partial \hat{b}} = \frac{2t^2}{4\cdot\beta} - \frac{\hat{b}t^2}{2\cdot\beta} - 2\cdot R\hat{b}\hat{\sigma}^2 = 0\ . \tag{4.31}$$

Der gesuchte optimale Prämiensatz $\hat{b}^*$ ist demnach gleich[346]

$$\hat{b}^* = \frac{t^2}{t^2 + 4\cdot\beta R\hat{\sigma}^2}\ . \tag{4.32}$$

Der optimale Grundlohn a_0^* wird ermittelt, indem die Gleichung (4.32) in die Gleichung (4.27) eingesetzt wird:

$$a_0^* = \underline{S_1} + \left(\frac{t^2}{t^2 + 4\cdot\beta R\hat{\sigma}^2}\right)^2 \cdot \left(\frac{t^2 + 4\cdot\beta R\hat{\sigma}^2}{4\cdot\beta}\right)$$
$$= \underline{S_1} + \frac{t^4}{4\cdot\beta\cdot\left(t^2 + 4\cdot\beta R\hat{\sigma}^2\right)}\ . \tag{4.33}$$

Demnach ergibt sich das optimale Entlohnungsschema der relativen Leistungsbewertung:

$$\hat{\omega}_1 = a_0^* + \hat{b}^* \cdot \left(\hat{X}_1 - \hat{X}_2\right)$$
$$= \underline{S_1} + \frac{t^4}{4\cdot\beta\cdot\left(t^2 + 4\cdot\beta R\hat{\sigma}^2\right)} + \frac{t^2}{t^2 + 4\cdot\beta R\hat{\sigma}^2} \cdot \left(\hat{X}_1 - \hat{X}_2\right)\ . \tag{4.34}$$

Setzen wir die Gleichung (4.32) in (4.30) ein, ergibt sich das maximale erwartete Residualeinkommen des Prinzipals:[347]

$$E\left(\hat{\pi}_1^*\right) = \frac{t^4}{4\cdot\beta\cdot\left(t^2 + 4\cdot\beta R\hat{\sigma}^2\right)} - \underline{S_1}\ . \tag{4.35}$$

---

[346] Zur Nebenrechnung siehe Anhang dieser Arbeit.

[347] Zur Nebenrechnung siehe Anhang dieser Arbeit.

Eine relative Leistungsbewertung ist auf Seiten des Prinzipals dann günstiger, wenn sein erwartetes Residualeinkommen größer als das bei einer absoluten Ergebnisbeteiligung ist, also wenn gilt $E(\hat{\pi}_i^*) > E(\pi_i^*)$.[348] Das erwartete Residualeinkommen $E(\pi_i^*)$ in der Gleichung (4.19) gilt auch für den Prinzipal des ersten Agenten. Vergleichen wir die Zielgröße aus (4.19) mit der aus (4.35), erhalten wir folgende Ungleichung:

$$\begin{aligned}
& E\left(\hat{\pi}_1^*\right) > E\left(\pi_1^*\right) \\
& \Rightarrow \frac{t^4}{4 \cdot \beta \cdot \left(t^2 + 4 \cdot \beta R \hat{\sigma}^2\right)} - \underline{S_1} > \frac{t^4}{4 \cdot \beta \cdot \left(t^2 + 2 \cdot \beta R \sigma^2\right)} - \underline{S_1} \\
& \Rightarrow 2\hat{\sigma}^2 < \sigma^2 \qquad\qquad (4.36) \\
& \Rightarrow 2\,\mathrm{var}\left(\hat{\varepsilon}_1\right) < \mathrm{var}\left(\varepsilon\right) \\
& \Rightarrow 2\,\mathrm{var}\left(\hat{\varepsilon}_1\right) < \mathrm{var}\left(\varepsilon_g + \hat{\varepsilon}_1\right) \\
& \Rightarrow \mathrm{var}\left(\hat{\varepsilon}_1\right) < \mathrm{var}\left(\varepsilon_g\right) .
\end{aligned}$$

Nach Gleichung (4.20) stellt $\hat{\sigma}^2$ die Varianz der unternehmensspezifischen Einflußvariable $\hat{\varepsilon}_1$ dar. Bei der absoluten Ergebnisbeteiligung ist σ^2 die Varianz der Umwelteinflußvariable ε, welche sowohl das branchen- als auch das unternehmensspezifische Risiko umfaßt: $\varepsilon = \varepsilon_g + \hat{\varepsilon}_1$[349]. Nach der Ungleichung (4.36) wird eine relative Leistungsbewertung vom Prinzipal bevorzugt, wenn das Branchenrisiko (gemessen in $\mathrm{var}(\varepsilon_g)$) stärker auf das Outputergebnis einwirken kann als das Unternehmensrisiko (gemessen in $\mathrm{var}(\hat{\varepsilon}_1)$). Die relative Leistungsbewertung sollte also dort angewandt werden, wo die Aufgabendurchführung sehr stark durch die Branchenzyklen beeinflußt wird. Denn dieses konjunkturell bedingte Risiko wird durch den relativen Leistungsvergleich herausgefiltert. In diesem Fall wird die Einkommensvarianz des Agenten verringert. Dies führt aufgrund der Risikoaversion der Agenten zu einer besseren Risikoallokation.[350] Ein solcher Vorteil ist insbesondere dann zu erkennen, wenn die Leistung eines Agenten nicht mit der des anderen, sondern mit dem durchschnittlichen Outputniveau der Branchen verglichen wird. Die Wirkung der branchenspezifischen Einflußfaktoren spiegelt sich in den branchendurchschnittlichen Leistungen wider. Bei der Anwendung der relativen Leistungsbewertung ist darauf zu achten, daß ein unzulässiger Vergleich von Leistungen aus unterschiedlichen Branchen die Einkommensvarianz der Agenten vergrößert. Die Agenten müssen in diesem Fall die Einkommensvarianz des Vergleichsmarktes zusätzlich in Kauf nehmen.

---

[348] Siehe Winter (1996 a), S. 903-905.

[349] Siehe S. 118, wobei $i = 1$ gilt.

[350] Die relative Leistungsbewertung reduziert das Einkommensrisiko des Agenten. Der Vorteil der relativen Vergütung tritt bei risikoneutralen Agenten nicht auf, weil die Einkommensvarianz für ihn keine Rolle spielt. Vgl. Winter (1996 a), S. 906-907.

Die Agentenkosten des Prinzipals werden durch das verringerte Einkommensrisiko des Agenten reduziert. Dies ist anhand der Ungleichung (4.36) zu erkennen. Der Agent erhält zwar nach wie vor das Mindestniveau seines Sicherheitsäquivalentes, der Prinzipal bekommt aber ein höheres Residualeinkommen. Der Nutzen des Prinzipals erhöht sich in diesem Fall, und der Prinzipal wird bei unverändertem Nutzenniveau des Agenten besser gestellt. Insofern ist das Entlohnungsschema der relativen Leistungsbewertung so lange eine Pareto-Verbesserung im Vergleich zu dem der absoluten Ergebnisbeteiligung, wie die Ungleichung (4.36) gilt.

Die relative Leistungsbewertung zeigt in theoretischer Hinsicht viele Vorteile. Dennoch gibt es einige Probleme bei ihrer praktischen Anwendung, welche bei der Optimierung des Entlohnungsschemas nicht einbezogen werden können. Es ist vor allem zu bedenken, ob ein Agent das Verhalten der vergleichbaren Agenten beeinflussen kann. Falls die Frage bejaht werden kann, so verschärft die relative Leistungsbewertung den Anreiz zu destruktiven Aktivitäten. Dies führt dazu, daß die relative Leistungsbewertung aufgrund der Anreizverzerrung letztendlich scheitern wird. Die Agenten können sich untereinander absprechen und gemeinsam ihren Arbeitseinsatz in gleicher Höhe reduzieren. Es ist auch denkbar, daß ein Agent die Realisierung des Outputergebnisses seines Konkurrenten erschweren und beeinträchtigen kann oder sogar vernichten wird. Ein solches Sabotageverhalten kann vor allem innerhalb eines Unternehmens und Teams auftreten, wo die Informationen zugänglich sind, und somit die Durchführung solcher Handlungen nicht sehr kostspielig ist.[351] Außerdem kann ein Trittbrettfahrerproblem induziert werden, wenn der Arbeitseinsatz eines Agenten einen positiven externen Effekt auf das Outputergebnis des anderen hat. In diesem Fall kann der profitierende Agent seinen Arbeitsaufwand und seine persönlichen Arbeitskosten reduzieren, ohne sein Outputniveau zu beeinträchtigen. Im Gegensatz dazu versetzt eine absolute Ergebnisbeteiligung an dem von ihnen gemeinsam realisierten Output die Agenten in die Lage, sich gegenseitig zu überwachen und einen gewünschten hohen Arbeitseinsatz zu leisten, wodurch das Trittbrettfahrerproblem gemildert werden kann.[352]

Bei der Analyse der Ausgestaltung eines optimalen Entlohnungsschemas wurde vereinfachend angenommen, daß die Agenten identisch sind. Es gibt also keinen Unterschied hinsichtlich der Qualifikation und Fähigkeit unter den Agenten. Falls die Agenten dennoch diverse Qualitätseigenschaften haben und der Prinzipal – was durchaus realitätsnah ist – sie nicht erkennen kann, ist eine optimale Vertragsgestaltung nicht möglich. Ein optimales Entlohnungsschema muß hierbei hinsichtlich der Produktivität, des Arbeitsleidkoeffizienten und des Risikoabneigungsgrades individuell gestaltet werden. Bei Anwesenheit von verborgenen entscheidungsrelevanten

[351] In Harbring/Irlenbusch (2004) handelt es sich um „Turniere", eine Variante der relativen Vergütungskonzepte. Das Problem verschärft sich insbesondere, wenn die Turnierpreisdifferenz sehr hoch ist, vgl. S. 552 und S. 568. In den Experimenten der Autoren fallen die Sabotageaktivitäten in Relation zur positiven Anstrengung ineffizient hoch aus, vgl. S. 566.

[352] Vgl. Winter (1996 a), S. 910.

Informationen ist eine solche Vertragsgestaltung nicht durchführbar. Demzufolge treten Anreizverzerrungen auf, welche die Innovation der Agenten reduzieren können. Im Vergleich zu einer Standardtechnik zeichnet sich eine Innovation durch ein größeres Risiko aus, das bei einer relativen Leistungsbewertung nicht neutralisiert werden kann, so lange die miteinander verglichenen Agenten die gleiche Innovation nicht vornehmen werden. Daher ist es viel sicherer für einen Agenten mit durchschnittlichen Fähigkeiten, weiterhin die Standardtechnik – wie die anderen – zu verwenden. Dadurch wird seine Einkommensvarianz eliminiert. In einem mehrperiodigen Modell wollen risikoscheue Agenten mit durchschnittlicher Qualität kein Risiko einer Innovation eingehen, weil ein eventueller Fehlschlag nicht nur das gegenwärtige Einkommen, sondern auch das der nächsten Perioden gefährdet.[353] Zwischen Agenten kann durch die relative Leistungsbewertung eine Zahlungsexternalität verursacht werden. Die Wirkung solcher Zahlungsexternalitäten auf Investitionsentscheidungen von Agenten wird in Kapitel 4.2 ausführlich analysiert.

Das Ziel der relativen Leistungsbewertung sollte darin bestehen, die Agenten zu einem möglichst hohen produktiven Arbeitseinsatz zu motivieren und zugleich schädigende destruktive Aktivitäten gering zu halten.[354] Es ist daher erforderlich, eine relative Leistungsbewertung in Bereichen anzuwenden, bei denen die durch Zufall generierten Umwelteinflußfaktoren hoch miteinander korreliert sind, aber die Outputergebnisse sich nicht gegenseitig beeinflussen. Die mit der relativen Leistungsbewertung verbundenen unerwünschten Auswirkungen wie Kollusion, Sabotage und Reduzierung der Innovation müssen bei der Anwendung der relativen Leistungsbewertung in Betracht gezogen werden. Eine relative Leistungsbewertung ist demnach unzumutbar, wenn die Agenten die Vergleichsmaßstäbe manipulieren können oder der Leistungsvergleich sehr kostspielig und nicht transparent ist. Sie ist ebenfalls unsinnig, wenn die destruktiven Anstrengungen der Agenten ihre positiven produktiven Anstrengungen überkompensieren.

4.1.4 Rolle der Managementreputation

Im Gegensatz zu reinen Optimierungsansätzen wird in der Literatur die langfristig angelegte Interaktionsbeziehung zwischen Prinzipal und Agenten – insbesondere zwischen Eigentümer und Managern – , bei denen sich im Lauf der Zeit Informationen und Informationsverteilungen verändern werden, durch die nicht-kooperative Spieltheorie modelliert.[355] In dieser dynamischen Prinzipal-Agenten-Beziehung spielt das

[353] Vgl. Zwiebel (1995), S. 16.

[354] Vgl. Harbring/Irlenbusch (2004), S. 546.

[355] Vgl. Kräkel/Schauenberg (1998), S. 83.

Konzept der Karriere eine große Rolle, bei dem es sich vor allem um Reputationsüberlegungen und Karriereinteressen der Manager handelt.[356]

Durch verschiedene Modellannahmen kann die Reputation unterschiedlich interpretiert werden. Das Modell von Scharfstein/Stein (1990) setzt voraus, daß fähige Manager stets gleiche Informationen über eine Investition erhalten, und diese Korrelation der Informationen bei unfähigen Managern nicht gilt. Zusätzlich wird angenommen, daß nicht nur der Arbeitsmarkt, sondern auch die Manager keine Kenntnisse über die eigenen Fähigkeiten und Produktivitäten haben. Reputation hängt in ihrem Modell vor allem von den *relativen Entscheidungen* der Manager ab. Allein ein gutes Outputergebnis in absoluter Größe reicht für einen guten Ruf noch nicht aus. Um seine Fähigkeit zu beweisen, wird der Manager dieselbe Entscheidung treffen wie die anderen, denn durch eine von den anderen abweichende Entscheidung kann ein Manager noch keine gute Reputation erhalten, selbst wenn er den gleichen Erfolg erzielt.[357] Die Zielsetzung eines Managers besteht darin, seine Reputation auf dem Arbeitsmarkt und somit sein künftiges Einkommen zu maximieren. Dies stimmt nicht mit dem Ziel des Prinzipals überein, welches beispielsweise darin besteht, den Unternehmensgewinn zu maximieren. Insofern besteht zwischen den Agenten und ihrem Prinzipal ein Zielkonflikt. Das Interesse des gegenwärtigen Prinzipals wird vom Manager vernachlässigt.[358] Der Manager wird unter Umständen durch eine mit den anderen konforme Entscheidung seine Fähigkeit manipulieren. Im Vergleich zum Informationskaskadenmodell kann bereits der zweite Manager in der Entscheidungsreihe aufgrund seiner Reputationsüberlegung im Widerspruch zu den eigenen Informationen der Entscheidung seines Vorgängers folgen.[359] Insofern wird das Herdenverhalten durch die Reputationsüberlegung in größerem Umfang unterstützt als durch die reine Informationskaskade.[360] Die Anwendung der Reputationsdefinition nach Scharfstein/Stein (1990) ist nicht für den Fall geeignet, daß ein Manager trotz seiner konträren Entscheidung die gleiche absolute Leistung wie die anderen erzielt. In einer solchen Situation kann ein Manager dennoch als kompetent angesehen werden. Im Gegensatz zu Scharfstein/Stein (1990) gewinnt ein Manager im Modell von Effinger/Polborn (2001) weniger Reputation, wenn er eine gleiche Entscheidung trifft

[356] Glaubwürdigkeit als Reputation ist auch für eine Regierung wichtig, vgl. Althammer (1999), S. 332-334.

[357] Vgl. Scharfstein/Stein (1990), S. 466, und dazu vgl. auch Zwiebel (1995), S. 15.

[358] Vgl. Prendergast (1999), S. 52.

[359] Vgl. Scharfstein/Stein (1990), S. 468 und S. 471.

[360] Vgl. Ottaviani/Sørensen (2000), S. 700. Graham (1999) hat eine ähnliche Aussage wie Scharfstein/Stein (1990) gemacht, wonach der Herdentrieb des zweiten Managers in der Entscheidungsreihe von der Höhe seiner anfänglichen Reputation und der Korrelation der Informationssignale positiv und von seiner Fähigkeit oder Produktivität negativ abhängt, S. 238. Im Fall, daß der Erwerb der Informationen kostspielig ist, lassen sich zwei Situationen unterscheiden: 1. Der zweite Manager wird auf die Informationsakquisition verzichten und die Vorgängerentscheidungen imitieren. 2. Der zweite Manager wird die Entscheidung nach seiner eigenen Information treffen, falls er die Information bereits kostspielig erworben hat. Dazu vgl. Swank/Visser (2003), S. 3-4.

wie alle anderen. Ein Manager kann in diesem Fall nur durch *einen alleinigen Erfolg* an Reputation gewinnen. Dies führt gegebenenfalls zu unterschiedlichen Entscheidungen, selbst wenn sich die den Entscheidungen zugrunde liegenden privaten Informa-tionen von Managern nicht unterscheiden. Ein solches beabsichtigtes abweichendes Verhalten wird in der Literatur als Anti-Herdenverhalten bezeichnet.[361]

Zwiebel (1995) definiert Reputation anders, so daß sie vor allem von der *relativen Leistung* des Managers abhängt.[362] Die Annahme der Unkenntnis über die Managerfähigkeiten im Modell von Scharfstein/Stein (1990) wird durch die Annahme ersetzt, daß hinsichtlich der Managerfähigkeit eine asymmetrische Informationsverteilung zwischen den Managern und dem Arbeitgeber herrscht. Die Kenntnis über die Fähigkeit eines Managers ist dessen private Information. Ein Manager gewinnt Reputation nur, wenn er eine bessere Leistung als seine Konkurrenten auf dem Arbeitsmarkt anbietet. Was für eine Alternative er sich dabei entscheidet, spielt für die Reputationsbestimmung keine Rolle. Diese Reputationsdefinition impliziert, daß die unterschiedlichen Manager selbst bei gleicher Entscheidung verschiedene Leistungen erzielen können. Das von der Realisierung des Outputergebnisses unabhängige Herdenverhalten der Manager kann insofern durch dieses Reputationsverständnis vermieden werden. Um ihre relative Leistung auf dem Arbeitsmarkt zu signalisieren, werden insbesondere die gut informierten Manager motiviert, sich für eine innovative, aber riskante Alternative zu entscheiden. Daneben werden sich die mittelmäßigen Manager aus Vorsichtsgründen für eine sichere Standardalternative entscheiden, auch wenn die innovative Investition im Vergleich zur Standardalternative stochastisch dominant ist.

Die verschiedenen Definitionen von Reputation und somit die implementierten Modellannahmen führen zu einem unterschiedlichen Anreiz zum Herdenverhalten bei Managern. Am Anfang ihrer Karriere sind junge Manager aufgrund fehlender Erfahrung wenig über die eigene Fähigkeit informiert. Die Modellannahme von Scharfstein/Stein (1990) kann in diesem Fall als geeignet angesehen werden. Es kann daher davon ausgegangen werden, daß die jungen Manager relativ viel Wert darauf legen, sich für eine geltende Standardalternative auf dem Markt zu entscheiden. Daher faßt die Literatur die Reputation vor allem als Ursache und weniger als Lösung des Anreizproblems auf.[363] Im Lauf der Zeit lernen die Manager die eigenen Fähigkeiten besser kennen. Damit ist der Reputationsbegriff von Zwiebel (1995) für die Verhaltenserklärung der Manager zutreffender. Wenn sich die Manager über ihre eigenen Fähigkeiten informiert haben, sind sie in der Lage, sich anders zu verhalten. Zugleich werden schlecht qualifizierte Manager ebenfalls motiviert, abweichende Entscheidungen zu treffen. Damit können sie dem Arbeitsmarkt hinsichtlich ihrer eigenen Fähigkeiten falsche Signale vermitteln. Hierdurch wird ein negativer

[361] Vgl. Effinger/Polborn (2001), S. 386.

[362] Vgl. Zwiebel (1995), S. 15-16.

[363] Vgl. Holmstrom/Ricart I Costa (1986), S. 837, FN 2.

Zusammenhang zwischen dem Alter der Manager und ihrer Neigung zum Herdenverhalten hergestellt.[364]

Die unterschiedlichen Investitions- und Anlagenentscheidungen der Manager können nur nach Regionen und Index miteinander verglichen werden. Insofern ist die relative Entscheidung als Beurteilungsmaßstab für die Managerfähigkeit weniger geeignet als die *relative Leistungsbewertung*.[365] Eine gute Reputation dient lediglich dazu, daß die Entlohnung des Managers in den folgenden Perioden erhöht wird. Insofern bildet die Reputation einen Umweg in bezug auf ein leistungsorientiertes Entlohnungssystem.[366] Der Grund eines solchen Umweges besteht darin, daß selbst fähige Manager, deren Signale perfekt miteinander korreliert sind, unter Unsicherheit falsche Entscheidungen treffen können. In diesem Fall sollen sie nicht durch eine Gehaltsreduzierung gemeinsam bestraft werden. Die relative Leistungsbewertung als ein alternatives Entlohnungssystem berücksichtigt diese Überlegung. Sie enthält nicht nur eine vom Erfolg abhängige, sondern auch eine branchenrisikobereinigte Komponente. Die relative Leistungsbewertung hat weiteren Vorteil, daß die Entlohnung an den relativen Erfolg der Manager in der Vorperiode anknüpfen kann, und somit die Analysen vereinfacht werden. Der Unterschied zwischen den beiden Modellvarianten besteht darin, daß die Leistungen in Modellen mit Vergütungsvertrag *explizit* und in Reputationsmodellen *implizit* miteinander verglichen werden. Ein indirekter Zusammenhang zwischen Reputation und Vergütung der Manager wird also durch das Entlohnungsschema einer relativen Leistungsbewertung impliziert. Im folgenden wird modelltheoretisch dargestellt, daß das Herdenverhalten durch die relative Leistungsbewertung verursacht werden kann.

4.2 Herdenverhalten aufgrund der Zahlungsexternalität in der Prinzipal-Agenten-Beziehung

Die Zahlungsexternalität wird zunächst systematisiert. Anschließend wird die Wirkung der durch die relative Leistungsbewertung verursachten Zahlungsexternalität auf die Investitionsentscheidungen von Managern analysiert.

4.2.1 Systematisierung der Zahlungsexternalität

Generell läßt sich eine Zahlungsexternalität identifizieren, wenn die Zahlungsstruktur eines Individuums von den Entscheidungen und den Handlungen der anderen beeinflußt wird. Eine Zahlungsexternalität, die sowohl positiv als auch negativ sein kann, läßt sich nicht nur monetär, sondern auch immateriell auffassen. Bei einer

[364] Vgl. Zwiebel (1995), S. 16. Dazu vgl. auch Avery/Chevalier (1999), S. 328.

[365] Vgl. Hoffmann (2001), S. 96.

[366] Vgl. Hirth/Walter (2002), S. 41 und Ackstaller (2005), S. 273.

immateriellen Zahlungsexternalität findet zwar kein monetärer Zahlungstransfer, aber eine Änderung der Nutzen von Entscheidungsträgern statt. Die Zahlungsexternalität kann oft durch die vorgegebene Zahlungsinterdependenz exogen spezifiziert werden. Ihre Entstehung ist dennoch ein endogener Prozeß.[367] Die individuellen Entscheidungen bei Existenz der Zahlungsexternalität hängen voneinander ab. Die daraus resultierende Zahlungsinterdependenz wird im einzelnen Entscheidungskalkül mitberücksichtigt. Sie wird in der Literatur wie folgt systematisiert:[368]

1. Netzwerkeffekt

Ein Netzwerkeffekt liegt vor, wenn ein bestimmter Ursache-Wirkungszusammenhang zwischen der Handlung eines Individuums und den Handlungen der anderen besteht. Dieser breit definierte Netzwerkeffekt ist sowohl in der Produktion als auch im Konsum- und Sozialverhalten vorzufinden.[369] Dies läßt sich anschaulich durch ein Alltagsbeispiel verdeutlichen: Der Nutzen eines Telefonanschlusses für einen Konsumenten kann nur dadurch erhöht werden, wenn sich andere Individuen auch an das Telefonnetz anschließen. Ein eng verwandter Begriff der Netzwerkexternalität ist die „technologische Externalität“, durch welche die Konsum- oder Produktionsfunktion beeinflußt wird, ohne daß eine Preisänderung vorliegt.[370] Der Netzwerkeffekt kann auf direkte oder indirekte Weise auf den Nutzen wirken. Ein direkter Netzwerkeffekt liegt beispielsweise vor, wenn sich der Nutzen eines Konsumenten mit der Anzahl der Nutzer des gleichen Gutes ändert. Ein indirekter positiver (negativer) Netzwerkeffekt ist beispielsweise vorhanden, wenn der Nutzen eines Produzenten mit der Konsumentenanzahl eines komplementären (konkurrierenden) Gutes variiert. Ein weiterer Netzwerkeffekt besteht darin, daß die Qualität und das Service-Angebot eines Gutes von der Konsumentenanzahl abhängen.[371]

Weil bei einem positiven Netzwerkeffekt der Nutzen eines Individuums mit steigender Anzahl der Personen, welche die gleiche Konsum- oder Produktionsentscheidung treffen, zunimmt, ist ein Herdenverhalten zu erwarten, bei dem alle Individuen an dem Netzwerk teilnehmen möchten.[372] Dieser Entstehungsmechanismus des Herdenverhaltens aufgrund der Interdependenz von Netzwerkexternalitäten wird von Choi (1997)

[367] Vgl. Brunnermeier (2001), S. 147.

[368] Zur Kategorie der modelltheoretischen Darstellungen der Zahlungsexternalität vgl. Devenow/ Welch (1996), S. 606-607, sowie vgl. Ackstaller (2005), S. 21.

[369] Vgl. Röver (1997), S. 6. Die Wirkung von Netzwerkexternalitäten tritt nach Röver (1997) nur bei den Nachfragern auf. Bei Entscheidungen bezüglich Anlagebeschaffung ist der Produzent wiederum der Nutzer eines Produktes. Insofern ist die hier vertretene Auffassung mit der von Röver im Einklang.

[370] Vgl. Röver (1997), S. 8. Eine Abgrenzung von Netzwerkexternalität siehe ebenda, S. 11.

[371] Zu den Auswirkungen der Netzwerkexternalität vgl. Katz/Shapiro (1985), S. 424.

[372] Banerjee (1992) erklärt die Netzwerkexternalität als eine der Ursachen von Herdenverhalten, vgl. S. 800.

analysiert, wobei sich Produzenten zwischen zwei neuen, unsicheren und nicht komplementären Technologien A und B sequentiell entscheiden sollen. Neben der Netzwerkexternalität wird zusätzlich eine Informationsexternalität berücksichtigt, die darin besteht, daß der Wert einer Technologie durch die Durchführungsentscheidung eines Vorgängers entdeckt wird und insofern eine öffentliche Information für alle Nachfolger darstellt. Falls sich der erste Entscheidungsträger für die relativ sichere Technologie A entschieden hat, wird sich der zweite Entscheidungsträger ebenfalls für A entscheiden, selbst dann, wenn für ihn die relativ riskante Technologie B wahrscheinlich profitabler ist. Sein Entscheidungskalkül ergibt sich wie folgt: Falls B besser als A ist, verliert er bei der Imitation nur den zusätzlichen Gewinn aus B. Den positiven Netzwerkeffekt erhält er ohnehin durch die Imitation. Falls A besser als B ist, verliert er bei einer gegenteiligen Entscheidung nicht nur den zusätzlichen Gewinn aus A, sondern auch die Zahlungen aus dem positiven Netzwerkeffekt. Dieselbe Überlegung gilt für alle weiteren Individuen. Letztendlich wird nur die Technologie A ausgewählt. Die tatsächliche Rentabilität von B bleibt unentdeckt. Im Fall, daß B in Wirklichkeit vorteilhafter als A ist, ist die individuelle Entscheidung aus der Sicht des kollektiven Wohlfahrtsaspektes suboptimal.[373] Anders als beim „Trittbrettfahrer-Problem“ im Informationskaskadenmodell zeigt Choi (1997) hier eine interessante Implikation von Herdenverhalten auf:[374] Die Individuen versuchen unter positiven Netzwerkexternalitäten, neue Informationen zu blockieren, die unvorteilhaft für die Bildung und Erweiterung des positiven Netzwerkeffektes sein können. Damit werden die eigenen Interessen nicht durch spätere gegensätzliche Handlungen der Nachfolger gefährdet. Die nachfolgenden Entscheidungsträger haben kaum einen Anreiz, Informationen über die Technologie B zu erwerben, so daß B sich nicht mehr als Alternative darstellt. Selbst Individuen mit unterschiedlicher Präferenz werden sich für dieselbe Investitionsalternative entscheiden, so lange die Zahlungen aus dem positiven Netzwerkeffekt dieser Alternative in Abhängigkeit von der Investorenanzahl den Präferenzwert für eine andere Alternative übersteigen.[375] Die konforme Investitionsentscheidung ist daher nicht unbedingt gesellschaftlich vorteilhaft. Unter Netzwerkexternalität kann eine Entscheidungsalternative bevorzugt werden, die zwar anfänglich attraktiv, aber langfristig suboptimal ist.[376]

2. „Bank-Run“ als negative Zahlungsexternalität

Von einem „Bank-Run“ spricht man, wenn das Vertrauen der Einleger in die Solvenz einer Bank so zerstört ist, daß sie aufgrund der vermuteten oder wirklichen Zahlungsunfähigkeit der Bank ihre Guthaben abziehen möchten. Durch den „Run“ der

[373] Vgl. Choi (1997), S. 408-409.

[374] Vgl. ebenda, S. 410. Im Informationskaskadenmodell fehlt bei Abwesenheit der Netzwerkexternalität ein strategisches komplementäres Verhalten. Der zweite Entscheidungsträger würde sich dort gemäß seiner eigenen Information für Technologie B entscheiden.

[375] Vgl. Arthur (1989), S. 120-121.

[376] Vgl. ebenda, S. 119.

Einleger wird eine extreme Liquiditätsanspannung verursacht, weil die Bank wegen der Kapitalfristentransformation kaum in der Lage ist, ihre Depositenverpflichtungen zu einem Zeitpunkt zurückzuzahlen.[377] Die ausgelöste Panik bei der Bank kann sogar aufgrund der Wirtschaftsverflechtungen zwischen Banken eine Finanzkrise initiieren.[378] „Bank-Run" ist ein typisches Beispiel für eine Zahlungsexternalität: Die Bank ist verpflichtet, auf Anfrage der Einleger das angelegte Guthaben zurückzuzahlen. Im Fall des „Bank-Runs" wird die Liquiditätsdisposition der Banken so beeinträchtigt, daß die Verbindlichkeiten irgendwann nicht mehr befriedigt werden können. Die Anleger, die später auf „Bank-Runs" reagieren, gehen leer aus. Insofern entsteht eine negative Zahlungsexternalität zwischen den Vorläufern und den Nachfolgern der Einleger. Zusätzlich muß noch eine Informationsexternalität durch den „Bank-Run" in Betracht gezogen werden: Die Einleger können das Phänomen des „Bank-Runs" gut beobachten und sich dadurch über die Liquiditätslage der Banken informieren. Aus Angst, leer auszugehen, wollen alle Einleger ihre Guthaben abziehen. Dies verschlimmert nur noch die Situation. „Durch das subjektiv rationale Verhalten entsteht – wenn es viele Einleger betrifft – ein Ergebnis, das letztlich alle Beteiligten als unerwünscht ansehen: ein Run, der in einer kollektiven Selbstschädigung mündet." [379] Das Phänomen des „Bank-Run" wurde bereits ausführlich in der Literatur besprochen, wobei nicht nur theoretisch, sondern auch empirisch nachgewiesen wird, daß der „Bank-Run" eine optimale Risikoallokation unmöglich macht.[380]

Eine Ursache-Wirkungsbeziehung zwischen der Zahlungsexternalität und dem daraus resultierenden Herdenverhalten wird von Diamond/Dybvig (1983) dargestellt. Sie gehen von zwei Perioden (Zeitpunkt $t = 0, 1, 2$) sowie einem homogenen Gut aus. Die Individuen legen ihre Anfangsausstattungen in $t = 0$ an, welche der Bank zur Finanzierung von illiquiden Investitionen zur Verfügung stehen. Zwei Typen von Einlegern lassen sich unterscheiden: Die Einleger vom Typ 1 konsumieren nur in Periode 1, die vom Typ 2 hingegen nur in Periode 2.[381] Bei einer Informationsasymmetrie zwischen Bank und Einleger kann eine optimale Risikoallokation durch einen Depositenvertrag mit Selbstauswahl dennoch erreicht werden. Der Erwartungsnutzen jedes Einlegers, welcher eine Funktion in Abhängigkeit vom Konsumniveau ist, wird dadurch maximiert.[382] Die Anfragen der Einleger nach Depositen werden sequentiell befriedigt. Das heißt, wer zuerst kommt, wird zuerst bedient. Aufgrund der beschränk-

[377] Vgl. Büschgen/Börner (2003), S. 45 und S. 155.

[378] Chang/Velasco (1998) betrachten „Bank-Run" als Krisenauslöser in einer kleinen offenen Volkswirtschaft, wobei im Modell ausländische Gläubiger und eine Liberalisierung des Finanzsektors Berücksichtigung finden. Ihr Modell ist für die Analyse auf dem aufstrebenden Markt (Emerging Markt) sehr geeignet, vgl. S. 3-5. Dazu vgl. auch Hott (2004) S. 36-41.

[379] Körnert (2001), S. 94.

[380] Ein Überblick über Literaturquellen, die das Phänomen von „Bank-Run" analysieren, befindet sich in Devenow/Welch (1996), S. 606.

[381] Vgl. Diamond/Dybvig (1983), S. 405.

[382] Vgl. ebenda, S. 406-407.

ten Liquidität hängt die Auszahlungsfähigkeit der Bank in Periode 1 von der Anzahl der Nachfrager ab. Zwei Gleichgewichte sind in der Modellierung denkbar: Ein Gleichgewicht mit optimaler Risikoteilung entsteht, wenn die Einleger von Typ 1 in Periode 1 und von Typ 2 in Periode 2 ihre Einlagen abziehen. Ein ineffizientes Gleichgewicht, also ein „Bank-Run", ergibt sich, wenn ein Einleger vom Typ 2 pessimistisch antizipiert, daß die anderen bereits in Periode 1 ihre Einlagen abheben werden.[383] Aufgrund dieser Überlegung werden alle Einleger vom Typ 2 vorzeitig ihre Einlagen abziehen. Die Bank hat allerdings zum Zeitpunkt $t = 1$ nicht genügend liquide Mittel. Um die Kunden des zweiten Typs zu bedienen, muß die Bank langfristige Investitionen frühzeitig liquidieren, wodurch die Auszahlungen an Kunden in Periode 2 nicht mehr garantiert sind. Selbst wenn alle Investitionen in Periode 1 liquidiert werden könnten, reichen die Mittel nicht aus, um die gesamte Nachfrage der beiden Typen zu bedienen. Die später kommenden Einleger gehen bei der Zahlungsunfähigkeit der Bank leer aus. Im Gleichgewicht mit „Bank-Run" ist keine optimale Risikoteilung möglich. Die Einleger vom Typ 2 würden mehr bekommen, wenn sie bis zum Zeitpunkt $t = 2$ warten könnten. Die Bank muß beim Eintritt des „Bank-Runs" einige langfristig profitable Projekte bereits in $t = 1$ abbrechen, wodurch ein reales ökonomisches Problem auftreten kann.[384] Im schlimmsten Fall können mehrere Banken vom „Bank-Run" betroffen sein, so daß eine Wirtschaftskrise entsteht.[385]

3. Herdenverhalten mittels Informationsbeschaffung („Investigative Herding")

Eine besondere Form der Zahlungsexternalität ist die gezielte Informationsbeschaffung durch private oder institutionelle Investoren.[386] Beispielsweise hängt die Gewinnerwirtschaftung einer Anlage kurzfristig von dem Marktpreis oder der Nachfrage ab. Insbesondere auf dem Aktienmarkt steht eine Aktie hoch im Kurs, wenn viele Investoren eine Kaufentscheidung für dieselbe Aktie treffen. Die einer Anlage zugrunde liegenden Basisdaten können sich kurzfristig nicht in dem Marktpreis widerspiegeln. In diesem Fall konzentrieren sich die Anleger gezielt auf diejenigen Daten, die ebenfalls die Entscheidungsgrundlage aller anderen Anleger sein können. Solche gleichgerichteten Entscheidungen werden als Herdenverhalten mittels Informationsbeschaffung („Investigative Herding") bezeichnet.[387] Ein wesentlicher Unterschied zwischen dem Informationskaskadenmodell und „Investigative Herding"

[383] Eine pessimistische Erwartung muß nicht durch eine Änderung der Depositen der Bank verursacht werden. Sie kann von einigen beobachtbaren Wirtschaftsvariablen abhängen, wie beispielsweise einem Bericht über eine schlechte Ernte, einem beobachteten „Bank-Run" bei einer anderen Bank oder einer negativen Prognose hinsichtlich der Politik. Vgl. ebenda, S. 410.

[384] Vgl. ebenda, S. 408-409.

[385] Eine Evaluierung des Erklärungsbeitrages dieses Modells zu dominoeffektbezogenen Ursachen-Wirkungs-Beziehungen befindet sich in Körnert (1998), S. 92 ff. Dazu vgl. auch Körnert (2000), S. 382-383.

[386] Vgl. Devenow/Welch (1996), S. 607.

[387] Vgl. Brunnermeier (2001), S. 190 ff.

besteht darin, daß sich die Individuen in der Informationskaskade für die gleiche Investition entscheiden, während sie im Ansatz von „Investigative Herding" die gleichen Informationen erwerben.

Im Modell von Hirshleifer/Subrahmanyam/Titman (1994) erwerben einige kompetente und risikoscheue Investoren Informationen früher als die anderen.[388] Die sequentielle Informationsbeschaffung in ihrem Modell hat einen signifikanten Effekt sowohl auf die öffentlich verfügbaren Informationen als auch auf die einzelnen Investitionsentscheidungen. Die früher informierten Investoren werden in der ersten Periode auf aggressive Weise eine bestimmte Anlage kaufen und sie in der nächsten Handlungsrunde verkaufen, während die später informierten Investoren aufgrund des steigenden Preises ebenfalls die Anlage kaufen, weil sie glauben, daß der Marktpreis die privaten Informationen der früher informierten Investoren vollständig enthüllt hat. Beim Verkaufen dieser Anlage können die früher informierten Investoren von dem attraktiven Verkaufspreis profitieren. Folglich wird die Kaufaktion in der ersten Periode noch aggressiver, wenn die Investoren antizipieren, daß die nachfolgenden Anleger Herdenverhalten mittels Informationsbeschaffung betreiben. Als Konsequenz ist eine Informationsineffizienz auf dem betroffenen Markt zu erwarten. Einige Anlagen werden sehr begierig nachgefragt, während andere Anlagen mit ähnlichen Eigenschaften bei der Portfolio-Bildung nicht berücksichtigt werden. Dies ist dadurch begründet, daß bei einer alleinigen Investition in eine Anlage keine positive Zahlungsexternalität vorhanden ist. Falls sich ein früh entscheidender Einleger bei seiner Anlageentscheidung auf falsche Information stützt, werden die weiteren Einleger ebenfalls nach dieser falschen Information handeln.[389] In einem extremen Fall lohnt es sich für einen Investor nicht, kostspielig andersartige Informationen zu erwerben, wenn die nachfolgenden Investoren nicht bereit sind, zum effizienten Informationsaggregat beizutragen. Folglich ist der Preis auf dem Markt nicht informativ.[390]

Diese Anlagestrategie hinsichtlich der Informationsbeschaffung wurde empirisch bereits mehrfach bei institutionellen Investoren und Wertpapieranalysten bestätigt.[391] Über einen kurzfristigen Anlagehorizont beschaffen sich die institutionellen Investoren einheitliche Informationen, weil der Kurs einer Aktie durch gleiche Kaufentschei-

[388] Eine ähnliche Modelldarstellung bieten Froot/Scharfstein/Stein (1992), bei der sich die Investoren *kurzfristig* nur auf eine Informationsquelle konzentrieren, selbst wenn die Information unpräzise ist, S. 1462-1463.

[389] Vgl. Hirshleifer/Subrahmanyam/Titman (1994), S. 1665-1667. In ihrem Aufsatz ist diese Art von Herdenverhalten nicht nur rational, sondern auch irrational begründbar. Der individuell *wahrgenommene* Nutzen aus der frühen Informationsbeschaffung wird von optimistischen Individuen zu stark gewichtet, so daß „Investigative Herding" entsteht, S. 1686.

[390] Siehe Brennan (1990), S. 723. Dazu vgl. auch Froot/Scharfstein/Stein (1992), S. 1472.

[391] Beispielsweise haben Grinblatt/Titman/Wermers (1995) durch eine Untersuchung von Portfolio-Entscheidungen von 115 Fondsmanager in dem Zeitraum zwischen 1975 und 1984 bestätigt, daß die informierten Investoren aufgrund der positiven Zahlungsexternalität „Investigative Herding" betrieben hatten, S. 1103. Insofern steht das empirische Ergebnis mit der Theorie in Einklang.

dungen steigt.[392] Die Anleger auf dem Aktiemarkt haben folgende Handelsstrategie: Wenn der von ihnen erwartete Aktienpreis höher als der geltende Marktpreis ist, werden sie die Aktien kaufen; andernfalls werden sie die Aktien verkaufen.[393] Obwohl die Investoren kurzfristig von der positiven Zahlungsexternalität profitieren können, bleiben dennoch viele profitable Investitionen aufgrund der ineffizienten Informationsallokation ungetätigt. Dies haben kurzsichtige Investoren, die sich mit „Investigative Herding" beschäftigen, nicht erkannt.[394]

4. Relative Leistungsbewertung als Entlohnungsschema

Im Rahmen einer Prinzipal-Agenten-Beziehung können konjunkturelle branchenspezifische Risiken durch die relative Leistungsbewertung eliminiert werden. Dies führt zu einer geringen Einkommensvarianz der Agenten.[395] Zugleich verursacht die relative Leistungsbewertung eine Zahlungsexternalität, weil das Einkommen eines Agenten vom Verhalten der anderen abhängt. Die Zahlungsexternalität stärkt wiederum eine einheitliche Investitionsentscheidung der Agenten: Ein risikoscheuer Agent hat bei der relativen Leistungsbewertung Angst, durch eine abweichende Entscheidung das Risiko des Scheiterns allein tragen zu müssen. Die Durchführung eines unprofitablen Projektes schadet seinem Einkommen nicht, wenn die anderen Agenten dieselbe Fehlentscheidung treffen.[396] Beispielsweise wird ein gemeinsames Scheitern auf dem Kapitalmarkt auf ein systematisches Risiko zurückgeführt, das sich durch die Anlagenpolitik der Diversifikation auch nicht vermeiden läßt. In diesem Fall werden die Agenten durch die relative Leistungsbewertung nicht bestraft. Außerdem wird der Einkommensvorteil eines innovativen Agenten reduziert, wenn die anderen Agenten den Erfolg seiner Innovation beobachten können und beim unbeschränkten Wettbewerb dieselbe Innovation durchführen. Zusammengefaßt kann die relative Leistungsbewertung eine Innovation unattraktiv machen. Einzelne Agenten werden die Entscheidung der anderen imitieren, um eine alleinige Erfolglosigkeit zu vermeiden.

4.2.2 Herdenverhaltensmodell mit relativer Leistungsbewertung

Im folgenden wird die Prinzipal-Agenten-Beziehung zwischen Eigentümer und Managern explizit betrachtet, und dabei werden die Wirkungen der durch eine relative Leistungsbewertung verursachten Zahlungsexternalität auf die Investitionsentschei-

[392] In der Literatur wird „Investigative Herding" manchmal nicht der positiven Zahlungsexternalität zugeordnet, sondern als eigenständiger Erklärungsansatz betrachtet. Siehe Walter (2002), S. 5-6, mit weiteren Nachweisen.

[393] Dazu vgl. Avery/Zemsky (1998), S. 729.

[394] Vgl. Froot/Scharfstein/Stein (1992), S. 1481.

[395] Siehe Abschnitt 4.1.3.2.

[396] Ein Vertrag, der das Interesse des Managers direkt mit dem Outputniveau des Unternehmens verbindet, kann diese Art der Imitation reduzieren. Vgl. dazu Gul/Lundholm (1995), S. 1042.

dungen der Manager analysiert. Die Anreiz- und Kapitalallokationsprobleme der relativen Leistungsbewertung werden bei der Analyse in den Vordergrund gerückt.

4.2.2.1 Modellannahmen und Ausgangssituation

Um die Wirkung der relativen Leistungsbewertung auf Investitionsentscheidungen von Managern explizit zu untersuchen, wird in der vorliegenden Modelldarstellung die Informationsexternalität zuerst ausgeklammert. Somit wird die Wahrscheinlichkeitsbildung für den Eintritt des Umweltzustandes nicht durch die Beobachtung der Vorgängerentscheidungen aktualisiert.[397] Es wird angenommen, daß die Manager in gleichem Maß über Investitionsvorhaben informiert und hinsichtlich ihrer Fähigkeiten identisch sind. Die Manager können Informationen über die Umweltentwicklung aus verschiedenen Quellen erwerben und diese unterschiedlich bewerten. Die Manager sind risikoscheu und werden nach der relativen Leitungsbewertung vergütet. Das Ziel des einzelnen Managers besteht darin, seinen entlohnungsabhängigen erwarteten Nutzen zu maximieren. Bei Risikoaversion wird dieses Ziel erreicht, wenn ebenfalls das Sicherheitsäquivalent des Managers maximiert wird.[398] Um den Sachverhalt zu vereinfachen, werden zuerst zwei Manager im Modell betrachtet. Um mögliche destruktive Aktivitäten durch die relative Leistungsbewertung zu vermeiden, hängen die Managervergütungen in der vorliegenden Arbeit sowohl von dem jeweiligen absoluten Outputergebnis als auch vom Leistungsvergleich zweier Manager positiv ab. Je höher das erzielte Outputergebnis eines Managers im Vergleich zu seinem „Konkurrenten" ist, desto besser wird er vergütet.

In der Ausgangssituation verfügen zwei Manager A und B jeweils über eine Einheit Kapital, die in zwei riskante Anlagen investiert werden kann. Per Annahme sind die Investitionen beliebig teilbar.[399] Zwei Umweltzustände sind möglich, deren Eintrittswahrscheinlichkeiten die Manager individuell unterschiedlich einschätzen können. Es ist den beiden Managern bekannt, daß die Investition 1 im Zustand Z_2 und die Investition 2 im Zustand Z_1 erfolglos sind. Im Fall des Mißerfolges erhält ein Manager keine Rückzahlungen, somit beträgt der Ertragsrate in Höhe von -1. Bei resultierendem Erfolg erhält ein Manager das eingesetzte Kapital und die Verzinsung mit der positiven Ertragsrate zurück. Die Ertragsraten der beiden Investitionen r_i, $i = 1, 2$, unterscheiden sich.[400] Die Zahlungsströme sind unabhängig voneinander.

Die Nutzenfunktion der beiden identischen Manager läßt sich darstellen als

---

[397] Die folgende Einführung baut auf einen Aufsatz von Palley (1995) auf.

[398] Anders als Palley (1995), der die Funktion des erwarteten Nutzens eines Managers als Zielfunktion betrachtet, wird in der vorliegenden Arbeit das Sicherheitsäquivalent des Managers maximiert.

[399] Dieses Modell ist am besten geeignet für die Analyse der Investitionsentscheidungen der Fondsmanager. Dazu vgl. Palley (1995), S. 444.

[400] Palley (1995) behandelt zwei Investitionen, die identische Renditen aufweisen, S. 445.

$$U(\omega_i) = \omega_i^c \quad , \tag{4.37}$$

wobei c einen Wert zwischen null und eins annehmen muß, also es gilt $c \in (0, 1)$, weil die Manager wie angenommen risikoscheu sind.[401] Die Nutzenfunktion in Gleichung (4.37) ist streng konkav. Wir betrachten hier nur die einkommensabhängigen Investitionsentscheidungen, nicht aber den Arbeitseinsatz beider Manager. Daher wird die Arbeitsleidfunktion nicht in die Nutzenfunktion mit einbezogen. Diese Art der Nutzenfunktion impliziert zugleich eine abnehmende absolute Risikoaversion des Managers. Das heißt, der subjektive Grad der Risikoaversion ist um so kleiner, je mehr Einkommen der Manager erhält. Kruschwitz (2007) hat diese Nutzenfunktion als plausibel charakterisiert.[402] Es wird weiterhin von einem identischen subjektiven Grad der Risikoaversion beider Manager ausgegangen.

4.2.2.2 Koordinationsmechanismus

Nachfolgend werden die individuellen Investitionskalküle beider Manager A und B analysiert. Die Zahlungsinteraktion aufgrund der relativen Leistungsbewertung kann durch die Reaktionsfunktionen beider Manager ausgedrückt werden. Eine komparativ-statische Analyse wird durchgeführt, um die genauen Wirkungen der Zahlungsexternalität auf die Investitionsentscheidungen zu identifizieren. Anschließend werden die Managerleistungen mit dem durchschnittlichen Branchenniveau verglichen, wodurch eine allgemeine Aussage über die Auswirkung der relativen Leistung auf die Investitionsentscheidungen der Manager getroffen werden kann.

4.2.2.2.1 Individuelles Kalkül in einer 2-Manager-Entscheidungssituation

4.2.2.2.1.1 Investitionsentscheidung des Managers A

Die individuelle Einschätzung des Managers A über die Eintrittswahrscheinlichkeit des Umweltzustandes Z_1, bei dem die Investition 1 erfolgreich verlaufen wird, beträgt $\Pr(Z_1) = p$. Dementsprechend ist $\Pr(Z_2) = 1 - p$ die Eintrittswahrscheinlichkeit des Umweltzustandes Z_2, in dem sich die Investition 2 als erfolgreich erweisen wird. Der Manager A setzt das Kapital x_1 für die Investition 1 und das Kapital x_2 für die Investition 2 ein, wobei das Kapitalbudget maximal ausgeschöpft wird. Somit gilt $x_1 + x_2 = 1$. Bei x_1 und x_2 handelt es sich um keine negativen Größen. Der Rückfluß der Investition 1 beträgt $X_1 = (1 + r_1) \cdot x_1$, falls der günstige Zustand Z_1 eintritt. Im Zustand 2 erhält A nichts aus der Investition 1. Analog erhält er nur im Zustand Z_2 den Rückfluß aus der Investition 2 in Höhe von $X_2 = (1 + r_2) \cdot x_2$. Die Entscheidungssituation des Managers A wird in folgender Tabelle 4.1 zusammengefaßt:

[401] Vgl. ebenda, S. 445.

[402] Vgl. Kruschwitz (2007 b), S. 113.

Zustand	Z_1	Z_2
Eintrittswahrscheinlichkeit	p	$1-p$
Rückfluß der Investition 1	$X_1=(1+r_1)\cdot x_1$	0
Rückfluß der Investition 2	0	$X_2=(1+r_2)\cdot x_2$
Einkommen des Managers A	$a_0+\hat{a}X_1+\hat{b}(X_1-Y_1)$	$a_0+\hat{a}X_2+\hat{b}(X_2-Y_2)$

Tabelle 4.1: Entscheidungssituation des Managers A

Die letzte Zeile der Tabelle 4.1 stellt die Entlohnung des Managers A beim jeweiligen Umweltzustand dar. Sie besteht aus drei Komponenten: dem Grundlohn a_0 als positives fixes Einkommen, der Beteiligung am Outputergebnis $\hat{a}X_i$, $i=1,\ 2$, und der relativen Leistungsbewertung $\hat{b}(X_i-Y_i)$, $i=1,2$, wobei Y_i den Rückfluß des Managers B aus der gleichen Investition zum Ausdruck bringt. Sowohl der Prämiensatz der absoluten Ergebnisbeteiligung $\hat{a}$ als auch der Prämiensatz der relativen Leistungsbewertung $\hat{b}$ haben einen Wert zwischen null und eins.

Das Ziel des Managers A besteht darin, den erwarteten Nutzen in der Gleichung (4.37) zu maximieren:

$$\max E(U_A)=p\cdot\underbrace{[a_0+\hat{a}X_1+\hat{b}(X_1-Y_1)]}_{\omega_A \text{ im Zustand 1}}^{c}+(1-p)\cdot\underbrace{[a_0+\hat{a}X_2+\hat{b}(X_2-Y_2)]}_{\omega_A \text{ im Zustand 2}}^{c} \quad (4.38)$$

Der erwartete Nutzen ist gleich der Summe jedes mit der jeweiligen Eintrittswahrscheinlichkeit multiplizierten Nutzens im zugehörigen Zustand. Nach Gleichung (4.23) (Siehe S. 119) kann diese Zielsetzung als Maximierung des Sicherheitsäquivalentes ausgedrückt werden, wobei die persönlichen Arbeitskosten hier nicht mit berücksichtigt werden.[403] Das Maximierungsproblem ergibt sich wie folgt:

$$\max\ S_A=E(\omega_A)-\frac{1}{2}\cdot R\cdot \operatorname{var}(\omega_A)\ , \quad (4.39)$$

unter den Nebenbedingungen

$$E(\omega_A)=p\cdot\left[a_0+\hat{a}(1+r_1)x_1+\hat{b}\left((1+r_1)x_1-Y_1\right)\right]+ \\ (1-p)\cdot\left[a_0+\hat{a}(1+r_2)x_2+\hat{b}\left((1+r_2)x_2-Y_2\right)\right]\ , \quad (4.40)$$

[403] Vgl. Winter (1996 a), S. 900.

$$\begin{aligned}\operatorname{var}(\omega_A) = {} & p \cdot \left[a_0 + \hat{a}(1+r_1)x_1 + \hat{b}\left((1+r_1)x_1 - Y_1\right) - E(\omega_A)\right]^2 + \\ & (1-p) \cdot \left[a_0 + \hat{a}(1+r_2)x_2 + \hat{b}\left((1+r_2)x_2 - Y_2\right) - E(\omega_A)\right]^2 ,\end{aligned} \tag{4.41}$$

$$x_1 + x_2 = 1 \ . \tag{4.42}$$

Der zweite Ausdruck auf der rechten Seite der Zielfunktion (4.39) ist die Risikoprämie. R ist das Arrow-Pratt-Maß oder der subjektive Grad der Risikoaversion. Gleichung (4.40) zeigt den Erwartungswert des Einkommens von A. Die Varianz des Einkommens wird durch Gleichung (4.41) dargestellt. Gleichung (4.42) ist die Restriktion des Kapitalbudgets. Die Summe des Kapitaleinsatzes beider Investitionen darf das Kapitalbudget nicht überschreiten.

Setzen wir alle Nebenbedingungen in die Zielfunktion (4.39) ein, erhalten wir als Sicherheitsäquivalent:[404]

$$\begin{aligned} S_A = {} & a_0 + x_1\left(\hat{a}+\hat{b}\right)\left[p(2+r_1+r_2) - 1 - r_2\right] + (1-p)(1+r_2)\left(\hat{a}+\hat{b}\right) - \\ & \hat{b}\left[pY_1 + (1-p)Y_2\right] - \frac{1}{2} \cdot R \cdot p(1-p)\left(\hat{a}+\hat{b}\right)^2 \cdot \left[x_1(2+r_1+r_2) - (1+r_2)\right]^2 - \\ & \frac{1}{2} R \cdot p(1-p) \cdot \left[\hat{b}^2 (Y_1 - Y_2)^2 + 2\hat{b}\left(\hat{a}+\hat{b}\right)(1+r_2)(Y_1 - Y_2)\right] + \\ & R \cdot p(1-p)\hat{b}\left(\hat{a}+\hat{b}\right)(Y_1 - Y_2)(2+r_1+r_2)x_1 \ . \end{aligned} \tag{4.43}$$

Der Manager A kann die Investitionsentscheidung des Managers B nicht beeinflussen. Daher betrachtet er den Rückfluß von B im jeweiligen Zustand, Y_i, $i = 1, 2$, als gegeben. Das Sicherheitsäquivalent von A hängt in Gleichung (4.43) von seiner Investitionsentscheidung x_1 ab. Die erste Ableitung des Sicherheitsäquivalentes nach x_1 muß im Maximum gleich null sein:

$$\begin{aligned} \frac{\partial S_A}{\partial x_1} = {} & \left(\hat{a}+\hat{b}\right)\left[p(2+r_1+r_2) - 1 - r_2\right] - \\ & R \cdot p(1-p)\left(\hat{a}+\hat{b}\right)^2 \left[x_1(2+r_1+r_2)^2 - (1+r_2)(2+r_1+r_2)\right] + \\ & R \cdot p(1-p)\hat{b}\left(\hat{a}+\hat{b}\right)(Y_1 - Y_2)(2+r_1+r_2) \\ = {} & 0 \ . \end{aligned} \tag{4.44}$$

Löst man die Gleichung (4.44) nach x_1 auf, dann erhält man die optimale Investitionsentscheidung x_1 des Managers A, die bei gegebenem Rückfluß des Managers B sein eigenes Einkommen maximiert:

[404] Zur Nebenrechnung siehe Anhang dieser Arbeit.

$$x_1 = \frac{p(2+r_1+r_2)-1-r_2}{R \cdot p(1-p)(\hat{a}+\hat{b})(2+r_1+r_2)^2} + \frac{1+r_2}{2+r_1+r_2} + \frac{\hat{b}(Y_1 - Y_2)}{(\hat{a}+\hat{b})(2+r_1+r_2)} \quad . \tag{4.45}$$

Der Kapitaleinsatz x_2 für die Investition 2 beträgt dementsprechend $(1-x_1)$. Die Investition des Managers A hängt nicht nur von der individuellen Einschätzung über die Eintrittswahrscheinlichkeit des Umweltzustandes p, den Renditen der beiden Investitionen r_1, r_2 und dem subjektiven Risikoabneigungsgrad R, sondern auch von dem Prämiensatz $\hat{b}$ der relativen Leistungsbewertung, dem Prämiensatz $\hat{a}$ der absoluten Beteiligung und den Outputergebnissen Y_1 und Y_2 des Managers B ab.

Um die Interdependenz der Investitionsentscheidungen zwischen den beiden Managern aufzuzeigen, wird im folgenden die Investitionsentscheidung des Managers B dargestellt.

4.2.2.2.1.2 Investitionsentscheidung des Managers B

Die Entscheidungssituation des Managers B ist mit der des Managers A vergleichbar. Die Einschätzung von B über die Eintrittswahrscheinlichkeit des Umweltzustandes 1 beträgt q, wobei q sich von p unterscheidet. Sein Kapitaleinsatz für die Investition 1 kann als y_1, für die Investition 2 als y_2 bezeichnet werden. Die folgende Tabelle 4.2 liefert einen Überblick über die Entscheidungssituation des Managers B.

Zustand	Z_1	Z_2
Eintrittswahrscheinlichkeit	q	$1-q$
Rückfluß der Investition 1	$Y_1 = (1+r_1) \cdot y_1$	0
Rückfluß der Investition 2	0	$Y_2 = (1+r_2) \cdot y_2$
Einkommen des Managers B	$a_0 + \hat{a}Y_1 + \hat{b}(Y_1 - X_1)$	$a_0 + \hat{a}Y_2 + \hat{b}(Y_2 - X_2)$

Tabelle 4.2: Entscheidungssituation des Managers B

Der Manager B hat ein analoges Optimierungsproblem wie A. Die Zielfunktion und die Nebenbedingungen ergeben sich analog wie folgt:

$$\max \ S_B = E(\omega_B) - \frac{1}{2} \cdot R \cdot \operatorname{var}(\omega_B) \quad , \tag{4.46}$$

unter den Nebenbedingungen

$$\begin{aligned} E(\omega_B) = {} & q \cdot \left[a_0 + \hat{a}(1+r_1)y_1 + \hat{b}((1+r_1)y_1 - X_1) \right] + \\ & (1-q) \cdot \left[a_0 + \hat{a}(1+r_2)y_2 + \hat{b}((1+r_2)y_2 - X_2) \right] \quad , \end{aligned} \tag{4.47}$$

$$\begin{aligned} \operatorname{var}(\omega_B) = q \cdot \left[a_0 + \hat{a}(1+r_1)y_1 + \hat{b}\left((1+r_1)y_1 - X_1\right) - E(\omega_B)\right]^2 + \\ (1-q) \cdot \left[a_0 + \hat{a}(1+r_2)y_2 + \hat{b}\left((1+r_2)y_2 - X_2\right) - E(\omega_B)\right]^2 , \end{aligned} \tag{4.48}$$

$$y_1 + y_2 = 1 \ . \tag{4.49}$$

Setzen wir alle Nebenbedingungen wieder in die Zielfunktion (4.46) ein, dann ergibt sich das Sicherheitsäquivalent des Managers B:

$$\begin{aligned} S_B = a_0 + y_1\left(\hat{a}+\hat{b}\right)\left[q(2+r_1+r_2) - 1 - r_2\right] + (1-q)(1+r_2)\left(\hat{a}+\hat{b}\right) - \\ \hat{b}\left[qX_1 + (1-q)X_2\right] - \frac{1}{2}R \cdot q(1-q)\left(\hat{a}+\hat{b}\right)^2 \cdot \left[y_1(2+r_1+r_2) - (1+r_2)\right]^2 - \\ \frac{1}{2}R \cdot q(1-q) \cdot \left[\hat{b}^2 (X_1 - X_2)^2 + 2\hat{b}\left(\hat{a}+\hat{b}\right)(1+r_2)(X_1 - X_2)\right] + \\ R \cdot q(1-q)\hat{b}\left(\hat{a}+\hat{b}\right)(X_1 - X_2)(2+r_1+r_2)y_1 \ . \end{aligned} \tag{4.50}$$

Die erste Ableitung dieser Zielfunktion ist im Maximum analog der Gleichung (4.44) gleich null. Weil sich die Entscheidungsprobleme der beiden Manager nur in den Wahrscheinlichkeitseinschätzungen unterscheiden, ergibt sich daher die optimale Investitionsentscheidung y_1 des Managers B bei gegebenem Outputergebnis des Managers A analog der Gleichung (4.45) als:

$$y_1 = \frac{q(2+r_1+r_2) - 1 - r_2}{R \cdot q(1-q)(\hat{a}+\hat{b})(2+r_1+r_2)^2} + \frac{1+r_2}{2+r_1+r_2} + \frac{\hat{b}(X_1 - X_2)}{(\hat{a}+\hat{b})(2+r_1+r_2)} \tag{4.51}$$

Die Investition y_2 in Alternative 2 beträgt demnach $(1-y_1)$. Die Investitionsentscheidungen von B hängen also ebenfalls vom Outputergebnis X_1 und X_2 des Managers A ab. Vergleichen wir die Gleichungen (4.51) und (4.45), kann festgestellt werden, daß die Investitionsentscheidungen des jeweiligen Managers durch die Leistungen des anderen beeinflußt werden, wobei die Leistungen der Manager wiederum von ihren Investitionsentscheidungen bezüglich der beiden Alternativen abhängen.

4.2.2.2.1.3 Reaktionsfunktionen der Manager A und B

Im Mittelpunkt dieses Abschnittes steht die Interdependenz der Investitionsentscheidungen beider Manager. Es soll herausgefunden werden, ob unter der durch die relative Leistungsbewertung verursachten Zahlungsexternalität ein Herdenverhalten hinsichtlich der Investitionsentscheidungen vorliegt. Zunächst werden die Investitionsreaktionsfunktionen beider Manager analysiert.

Aus Tabelle 4.1 und der Kapitalbudgetrestriktion (4.42) kann folgende Gleichung ermittelt werden:

$$\begin{aligned} X_1 - X_2 &= x_1(1+r_1) - (1-x_1)(1+r_2) \\ &= x_1(2+r_1+r_2) - (1+r_2) \ . \end{aligned} \tag{4.52}$$

Analog muß gelten

$$\begin{aligned} Y_1 - Y_2 &= y_1(1+r_1) - (1-y_1)(1+r_2) \\ &= y_1(2+r_1+r_2) - (1+r_2) \ . \end{aligned} \tag{4.53}$$

Setzt man die Gleichung (4.53) in (4.45) und (4.52) in (4.51) ein, so erhält man die folgenden beiden Investitionsreaktionsfunktionen:

$$x_1 = \frac{p(2+r_1+r_2)-1-r_2}{R\cdot p(1-p)(\hat{a}+\hat{b})(2+r_1+r_2)^2} + \frac{1+r_2}{2+r_1+r_2} + \frac{\hat{b}\left[y_1(2+r_1+r_2)-1-r_2\right]}{(\hat{a}+\hat{b})(2+r_1+r_2)} \ , \tag{4.54}$$

$$y_1 = \frac{q(2+r_1+r_2)-1-r_2}{R\cdot q(1-q)(\hat{a}+\hat{b})(2+r_1+r_2)^2} + \frac{1+r_2}{2+r_1+r_2} + \frac{\hat{b}\left[x_1(2+r_1+r_2)-1-r_2\right]}{(\hat{a}+\hat{b})(2+r_1+r_2)} \ . \tag{4.55}$$

Aus den obigen Gleichungen ist ersichtlich, daß die Investitionsentscheidungen jedes Managers nicht nur von den privaten Informationen über Umweltentwicklungen und Renditen beider Investitionsalternativen, sondern auch von dem Entlohnungsschema und den Investitionsentscheidungen des anderen Managers abhängen. Die Gleichungen (4.54) und (4.55) stellen die jeweiligen Investitionsreaktionsfunktionen der beiden Manager dar. Sie reflektieren jeweils eine eindeutige Relation zwischen den Investitionsentscheidungen x_1 und y_1. Unter ansonsten unveränderten Modellparametern entscheidet sich der Manager A bei jeder gegebenen Investitionsmenge y_1 des Managers B auf Grundlage der Reaktionsfunktion $x_1(y_1)$ in Gleichung (4.54) für seine optimale Investitionsmenge x_1, die sein Sicherheitsäquivalent oder seinen erwarteten Nutzen maximiert. Dies gilt auch für die Investitionsreaktion des Managers B. Zu jeder Investitionsmenge x_1 des Managers A wird eine eindeutige optimale Investitionsmenge y_1 des Managers B auf Grundlage der Reaktionsfunktion $y_1(x_1)$ in Gleichung (4.55) zugeordnet.

Eine Änderung der Investitionsentscheidung eines Managers ändert die Investitionsentscheidung des anderen Managers. Somit ergibt sich eine Kette von Reaktionen und Aktionen hinsichtlich der Investitionen unter den Managern. Die beiden Investitionsreaktionsfunktionen $x_1(y_1)$ und $y_1(x_1)$ werden in der x_1-y_1-Achse in Abbildung 4.2 dargestellt. Die Investitionsmengen x_2 und y_2 für die Alternative 2 werden in der spiegelverkehrten x_2 - y_2 -Achse abgetragen. x_2 und y_2 sind jeweils die Differenz zwischen der Obergrenze des Kapitalbudgets in Höhe von eins und dem Kapitaleinsatz in Alternative 1 des jeweiligen Managers. Jeder Punkt auf der Reaktionskurve $x_1(y_1)$ oder $y_1(x_1)$ stellt eine Mengenkombination dar, bei der die Investition x_1 oder y_1 die beste Reaktion auf eine gegebene Investitionsmenge y_1 oder x_1 ist. Das Sicherheitsäquivalent und somit der erwartete Nutzen eines Managers erreicht auf jedem Punkt seiner Reaktionskurve das Maximum.

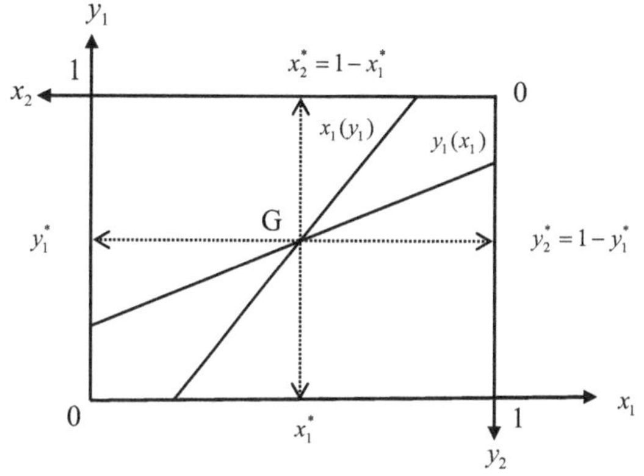

Abbildung 4.2: Reaktionsfunktionen der beiden Manager A und B

Die Reaktionsfunktion $x_1(y_1)$ hat eine Steigung in Höhe von $\frac{dy_1}{dx_1} = \frac{\hat{a} + \hat{b}}{\hat{b}} > 1$, die ein Kehrwert der ersten Ableitung der Gleichung (4.54) ist:

$$\left.\frac{\partial x_1}{\partial y_1}\right|_{\bar{S}_A} = \frac{\hat{b}(2 + r_1 + r_2)}{(\hat{a} + \hat{b})(2 + r_1 + r_2)} = \frac{\hat{b}}{(\hat{a} + \hat{b})} \qquad (4.56)$$

Auf jedem Punkt der Reaktionskurve $x_1(y_1)$ wird der Manager A eine $\frac{\hat{b}}{\hat{a} + \hat{b}}$ Kapitaleinheit mehr in Alternative 1 investieren, wenn sich die Investition y_1 des Managers B um eine marginale Einheit erhöht, mit $0 < \frac{\hat{b}}{\hat{a} + \hat{b}} < 1$.

Die Steigung der Reaktionsfunktion $y_1(x_1)$ des Managers B ist gleich der ersten Ableitung der Gleichung (4.55) nach x_1:

$$\left.\frac{\partial y_1}{\partial x_1}\right|_{\bar{S}_B} = \frac{\hat{b}(2+r_1+r_2)}{(\hat{a}+\hat{b})(2+r_1+r_2)} = \frac{\hat{b}}{(\hat{a}+\hat{b})} \quad (4.57)$$

wobei gilt $\frac{\hat{b}}{\hat{a}+\hat{b}} < \frac{\hat{a}+\hat{b}}{\hat{b}}$. Das bedeutet, die Reaktionsfunktion des Managers B hat eine geringere Steigerung als die von A. Die Reaktionskurve $x_1(y_1)$ in Abbildung 4.2 verläuft daher steiler als die Reaktionskurve $y_1(x_1)$.

Die Investitionsmenge von Manager A auf der Reaktionsfunktion $x_1(y_1)$ in Abbildung 4.2 nimmt einen positiven Wert an, selbst wenn $y_1 = 0$ gilt. Investiert Manager B nicht in Alternative 1, erhält der Manager A bei Realisierung des Umweltzustandes Z_1 neben seinem Grundlohn und der absoluten Ergebnisbeteiligung zusätzlich einen Einkommensvorteil in Höhe von $\hat{b}x_1(1+r_1)$ aus der relativen Leistungsbewertung, wobei x_1 einen Wert zwischen null und eins annimmt. Der Manager A wird allerdings nicht das gesamte Kapital allein in Alternative 1 investieren. Bei gegebener Investitionsstrategie $y_1 = 0$ und $y_2 = 1$ des Managers B und der Realisierung des Umweltzustandes Z_2 hätte der Manager A einen Einkommensverlust in Höhe von $-\hat{b}(1+r_2)$, wenn er sich nur für die Investition 1 entscheidet. Inwieweit der Manager A seine Kapitalressourcen zwischen den beiden Investitionsalternativen aufteilen wird, hängt von der Einschätzung der Eintrittswahrscheinlichkeit p des Umweltzustandes Z_1, den Renditen r_1 und r_2, dem subjektiven Grad der Risikoaversion R und dem jeweiligen Prämiensatz $\hat{a}$ und $\hat{b}$ des Entlohnungsschemas ab. Insbesondere gibt es in diesem Fall einen negativen Zusammenhang zwischen der Investition von A in Alternative 1 und dem Prämiensatz $\hat{b}$ der relativen Leistungsbewertung. Je größer der Prämiensatz $\hat{b}$ ist, desto mehr (weniger) wird der Manager A in Alternative 2 (in Alternative 1) investieren. Bei höherem Prämiensatz $\hat{b}$ wird A es vermeiden, sich beim Leistungsvergleich schlechter zu stellen, und folglich mehr in Alternative 2 investieren. Die gleiche Erklärung gilt auch für die Reaktionsfunktion $y_1(x_1)$ von Manager B.

Nach den Gleichungen (4.56) und (4.57) spielt im Rahmen des Anpassungsprozesses nur der Bruch $\frac{\hat{b}}{\hat{a}+\hat{b}}$ eine Rolle, der die Relation des Prämiensatzes der relativen Leistungsbewertung $\hat{b}$ zur Summe der Prämiensätze der absoluten Beteiligung $\hat{a}$ und der relativen Leistungsbewertung darstellt. Die Investitionsreaktion eines Managers auf die Veränderung der Investition des anderen ist im Modell weder von den Investitionsrenditen noch von der individuellen Einschätzung über die Umweltentwicklung abhängig. Die erwarteten Rentabilitäten der beiden Investitionsalternativen werden bei den Investitionsanpassungen beider Manager nicht berücksichtigt. Bei zunehmender Investition eines Managers wird der Kapitaleinsatz des anderen in die gleiche Alternative ebenfalls steigen, selbst wenn dieser die Realisierung des Erfolges der betrachteten Investition für unwahrscheinlich hält. Die wechselseitigen Investitionsinteraktionen hören auf, falls der Gleichgewichtspunkt $G(x_1^*, y_1^*)$ erreicht wird, bei dem sich die beiden Reaktionskurven schneiden. In diesem Investitionsgleichgewicht G erfüllen sich die wechselseitigen Erwartungen beider Manager. Bei gegebener Investition x_1^* wird sich der Manager B für y_1^* entscheiden, wobei Manager A auch faktisch das Investitionsniveau x_1^* wählt. Im Gleichgewicht gelten folgende Beziehungen:

$$x_1^* = \frac{p(2+r_1+r_2)-1-r_2}{R\cdot p(1-p)(\hat{a}+\hat{b})(2+r_1+r_2)^2} + \frac{1+r_2}{2+r_1+r_2} + \frac{\hat{b}\left[y_1^*(2+r_1+r_2)-1-r_2\right]}{(\hat{a}+\hat{b})(2+r_1+r_2)}, \tag{4.58}$$

$$y_1^* = \frac{q(2+r_1+r_2)-1-r_2}{R\cdot q(1-q)(\hat{a}+\hat{b})(2+r_1+r_2)^2} + \frac{1+r_2}{2+r_1+r_2} + \frac{\hat{b}\left[x_1^*(2+r_1+r_2)-1-r_2\right]}{(\hat{a}+\hat{b})(2+r_1+r_2)}. \tag{4.59}$$

Setzt man die Gleichung (4.59) in (4.58) ein, erhält man die gesuchte Investition x_1^* des Managers A im Gleichgewicht:[405]

$$x_1^* = \frac{1+r_2}{2+r_1+r_2} + \frac{\hat{a}+\hat{b}}{\hat{a}\cdot(\hat{a}+2\hat{b})R\cdot(2+r_1+r_2)^2}\cdot\left[\frac{p(2+r_1+r_2)-1-r_2}{p(1-p)} + \frac{\hat{b}}{\hat{a}+\hat{b}}\cdot\frac{q(2+r_1+r_2)-1-r_2}{q(1-q)}\right]. \tag{4.60}$$

Analog ergibt sich die Investition y_1^* des Managers B im Gleichgewicht wie folgt:

$$y_1^* = \frac{1+r_2}{2+r_1+r_2} + \frac{\hat{a}+\hat{b}}{\hat{a}\cdot(\hat{a}+2\hat{b})R\cdot(2+r_1+r_2)^2}\cdot\left[\frac{q(2+r_1+r_2)-1-r_2}{q(1-q)} + \frac{\hat{b}}{\hat{a}+\hat{b}}\cdot\frac{p(2+r_1+r_2)-1-r_2}{p(1-p)}\right]. \tag{4.61}$$

Im Gleichgewicht investiert Manager A oder B jeweils das Restkapital $(1-x_1^*)$ oder $(1-y_1^*)$ in die Alternative 2.

Die Investitionsentscheidungen der beiden Manager hängen aufgrund der relativen Leistungsbewertung (im Fall $\hat{b}>0$) positiv voneinander ab. Ein solches gleichgerichtetes Investitionsverhalten kommt in dem vorliegenden Modellrahmen nicht vor, wenn die Leistungen nicht durch ein relatives Vergütungsschema entlohnt werden,

[405] Zur Nebenrechnung siehe Anhang dieser Arbeit.

also wenn $\hat{b}=0$ gilt, weil in diesem Fall die Gleichungen (4.56) und (4.57) jeweils den Wert null annehmen und folglich die Investitionsentscheidung eines Managers keinen Einfluß auf die Kapitalallokation des anderen hat. Bei einer absoluten Ergebnisbeteiligung hat die Leistung des anderen Managers keine Auswirkung auf das eigene Einkommen. Im Gegensatz dazu hängt das Einkommen bei einer relativen Leistungsbewertung von der Leistung des Konkurrenten ab. Eine induzierte Investition des Konkurrenten z.B. in Alternative 1 läßt das Einkommen eines Managers bei Realisierung des Umweltzustandes Z_1 geringer ausfallen. Um diesen Nachteil zu vermeiden, investiert er ebenfalls mehr in Alternative 1. Durch diese Anpassung der Investitionsentscheidung bleibt sein Einkommen in jedem möglichen Umweltzustand unverändert. Um diese Aussage zu prüfen, analysieren wir im folgenden exemplarisch die Veränderung des Einkommens von Manager A vor und nach der Anpassung der Investitionsentscheidung, wobei die Realisierung des Umweltzustandes Z_1 betrachtet wird. Die Analyse für das Eintreten des Zustandes Z_2 verhält sich hierzu analog.

Das Einkommen von Manager A vor seiner Investitionsanpassung beträgt:[406]

$$\begin{aligned}\omega_A &= a_0 + \hat{a}X_1 + \hat{b}\left(X_1 - Y_1\right)\\ &= a_0 + \hat{a}\left(1+r_1\right)x_1 + \hat{b}\left(1+r_1\right)\left(x_1 - y_1\right)\\ &= a_0 + \left(1+r_1\right)\left[x_1\left(\hat{a}+\hat{b}\right) - \hat{b}y_1\right] .\end{aligned} \tag{4.62}$$

Die optimale Investitionsanpassung des Managers A aufgrund der Investitionserhöhung von B bei Alternative 1 ergibt sich nach Gleichung (4.56) wie folgt:

$$\mathrm{d}x_1 = \mathrm{d}y_1 \cdot \frac{\hat{b}}{\left(\hat{a}+\hat{b}\right)} . \tag{4.63}$$

Die Veränderung des Einkommens von A durch seine Investitionsanpassung ist gegeben durch:

$$\mathrm{d}\omega_A = \left(1+r_1\right)\left[\mathrm{d}x_1 \cdot \left(\hat{a}+\hat{b}\right) - \hat{b} \cdot \mathrm{d}y_1\right] . \tag{4.64}$$

Setzt man die Gleichung (4.63) in (4.64) ein, erhalten wir die gesamte Veränderung des Einkommens von Manager A:

$$\mathrm{d}\omega_A = (1+r_1)\underbrace{\left[\mathrm{d}y_1 \cdot \frac{\hat{b}}{(\hat{a}+\hat{b})}(\hat{a}+\hat{b}) - \hat{b}\cdot \mathrm{d}y_1\right]}_{=0} = 0 . \tag{4.65}$$

[406] Siehe Tabelle 4.1.

Das Einkommen von Manager A wird durch die Anpassung seiner Investition im jeweiligen Umweltzustand nicht beeinflußt. Das gleiche gilt umgekehrt auch für das Einkommen des Managers B. Das heißt, keiner von den beiden Managern wird durch die Anpassung seines Investitionsverhaltens schlechter gestellt. Das maximierte Sicherheitsäquivalent oder der erwartete maximale Nutzen bleibt durch die Investitionsreaktion unverändert. Ob durch diese Investitionsanpassung zwischen den beiden Investitionsalternativen eine Effizienz der Kapitalallokation erreicht wird, spielt bei der Entscheidungskalkulation des einzelnen Managers keine Rolle.

Die Investitionsanpassung wird durch die Zahlungsexternalität des relativen Entlohnungsschemas hervorgerufen. Dabei sind die erwarteten Renditen beider Investitionsalternativen bedeutungslos. In dem hier betrachteten Modell unterscheiden sich die beiden Manager in ihrer Einschätzung der Eintrittswahrscheinlichkeit des jeweiligen Umweltzustandes. Selbst wenn sich die zugrunde liegenden privaten Informationen über die Rentabilität der Investitionen nicht verändern, richtet der einzelne Manager seine Investitionsentscheidung nach der seines Konkurrenten aus. Insofern können diese durch eine relative Leistungsbewertung ausgelösten gleichgerichteten Investitionsentscheidungen als Herdenverhalten aufgefaßt werden.

4.2.2.2.2 Komparativ-statische Analyse für die Investitionsentscheidungen der Manager A und B

Bei der vorliegenden komparativ-statischen Analyse werden zwei Investitionsgleichgewichte miteinander verglichen, die jeweils vor und nach einer *Veränderung* der Wahrscheinlichkeitseinschätzung p des Managers A entstehen. Manager A ändert aufgrund einer Veränderung seiner Informationen seine Investitionsentscheidung. Dies hat eine Auswirkung auf die Investitionsentscheidung von B. Die Investitionsanpassung von Manager B hat nichts mit seiner Information über die Umweltentwicklung zu tun. Um den durch die Zahlungsexternalität verursachten Herdeneffekt zu beschreiben, wird sowohl eine partielle Betrachtung als auch eine totale Differenzierung zur Analyse herangezogen.

4.2.2.2.2.1 Partielle Betrachtung

Die Investitionsreaktionsfunktion von A hängt in Gleichung (4.54) nicht nur von der Investitionsentscheidung des Managers B, sondern auch von seiner eigenen Wahrscheinlichkeitseinschätzung p ab. Bei gegebener Investitionsentscheidung y_1 von B kann die Auswirkung von p auf die Investition x_1 von A durch die erste Ableitung der Gleichung (4.54) gemessen werden:[407]

[407] Zur Nebenrechnung siehe Anhang dieser Arbeit.

$$\left.\frac{\partial x_1}{\partial p}\right|_{\bar{y}_1} = \frac{p^2(1+r_1)+(1+r_2)(1-p)^2}{p^2(1-p)^2 R(\hat{a}+\hat{b})(2+r_1+r_2)^2} \quad . \tag{4.66}$$

In der Gleichung (4.66) sind sowohl der Nenner als auch der Zähler positiv, solange die Renditen r_1, r_2 und die Prämiensätze $\hat{a}$, $\hat{b}$ des Entlohnungsschemas positive Größe sind und die Wahrscheinlichkeit p einen Wert zwischen null und eins hat. Die Gleichung besagt, daß bei jeder gegebenen Investitionsmenge y_1 der Manager A seine Investition x_1 erhöhen wird, falls seine subjektive Wahrscheinlichkeitseinschätzung p für den Eintritt des Zustandes 1 zunimmt. Bei gegebener Kapitalallokation seines Konkurrenten ist die Investition 1 für den Manager A attraktiver, je wahrscheinlicher seiner Meinung nach der Umweltzustand 1 eintritt. Eine Änderung der Wahrscheinlichkeitseinschätzung p kann durch neue Informationen hervorgerufen werden, die allein Manager A bekannt sind. Wie im Informationskaskadenmodell sind solche privaten Informationen über die Umweltentwicklung für den Konkurrenten nicht beobachtbar. Manager B kann zwar die Veränderung der Investitionsentscheidung von A, nicht aber deren zugrunde liegenden Beweggrund beobachten.

Die Auswirkung der Änderung der Wahrscheinlichkeitseinschätzung dp auf die Investitionsentscheidung x_1 wird in Abbildung 4.3 gezeigt: Bei jeder gegebenen Investitionsentscheidung y_1 von Manager B investiert Manager A mehr Kapital in Alternative 1, als er es nach der alten Reaktionskurve tun würde. Graphisch bedeutet diese Veränderung von x_1 eine parallele Verlagerung der Reaktionskurve $x_1(y_1)$ von A nach rechts. Somit resultiert eine neue Lage der Reaktionskurve $x_1'(y_1)$. Ein neues Gleichgewicht G' bildet sich im Schnittpunkt der beiden Reaktionsfunktionen $x_1'(y_1)$ und $y_1(x_1)$ aus.

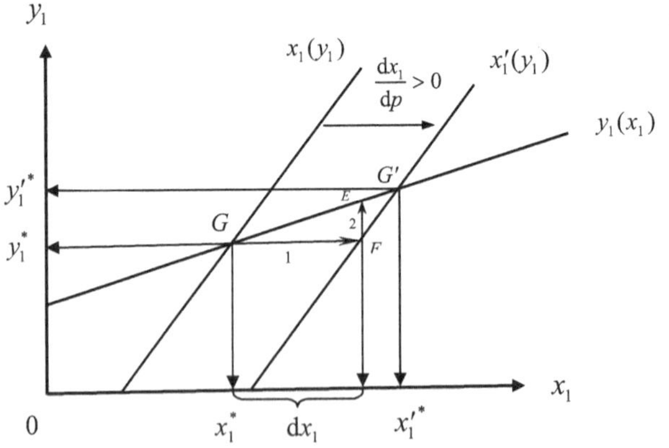

Abbildung 4.3: Wirkung der Veränderung der Wahrscheinlichkeitseinschätzung

Der Prozeß, bei dem sich das alte Gleichgewicht G hin zum neuen Gleichgewicht G' bewegt, ist mehrstufig und basiert auf Aktion und Reaktion der Investitionsentscheidungen beider Manager. Ausgehend von G erhöht sich im ersten Schritt die subjektive Wahrscheinlichkeitseinschätzung von Manager A um $\mathrm{d}p > 0$. Gemäß Gleichung (4.66) dehnt Manager A seine Investition x_1 um $\mathrm{d}x_1 = \frac{\partial x_1}{\partial p} \cdot \mathrm{d}p$ Einheiten des Kapitals aus. Seine Investition x_1^* verschiebt sich vom Punkt G parallel bis zum Punkt F auf der neuen Reaktionsfunktion $x_1'(y_1)$, wo das Sicherheitsäquivalent von A mit der modifizierten Wahrscheinlichkeitseinschätzung maximiert wird. Darauf reagiert Manager B im zweiten Schritt. Die Reaktionsfunktion $y_1(x_1)$ von Manager B verlagert sich nicht, weil die seiner Entscheidung zugrunde liegenden Informationen über die Umweltentwicklung unverändert bleiben. Der Punkt F als Mengenkombination der jeweiligen Investitionen liegt nicht auf der Reaktionsfunktion $y_1(x_1)$, d. h., das Sicherheitsäquivalent von B kann bei gegebener Investitionsmenge von A im Punkt F nicht maximal sein. Nach Gleichung (4.57) wird B durch die zunehmende Investition von A ebenfalls $\mathrm{d}y_1 = \frac{\partial y_1}{\partial x_1} \cdot \mathrm{d}x_1$ Einheiten mehr in Alternative 1 investieren, wodurch sich die Kombination der Investitionsmengen (x_1, y_1) vom Punkt F geradeaus nach oben bewegt und zu Punkt E gelangt. Diese Nachahmung von Manager B unterscheidet sich von der Informationskaskade, weil sich in diesem Fall die Aktualisierung der Wahrscheinlichkeiten über die Umweltentwicklung nicht ergibt. Auf Grundlage der eigenen Informationen von B wäre seine Umschichtung der Kapitalallokation zwischen den beiden Investitionen nicht gerechtfertigt. Der Anreiz seiner Investitionsanpassung beruht lediglich darauf, sein Einkommen nicht durch die relative Leistungsbewertung zu verschlechtern. Ein solches Anpassungsverhalten kann als Herdenverhalten verstanden werden, das auf die positive Zahlungsexternalität des relativen Vergütungsschemas zurückzuführen ist.

Die Interdependenz der Investitionswirkungen beider Manager beschränkt sich nicht nur auf die beiden oben genannten Schritte. Nach der Investitionsanpassung von B kann das Sicherheitsäquivalent von A nicht mehr sein Maximum erreichen, weil sich Punkt E nicht auf der neuen Reaktionsfunktion $x_1'(y_1)$ von A befindet. In diesem Fall wird Manager A nach Gleichung (4.56) die Investition in Alternative 1 nochmals erhöhen, um durch die relative Leistungsbewertung nicht schlechter gestellt zu werden. Diese Reaktion von Manager A führt wiederum zu einer Investitionserhöhung von B. Dieser Prozeß wird so lange andauern, bis das neue Investitionsgleichgewicht $G'(x_1'^*, y_1'^*)$ erreicht ist. Punkt G' stellt jeweils die beste Reaktion eines Managers auf die Entscheidung des anderen Managers bei Investition 1 dar. Im neuen Gleichgewicht besteht für keinen Manager der Anreiz, die eigene Kapitalallokation nochmals zu ändern. Die Investitionsanpassungen beider Manager werden in der Wirklichkeit simultan durchgeführt, und der Anpassungsprozeß vom alten bis zum neuen Investitionsgleichgewicht verfügt per Annahme über eine unendlich hohe Geschwindigkeit.

Mit Hilfe der komparativ-statischen Analyse kann festgestellt werden, daß bei der relativen Leistungsbewertung tatsächlich ein Herdenverhalten der Manager hinsichtlich der Investitionsentscheidungen erwartet werden kann. Obwohl dieses Herdenverhalten allein durch die Zahlungsexternalität verursacht wird, hat es dennoch die Eigenschaft einer Informationskaskade: Manager B folgt der Investitionsentscheidung von A, selbst wenn er gemäß seiner eigenen Information nicht mehr in Alternative 1 investieren würde. Der Grund, weshalb Manager A seine Investitionsentscheidung ändert, bleibt Manager B verborgen. Daher kann er keine neuen Informationen über die Wahrscheinlichkeitsverteilungen der beiden Umweltzustände erhalten. Allerdings ist dieses Herdenverhalten individuell rational, weil nur durch eine umgehende Anpassung der Investitionsstrategie das eigene Einkommen nicht beeinträchtigt wird.

Die bisherigen Überlegungen lassen sich durch eine totale Differenzierung präzisieren.

4.2.2.2.2.2 Totale Differenzierung

In Abbildung 4.3 schneiden sich in der Ausgangssituation die Reaktionsfunktionen $x_1(y_1)$ und $y_1(x_1)$ im alten Gleichgewicht G, in dem folgende Bedingungen, welche die ersten Ableitungen der jeweiligen Zielfunktionen (4.43) und (4.50) sind, erfüllt sind:

$$G\begin{cases}\dfrac{\partial S_A}{\partial x_1}=0\\[2ex]\dfrac{\partial S_B}{\partial y_1}=0\end{cases} \qquad (4.67)$$

Im Gleichgewicht G maximiert jeder Manager bei gegebener Investitionsstrategie seines Konkurrenten das eigene Sicherheitsäquivalent und somit den Erwartungswert seines Nutzens. Weil die beiden Reaktionskurven linear verlaufen und nur einen einzigen Schnittpunkt G haben, stabilisieren sich die Investitionskombinationen beider Manager (x_1^*, y_1^*) in diesem Gleichgewicht.[408] Eine zusätzliche Veränderung der Investition x_1 oder y_1 im Gleichgewicht hat letztendlich keine Wirkung auf das Gleichgewicht. Es gelten im Gleichgewicht folgende totale Differentiale auf Grundlage der Bedingungen (4.67):

[408] Eine Stabilitätsanalyse hinsichtlich des Gleichgewichtes wird hier ausgeklammert.

$$G\begin{cases}\dfrac{\partial^2 S_A}{\partial x_1 \partial x_1}\cdot \mathrm{d}x_1 + \dfrac{\partial^2 S_A}{\partial x_1 \partial y_1}\cdot \mathrm{d}y_1 = 0 \\[2ex] \dfrac{\partial^2 S_B}{\partial y_1 \partial x_1}\cdot \mathrm{d}x_1 + \dfrac{\partial^2 S_B}{\partial y_1 \partial y_1}\cdot \mathrm{d}y_1 = 0 \quad .\end{cases} \tag{4.68}$$

Die erste Bedingung von (4.68) garantiert, daß die Investitionsinteraktionen beider Manager insgesamt keine Wirkung auf die Investitionsentscheidung x_1^* von A im Gleichgewicht G haben. Dementsprechend hat die zweite Bedingung von (4.68) die gleiche Aussage für die Investitionsentscheidung y_1^* von B im Gleichgewicht G.

In Abbildung 4.3 wurde bereits aufgezeigt, daß sich durch eine Änderung der Wahrscheinlichkeitseinschätzung p von A dessen Reaktionsfunktion parallel nach rechts verschiebt und nach der Investitionsinteraktion ein neues Gleichgewicht $G'(x_1'^*,\, y_1'^*)$ erreicht wird. Das Sicherheitsäquivalent $S_A(x_1, \mathrm{y}_1, p)$ von A ist demnach eine Funktion in Abhängigkeit von seiner eigenen Wahrscheinlichkeitseinschätzung p und den Investitionen der beiden Manager. Im neuen Gleichgewicht G', in dem sich die beiden Reaktionskurven $x_1'(y_1)$ und $y_1(x_1)$ schneiden, müssen analog zu den Bedingungen (4.68) die folgenden totalen Differentiale erfüllt sein:

$$G'\begin{cases}\overbrace{\dfrac{\partial^2 S_A}{\partial x_1 \partial x_1}}^{a_{11}}\cdot \mathrm{d}x_1 + \overbrace{\dfrac{\partial^2 S_A}{\partial x_1 \partial y_1}}^{a_{12}}\cdot \mathrm{d}y_1 + \overbrace{\dfrac{\partial^2 S_A}{\partial x_1 \partial p}\cdot \mathrm{d}p}^{-b_1} = 0 \\[2ex] \underbrace{\dfrac{\partial^2 S_B}{\partial y_1 \partial x_1}}_{a_{21}}\cdot \mathrm{d}x_1 + \underbrace{\dfrac{\partial^2 S_B}{\partial y_1 \partial y_1}}_{a_{22}}\cdot \mathrm{d}y_1 + \underbrace{\dfrac{\partial^2 S_B}{\partial y_1 \partial p}\cdot \mathrm{d}p}_{-b_2} = 0 \quad .\end{cases} \tag{4.69}$$

Im Unterschied zu den Bedingungen (4.68) werden hier die Auswirkungen der Wahrscheinlichkeitseinschätzung p auf die Investitionsentscheidungen beider Manager berücksichtigt. Die Änderung der Wahrscheinlichkeitseinschätzung p hat zwar eine direkte Wirkung auf die Investitionsentscheidung x_1 von A, nicht aber auf die Investitionsentscheidung y_1 von B. Das Sicherheitsäquivalent $S_B(x_1, y_1)$ von B ist nach wie vor eine Funktion in Abhängigkeit von Investitionen der beiden Manager. Das heißt, der letzte Ausdruck in der zweiten Gleichung muß gleich null sein, also gilt $\dfrac{\partial^2 S_B}{\partial y_1 \partial p}\cdot \mathrm{d}p = 0$. Die durch die Änderung von p verursachte Veränderung der jeweiligen Investition, also $\dfrac{\mathrm{d}x_1}{\mathrm{d}p}$ und $\dfrac{\mathrm{d}y_1}{\mathrm{d}p}$, kann durch die totalen Differentiale aus (4.69) ermittelt werden.

Die der linearen Gleichungen in (4.69) zugehörige Koeffizientenmatrix D ist

$$D=\begin{pmatrix} a_{11} & a_{12} \\ a_{21} & a_{22} \end{pmatrix},$$

$$\text{mit } a_{11}=\frac{\partial^2 S_A}{\partial x_1 \partial x_1},\quad a_{12}=\frac{\partial^2 S_A}{\partial x_1 \partial y_1},\quad a_{21}=\frac{\partial^2 S_B}{\partial y_1 \partial x_1} \text{ und } a_{22}=\frac{\partial^2 S_B}{\partial y_1 \partial y_1}.$$

Die Lösungen des Gleichungssystems (4.69) ergeben sich nach der Cramerschen Regel:

$$\mathrm{d}x_1=\frac{b_1 a_{22}-b_2 a_{12}}{a_{11}a_{22}-a_{21}a_{12}}, \tag{4.70}$$

$$\mathrm{d}y_1=\frac{b_2 a_{11}-b_1 a_{21}}{a_{11}a_{22}-a_{21}a_{12}}, \tag{4.71}$$

$$\text{mit } b_1=-\frac{\partial^2 S_A}{\partial x_1 \partial p}\cdot \mathrm{d}p,\quad b_2=-\frac{\partial^2 S_B}{\partial y_1 \partial p}\cdot \mathrm{d}p.$$

Die beiden Brüche haben einen gemeinsamen Nenner, der auch die Determinante der Koeffizientenmatrix heißt. Eindeutige Lösungen aus (4.70) und (4.71) sind ermittelbar, wenn die Determinante der Koeffizientenmatrix D ungleich Null ist. Die einzelnen Koeffizienten sind relevant für die Ermittlung der Determinante. Sie sind gegeben durch:[409]

$$a_{11}=\frac{\partial^2 S_A}{\partial x_1 \partial x_1}=-R\cdot p(1-p)\left(\hat{a}+\hat{b}\right)^2\cdot(2+r_1+r_2)^2, \tag{4.72}$$

$$a_{12}=\frac{\partial^2 S_A}{\partial x_1 \partial y_1}=\hat{b}R\cdot p(1-p)\left(\hat{a}+\hat{b}\right)(2+r_1+r_2)^2, \tag{4.73}$$

$$a_{21}=\frac{\partial^2 S_B}{\partial y_1 \partial x_1}=\hat{b}R\cdot q(1-q)\left(\hat{a}+\hat{b}\right)(2+r_1+r_2)^2, \tag{4.74}$$

$$a_{22}=\frac{\partial^2 S_B}{\partial y_1 \partial y_1}=-R\cdot q(1-q)\left(\hat{a}+\hat{b}\right)^2\cdot(2+r_1+r_2)^2. \tag{4.75}$$

[409] Zu den Nebenrechnungen siehe Anhang dieser Arbeit.

Die Determinante der Koeffizientenmatrix ist demnach gegeben durch:[410]

$$\begin{aligned}|D| &= \begin{vmatrix} a_{11} & a_{12} \\ a_{21} & a_{22} \end{vmatrix} = a_{11}a_{22} - a_{21}a_{12} \\ &= R^2 \cdot p(1-p) \cdot q(1-q)\left(\hat{a}+\hat{b}\right)^2 (2+r_1+r_2)^4 \cdot \left(\hat{a}^2 + 2\hat{a}\hat{b}\right) .\end{aligned} \tag{4.76}$$

Weil jeder einzelne Faktor in (4.76) per Annahme einen positiven Wert hat, ist die Determinante ebenfalls positiv. Somit sind die gesuchten Lösungen eindeutig. Die Werte von b_1 und b_2 im Gleichungssystem (4.69) ergeben sich als:[411]

$$\begin{aligned}b_1 &= -\frac{\partial^2 S_A}{\partial x_1 \partial p} \cdot \mathrm{d}p \\ &= -\left(\hat{a}+\hat{b}\right)(2+r_1+r_2) \cdot \\ &\underbrace{\left\{1+(1-2p)R\left[(2+r_1+r_2)\left(\hat{b}y_1 - \hat{a}x_1 - \hat{b}x_1\right) + \hat{a}(1+r_2)\right]\right\}}_{=:M} \cdot \mathrm{d}p \\ &= -\left(\hat{a}+\hat{b}\right)(2+r_1+r_2) \cdot M \cdot \mathrm{d}p \ ,\end{aligned} \tag{4.77}$$

wobei der Ausdruck in der geschweiften Klammer aus Vereinfachungsgründen als M bezeichnet wird.

$$b_2 = 0 \ . \tag{4.78}$$

Setzt man die Gleichungen (4.72) bis (4.75) und die beiden Gleichungen (4.77) und (4.78) in (4.70) ein, ergibt sich die Veränderung der Investition x_1 von Manager A wie folgt:[412]

$$\begin{aligned}\mathrm{d}x_1 &= \frac{b_1 a_{22} - b_2 a_{12}}{a_{11}a_{22} - a_{21}a_{12}} \\ &= \frac{\left(\hat{a}+\hat{b}\right) M}{R \cdot p(1-p) \cdot (2+r_1+r_2) \cdot \left(\hat{a}^2 + 2\hat{a}\hat{b}\right)} \cdot \mathrm{d}p \ .\end{aligned} \tag{4.79}$$

In Abbildung 4.3 ist zu erkennen, daß eine höhere Wahrscheinlichkeitseinschätzung p über den Eintritt des Umweltzustandes Z_1 ebenfalls zu einer steigenden Investition x_1

---

410 Zur Nebenrechnung siehe Anhang dieser Arbeit.

411 Zur Nebenrechnung siehe Anhang dieser Arbeit.

412 Zur Nebenrechnung siehe Anhang dieser Arbeit.

führt. Die Relation $\frac{\mathrm{d}x_1}{\mathrm{d}p}$ ist, wie Gleichung (4.66) zu entnehmen, positiv. Daher muß die Variable M in Gleichung (4.79) auch einen positiven Wert annehmen.

Analog ist die Veränderung der Investition y_1 des Managers B gegeben durch:[413]

$$\begin{aligned}\mathrm{d}y_1 &= \frac{b_2 a_{11} - b_1 a_{21}}{a_{11}a_{22} - a_{21}a_{12}} \\ &= \frac{\hat{b}\cdot M}{R\cdot p(1-p)\cdot(2+r_1+r_2)\cdot\left(\hat{a}^2+2\hat{a}\hat{b}\right)}\cdot \mathrm{d}p \quad .\end{aligned} \tag{4.80}$$

Die gesuchte Veränderung der Gleichgewichtsinvestition von A in Alternative 1, also $(x_1'^* - x_1^*)$, ist demnach gleich:

$$x_1'^* - x_1^* = \frac{\mathrm{d}x_1}{\mathrm{d}p} = \frac{\left(\hat{a}+\hat{b}\right)\cdot M}{R\cdot p(1-p)\cdot(2+r_1+r_2)\cdot\left(\hat{a}^2+2\hat{a}\hat{b}\right)} \quad . \tag{4.81}$$

Die Gleichung (4.81) unterscheidet sich von (4.66) durch ihre totale Differenzierung. In Gleichung (4.66) wurde die Veränderung der Investition x_1 von A bei gegebener Investitionsstrategie $\overline{y}_1$ von B analysiert, wenn sich die Wahrscheinlichkeitseinschätzung p des Managers A verändert. Das heißt, die Gleichung (4.66) beschreibt nur die Veränderung der Investition x_1 im ersten Schritt, wie sie in Abbildung 4.3 ersichtlich ist. Hingegen berücksichtigt Gleichung (4.81) durch die totalen Differentiale die wechselseitigen Wirkungen der Investitionen beider Manager. Dabei umfaßt sie nicht nur die direkte Wirkung von p auf die Investition x_1, sondern auch die Anpassung von x_1 auf die Änderung der Investition des Managers B, welche auf die Änderung von x_1 reagiert hat. Im Vergleich zur partiellen Betrachtung werden durch die totalen Differentiale die Wirkungen aller weiteren Schritte der Investitionsinterdependenz, die in Abbildung 4.3 dargestellt sind, eingeschlossen. Die Gleichung (4.81) beinhaltet also die gesamte Veränderung der Investition x_1 des Managers A, nämlich die Differenz zwischen dem alten Gleichgewicht G und dem neuen G'. Dementsprechend können die gesamten Änderungen der Investition des Managers B aufgrund der Zunahme von p wie folgt quantifiziert werden:

$$y_1'^* - y_1^* = \frac{\mathrm{d}y_1}{\mathrm{d}p} = \frac{\hat{b}\cdot M}{R\cdot p(1-p)\cdot(2+r_1+r_2)\cdot\left(\hat{a}^2+2\hat{a}\hat{b}\right)} \quad . \tag{4.82}$$

Vergleicht man Gleichung (4.82) mit Gleichung (4.81), kann festgestellt werden, daß die Auswirkung der veränderten privaten Informationen des Managers A über die

[413] Zur Nebenrechnung siehe Anhang dieser Arbeit.

Umweltentwicklung auf seine eigene Investitionsentscheidung größer ist als die auf die Investitionsentscheidung von B, denn es gilt $\frac{\mathrm{d}x_1}{\mathrm{d}p} > \frac{\mathrm{d}y_1}{\mathrm{d}p}$. Dies läßt sich auch Abbildung 4.3 entnehmen. In Folge von Veränderung des p verschiebt sich die Reaktionskurve des Managers A zuerst nach rechts. Eine positive Änderung von p läßt die Investition 1 für den Manager A attraktiver erscheinen. Selbst bei einer absoluten Ergebnisbeteiligung wird er mehr in Alternative 1 investieren, denn die Relation $\frac{\mathrm{d}x_1}{\mathrm{d}p}$ in Gleichung (4.81) ist positiv, selbst wenn der Prämiensatz $\hat{b}$ der relativen Leistungsbewertung gleich null ist. Dieser Anreiz wird unter der relativen Leistungsbewertung ($\hat{b} > 0$) noch verstärkt, denn A möchte sein Einkommen durch den Vergleich nicht reduziert werden. Bei jeder gegebenen Investitionsmenge y_1 des Managers B wird A zusätzlich mehr in die Alternative 1 investieren. Somit hat A einen „Investitionsvorsprung" im Vergleich zu B. Es entsteht hier die Interdependenz der Investitionsentscheidungen beider Manager.[414]

Die Wahrscheinlichkeitseinschätzung q des Managers B über den Eintritt des Umweltzustandes Z_1 bleibt unverändert. Ohne die relative Leistungsbewertung wird er trotz der modifizierten Investitionsentscheidung des Managers A seine Investitionen in die beiden Alternativen weiterhin nicht ändern, denn die Relation $\frac{\mathrm{d}y_1}{\mathrm{d}p}$ in Gleichung (4.82) beträgt null, falls der Prämiensatz $\hat{b}$ der relativen Leistungsbewertung ebenfalls gleich null ist. Unter der relativen Leistungsbewertung ($\hat{b} > 0$) wird Manager B, wie Gleichung (4.82) aufzeigt, seine Investition y_1 nach der des Managers A ausrichten und somit ebenfalls mehr in die Alternative 1 investieren. Die gleichgerichteten Investitionsentscheidungen lassen sich auf die relative Leistungsbewertung zurückführen. Die Entscheidungen von Manager A haben nur bei der relativen Leistungsbewertung Einfluß auf die von Manager B. Die Zahlungsexternalität spielt bei der Investitionsentscheidung eine entscheidende Rolle.

Die Relation von Gleichung (4.82) zur Gleichung (4.81) läßt sich formal ausdrücken als:

---

414 Beim dargestellten Modell handelt es sich um simultane Entscheidungen. In einem sequentiellen Entscheidungsmodell hätte A antizipiert, daß sich in Periode 2 die Investitionsentscheidungen von B nach den eigenen richten werden. Folglich würde A bereits in Periode 1 diese Interaktion der Investitionsentscheidungen bei der eigenen Kalkulation mit berücksichtigen. Formal gesehen ergibt sich das Maximierungsproblem von A wie folgt: $\frac{\partial S_A}{\partial x_1} = \frac{\partial S_A}{\partial x_1} + \frac{\partial S_A}{\partial y_1} \cdot \frac{\mathrm{d}y_1}{\mathrm{d}x_1} = 0$. Trotz dieser strategischen Überlegung des Managers A ändert sich das Herdenverhalten als Modellergebnis nicht. Manager B wird in Periode 2 aufgrund der positiven Zahlungsexternalität umso mehr in Alternative 1 investieren. Vgl. dazu Bulow/Geanakoplos/Klemperer (1985), S. 498-499. Obwohl es sich in ihrem Aufsatz um strategische Substitute und Komplementäre zweier Oligopolisten handelt, ist die dort angewandte Methode die gleiche wie die in diesem Modell.

$$\frac{\frac{dy_1}{dp}}{\frac{dx_1}{dp}} = \frac{\frac{\hat{b} \cdot M}{R \cdot p(1-p) \cdot (2 + r_1 + r_2) \cdot \left(\hat{a}^2 + 2\hat{a}\hat{b}\right)}}{\frac{\left(\hat{a} + \hat{b}\right) M}{R \cdot p(1-p) \cdot (2 + r_1 + r_2) \cdot \left(\hat{a}^2 + 2\hat{a}\hat{b}\right)}} = \frac{\hat{b}}{\hat{a} + \hat{b}} \quad . \tag{4.83}$$

Inhaltlich stellt die Gleichung (4.83) das Ausmaß des Herdenverhaltens von Manager B dar. Falls sich Investition x_1 des Managers A um eine marginale Einheit erhöht, wird die Investition y_1 des Managers B dementsprechend um $\frac{\hat{b}}{\hat{a} + \hat{b}}$ marginale Einheiten steigen. Das Herdenverhalten von B hinsichtlich seiner Investitionsentscheidung wird durch die relative Leistungsbewertung hervorgerufen. Der Prämiensatz $\hat{b}$ des relativen Entlohnungsschemas ist verantwortlich für Ausmaß und Umfang des Herdenverhaltens. Je größer $\hat{b}$ ist, desto stärker werden die Leistungen beider Manager miteinander verglichen: Eine Abweichung des Outputergebnisses wird bei ungünstiger Umweltentwicklung viel härter bestraft. Um dieses Einkommensrisiko zu vermeiden, hat Manager B einen größeren Anreiz, nach der Investitionsentscheidung von A zu handeln. Durch die Investitionsanpassung wird B nicht nachteilig betroffen. Im Fall einer schlechten absoluten Leistung von B wird sein Einkommen durch eine gute relative Leistungsbewertung ausgeglichen. Somit bleibt sein Einkommen, analog zu Gleichung (4.65), durch das Herdenverhalten unberührt.

Im dargestellten Modell wurde davon ausgegangen, daß sich die Manager risikoscheu verhalten. Daher hat der Risikoaversionsgrad R einen positiven Wert. Diese Annahme spielt bei der Analyse des Investitionsverhaltens ebenfalls eine große Rolle. R ist bei Risikoneutralität gleich null. Während das Ziel eines risikoscheuen Managers darin besteht, sein Sicherheitsäquivalent zu maximieren, spielt die Einkommensvarianz bei einem risikoneutralen Manager keine Rolle. Hingegen strebt der risikoneutrale Manager nach einer Maximierung des erwarteten Einkommens, welches sich aus Gleichung (4.40) ergibt. Setzt man Gleichung (4.42) in die Zielfunktion (4.40) ein, muß im Maximum die folgende erste Ableitung nach der Investition x_1 gelten:[415]

$$\frac{\partial E(\omega_A)}{\partial x_1} = \left(\hat{a} + \hat{b}\right)\left[p(1 + r_1) - (1 - p)(1 + r_2)\right] = 0 \quad . \tag{4.84}$$

Weil die beiden Prämiensätze des Entlohnungsschemas positiv sind, ist diese Bedingung nur erfüllt, wenn die Gleichung $p(1 + r_1) = (1 - p)(1 + r_2)$ erfüllt ist. Das maximale erwartete Einkommen wird nur erreicht, wenn die erwarteten Grenzverzinsungen beider Investitionsalternativen identisch sind. Die Effizienz der Kapitalallokation für beide Investitionen ist folglich durch diese Bedingung garantiert. Bei diesem Maximierungsproblem hat die Investitionsentscheidung des anderen Managers keine

---

[415] Zur Nebenrechnung siehe Anhang dieser Arbeit.

Auswirkung auf die eigene Investitionsentscheidung. Dies bedeutet zugleich, daß die relative Leistungsbewertung keinen Einfluß auf die Investitionsentscheidung des Managers ausüben kann. Im Gegensatz dazu werden die Grenzverzinsungen beider Investitionsalternativen bei den Investitionsentscheidungen zweier *risikoscheuer* Manager vernachlässigt. Die Einkommensvarianz aufgrund der relativen Leistungsbewertung bedingt die wechselseitige Orientierung der Investitionsentscheidungen beider risikoscheuen Manager. Als Konsequenz wird das Kapital in eine Investitionsalternative entweder in zu hohem oder in zu geringem Umfang investiert.

Die Risikoeinstellung der Manager bestimmt insofern die Relevanz der relativen Vergütung und setzt voraus, *ob* eine relative Leistungsbewertung überhaupt einen Effekt auf die Investitionsentscheidungen der Manager hat. Die relative Leistungsbewertung kann bei Risiko*neutralität* der Manager eine effiziente Kapitalallokation nicht verzerren, während sie bei Risiko*aversion* durchaus Herdenverhalten verursacht. Die Risikoaversion der Manager im dargestellten Modell ist die *notwendige* Bedingung für die Entstehung des *Herdenverhaltens*. Zusammen mit der Risikoaversion determiniert der Prämiensatz $\hat{b}$ *die Wirkungsgröße* der relativen Leistungsbewertung auf die Investitionsentscheidungen beider Manager. Je stärker das Einkommen durch die relative Leistungsbewertung beeinflußt wird, desto mehr wird ein risikoscheuer Manager die Entscheidung seines Konkurrenten imitieren.[416]

4.2.2.2.3 Verhaltensbestimmung bei vielen Managern

Für eine große Anzahl von Branchenteilnehmern können die gemeinsam getroffenen branchenspezifischen Risiken dadurch eliminiert werden, daß die einzelnen Leistungen der Manager mit dem branchendurchschnittlichen Leistungsniveau verglichen werden.[417] Im folgenden werden die Auswirkungen eines solchen Leistungsvergleiches auf die Investitionsentscheidungen des einzelnen Managers analysiert.

Die branchendurchschnittliche Kapitalinvestition in Alternative 1 wird als $\bar{x}_1$ bezeichnet. Im Rahmen der Modellannahmen ist die branchendurchschnittliche Leistung im Umweltzustand Z_1 gegeben durch

$$\bar{X}_1 = (1 + r_1) \cdot \bar{x}_1 \,. \tag{4.85}$$

Analog gilt $\bar{x}_2$ für die branchendurchschnittliche Kapitalinvestition in die Alternative 2, und $\bar{X}_2 = (1 + r_2) \cdot \bar{x}_2$ für die branchendurchschnittliche Leistung im Umweltzustand Z_2 . Die Beziehung zwischen der einzelnen und der branchendurchschnittlichen Investition in Alternative 1 kann dargestellt werden als:

[416] Vgl. Palley (1995), FN Nr. 3, S. 448.

[417] Vgl. Winter (1996 a), S. 905.

$$\overline{x}_1 = \frac{\sum_{i=1}^{N} x_{1i}}{N}, \qquad i \in [1,\, N] \ , \tag{4.86}$$

wobei x_{1i} die Kapitalinvestition des i-ten Managers in die Alternative 1 bedeutet. Die Anzahl der Manager in der betrachteten Branche beträgt N.

Obwohl die einzelne Managerleistung jetzt mit der branchendurchschnittlichen Leistung verglichen wird, ändert sich das Entscheidungsproblem des einzelnen Managers nicht. Das Maximierungsproblem ergibt sich wie folgt:

$$\max\ S_i = E(\omega_i) - \frac{1}{2} \cdot R \cdot \operatorname{var}(\omega_i) \ , \tag{4.87}$$

unter den Nebenbedingungen

$$\begin{aligned} E(\omega_i) = {} & p_i \cdot \left[a_0 + \hat{a}(1+r_1)x_{1i} + \hat{b}\left((1+r_1)x_{1i} - (1+r_1)\overline{x}_1\right)\right] + \\ & (1-p_i)\cdot\left[a_0 + \hat{a}(1+r_2)x_{2i} + \hat{b}\left((1+r_2)x_{2i} - (1+r_2)\overline{x}_2\right)\right] \ , \end{aligned} \tag{4.88}$$

$$\begin{aligned} \operatorname{var}(\omega_i) = {} & p_i \cdot \left[a_0 + \hat{a}(1+r_1)x_{1i} + \hat{b}\left((1+r_1)x_{1i} - (1+r_1)\overline{x}_1\right) - E(\omega_i)\right]^2 + \\ & (1-p_i)\cdot\left[a_0 + \hat{a}(1+r_2)x_{2i} + \hat{b}\left((1+r_2)x_{2i} - (1+r_2)\overline{x}_2\right) - E(\omega_i)\right]^2 \ , \end{aligned} \tag{4.89}$$

$$x_{1i} + x_{2i} = 1 \ . \tag{4.90}$$

Setzen wir alle Nebenbedingungen in die Zielfunktion (4.87) ein, ergibt sich das zu maximierende Sicherheitsäquivalent des i-ten Managers wie folgt:

$$\begin{aligned} \max_{x_{1i}}\ S_i = {} & a_0 + x_{1i}\left(\hat{a}+\hat{b}\right)\left[p_i(2+r_1+r_2) - 1 - r_2\right] + \\ & (1-p_i)(1+r_2)\left(\hat{a}+\hat{b}\right) - \hat{b}\left[p_i\overline{x}_1(1+r_1) + (1-p_i)\overline{x}_2(1+r_2)\right] - \\ & \frac{1}{2}R\cdot p_i(1-p_i)\left(\hat{a}+\hat{b}\right)^2 \cdot \left[x_{1i}(2+r_1+r_2) - (1+r_2)\right]^2 - \frac{1}{2}R\cdot p_i(1-p_i)\cdot \\ & \left[\hat{b}^2\left(\overline{x}_1(1+r_1) - \overline{x}_2(1+r_2)\right)^2 + 2\hat{b}\left(\hat{a}+\hat{b}\right)\left(\overline{x}_1(1+r_1) - \overline{x}_2(1+r_2)\right)(1+r_2)\right] + \\ & R\cdot p_i(1-p_i)\hat{b}\left(\hat{a}+\hat{b}\right)\left(\overline{x}_1(1+r_1) - \overline{x}_2(1+r_2)\right)\cdot(2+r_1+r_2)x_{1i} \ , \end{aligned} \tag{4.91}$$

wobei p_i die Wahrscheinlichkeitseinschätzung des i-ten Managers über den Eintritt des Umweltzustandes Z_1 ist. Neben den Informationen über die Umweltentwicklung unterscheiden sich die Manager nicht. Der gleiche Risikoaversionsgrad R gilt für alle

Manager. Der Unterschied zwischen den Gleichungen (4.43) und (4.91) besteht darin, daß die Größen Y_1 und Y_2 in Gleichung (4.43) hier durch die branchendurchschnittliche Leistung $\bar{x}_1(1+r_1)$ und $\bar{x}_2(1+r_2)$ ersetzt werden. Die branchendurchschnittliche Kapitalinvestition $\bar{x}_2$ in Alternative 2 ist die Differenz zwischen der Kapitalobergrenze eins und $\bar{x}_1$:

$$\bar{x}_2 = \frac{\sum_{i=1}^{N} x_{2i}}{N} = \frac{\sum_{i=1}^{N} (1 - x_{1i})}{N} = 1 - \bar{x}_1 \ . \tag{4.92}$$

Es muß beachtet werden, daß die branchendurchschnittliche Leistung von den einzelnen Managerleistungen abhängt. Setzen wir die Gleichungen (4.86) und (4.92) in die Zielfunktion (4.91) ein, ergibt sich die erste Ableitung der Zielfunktion nach x_{1i}:[418]

$$\begin{aligned}
&\frac{\partial S_i}{\partial x_{1i}} = \left(\hat{a}+\hat{b}\right)\left[p_i(2+r_1+r_2)-1-r_2\right]- \\
&\hat{b}\frac{1}{N}\left[p_i(1+r_1)-(1-p_i)(1+r_2)\right] - R\cdot p_i(1-p_i)\left(\hat{a}+\hat{b}\right)^2(2+r_1+r_2)\cdot \\
&\left[x_{1i}(2+r_1+r_2)-(1+r_2)\right] - R\cdot p_i(1-p_i)\hat{b}(2+r_1+r_2)\cdot \\
&\frac{1}{N}\left[\hat{b}\left(\bar{x}_1(2+r_1+r_2)-1-r_2\right)+\left(\hat{a}+\hat{b}\right)(1+r_2)\right] + R\cdot p_i(1-p_i)\hat{b}\left(\hat{a}+\hat{b}\right)(2+r_1+r_2)\cdot \\
&\left[\bar{x}_1(2+r_1+r_2)-(1+r_2)+\frac{1}{N}(2+r_1+r_2)x_{1i}\right] \\
&= 0 \ .
\end{aligned} \tag{4.93}$$

In Bedingung (4.93) wird das Sicherheitsäquivalent des i-ten Managers bei gegebenen Investitionsentscheidungen aller anderen Manager maximiert. Lösen wir die Gleichung (4.93) nach der Investition x_{1i} auf, erhalten wir eine Reaktionsfunktion $x_{1i}(\bar{x}_1)$, durch welche das folgende Verhältnis abgeleitet werden kann:[419]

$$\frac{\partial x_{1i}}{\partial \bar{x}_1} = \frac{\hat{b}}{\left(\hat{a}+\hat{b}\right)} \ . \tag{4.94}$$

Die Gleichung (4.94) zeigt die Investitionsanpassung des i-ten Managers auf eine marginale Veränderung der branchendurchschnittlichen Kapitalinvestition in die Alternative 1. Wenn sich der branchendurchschnittliche Kapitaleinsatz $\bar{x}_1$ in Alternative 1 um eine marginale Einheit erhöht, wird der i-te Manager seine Investition in Alternative 1 um $\frac{\hat{b}}{\hat{a}+\hat{b}}$ Einheiten vergrößern. Das Ausmaß des Herdenverhaltens

---

418 Zur Nebenrechnung siehe Anhang dieser Arbeit.

419 Zur Nebenrechnung siehe Anhang dieser Arbeit.

beträgt $\frac{\hat{b}}{\hat{a}+\hat{b}}$ und ist somit identisch mit dem in Gleichung (4.56) oder (4.57). Ein Unterschied besteht nur darin, daß hier die Leistungen des einzelnen Managers nicht mehr direkt miteinander verglichen werden, sondern stattdessen mit der branchendurchschnittlichen Leistung. In beiden Fällen ist von den Managern ein Herdenverhalten zu erwarten, dessen Umfang durch den Prämiensatz $\hat{b}$ der relativen Vergütung bestimmt wird. Die durchschnittliche Brancheninvestition kann als Investition eines zweiten Managers verstanden werden, somit ist ihre Wirkung auf die Investitionsentscheidung eines Managers identisch zu derjenigen im Fall, daß die Leistungen zweier Manager direkt miteinander verglichen werden.

Die Gleichung (4.94) sagt aus, daß die Wirkung einer branchendurchschnittlichen Investition auf die einzelne Investitionsentscheidung eines Managers unabhängig von der Anzahl der Branchenteilnehmer ist. Dies impliziert zugleich, daß die direkte Wirkung der Investition eines Managers j in die Alternative 1, $x_{1j}, j \neq i$, auf die Investition x_{1i} eines Managers i mit zunehmender Manageranzahl stets kleiner wird. Je mehr Manager in der Branche aktiv sind, desto weniger Einfluß kann der einzelne Manager auf die anderen direkt ausüben. Dies kann man bereits durch den Fall des ersten und zweiten Manager erkennen: Die Investitionsanpassung des ersten Managers auf die Änderung der durchschnittlichen Investition der beiden Manager ergibt sich nach der Gleichung (4.94) als:

$$\frac{\partial x_{11}}{\partial \overline{x}_1} = \frac{\hat{b}}{\hat{a}+\hat{b}} \quad , \tag{4.95}$$

mit $\overline{x}_1 = \frac{x_{11}+x_{12}}{2}$. x_{11} stellt die Investition des ersten Managers in Alternative 1 dar. Analog handelt es sich bei x_{12} um die Investition des zweiten Managers in Alternative 1. Die Vergleichsgrundlage der relativen Leistungsbewertung ergibt sich hier als:

$$\begin{aligned} x_{11} - \overline{x}_1 &= x_{11} - \frac{x_{11}+x_{12}}{2} \\ &= \frac{1}{2}\cdot\left(x_{11} - x_{12}\right) . \end{aligned} \tag{4.96}$$

Bei einer vom durchschnittlichen Niveau negativ abweichenden Leistung hat der Manager eine Einkommenseinbuße nach Gleichung (4.96) in Höhe von $\frac{1}{2}\cdot\hat{b}\cdot(x_{11}-x_{12})$. Dieser Fall ist mit derjenigen Situation identisch, bei der die Leistungen beider Manager *direkt* miteinander verglichen werden und der Prämiensatz der relativen Leistungsvergütung $\frac{1}{2}\cdot\hat{b}$ beträgt. In einer solchen Situation bleibt das Maximierungsproblem jedes Managers, wie es durch die Gleichungen (4.39) bis (4.42) dargestellt wird, weiterhin unverändert. Lediglich der Prämiensatz der relativen Leistungsvergütung $\hat{b}$ wird durch $\frac{1}{2}\cdot\hat{b}$ ersetzt. Analog zu Gleichung (4.56) ist in einer solchen Situation die *direkte* Investitionswirkung des zweiten Managers auf die des ersten gegeben durch:

$$\frac{\partial x_{11}}{\partial x_{12}} = \frac{\frac{1}{2}\cdot\hat{b}}{\left(\hat{a}+\frac{1}{2}\cdot\hat{b}\right)} = \frac{\hat{b}}{2\hat{a}+\hat{b}} \quad . \tag{4.97}$$

Beim Vergleich von Gleichung (4.97) mit (4.56) kann festgestellt werden, daß die Investitionsentscheidung eines einzelnen Managers bei der branchendurchschnittlichen relativen Leistungsbewertung weniger Einfluß auf die Investitionsentscheidung des anderen hat als im Fall, bei dem die Managerleistungen direkt miteinander verglichen werden. Der Grund dafür liegt darin, daß die durchschnittliche Leistung von den beiden Managern *gleichermaßen* beeinflußt wird. Je mehr Manager in einer Branche sind, desto weniger spielt die einzelne Investitionsentscheidung bezüglich der branchendurchschnittlichen Leistung eine Rolle. Somit hat sie auch eine geringere Wirkung auf die Investitionsentscheidungen der anderen Manager. Obwohl in Gleichung (4.94) kein Zusammenhang zwischen dem Umfang des einzelnen Herdenverhaltens und der Manageranzahl besteht, nimmt die Wirkung der einzelnen Investitionsentscheidung auf das Ausmaß vom Herdenverhalten eines anderen Managers mit zunehmender Anzahl von Managern in der Branche ab.[420] Ein Leistungsvergleich mit dem branchendurchschnittlichen Niveau sorgt dafür, daß branchenspezifische Risiken herausgefiltert werden. Außerdem wird das Problem, daß der Umfang des Herdenverhaltens mit der Manageranzahl variiert, bei einer Leistungsbewertung mit dem branchendurchschnittlichen Niveau gelöst.

4.2.2.3 Ineffizienz des Herdenverhaltens durch die Zahlungsexternalität der relativen Leistungsbewertung

Eine relative Leistungsbewertung, deren Maßstab entweder die branchendurchschnittliche Leistung oder eine zweite Managerleistung sein kann, verursacht ein Herdenverhalten hinsichtlich der Investition, das wiederum für eine ineffiziente Informationsaggregation und Kapitalallokation verantwortlich ist.

[420] Aufgrund der Informationsasymmetrie und Durchführungskosten ist es aber unrealistisch, die Managerleistungen direkt miteinander zu vergleichen, falls viele Manager in einer Branche aktiv sind.

1. Informationsineffizienz

Auch wenn Manager als Agenten im Vergleich zu Prinzipalen einen Informationsvorteil hinsichtlich der Vorteilhaftigkeit einer zu beurteilenden Investition und der Umweltentwicklung haben, werden sie ihre privaten Informationen nicht immer bei der Investitionsentscheidung anwenden. Ein Manager kann seine Investition mit Bezug auf die Investition eines anderen oder des Branchendurchschnitts anpassen, selbst wenn er allein nach seiner eigenen Information ganz anders entscheiden würde. Die Investitionsanpassungen in den Gleichungen (4.56), (4.57) sowie (4.94) sind lediglich auf die Veränderung der Investitionsentscheidungen des Vergleichsmanagers oder des Vergleichsobjektes zurückzuführen. Sie spiegeln die privaten Informationen des sich anpassenden Managers nicht wider. Unter der relativen Leistungsbewertung versucht ein Manager, durch eine Investitionsanpassung seine Einkommensvarianz zu minimieren. Weil das Einkommen eines Managers bei einer negativen Leistungsabweichung beeinträchtigt wird, besteht ein Konkurrenzverhältnis zwischen den zu vergleichenden Managern. Dies führt dazu, daß der Informationsaustausch zwischen den Managern recht gering ist.[421] Eine effiziente Informationsverteilung unter den Managern führt nicht zu einer effizienten Informationsaggregation. Die unterschiedlichen Informationen über die Vorteilhaftigkeit der zu beurteilenden Investition können nicht durch die Investitionsentscheidungen reflektiert werden.

Im Informationskaskadenmodell strebt der Entscheidungsträger genauso wie der Prinzipal nach Gewinnmaximierung. Die Berücksichtigung der Informationen von anderen Entscheidungsträgern dient dazu, daß eine ex-post vorteilhafte Investition durchgeführt wird. Hingegen verfolgen die Manager im Rahmen der Prinzipal-Agenten-Beziehung ganz andere Ziele als ihre Prinzipale. Das Ziel eines Managers besteht darin, sein eigenes Einkommen zu maximieren. Bei einer relativen Leistungsbewertung beachtet ein Manager die Investitionsentscheidungen der anderen Manager, um eine Benachteiligung des eigenen Einkommens zu vermeiden. Weil das Eigeninteresse im Blickpunkt des Managers steht, wird er seine Investitionsentscheidung noch stärker auf die der anderen Manager ausrichten. Die privaten Informationen werden hier bei den Entscheidungen weniger gewichtet als im Informationskaskadenmodell. Die Wahrscheinlichkeit, daß eine Informationskaskade entsteht, ist im dargestellten Informationskaskadenmodell kleiner als eins. Im Gegensatz dazu ist im Rahmen der Prinzipal-Agenten-Beziehung mit Sicherheit Herdenverhalten zu erwarten, so lange die risikoscheuen Manager durch die relative Leistungsbewertung vergütet werden. Ob seine Investitionsentscheidung für weitere Manager informativ ist, spielt bei seinem Entscheidungskalkül keine Rolle. Demnach ist die gesamte Informationsaggregation ineffizient.

[421] Vgl. Gul/Lundholm (1995), S. 1044.

2. Ineffiziente Kapitalallokation

Bei Anwendung einer relativen Leistungsbewertung wird die Einkommensunsicherheit eines Managers reduziert, falls er seine Investitionsentscheidung auf die Entscheidung eines zu vergleichenden Managers ausrichtet. Somit wird eine bereits beliebte Investitionsalternative weiter von mehreren Managern ausgewählt.[422] Die positiv korrelierten Entlohnungen zwischen den Managern schaffen eine positive Zahlungsexternalität, unter deren Einfluß eine suboptimale Investitionsentscheidung getroffen wird, wenn sich eine bevorzugte Investition langfristig als unvorteilhaft erweist. Bei einer anfänglich attraktiven, sich aber im Lauf der Zeit schlechter entwickelnden Investitionsalternative können alle Manager zu einer langfristig inferioren Investition geraten. Die Kapitalallokation ist aus der Sicht des Prinzipals ineffizient, weil er mit gleicher Information, im dargestellten Modell mit gleicher Einschätzung über die Eintrittswahrscheinlichkeit des jeweiligen Zustandes, eine andere Kapitalaufteilung zwischen den Investitionsalternativen bevorzugen würde als sein risikoscheuer Manager. Das Entscheidungskalkül eines risikoneutralen Prinzipals ist identisch mit dem in Gleichung (4.84), in der die Investitionsentscheidungen von einem ebenfalls risikoneutralen Manager getroffen werden. Gleichung (4.84) bedeutet, daß eine effiziente Kapitalallokation identische Erwartungswerte der Grenzverzinsungen beider Investitionen verlangt. Diese Bedingung kann aber unter der relativen Leistungsbewertung nicht durch risikoscheue Manager erfüllt werden, denn ein risikoscheuer Manager wird der Investitionsentscheidung des Vergleichsmanagers folgen, um eine Leistungsabweichung zu vermeiden. Die Investitionsanpassung eines Managers hängt insofern *nicht* von den Grenzverzinsungen beider Investitionen ab.

Wenn der risikoscheue Manager lediglich durch eine absolute Ergebnisbeteiligung bezahlt wird, entscheidet er sich für diejenige Alternative, die eine höhere Rückzahlung aufweist. Bei relativer Leistungsbewertung wird ein risikoscheuer Manager seine Investition auf die der anderen Manager ausrichten. Die relative Leistungsbewertung induziert also das Herdenverhalten. Eine unter der absoluten Ergebnisbeteiligung nicht attraktive Investition kann unter der relativen Leistungsbewertung dennoch von allen Managern durchgeführt werden. Die Zielsetzungen vom Manager und Prinzipal lassen sich insbesondere voneinander unterscheiden, wenn der Prämiensatz $\hat{b}$ der relativen Leistungsbewertung im Vergleich zum Prämiensatz $\hat{a}$ der absoluten Ergebnisbeteiligung relativ groß ist. Der daraus resultierte Effizienzverlust geht auf die Rechnung des Prinzipals, während das Einkommen des Managers durch die Investitionsanpassung unverändert bleibt.[423]

Die Manager können zu Lasten des Prinzipals diejenige Investitionsentscheidung treffen, durch deren Realisierung ihre eigenen Ziele erreicht werden, und die für den

[422] Für Unterinvestitionsproblem in bezug auf die innovative, stochastisch dominante Alternative vgl. Zwiebel (1995), S. 6 ff.

[423] Siehe Gleichung (4.65).

Prinzipal relevanten Informationen zurückhalten.[424] Eine relative Leistungsbewertung hat insofern kontraproduktive Auswirkungen in Form des dynamischen Problems von verborgenen Informationen und verborgenem Verhalten.[425] Weil das eigene Interesse des einzelnen Managers direkt betroffen ist, kann Herdenverhalten aufgrund der Zahlungsexternalität nicht leicht beeinflußt werden. Maßnahmen zur Aufhebung des Herdenverhaltens sollten die Zahlungsexternalität so kompensieren, daß ein Manager trotz der relativen Leistungsvergütung nach seiner privaten Information eine Investitionsentscheidung treffen kann.[426]

4.3 Wirksame Maßnahmen zur Aufhebung des ineffizienten Herdenverhaltens

Bei einer relativen Leistungsbewertung zeigen Manager ein Herdenverhalten auf, was zur Informations- und Kapitalallokationsineffizienz führt. Insbesondere sind aus Sicht des Prinzipals Investitionsentscheidungen von Managern durch Herdenverhalten suboptimal. Ineffizientes Herdenverhalten soll durch Maßnahmen des Prinzipals reduziert werden. Das Ziel besteht darin, Anreize für Manager so auszugestalten, daß diese im Interesse des Prinzipals handeln. Im folgenden wird diskutiert, welche wirksamen Maßnahmen zur Aufhebung oder Abschwächung des Herdenverhaltens im Rahmen der Prinzipal-Agenten-Beziehung denkbar sind und über welche Nachteile sie verfügen. Auf eine fundierte Modellanalyse wird bewußt verzichtet, weil sich die Wirkungen solcher Maßnahmen von Unternehmen zu Unternehmen unterscheiden und folglich eine allgemeine Aussage diesbezüglich nicht möglich ist. Statt einer eindeutigen Schlußfolgerung werden hier nur Tendenzaussagen getroffen.

1. Kurzfristiger gewinnabhängiger Anreizvertrag

Ähnlich wie das Reputationskonzept dient die relative Leistungsbewertung im einperiodigen Modell implizit dazu, Fähigkeiten des Managers zu ermitteln.[427] Ein Manager mit besserer Fähigkeit wird am Ende einer Periode mehr bezahlt. Im zweiperiodigen Modell erhält ein Manager am Ende der ersten Periode nicht nur die Vergütung aus dem Leistungsvergleich, sondern auch die Anerkennung des Prinzipals. Eine höhere Reputation führt für ihn in der zweiten Periode zu einer besseren Bezahlung. Folglich ergibt sich das Problem des Herdenverhaltens vorwiegend in der ersten Periode, in der die Fähigkeiten des Managers dem Prinzipal noch unbekannt sind. Sowohl im Modell mit relativer Leistungsbewertung als auch im Reputationsmodell versucht ein Manager, eine negative Leistungsabweichung gegenüber dem Vergleichsmanager zu vermeiden. Vor dem Hintergrund relativer Leistungsbewertung

[424] Vgl. Kräkel (2004), S. 191.

[425] Vgl. Kapitel 4.1.2.

[426] Vgl. Arthur (1989), S. 121-122.

[427] Vgl. Scharfstein/Stein (1990), S. 466 ff.

hängt die Investitionsanpassung eines Managers vom Ausdruck $\frac{\hat{b}}{\hat{a}+\hat{b}}$ ab. Je größer der Prämiensatz $\hat{b}$ der relativen Leistungsbewertung ist, desto stärker neigt der Manager zum Herdenverhalten. Eine gemeinsame Fehlentscheidung wird bei der relativen Leistungsbewertung nicht hoch bestraft. Das Ausmaß des Herdenverhaltens kann reduziert werden, wenn der Prinzipal den Prämiensatz $\hat{a}$ der absoluten Beteiligung erhöht und im Gegensatz dazu den Prämiensatz $\hat{b}$ der relativen Leistungsbewertung senkt. Ein hoher Anteil der absoluten Beteiligung verschafft dem kurzfristigen Gewinn aus der Investition im Entscheidungskalkül des Managers mehr Gewicht. Das aus Reputationsüberlegungen resultierende Herdenverhalten des Managers ist vor allem dort vorzufinden, wo der Manager nicht langfristig mit einem Prinzipal verbunden ist. In diesem Fall achtet der Manager besonders auf seine relative Leistungsbewertung sowie seine Reputation auf dem Arbeitsmarkt, um seine neuen Einstiegschancen zu verbessern und das künftige Einkommen zu erhöhen. Ein kurzfristiger gewinnabhängiger Anreizvertrag lenkt den Manager von dieser Reputationsorientierung ab. Somit wird die Neigung zum Herdenverhalten reduziert.[428] Durch eine hohe Gewichtung der absoluten Ergebnisbeteiligung wird der Manager stärker im Interesse des Prinzipals handeln. Ein Zusammenhang zwischen der jährlichen Vergütung der Topmanager und dem Jahreserfolg eines Unternehmens kann daher als gerechtfertigt betrachtet werden. Eine Bonuszahlung in Abhängigkeit vom realisierten Investitionsergebnis ist ebenfalls zu empfehlen.[429]

Solch ein gewinnabhängiger Anreizvertrag hat den Nachteil, daß die Agentenkosten höher ausfallen werden. Dies ist insbesondere dann der Fall, wenn der Investitionserfolg mehr von dem gemeinsamen Branchenrisiko beeinflußt wird als von dem spezifischen Unternehmensrisiko. Ein guter Erfolg der anderen Manager weist auf eine günstige Umweltentwicklung hin. Der Prinzipal kann folglich die an den Manager zu zahlenden Risikoprämien durch den Leistungsvergleich mit den anderen Managern reduzieren, falls eine relative Leistungsbewertung vorgenommen wird. Dieser Vorteil geht bei einer absoluten Ergebnisbeteiligung verloren. Aufgrund der Agentenkosten ist ein derartiger gewinnabhängiger Anreizvertrag insbesondere bei kurzfristiger Anwendung vorteilhaft. Obwohl eine leistungsunabhängige Vergütung wegen der geringen Agentenkosten zur Abmilderung des Herdenverhaltens vorstellbar ist, kann ein Manager dadurch nicht motiviert werden.[430] Daher ist ein Anreizsystem erwünscht. Im Entscheidungskalkül des Prinzipals ist eine Abwägung zwischen einem reduzierten ineffizienten Herdenverhalten und induzierten Agentenkosten aus dem gewinnabhängigen Anreizvertrag einzubeziehen.

---

[428] Vgl. ebenda, S. 475-476.

[429] Vgl. Zwiebel (1995), S. 11 ff. Die Bonuszahlung ist allerdings keine Garantie dafür, daß die Manager eine langfristig vorteilhafte Investitionsentscheidung treffen werden.

[430] Vgl. Hirshleifer/Thakor (1992), S. 448.

Ein weiterer Nachteil des kurzfristigen gewinnabhängigen Anreizvertrages besteht darin, daß ein Fehlverhalten von Managern induziert werden kann. Der Unternehmensgewinn entsteht als Residualgröße aufgrund der beeinflußbaren Rechnungslegung. Er kann durch eine Veränderung der Rechnungslegung beeinflußt werden, falls bilanzielle Wahlrechte zur Rechnungslegung bestehen. Der Unternehmensgewinn kann zugleich durch den Verzicht auf nicht-aktivierbare Investitionen kurzfristig erhöht werden, obwohl über die Periode hinweg das Vermögen des Eigentümers dadurch sogar negativ beeinflußt wird.[431] Es besteht die Gefahr, daß die Manager dazu neigen, diejenige Investition auszuwählen, die kurzfristig zwar beachtliche Einzahlungsüberschüsse bringt, langfristig aber unvorteilhaft ist.

2. Eigenkapitalbeteiligung

Um die Anreize der Manager, insbesondere die von Topmanagern zu erhöhen, werden Aktienoptionen als eine alternative marktwertorientierte Entlohnung eingesetzt. Den Managern wird erlaubt, bis zu einem bestimmten Zeitpunkt Aktien ihres gegenwärtigen Unternehmens zum Bezugskurs zu erwerben. Sie können die Aktien wieder zum höheren Börsenkurs verkaufen.[432] Die Managementvergütung setzt sich dabei aus dem Grundlohn und der variablen Vergütung zusammen. Die variable Vergütung besteht aus einer Reihe von Optionen mit jeweiligem Bezugskurs.[433] Je mehr sich die Manager für eine Erhöhung des Marktwertes des Unternehmens anstrengen, desto größer ist der Einkommenszuwachs aus der Differenz zwischen Aktien- und Bezugskurs.[434] Ein möglichst hoher Bezugskurs und eine möglichst große Optionsanzahl können die Manager dazu bewegen, sowohl mehr Arbeitseinsatz zu leisten als auch eine riskante Investitionsalternative mit hoher erwarteter Rendite zu wählen.[435] Es besteht hier wiederum die Gefahr, daß sich die Manager kurzfristig gewinnabhängig verhalten werden.

Eine eigene Kapitalinvestition kann grundsätzlich die Bereitschaft der Manager erhöhen, Risiko zu übernehmen. Somit wird die Neigung zum Herdenverhalten reduziert.[436] Durch die Kapitalbeteiligung des Managers wird der Interessenkonflikt im Rahmen der Prinzipal-Agenten-Beziehung abgemildert. Das Investitionsergebnis geht in die Nutzenfunktion des Managers ein und spielt eine direktere Rolle als die Reputation. Das Interesse des Managers steht mit dem Interesse des Prinzipals in

[431] Vgl. Jost (2001), S. 505.

[432] Zum empirischen Befund vgl. Jost (2001), S. 522-534.

[433] Vgl. Winter (2000), S. 80 ff, und S. 109 ff.

[434] Zur Anwendung des Aktienoptionsprogramms in Deutschland vgl. Kräkel (2004), S. 299-301.

[435] Vgl. Winter (2000), S. 182-183.

[436] Vgl. Kodres (1998), S. 57. In seiner Arbeit wird empirisch bestätigt, daß Hedgefondsmanager relativ wenig zum Herdenverhalten neigen, weil der Ansatz der Eigenkapitalbeteiligung dort umgesetzt wird.

diesem Fall mehr oder weniger in Einklang. Obwohl der Manager weiterhin Interesse an seiner Reputation hat, spielt jetzt die Veränderung des eigenen Vermögens bei seiner Investitionsentscheidung eine größere Rolle als zuvor.[437]

Ein Problem ergibt sich bei der Anwendung dieses Ansatzes dadurch, daß kein direkter Zusammenhang zwischen der Wertänderung der Aktienoptionen und der Managerleistung ermittelbar ist, auch wenn das Einkommen des Managers mit dem Unternehmenserfolg verbunden ist. Der Aktienbesitz soll dazu dienen, die Manager zur Marktwertsteigerung der Unternehmen zu motivieren. Allerdings ist fragwürdig, ob dieser Anreizmechanismus effektiv ist. Eine Innovation hängt beispielsweise von der Unternehmensgröße ab. Kleine Unternehmen haben gegenüber größeren Unternehmen oft eine höhere Innovationsbereitschaft.[438] Weil der Marktwert von verschiedenen gesamtwirtschaftlichen Einflußfaktoren abhängt, kann der fehlende eindeutige Zusammenhang zwischen der Managerleistung und der Belohnung den Anreiz wiederum reduzieren. Zur Gestaltung der Aktienoption sollen sowohl die rechtlichen Rahmenbedingungen als auch die Anreiz- und Motivationseffekte berücksichtigt werden.

3. Langfristiger Anreizvertrag

Bei einem langfristigen Vertrag kann die Managementvergütung in einer Periode nicht nur vom Handlungserfolg in der betrachteten Periode, sondern auch von den Ergebnissen aller bisherigen Perioden abhängen. Je genauer die Handlungen über die Periode gemessen werden können, desto präziser kann sich der Prinzipal über die Fähigkeiten des Managers informieren. Außerdem wird das Einkommensrisiko des Managers hinsichtlich der kumulierten Gesamtvergütung reduziert. Folglich werden die zu zahlenden Risikoprämien auch geringer.[439]

Um den Anreiz eines Managers zu erhöhen, sollen langfristig geeignete Maßzahlen zur Beurteilung der Managerleistung herangezogen werden. Die optimale Anreizintensität eines Vertrags ist umso geringer, je größer die Manipulierbarkeit der Vergleichszahlen ist. Ein Leistungsvergleich verschiedener Geschäftsbereiche auf Basis des Gewinns verzerrt das Bild über die Profitabilität der Geschäftsbereiche. Die Größe der zu vergleichenden Geschäftseinheiten ist unterschiedlich. Der absolute Gewinn als Maßzahl ist deshalb nicht gerechtfertigt. Dagegen ist das Maß Gesamtkapitalrentabilität, welches als Rendite des eingesetzten Kapitals definiert ist, für die Rentabilität der Geschäftseinheit besser geeignet. Durch die Gesamtkapitalrentabilität kann der

[437] Vgl. Ackermann/McEnnally/Ravenscraft (1999), S. 837. Dort wird die Eigenkapitalbeteiligung als „joint ownership“ bezeichnet.

[438] Vgl. Riegler (1996), S. 98.

[439] Vgl. Radner (1981), S. 1128 und vgl. Lambert (1983), S. 448-449.

Prinzipal identifizieren, welche Geschäftseinheiten weiterhin gefördert werden sollen. Allerdings ist diese Größe nicht manipulationsfrei.[440]

Als weitere alternative Maßzahl bei der Entlohnungsgestaltung kann der Residualgewinn verwendet werden. Hier wird dem Manager ein Soll-Gewinn aus der betrachteten Investition vorgeschrieben. Beim Überschreiten dieses Soll-Gewinns erhält der Manager den Residualgewinn als Entlohnungsverbesserung. Die Maximierung des Residualgewinns führt zum optimalen Investitionsprogramm aus Sicht des Prinzipals, so lange die Finanzmittel nicht knapp sind und die Manager annahmegemäß nur finanzielle Interessen haben.[441] Zur Bemessung der Managerleistung sind auch Kennzahlen wie der Ertragswert denkbar, welche die zeitliche Entwicklung und langfristig wirksame Leistungsaspekte berücksichtigen.[442] Oft wird der Marktwert des Unternehmens bei der Leistungsbewertung herangezogen. Allerdings muß der Prinzipal berücksichtigen, daß der Marktwert auf der Leistung von verschiedenen Managern und Personen beruht. Es ist unklar, ob die Neigung des Managers zum Herdenverhalten durch diesen Ansatz tatsächlich reduziert wird. Weiterhin beschränkt sich die Anwendbarkeit des Marktwertes auf börsennotierte Unternehmen.

4. Reputationsbestimmung

Eine vollständige Form der Reputationsbestimmung ist nicht möglich. Um die Reputation empirisch zu erfassen, müssen verschiedene Kenngrößen zur Beurteilung herangezogen werden.[443] Ein Prinzipal soll kurzfristig nicht die Reputation als Beförderungsmittel innerhalb der Organisation einbeziehen, denn der Reputationseffekt lohnt sich aus Sicht des Prinzipals nur, wenn die Nutzungsdauer der Reputation relativ lang ist.[444]

Ein Manager wird zum Herdenverhalten neigen, falls er Angst vor einer schlechten Reputation hat. Um das Risiko hierfür zu verringern, kann sein aktueller Prinzipal ihm einen zusätzlichen Lohn anbieten, der den Reputationsverlust im Fall der alleinigen Fehlentscheidung übersteigt.[445] Durch diese Kompensation des Reputationsverlustes kann die Neigung des Managers zum Herdenverhalten reduziert werden. Dieser zusätzliche Lohn ist aber keine Garantie für die Aufhebung des Herdenverhaltens. Ein Manager kann trotz der Verlustkompensation zum Herdenverhalten neigen, um

[440] Vgl. Winter (1996 b), S. 114-115.

[441] Vgl. Ewert/Wagenhofer (2005), S. 481 und S. 517.

[442] Vgl. Winter (1996 b), S. 126.

[443] Vgl. Röbken (2007), S. 330.

[444] Vgl. Kräkel (1999), S. 214.

[445] Vgl. Scharfstein/Stein (1990), S. 476. Dort wird vorgeschlagen, daß dieser Lohn auch durch die anderen Prinzipale auf dem Arbeitsmarkt bezahlt wird. Allerdings ist die Durchführbarkeit eines solchen Vorschlags fragwürdig.

zusätzlich einen Reputationsgewinn zu erlangen, so lange sein Verhalten schlecht vom Prinzipal kontrolliert werden kann.

Das Karriereinteresse des Managers kann durch ein verringertes hierarchisches Lohndifferential reduziert werden. Geringere Lohnunterschiede zwischen Managern auf unterschiedlichen Hierarchieebenen geben den Managern weniger Anreiz, durch Herdenverhalten eine kontraproduktive Investitionsentscheidung zu treffen, um den Prinzipal über die eigenen Fähigkeiten zu täuschen. Dennoch muß berücksichtigt werden, daß aufgrund geringer hierarchischer Lohnunterschiede kein Leistungsanreiz der Manager induziert werden kann.[446]

Ein konvexes Vergütungsschema bei der relativen Leistungsbewertung kann den Managern einen Anreiz geben, von der Herde abzuweichen. Konvexität bedeutet hier, daß die Kosten einer relativ schlechten Leistung kleiner als die Erträge einer relativ guten Leistung sind. Somit ist die Situation ähnlich wie auf dem „winner-take-all" Markt, wo der alleinige Erfolg eine wichtige Rolle spielt und sich die erzielten Einkommen extrem ungleich verteilen.[447] Manager mit einer sehr guten Leistung profitieren von der überproportionalen Vergütung. Als Konsequenz kann eine solche Ausgestaltung der konvexen Vergütungsstruktur zum Anti-Herdenverhalten führen: Jeder Manager ist motiviert, den einzigen „Turnierpreis" zu gewinnen und die pauschale Prämie zu erhalten. Dadurch erweist sich der Manager als besonders qualifiziert. Ein alleiniger Erfolg erhöht den Nutzen des Managers mehr als ein gemeinsamer Erfolg in der Herde. Es ist dem Manager nicht möglich, die zusätzliche Prämie zu erhalten, wenn er den Entscheidungen der anderen Manager folgt. Dies ist vor allem der Fall, wenn ein Manager im Zeitablauf von seiner eigenen Fähigkeit sehr überzeugt ist.[448] Im Fall, daß der Prinzipal davon ausgeht, daß die Signale der unfähigen Manager ebenfalls miteinander korreliert sind und somit die unfähigen Manager gleiche Entscheidungen treffen werden, unabhängig davon, ob die Entscheidung ex-post richtig ist, wird die Neigung zum Anti-Herdenverhalten verstärkt, denn die fähigen Manager wollen sich von den unfähigen abgrenzen.[449] Es ist allerdings nicht auszuschließen, daß im Fall des Anti-Herdenverhaltens ebenfalls das Problem der Vernachlässigung der privaten Informationen besteht.

5. Altersstruktur

Chevalier/Ellison (1997) haben empirisch bestätigt, daß die Vergütungen von älteren Fondsmanagern gegen ihre vergangenen Leistungen weniger empfindlich sind als die

---

[446] Vgl. Kräkel (1999), S. 271-272.

[447] Vgl. Del Guercio/Tkac (2002), S. 525.

[448] Vgl. Levy (2004), S. 504 ff, S. 511 und S. 513.

[449] Die Neigung zum Anti-Herdenverhalten wurde vor allem von Hirshleifer (1993) auf dem Arbeitsmarkt behandelt, vgl. ebenda, S. 156.

von jüngeren Managern.[450] Dieses Untersuchungsergebnis hat einen theoretischen Hintergrund. Bereits Scharfstein/Stein (1990) haben in ihrem Modell angenommen, daß die Fähigkeit des Agenten weder dem Agenten selbst noch dem Prinzipal bekannt ist.[451] Die jüngeren Manager sind aufgrund der fehlenden Erfahrung nicht in der Lage, die eigenen Fähigkeiten einzuschätzen, und umso weniger ist der Prinzipal über ihre Fähigkeiten informiert. Ein Aufbau der Reputation ist insbesondere für die jungen Manager sinnvoll, weil sie durch eine gute Reputation im Lauf der Zeit besser bezahlt werden. Daneben werden junge Manager bei relativ schlechten Leistungen stärker bestraft als ältere Manager. Demnach neigen jüngere Manager im Vergleich zu älteren und erfahrenen eher zum Herdenverhalten.[452]

Im Zeitablauf wird die Fähigkeit eines Managers durch viele Beobachtungen vom Prinzipal stets präziser eingeschätzt. Die Kosten eines negativ abweichenden Investitionserfolgs sind für den erfahrenen Manager entsprechend geringer, weil sich die Markteinschätzung über seine Fähigkeit durch ein weiteres Signal nur geringfügig ändern wird.[453] Dies kann zu zwei Effekten führen. Einerseits kann ein erfahrener Manager eher eine innovative Alternative bevorzugen. In praktischer Hinsicht bedeutet dies, daß einem relativ erfahrenen Manager im Unternehmen eine Investitionsentscheidung in bezug auf eine Innovation überlassen werden sollte. Andererseits kann der erfahrene Manager einen geringeren Anreiz haben, durch eigene Anstrengungen mehr Informationen über die Innovation zu erwerben. Im Gegensatz dazu haben jüngere Manager einen stärkeren Anreiz, sich eine gute Reputation zu verschaffen.[454] Dies impliziert, daß die älteren Manager, die nur noch kurze Zeit in Arbeitsleben aktiv sind, stärker nach ihrem Handlungserfolg vergütet werden sollten. Ein kurzfristiger erfolgsabhängiger Entlohnungsvertrag soll insbesondere für die älteren Manager ausgestaltet werden, falls ein Karriereanreiz für sie nicht sehr relevant ist und ein langfristiger Anreizvertrag nicht mehr angewendet werden kann. Der Anreiz für ältere Manager auf oberen Hierarchiestufen sollte also in einer direkten monetären Belohnung bestehen. In der Literatur wird daher empfohlen, daß die Entlohnung nach dem Dienstalter erfolgen sollte. Ein höheres Gehalt motiviert ältere Manager, sich mehr anzustrengen, während jüngere Manager aufgrund des größeren Erwartungswertes des gesamten Lebenszeiteinkommens geringer als nach ihrer Produktivität bezahlt werden können.[455] Alternativ kann der Prinzipal den älteren Managern drohen, sie bei schlechter absoluter Leistung auf eine niedrigere Stelle innerhalb der Hierarchie zu versetzen.

---

[450] Vgl. Chevalier/Ellison (1997), S. 1179.

[451] Vgl. Scharfstein/Stein (1990), S. 466.

[452] Vgl. Sias (2004), S. 195.

[453] Vgl. Zwiebel (1995), S. 16.

[454] Vgl. Holmstrom (1999), S. 12.

[455] Vgl. Jost (2001), S. 425.

Eine gute Reputation ist umso vorteilhafter, je länger die Restverweildauer eines Managers auf dem Arbeitsmarkt währt. Die Bereitschaft, in die Reputation zu investieren, ist größer, je häufiger die Reputation zum Vorteil des Managers genutzt werden kann. Daher wird ein Manager eher zum Beginn seiner Prinzipal-Agenten-Beziehung in seine Reputation investieren als am Ende. Gerade die jüngeren Manager haben folglich einen größeren Anreiz, den Entscheidungen der anderen Manager zu folgen. Zur Abmilderung dieses Herdenverhaltens ist eine Maßnahme möglich, daß ein junger Manager Aktien des Unternehmens beim Eintritt einkauft und sie beim Verlassen des Unternehmens an seinen Nachfolger weiter verkaufen muß. Der junge Manager wird so motiviert, sich in allen Perioden anzustrengen, um den Marktwert der Aktien nicht zu gefährden.[456] Obwohl dieser Vorschlag etwas weltfremd ist, weist er dennoch darauf hin, daß die Eigenkapitalbeteiligung der jüngeren Manager zur Abmilderung des Herdenverhaltens führen kann.

6. Organisatorische Lösungen

Um ineffizientes Herdenverhalten von Managern zu vermeiden, ist es denkbar, Investitionsentscheidungen innerhalb eines Unternehmens geheim zu halten.[457] Für den Fall, daß Investitionsentscheidungen im Rahmen eines Meetings oder Teams durch verschiedene Manager abgestimmt werden müssen, kann der Prinzipal die beteiligten Manager dazu zwingen, ihre Empfehlungen gleichzeitig abzugeben. Durch diese simultane Entscheidung erlangt der Prinzipal alle vorhandenen Informationen für eine fundierte Entscheidung. Dieses Instrument kann allerdings nur verwendet werden, wenn die Anzahl der beteiligten Manager überschaubar ist, und es sich dabei um eine Entscheidung innerhalb eines Unternehmens handelt. Allerdings verhindert diese Maßnahme einen Informationsaustausch.

Alternativ dazu ist eine Teamlösung zu empfehlen.[458] Im Rahmen des Anreizsystems können Manager nicht nur nach individuellen Leistungen, sondern auch anhand der Leistung einer Organisationseinheit entlohnt werden. Je stärker die Interdependenz zwischen den Teammitgliedern ausgeprägt ist, desto eher spricht dies für eine Orientierung der Entlohnung am Gesamterfolg des Teams. Eine individuelle Leistungsbewertung verschärft den Wettbewerb innerhalb des Teams und somit das Problem der ineffizienten Ressourcennutzung. Eine Teambeteiligung an der Bewertung verringert insofern die Verteilungskämpfe zwischen den einzelnen Teammitgliedern. Andererseits kann die Teamlösung den einzelnen Mitgliedern den Anreiz geben, Leistungen gegenseitig zu kontrollieren.[459]

[456] Vgl. Kreps (1990), S. 108-111.

[457] Vgl. Swank (2000), S. 268.

[458] Vgl. Borland (1992), S. 264, Kräkel (1999), S. 194.

[459] Vgl. Winter (1996 b), S. 147.

Innerhalb eines Arbeitsteams sollten die Handlungen einzelner Teammitglieder nicht miteinander verglichen werden, so lange kein direkter Zusammenhang zwischen Handlung und Leistung besteht. Die relative Leistungsbewertung soll bei der Teamarbeit nicht zur Geltung gebracht werden, weil sie einerseits Herdenverhalten verursacht und andererseits die verschiedenen Aufgaben innerhalb eines Teams nicht miteinander verglichen werden können.[460] Wenn Manager nicht in einem Konkurrenzverhältnis stehen, sondern gemeinsam bezahlt werden, haben sie eine höhere Bereitschaft dafür, Informationen auszutauschen. Das gesamte Ergebnisrisiko wird so auf mehrere Manager verteilt.[461] Eine kollektive Teamlösung verlangt eine interne Kommunikation und Koordination zwischen den einzelnen Entscheidungsträgern. Jeder Manager im Team äußert eigene Informationen über die Rentabilität der zur Auswahl stehenden Investition. Die gesamten kollektiven Informationen stehen wieder jedem einzelnen Manager zur Verfügung.

Des weiteren kann die Aufteilung der Verantwortung innerhalb eines Teams zum Trittbrettfahrerproblem führen, wenn die einzelnen Leistungsbeiträge nicht beobachtbar sind oder kontrolliert werden können. Ein Manager erhöht durch seine Leistungszurückhaltung seinen Nutzen, während die Kosten seiner verminderten Leistung auf alle Teammitglieder verteilt werden. Bei einer Aufgabenteilung innerhalb eines Teams kann das Trittbrettfahrerproblem verhindert werden, wenn jedes Teammitglied bei Nicht-Erreichung des Sollwertes des Teamergebnisses eine empfindliche Lohneinbuße in Kauf nehmen muß. Die Anwendung dieser Sanktionsmaßnahme birgt dennoch die Gefahr von dem verborgenen entscheidungsrelevanten Verhalten, es sei denn, daß sie für Teammitglieder dauerhaft verwendet wird.[462] Alternativ sind eine gegenseitige Kontrolle und Gruppendruck sinnvoll für die Überwindung des Trittbrettfahrerproblems. Dies betrifft vor allem kleine Managerteams mit ähnlicher fachlicher Qualifikation, weil die Kontrollkosten hier relativ gering sind. Allerdings kann der Gruppendruck dazu führen, daß die Teammitglieder auf innovative Investitionen verzichten und zum Herdenverhalten neigen werden.

Zur Aufhebung des Herdenverhaltens kann auch die Maßnahme „Job rotation" implementiert werden, bei der die Agenten zwischen verschiedenen Stellen innerhalb derselben Abteilung oder zwischen unterschiedlichen Abteilungen rotieren.[463] Durch „Job rotation" werden die Fähigkeiten des einzelnen Managers mehrfach vom Prinzipal beurteilt. Falls das Leistungsergebnis bei einer Tätigkeit schlecht mit der Leistungsfähigkeit in einer anderen Tätigkeit in Verbindung steht, wird der Anreiz des Managers zur Leistungszurückhaltung vermindert.[464] Ein Nachteil dieser Maßnahme

---

[460] Vgl. Kräkel (2004), S. 229.

[461] Vgl. Borland (1992), S. 264.

[462] Vgl. Kräkel (2004), S. 225 und S. 228.

[463] Vgl. Kräkel (1999), S. 265 ff.

[464] Vgl. Kräkel (2004), S. 190.

besteht darin, daß der Kontinuitätsvorteil fehlt und folglich eine Rekrutierungschance für die Manager verschlechtert wird. Die Manager werden bei „Job rotation" nicht sehr schnell befördert und können nicht schnell eine höhere Stelle in der betrieblichen Hierarchie einnehmen. Folglich erhöht sich der Fluktuationsanreiz, zu einem anderen Prinzipal zu wechseln.[465]

7. Einsatz der Prüftechnologie

Eine Entlassung verschafft dem betroffenen Manager eine schlechte Reputation und steigert seine Opportunitätskosten, falls er in dem aktuellen Unternehmen höher als der Marktgleichgewichtslohn vergütet wird. Denn der Manager wird nach seiner Entlassung mit höchster Wahrscheinlichkeit in einem anderen Unternehmen geringer bezahlt werden. Um eine Entlassung zu vermeiden, neigen Manager zum Herdenverhalten. Bei einer relativen Leistungsbewertung wird nur das branchengemeinsame Risiko eliminiert. Das unternehmensspezifische Risiko, welches außerhalb des Einflußbereiches eines Managers liegt, beeinflußt dennoch das Managereinkommen. Für eine bessere Beurteilung der Managerleistung kann bei einer starken Zielabweichung eine Ausreißeranalyse durchgeführt werden, deren Ziel darin besteht, festzustellen, ob ein schlechtes Ergebnis durch negativ wirkende externe Faktoren wie ungünstige Umweltentwicklungen verursacht wurde. Wenn die externen Faktoren das Ergebnis verursacht haben, sollten sie von der Beurteilung einer schlechten Managerleistung auf Basis des nicht gelungenen Erfolgs abgesehen werden. Eine solche Ausreißeranalyse garantiert zwar eine angemessene Beurteilung der Managerleistung und eine Verbesserung der Risikoallokation, ist aber aufgrund der Beschaffung der zusätzlichen Informationen und Kontrolle in der Regel mit erheblichen Kosten verbunden. Daher sollte diese Analyse zur Reduzierung des persönlichen Risikos vom Manager nur in Ausnahmefällen angewendet werden.[466]

Eine Kontrolle von Topmanagern kann durch Märkte und marktorientierte Institutionen wie Wirtschaftsprüfer, unternehmensinterne Institutionen wie den Betriebsrat und durch Netzwerkstrukturen wie Banken gewährleistet werden. Hierzu müßte z.B. der Informationsstand des Betriebsrates und der Betriebsgewerkschaft verbessert werden. Dies kann durch beauftragte Wirtschaftsprüfer erfolgen, die den Jahresabschluß des Unternehmens begutachten.[467] Der Prinzipal muß eine Kosten-Nutzen-Kalkulation für den Einsatz der Prüfung durchführen, wobei die Tätigkeit des Prüfers auch kontrolliert werden sollte. Banken verfügen als Fremdkapitalgeber durch Kreditverträge über einen relativ guten Informationsstand. Die Bank kann die Verlängerung der bestehenden Kredite und weitere Kredite ablehnen, falls sie glaubt,

[465] Vgl. Kräkel (1999), S. 205.

[466] Vgl. Winter (1996 b), S. 158.

[467] Zu diesem Thema vgl. Wagenhofer/Ewert (2003), S. 392 ff.

daß sich Topmanager fehlerhaft verhalten haben.[468] Insgesamt sollten allerdings die Kontrollkosten gegenüber den Erträgen aus der Kontrolle abgewogen werden.

8. Humankapitalinvestition der Agenten

Die Signale über den Managertyp sind vorteilhaft für den Prinzipal, weil sie die Unsicherheit über die verborgenen Eigenschaften der Manager reduzieren. Ein Bildungsniveau eines Managers kann als sein Qualitätssignal betrachtet werden. Diejenigen Manager, die jung sind und gerade in das Berufsleben eingestiegen sind, sowie diejenigen Manager, die unmittelbar vor der Pensionierung stehen, haben eine geringe Quasi-Rente aus der Beschäftigung. Die Quasi-Rente kann als „die Differenz zwischen der durch die Ausbildung gesteigerten Produktivität im ausbildenden Unternehmen und der auch ohne Ausbildung realisierbaren Produktivität außerhalb des Ausbildungsunternehmens“ bezeichnet werden.[469] Sie ist eine umgekehrte U-förmige Funktion in Abhängigkeit von der Beschäftigungszeit und wird nach der Kostenbeteiligung auf Prinzipal und Agenten aufgeteilt. Einerseits ist die Quasi-Rente größer, je länger ein Agent im Unternehmen tätig ist. In diesem Fall steigt sein betriebsspezifisches Humankapital. Andererseits wird die Quasi-Rente kleiner, je kürzer die verbleibende Beschäftigungsdauer eines Agenten ist. In diesem Fall verfügt er über geringere Verbesserungsmöglichkeiten für seine Produktivität.[470] Dies könnte ein Grund sein, warum sowohl unerfahrene junge Manager als auch kurz vor der Rente stehende Manager mit höherer Wahrscheinlichkeit entlassen werden.[471] Je mehr betriebsspezifisches Humankapital ein Manager im Lauf seiner Beschäftigung erworben hat, desto höher sind seine Kosten für den Wechsel seines Arbeitgebers. Eine Investition in das betriebsspezifische Humankapital führt dazu, daß ein alternatives externes Lohnangebot für den Manager weniger attraktiv ist. Folglich hat der Manager eine geringere Neigung zum Herdenverhalten und wird sich bei der Aufgabenerfüllung für den aktuellen Prinzipal mehr anstrengen. Personalentwicklungsanreize wie Weiterbildungen und Seminare sowie flexibilitätsbezogene Anreize wie Arbeitsfreiraum wirken auch motivierend auf die Manager.

Der Prinzipal kann mittels der Finanzierung der betriebsspezifischen Humankapitalinvestition die Arbeitsbereitschaft seiner Agenten erhöhen und ihre Mobilitätsbereitschaft senken. Je mehr sich der Prinzipal an den Kosten der Bildungsmaßnahmen beteiligt hat, desto geringer ist die Entlassungswahrscheinlichkeit für die Manager.[472] Entlassung als Bestrafung kann ein kontraproduktives Herdenverhalten hervorrufen.

[468] Vgl. Kräkel (2004), S. 330 mit einem weiteren Literaturverweis.

[469] Jost (2001), S. 436, Endnote Nr. 14.

[470] Vgl. ebenda, S. 428-429.

[471] Vgl. Chevalier/Ellison (1999), S. 413-414, und vgl. Graham (1999), S. 258.

[472] Vgl. Jost (2001), S. 410.

Durch den Finanzierungsanteil des Prinzipals an Humankapitalinvestitionen kann Herdenverhalten teilweise abgemildert werden.

9. Die Rolle intrinsischer Motivation

Monetäre Anreize oder andere Belohnungen sind sogenannte extrinsische Anreize, die dem Zweck dienen sollen, menschliche Bedürfnisse zu befriedigen. Im Gegensatz dazu motivieren die intrinsischen Anreize die Menschen, um ihrer selbst willen zu arbeiten. Sie tragen unmittelbar zur Bedürfnisbefriedigung bei.[473] Im Rahmen der Prinzipal-Agenten-Beziehung wird vor allem von der extrinsischen Motivation, die durch einen monetären Anreiz erzeugt wird, ausgegangen. Dabei wird oft vernachlässigt, daß ökonomische Anreize die intrinsische Motivation der Manager verdrängen können.[474] Je enger die Belohnung mit der Managerleistung verknüpft ist, desto wahrscheinlicher wird die intrinsische Motivation der Manager durch einen monetären Anreiz verdrängt und somit die Arbeitsleistung aufgrund der reduzierten intrinsischen Motivation vermindert.[475] Ursache hierfür ist, daß sich Manager mit einer überdurchschnittlichen intrinsischen Motivation benachteiligt fühlen.[476] Dieser Verdrängungseffekt wird als verborgene Kosten der Belohnung bezeichnet und durch verminderte Selbstbestimmung, geringere Leistungsbereitschaft und sogar eine reduzierte Qualität der Arbeitsleistung eines Managers geprägt.[477] Falls der Verdrängungseffekt stärker als der Anreizeffekt der Belohnung auf die Motivation der Manager wirkt, so ergibt sich ein Rückgang der Managerleistung. Bei Anwendung von ökonomischen Anreizinstrumenten sollte daher berücksichtigt werden, inwiefern die intrinsische Motivation bei der Aufgabendurchführung eine Rolle spielt. In den Fällen, in denen persönliche Beziehungen und Kommunikation zwischen dem Eigentümer und den Managern bestehen, Manager große Mitentscheidungsmöglichkeiten haben, Manager großes Interesse an der Tätigkeit haben und stets von ihrem Prinzipal gewürdigt werden, haben die Manager eine verhältnismäßig höhere intrinsische Motivation. Insbesondere sollte bei Managern im Team durch eine faire Behandlung und Arbeitsgestaltung die freiwillige intrinsische Motivation gefördert werden, um die Neigung zum kontraproduktiven Herdenverhalten zu vermeiden.

10. Weitere denkbare Maßnahmen

Statt auf Basis von Erfolgskennzahlen kann die Leistungsbewertung auch anhand von Verhaltensindikatoren wie der Leistungsbereitschaft, der Initiative und dem Verantwortungsbewußtsein etc. durchgeführt werden. Diese Maßnahme hat aber den

[473] Vgl. Frey/Osterloh (1997), S. 308. Dazu vgl. auch Deci/Koestner/Ryan (1999), S. 658.

[474] Vgl. Frey (1997), S. 31 ff. mit einem weiteren Literaturverweis.

[475] Vgl. ebenda, S. 37.

[476] Vgl. Jost (2001), S. 572-573.

[477] Vgl. ebenda, S. 568-569.

Nachteil, daß meßbare Leistungen fehlen und somit das Entlohnungssystem nach Verhaltensindikatoren sehr willkürlich ist. Die Entlohnung von Managern nach Verhaltensindikatoren hängt insofern von den subjektiven Meinungen des Prinzipals und der Mitarbeiter ab. Dies kann wiederum unmittelbar zu einer verminderten Motivation der Manager führen.[478]

In diesem Unterkapitel 4.3 bleibt die Frage, ob das erzielbare Ergebnis durch die vorgeschlagenen Maßnahmen effizient wird, noch offen. Die Kosten der Durchführung solcher Maßnahmen können unter Umständen größer sein als diejenigen Kosten, die durch das Herdenverhalten entstehen. Das Herdenverhalten wird im dargestellten Modell durch die relative Leistungsbewertung verursacht. Ein vollständiger Verzicht auf den relativen Leistungsvergleich kann zwar das Problem des Herdenverhaltens lösen,[479] man wird jedoch ebenfalls auf den Vorteil aus der relativen Leistungsbewertung verzichten müssen. Daher sollte der Prinzipal individuell die Vor- und Nachteile der Leistungsrelativierung abwägen. Bei der Auswahl des Vergütungsschemas sollte berücksichtigt werden, daß die Risikoeinstellung der Manager eine große Rolle spielt. Bei starker Risikoaversion kann sich der Manager aufgrund des unsicheren Einkommens kontraproduktiv verhalten, während bei einer geringen Risikoaversion des Managers die relative Leistungsbewertung mit einem höheren Vergütungsanteil vereinbart werden kann.[480] Eine radikale Lösung zur Abmilderung des Herdenverhaltens besteht darin, daß der Eigentümer als Prinzipal die Unternehmensführung übernimmt. Allerdings besteht in diesem Fall keine Prinzipal-Agenten-Beziehung mehr.[481]

4.4 Empirische Relevanz des Herdenverhaltensmodells im Rahmen der Prinzipal-Agenten-Beziehung

Es gibt wenige Laborexperimente zur Überprüfung des Herdenverhaltens im Rahmen der Prinzipal-Agenten-Beziehung.[482] Nur Investitionsentscheidungen der *institutionellen* Investoren (Manager) wurden empirisch untersucht. Dies liegt daran, daß gleichgerichtete Investitionsentscheidungen der *individuellen* Investoren auf dem Kapitalmarkt nicht auf die Wirkung der relativen Leistungsbewertung oder der Reputation zurückgeführt werden können. Zusätzlich werden die Leistungen der Manager und ihrer zugehörigen Institutionen als gleich angesehen.[483] Bevor das Herdenverhalten als die Konsequenz der impliziten und expliziten relativen

[478] Vgl. Winter (1996 b), S. 136.

[479] Vgl. Schauenberg (1998), S. 167.

[480] Vgl. Winter (1996 b), S. 101-102.

[481] Vgl. Freiberg (2004), S. 196-197.

[482] Vgl. ebenda, S. 145.

[483] Vgl. Chevalier/Ellison (1997), S. 1182.

Leistungsbewertung untersucht wird, soll empirisch überprüft werden, ob relative Leistungsbewertungen in der Praxis angewandt werden. Nur ihre Bestätigung kann die Ursache-Wirkungsbeziehung zwischen relativer Leistungsbewertung und Herdenverhalten der Manager rechtfertigen. Zu dieser Fragestellung liegen vorwiegend Studien aus den USA vor, die in erster Linie die Vergütung der Topmanager thematisieren.

Reputation als implizite relative Leistungsbewertung beeinflußt das künftige Einkommen eines Managers. Der Anreiz für eine gute Reputation innerhalb der Betriebsorganisation ergibt sich insbesondere aus den vertikalen hierarchischen Aufstiegschancen.[484] Empirisch wurde bereits festgestellt, daß die Einkommensdifferenz zunimmt, je höher die zu vergleichenden Hierarchiestufen sind. Jensen/Murphy (1990) definierten den Begriff „pay-performance sensitivity" als die Einkommensänderung der Topmanager gemessen in Dollar, falls sich das Vermögen der Aktionäre um einen Dollar verändert. [485] Die „pay-performance sensitivity" wurde von Aggarwal/Samwick (2003) als Instrument zur Bemessung des Anreizes der Topmanager verschiedener Hierarchiestufen weiter verwendet. Insgesamt wurden 600 Unternehmen aus den USA im Zeitraum von 1993 bis 1997 untersucht. Es konnte festgestellt werden, daß die Vorstandsvorsitzenden ein höheres Einkommen erhalten hatten als die Direktoren, deren Einkommen wiederum mit dem Vermögen der Aktionäre mehr korreliert ist als das der Bereichsleiter. [486] Zu dem gleichen Untersuchungsergebnis, wonach sich der Einkommenszuwachs zwischen den Hierarchieebenen innerhalb eines Unternehmens von Stufe zu Stufe erhöht, kam auch Leonard (1990). [487] Neben der unternehmensinternen Einkommensdifferenzierung können vergleichbare Karrierechancen bei anderen Prinzipalen ebenfalls den Reputationsanreiz der Manager induzieren.[488] Eine alternative Position in einem größeren Unternehmen schafft für Topmanager den Anreiz, den möglichen künftigen Prinzipalen auf dem Arbeitsmarkt die eigenen Fähigkeiten durch eine gute Reputation zu signalisieren. Nicht nur Anreizmechanismen, sondern auch Entlassungsdrohungen als Sanktionsinstrumente lassen die Manager nach einer guten Reputation streben. Empirisch hat Campbell (1994) einen statistisch signifikanten negativen Zusammenhang zwischen der Entlassungswahrscheinlichkeit eines Agenten und der Größe des Unternehmens ermittelt.[489] Dieses Untersuchungsergebnis stimmt mit dem Shirking-Ansatz in der Literatur überein, welcher besagt, daß die Opportunitätskosten einer Entlassung aufgrund der aktuellen überdurchschnittlich hohen Entlohnung so groß sind, daß die Manager selbst bei fehlenden Kontroll- und Sanktionsmöglichkeiten von einer Leistungsminderung abgeschreckt werden. Weil ein größeres Unternehmen mehr

[484] Vgl. Kräkel (1999), S. 228.

[485] Vgl. Jensen/Murphy (1990), S. 227.

[486] Vgl. Aggarwal/Samwick (2003), S. 1623-1624.

[487] Vgl. Leonard (1990), S. 18-19.

[488] Vgl. Kräkel (1999), S. 237.

[489] Vgl. Campbell (1994), S. 92.

Kontrollprobleme hat, wird der Shirking-Ansatz eher in bezug auf große Unternehmen angewandt.[490]

Ein Zusammenhang zwischen Managerleistung und Entlassung wurde auch von Chevalier/Ellison (1999) untersucht. Es konnte statistisch signifikant nachgewiesen werden, daß insbesondere bei den jungen Fondsmanagern die Wahrscheinlichkeit der Entlassung negativ von der relativen Leistung abhängt, sowie im Falle einer Entlassung nicht nur die relative Leistung, sondern auch die relative Portfolioentscheidung der Manager eine wichtige Rolle spielte. [491] Beobachtbare Handlungen signalisieren die Informationsqualität von Managern. Bei schlechten Renditen konnte eine unkonventionelle Handlung zu einer erhöhten Entlassungswahrscheinlichkeit führen. [492] Das Untersuchungsergebnis steht mit dem theoretischen Modell von Scharfstein/Stein (1990) in Einklang.[493]

Studien zur Untersuchung der Beziehung zwischen der Beschäftigungssicherheit und dem relativen Unternehmenserfolg können nicht davon ausgehen, daß die Manager bei einem schlechten Abschneiden im Vergleich zu den anderen tatsächlich entlassen werden. Lediglich die Entlassungswahrscheinlichkeit ist gestiegen. Die Untersuchung von Morck/Shleifer/Vishny (1989) hat bestätigt, daß die Wahrscheinlichkeit für einen Wechsel aller Topmanager eines Unternehmens zunimmt, wenn die relative Marktwertentwicklung des Unternehmens eindeutig kleiner ist als die einer vergleichbaren Unternehmensgruppe in der Branche.[494] Hong/Kubik/Solomon (2000) erzielten in ihrer Untersuchung auch das gleiche Ergebnis, wonach die Kündigungswahrscheinlichkeit der Analysten mit zunehmender schlechter Leistung steigt und umgekehrt.[495] Dies stimmt wiederum mit der theoretischen Aussage von Holmstrom (1999) überein, daß anhand der vergangenen schlechten Managerleistungen eine Managerfähigkeit erneut beurteilt werden muß.[496]

Zur Eliminierung der Marktrisiken aus der Managervergütung kann die explizite relative Leistungsbewertung angewendet werden. Zur Überprüfung einer positiven oder negativen Beziehung zwischen Managervergütung und Unternehmenserfolg wurden empirische Untersuchungen durchgeführt. Die Managervergütung, auf der die Untersuchung von Murphy (1985) aufbaute, bestand hauptsächlich aus folgenden

[490] Für einen Überblick über Literaturbeiträge zum Shirking-Ansatz vgl. Kräkel (1999), S. 27, FN Nr. 18.

[491] Vgl. Chevalier/Ellison (1999), S. 413-414, und S. 409-410.

[492] Vgl. ebenda, S. 413 und S. 419.

[493] Vgl. ebenda, S. 420, Scharfstein/Stein (1990), S. 466, und dazu vgl. auch Zwiebel (1992), S. 15.

[494] Vgl. Morck/Shleifer/Vishny (1989), S. 845 ff.

[495] Vgl. Hong/Kubik/Solomon (2000), S. 130 ff.

[496] Vgl. Holmstrom (1999), S. 7.

Komponenten: Grundgehalt, Gewinnbeteiligung, das mit dem Marktwert des Unternehmens direkt korrelierte Erfolgshonorar und der Wert des Aktienbesitzes.[497] Insgesamt wurden 500 Manager aus den 73 größten amerikanischen Unternehmen im Zeitraum von 1964 bis 1981 befragt. Einerseits wurde festgestellt, daß sich bei Verringerung des Marktwertes des Unternehmens um 30% das Grundgehalt und die Gewinnbeteiligung der Vorstandsvorsitzenden um 1,2% reduzierten, und daß sich die Summe dieser beiden Vergütungskomponenten mit der 30%igen Zunahme des Marktwertes um 8,7% erhöhte.[498] Andererseits wurde die Marktwertentwicklung des jeweiligen Unternehmens sowohl mit der branchendurchschnittlichen als auch mit der von Unternehmen der gleichen Risikoklasse verglichen. Wenn die relative Marktwertentwicklung eines Unternehmens 10% des branchendurchschnittlichen Niveaus erreicht hatte, dann erzielten seine Führungskräfte eine um 17% höhere Gewinnbeteiligung und um 7,5% höhere Erfolgshonorare. Wenn die relative Marktwertentwicklung eines Unternehmens um 10% über dem durchschnittlichen Niveau der gleichen Risikoklasse gestiegen war, erhöhten sich die Gewinnbeteiligung und der Wert des Aktienbesitzes von Führungskräften jeweils um 8,5% und 3,8%. Insofern bestätigte Murphy (1985), daß die Gewinnbeteiligung der Führungskräfte positiv von ihren relativen Leistungen abhängt und daß sich die Unternehmen explizit oder implizit an der relativen Leistungsbewertung orientieren.[499] Auch in Deutschland bestätigte Arnswald (2001), daß der Investmentfondsmanagern gewährte Bonuszuschlag primär nach dem relativen Leistungsvergleich zu vergleichbaren Fonds bemessen wurde.[500]

Allgemein kann eine positive Beziehung zwischen dem relativen Unternehmenserfolg und der Managervergütung durch zahlreiche empirische Untersuchungen bestätigt werden.[501] Allerdings ist das Managerverhalten nicht allein für den relativen Unternehmenserfolg verantwortlich. Der Prinzipal sollte diejenigen Leistungsindikatoren auswählen, mit deren Hilfe der relative Unternehmenserfolg eindeutig Managerleistungen zugeordnet werden kann. Solche Indikatoren sollten deutlich über die Entscheidungen der Manager informieren und beobachtbar sein. Sie sollten auch branchenspezifisch sein, so daß ähnliche Positionen verschiedener Unternehmen in derselben Branche miteinander verglichen werden können.[502] Die Frage, ob eine erhöhte Vergütung und eine verringerte Entlassungswahrscheinlichkeit beim Manager den gewünschten Anreiz wirklich auslösen können, damit sich Manager im Interesse

---

[497] Vgl. Murphy (1985), S. 17, Tabelle 2.

[498] Vgl. ebenda, S. 26.

[499] Vgl. ebenda, S. 40.

[500] Vgl. Arnswald (2001), S. 24, und S. 26, Tabelle 11.

[501] Zum Überblick über die empirischen Forschungen zur relativen Leistungsbewertung vgl. Winter (1996 a), S. 918-924. Dazu vgl. auch Freiberg (2004), S. 154-176.

[502] Vgl. Kerr/Kren (1992), S. 374.

des Prinzipals verhalten, bleibt weiterhin offen.[503] Im folgenden werden kurz einige empirische Untersuchungen vorgestellt, bei denen relative Leistungsbewertung zum Herdenverhalten der institutionellen Investoren führt.

Sias (2004) definiert das Herdenverhalten als temporäre Imitation von Wertpapieranlagestrategien von institutionellen Investoren in einer bestimmten Gruppe.[504] Weil die betrachteten institutionellen Investoren derselben Branche angehören und somit mit ähnlichen Entscheidungssituationen konfrontiert sind, werden die einzelnen Leistungen in der Gruppe direkt miteinander verglichen. Eine Leistungsabweichung oder eine Änderung der Reputation kann das Einkommen des einzelnen Investors in der Gruppe stark beeinflussen. Folglich haben die institutionellen Investoren den Anreiz, einander zu imitieren.[505] Insgesamt hat Sias (2004) 894 institutionelle Investoren und 5505 Wertpapiere untersucht. Die relative Leistungsbewertung war innerhalb bestimmter Investorengruppen durchführbar, und der Prämiensatz war vom Investorentyp abhängig. Es wurde auf statistisch signifikantem Niveau bestätigt, daß sich das Ausmaß des Herdenverhaltens in verschiedenen Investorengruppen tatsächlich unterscheidet.[506] Das Untersuchungsergebnis steht mit der Aussage des in dieser Arbeit eingeführten Modells in Einklang: Ein unterschiedlicher Prämiensatz bei der relativen Leistungsbewertung in verschiedenen Gruppen führt zu unterschiedlich stark ausgeprägtem Herdenverhalten. Zum gleichen Ergebnis kam Wylie (2005) bei der Untersuchung von Portfoliostrategien von 268 Aktienfonds in Großbritannien in der Periode von 1986 bis 1993. Das Herdenverhalten der Fondsmanager mit der gleichen Investitionsstrategie war stärker als das der insgesamt beobachteten Fondsmanager.[507] Auch wenn dieses Phänomen nur dort vorzufinden war, wo mindestens 10 aktiv gehandelte Fonds untersucht wurden, kannten die verschiedenen institutionellen Investorengruppen teilweise durch das Ausmaß des Herdenverhaltens identifiziert werden.[508]

In der Untersuchung von Chevalier/Ellison (1997) wurde festgestellt, daß die Vergütung bei den älteren Fonds weniger von der Managerleistung in der letzten Zeit abhängt als bei den jüngeren Fonds.[509] Das Reputationskonzept spielt unter den jungen

[503] Vgl. Winter (1996 a), S. 924.

[504] Vgl. Sias (2004), S. 166.

[505] Vgl. ebenda, S. 195.

[506] Vgl. ebenda, S. 197 ff.

[507] Vgl. Wylie (2005), S. 392, Tabelle 2, Gremium D, und S. 394.

[508] Vgl. ebenda, S. 402. Das gleiche Resultat ermittelte Freiberg (2004) durch den Ergebnisvergleich von verschiedenen empirischen Untersuchungen. Das Ausmaß an Herdenverhalten von Pensions- und Investmentfondsmanagern ist jeweils viel höher als der Umfang des Herdenverhaltens aller institutionellen Investoren in den USA. Vgl. dazu Freiberg (2004), S. 144. Es ist aber problematisch, die unterschiedlichen Untersuchungen, die verschiedene Daten enthalten, miteinander zu vergleichen.

[509] Vgl. Chevalier/Ellison (1997), S. 1179.

Fonds eine stärkere Rolle. Dies führt dazu, daß die Manager bei jüngeren Fonds ihre Investitionsentscheidungen eher am Benchmarking orientieren und somit mit dem Herdenverhalten beginnen.[510] Hong/Kubik/Solomon (2000) erzielten in ihrer Untersuchung das gleiche Ergebnis, wonach die durchschnittlich erfahrenen Analysten weniger Herdentrieb zeigten als die durchschnittlich unerfahrenen.[511] Zusätzlich wurde in der Untersuchung von Chevalier/Ellison (1997) bestätigt, daß am Ende des Jahres die bisher erfolgreichen Fondsmanager wenig Anreiz haben, von der Investitionsstrategie des Benchmarking abzuweichen, während die bisher wenig erfolgreichen Fondsmanager dazu mehr Anreiz haben, um höhere Renditen durch riskante Investitionen zu erwirtschaften.[512] Dieser empirische Befund stimmt mit der theoretischen Aussage von Zwiebel (1992) überein, daß sich die unfähigen Manager eher für eine riskante innovative Alternative entscheiden werden.[513]

Herdenverhalten als Konsequenz der Ausgestaltung einer konkaven Vergütungsstruktur, in der die Bestrafung einer schlechten Managerleistung höher als die Belohnung einer guten Managerleistung ist, wird durch die empirische Untersuchung von Voronkava/Bohl (2003) am Beispiel von polnischen Pensionsmanagern bestätigt. Bei einer konkaven Vergütungsstruktur wurden die Pensionsfondsmanager hoch bestraft,[514] falls sie eine schlechtere Leistung als die zu garantierende Mindestrendite erbracht hatten, während eine entsprechende Belohnung für eine sehr gute Leistung nicht vorlag.[515] Dies führte dazu, daß insbesondere die Manager von kleinen polnischen Pensionsfonds eher dazu neigten, die sicheren Investitionsstrategien der Marktführer zu imitieren.[516] Außerdem wurde ermittelt, daß Herdenverhalten vor allem bei Investitionen in den Branchen Metallproduktion, Banken und Computerservice vorzufinden war. Dieses Ergebnis sagt aus, daß sich die Entscheidungen der Pensionsfondsmanager an den erfolgreichen Investitionsstrategien in der Vergangenheit orientierten.[517] Del Guercio/Tkac (2002) untersuchten die Anreizsituation und die Investitionsentscheidungen von Pensionsmanagern. Die Autoren kamen ebenfalls zu dem Ergebnis, daß Pensionsmanager bei den von der Investitionspolitik abweichenden Investitionsentscheidungen bestraft werden. Dies führte dazu, daß die Pensionsmanager wenig Anreiz hatten, in unkonventionelle und riskante Anlagen zu investieren.[518]

---

[510] Vgl. Scharfstein/Stein (1990), S. 478.

[511] Vgl. Hong/Kubik/Solomon (2000), S. 139.

[512] Vgl. Chevalier/Ellison (1997), S. 1184-1185.

[513] Vgl. Zwiebel (1992), S. 10.

[514] Vgl. Freiberg (2004), S. 73, Abbildung 5.

[515] Vgl. Voronkova/Bohl (2003), S. 8-9.

[516] Vgl. ebenda, S. 18.

[517] Vgl. ebenda, S. 20.

[518] Vgl. Del Guercio/Tkac (2002), S. 548 ff.

Es wird aber dann gezeigt, daß nicht alle relative Leistungsbewertungen zum ineffizienten Herdenverhalten führen. In der Untersuchung von Frederickson (1992) wurden die ökonomischen und verhaltenswissenschaftlichen Wirkungen der relativen Leistungsbewertung auf die Leistungsanreize der Teilnehmer untersucht. Die Hälfte der Teilnehmer wurde nach der absoluten Ergebnisbeteiligung, die andere Hälfte nach der relativen Leistungsbewertung vergütet. Die Anreizsituationen beider Gruppen wurden anschließend miteinander verglichen. Es wurde festgestellt, daß die Teilnehmer mit der relativen Vergütung einen höheren Arbeitseinsatz geleistet hatten als die mit absoluter Ergebnisbeteiligung.[519]

Insbesondere hinsichtlich des Einflusses des Alters von Managern auf die Neigung zum Herdenverhalten liegen widersprüchliche empirische Untersuchungsergebnisse vor. Einerseits wird bestätigt, daß die Reputationsüberlegung bei jungen Managern stärker ausgeprägt ist als bei alten Managern, denn Junge Manager werden länger von ihrer Reputation profitieren als alte Manager.[520] Folglich werden die jungen Manager eher den Investitionsentscheidungen der anderen Manager folgen und eine Vorliebe zum Herdenverhalten zeigen. Andererseits wird durch empirische Untersuchungen bestätigt, daß es einen kleinen, aber statistisch signifikanten positiven Zusammenhang zwischen dem Alter und der Neigung zum Herdenverhalten gibt.[521] Ältere Manager haben höhere Opportunitätskosten, falls sie ihre Reputation verlieren. Durch Herdenverhalten können sie einen alleinigen Misserfolg vermeiden.[522] Dies kann auch darin liegen, daß der Prinzipal im Lauf der Zeit stets präziser über den Managertyp informiert ist. Eine hohe Präzision von Informationen über den Managertyp bedeutet zugleich, daß zukünftige Leistungen wenig Einfluß auf die Managerreputation haben.[523] Folglich hat ein älterer Manager weniger Anreiz, sich um eine gute Leistung zu bemühen. Diese unterschiedlichen Untersuchungsergebnisse können durch verschiedene modelltheoretische Ausgangssituationen erklärt werden. Wenn junge Manager ihre eigenen Fähigkeiten nicht kennen, werden sie eher dazu neigen, sich nach den Investitionsentscheidungen der anderen Manager zu orientieren. Falls sie über ihre Informationsqualität optimistisch sind, werden die jungen Manager versuchen, durch abweichende Investitionsentscheidungen den Prinzipal von ihren Fähigkeiten zu überzeugen.[524]

[519] Vgl. Frederickson (1992), S. 665.

[520] Vgl. Borland (1992), S. 254.

[521] Vgl. Graham (1999), S. 258.

[522] Vgl. ebenda, S. 246.

[523] Vgl. Chevalier/Ellison (1999), S. 411, und auch Zwiebel (1995), S. 16. Im Unterschied dazu kann eine innovative Investition mit hohem Risiko die Entlassungswahrscheinlichkeit der älteren Manager auch steigern. Dazu vgl. Zwiebel (1995), S. 16-17, und Chevalier/Ellison (1999), S. 415.

[524] Vgl. Chevalier/Ellison (1999), S. 420, und Prendergast/Stole (1996), S. 1107.

Eine Schwierigkeit der empirischen Bestätigung der Ursache-Wirkungsbeziehung zwischen der relativen Leistungsbewertung, der Reputation und dem Herdenverhalten besteht darin, daß das statistisch signifikante Herdenverhalten der Manager auch auf eine Informationskaskade zurückgeführt werden kann. Der Anreiz zum Herdenverhalten kann sowohl aus einer Informationskaskade als auch aus einem Karriereinteresse im Rahmen der Prinzipal-Agenten-Beziehung entstehen.[525] Bei zahlreichen empirischen Studien fehlt eine eindeutige Abgrenzung des Herdenverhaltens zu anderem konformen Verhalten. Es kann deshalb sein, daß das tatsächlich vorhandene Herdenverhalten überschätzt wird.[526] Dennoch kann allgemein durch die empirischen Untersuchungen festgestellt werden, daß die Entlassungsgefahr und die explizite relative Leistungsbewertung zu einem Herdenverhalten von Managern führen können. Weitere empirische Arbeiten sind erforderlich, um auf die Auswirkung der Reputationsüberlegung, also der impliziten relativen Leistungsbewertung, fundiert eingehen zu können.

[525] Vgl. Kim/Wei (2002), S. 218 ff.

[526] Vgl. Freiberg (2004), S. 127.

5 Zusammenwirkung der Informations- und Zahlungsexternalität im Rahmen der Prinzipal-Agenten-Beziehung

Im Informationskaskadenmodell (Kapitel 3) wurden die unterschiedlichen Zielsetzungen von Entscheidungsträgern und Auftraggebern sowie die Wirkung einer Vergütungsstruktur auf Investitionsentscheidungen der Entscheidungsträger nicht behandelt. Hingegen wird der Effekt, daß die Entscheidungsträger (Manager) gegen ihre eigenen privaten Informationen den Entscheidungen ihrer Vorgänger folgen, nicht im Herdenverhaltensmodell mit Zahlungsexternalität (Kapitel 4.2) explizit berücksichtigt. Nachfolgend wird das Zusammenwirken von Informations- und Zahlungsexternalität durch die relative Leistungsbewertung auf die Investitionsentscheidungen von Managern erfaßt.[527]

5.1 Modellannahmen und Ausgangssituation

Betrachtet werden zwei identische Fondsmanager A und B, die das Portfolio ihres jeweiligen Prinzipals verwalten. Manager A wird nach der absoluten Erfolgsbeteiligung bezahlt, während Manager B zudem auch nach der relativen Leistungsbewertung vergütet wird. Die Leistung von B wird mit der von A verglichen. Sowohl A als auch B sind risikoscheu und haben den gleichen Risikoaversionsgrad R. Ihr Ziel besteht darin, das eigene Sicherheitsäquivalent zu maximieren. Aus Vereinfachungsgründen wird nur ein einperiodiger Finanztitel betrachtet. Die beiden Manager sollen darüber entscheiden, wie viel sie in den Finanztitel investieren.

Die unsichere Rückzahlung Z des betrachteten Finanztitels ist zustandsabhängig. Die Umweltentwicklung beschränkt sich nicht nur auf zwei Zustände. Das individuelle Signal über die Zufallsvariable Z wird als H_i, $i = A, B$ bezeichnet. Die Signale determinieren den subjektiven Erwartungswert der unsicheren Rückzahlung Z. Diese sind voneinander unabhängig. Sie bilden jeweils die Summe aller mit den subjektiven Eintrittswahrscheinlichkeiten gewichteten Rückzahlungen in den jeweiligen Zuständen. Der Erwartungswert der Rückzahlung hängt allerdings nicht nur vom privaten Signal H_i eines Managers, sondern auch von den anderen entscheidungsrelevanten Signalen ab. Der Erwartungswert der unsicheren Rückzahlung $E(Z / H_i)$ kann als gewogenes arithmetisches Mittel dargestellt werden, in das die Bewertung der anderen Signale und die Einschätzung des eigenen Signals eingehen. Die erwartete Varianz hat einen Wert in Höhe von $\mathrm{var}(Z / H_i)$.

Es wird weiter angenommen, daß die Investitionsentscheidungen sequentiell getroffen werden. Die Entscheidungsreihenfolge ist wie im Informationskaskadenmodell exogen vorgegeben. Manager A trifft zuerst die Investitionsentscheidung, wobei Manager B

[527] Die nachfolgende Einführung basiert auf einem Aufsatz von Maug/Naik (1995).

die Investitionsentscheidung von A beobachten kann. Bei der Investitionsentscheidung des Managers A gilt folgende Regelung:

$$E(Z/H_A)=\delta_A H_A \quad . \tag{5.1}$$

Gleichung (5.1) bedeutet für den Manager A, daß der Erwartungswert der Rückzahlung vom Finanztitel dem durch den Faktor δ_A gewichteten individuellen Signal H_A entspricht. Der Faktor δ_A kann als die Gewichtung der privaten Information des Managers A oder als Sensitivität gegenüber seinem eigenen Signal betrachtet werden. Manager A verfügt bei seiner Entscheidung nur über die eigene Information. Daher richtet er seine Investitionsentscheidung lediglich auf das eigene Signal H_A aus. Es gilt also $\delta_A = 1$.

Bei der Investitionsentscheidung des Managers B gilt folgende Regelung:

$$E(Z/H_A, H_B)=\lambda_B H_A + \delta_B H_B \quad . \tag{5.2}$$

Zur Erhöhung der Präzision seiner Einschätzung über die unsichere Rückzahlung des Finanztitels benötigt Manager B bei seiner Entscheidung die aus der Beobachtung der Investitionsentscheidung von A abgeleitete Information H_A, wobei λ_B die Gewichtung der Information H_A des Managers A im Entscheidungskalkül von B ist. Die Gewichtung der eigenen Information H_B des Managers B wird als δ_B bezeichnet. Eine völlige Vernachlässigung der eigenen Information, also $\delta_B = 0$, wird hier ausgeschlossen. Für seine Investitionsentscheidung stehen Manager B per Annahme nur die beiden Informationen H_A und H_B zur Verfügung, die er jeweils gewichtet einbezieht. Dabei addieren sich die Gewichtungsfaktoren λ_B und δ_B zu 1. Es gilt demnach: $\lambda_B + \delta_B = 1$, $\lambda_B > 0$ und $\delta_B > 0$. Beide Gewichtungsfaktoren spiegeln das Vertrauen in das eigene (oder die Sensitivität gegenüber dem eigenen) Signal sowie in das andere wider.

Weiterhin wird angenommen, daß der Preis des Finanztitels konstant ist. Die auf $t = 1$ aufgezinste Auszahlung wird mit K bezeichnet. x_i, $i = A, B$ stellt die Anzahl des Finanztitels dar, über die zu entscheiden ist. Die gesamten aufgezinsten Investitionsauszahlungen $x_i \cdot K$ sollen das jeweilige vorgegebene (ebenfalls aufgezinste) Kapitalbudget KB_i eines Managers nicht überschreiten. Der erwartete Endwert aus der Anlageentscheidung des i-ten Managers, welcher die Differenz zwischen der Einzahlung im Zeitpunkt 1 und der aufgezinsten Auszahlung ist, ergibt sich demnach wie folgt:

$$\begin{aligned} E(EW_i) &= E(x_i \cdot Z - x_i \cdot K) \\ &= x_i \cdot E(Z/H_i) - x_i \cdot K \quad . \end{aligned} \tag{5.3}$$

Die Varianz des Endwertes ergibt sich aus der Sicht des i-ten Managers als:

$$\operatorname{var}(EW_i) = x_i^2 \cdot \operatorname{var}(Z / H_i) \ . \tag{5.4}$$

5.2 Koordinationsmechanismus

5.2.1 Investitionsentscheidung des Managers A

Das Ergebnis aus der Anlageentscheidung des Managers A ist der Endwert des betrachteten Finanztitels EW_A. Manager A wird nach der absoluten Ergebnisbeteiligung vergütet:

$$\omega_A = a_0 + \hat{a} \cdot EW_A \ , \tag{5.5}$$

wobei a_0 der fixe Grundlohn und $\hat{a}$ der Prämiensatz der absoluten Ergebnisbeteiligung sind.[528]

Das Ziel des Managers A besteht darin, sein Sicherheitsäquivalent zu maximieren. Folglich ist seine Zielfunktion identisch mit Gleichung (4.39)[529], und gegeben durch

$$\max\ S_A = E(\omega_A) - \frac{1}{2} \cdot R \cdot \operatorname{var}(\omega_A) \ , \tag{5.6}$$

unter den Nebenbedingungen

$$E(\omega_A) = a_0 + \hat{a} \cdot E(EW_A) \ , \tag{5.7}$$

$$\operatorname{var}(\omega_A) = \hat{a}^2 \cdot \operatorname{var}(EW_A) \ , \tag{5.8}$$

$$0 \le x_A \cdot K \le KB_A \ . \tag{5.9}$$

Die Bedingung (5.9) ist die Kapitalbudgetrestriktion des Managers A. Setzt man die Nebenbedingungen (5.7) und (5.8) in die Zielfunktion (5.6) ein, dann ergibt sich die modifizierte Zielfunktion wie folgt

---

[528] Im Unterschied dazu verhält sich der Manager A im Modell von Maug/Naik (1995) wie der Prinzipal, denn er erhält den gesamten Endwert der Anlage als sein Einkommen. Vgl. dazu ebenda S. 14.

[529] Siehe S. 136.

$$\max\ S_A = a_0 + \hat{a}\cdot E(EW_A) - \frac{1}{2}\cdot R\cdot \hat{a}^2 \cdot \mathrm{var}(EW_A)$$
$$= a_0 + \hat{a}\cdot x_A \cdot \left[E(Z/H_A) - K\right] - \frac{1}{2}\cdot R\cdot \hat{a}^2 \cdot x_A^2 \cdot \mathrm{var}(Z/H_A) \qquad (5.10)$$
$$= a_0 + \hat{a}x_A \cdot (\delta_A H_A - K) - \frac{1}{2}\cdot R\hat{a}^2 \cdot x_A^2\ \mathrm{var}(Z/H_A)\ ,$$

wobei $\delta_A = 1$ gelten muß. Im Maximum soll folgende Bedingung gelten:

$$\frac{\partial S_A}{\partial x_A} = \hat{a}\cdot (H_A - K) - R\hat{a}^2 x_A\ \mathrm{var}(Z/H_A) = 0\ . \qquad (5.11)$$

Löst man (5.11) nach x_A auf, erhält man die optimale Investitionsentscheidung des Managers A

$$x_A^* = \frac{H_A - K}{\hat{a}R\,\mathrm{var}(Z/H_A)}\ , \qquad (5.12)$$

wobei sie im Intervall $\left[0,\ \frac{KB_A}{K}\right]$ liegen muß.[530]

Der Umfang der Investition von Manager A in den betrachteten Finanztitel hängt also negativ von der aufgezinsten Auszahlung K, dem Risikoaversionsgrad R, der Varianz der unsicheren Einzahlung und dem Prämiensatz $\hat{a}$ der absoluten Ergebnisbeteiligung ab. Zusätzlich hängt die Investitionsentscheidung des Managers A positiv von seiner privaten Information H_A über die Vorteilhaftigkeit des Finanztitels ab.

5.2.2 Investitionsentscheidung des Managers B

Der Manager B kann die optimale Investitionsentscheidung x_A^* seines Vorgängers beobachten und sie als gegeben betrachten. Der Prämiensatz $\hat{a}$ der absoluten Ergebnisbeteiligung, die aufgezinste Auszahlung K und der Risikoaversionsgrad R sind für die beiden Manager annahmegemäß identisch. Der Manager B kann daher die zugrunde liegende Information von A, also H_A, gemäß Gleichung (5.12) aus der Beobachtung ableiten. Der erwartete Rückfluß des betrachteten Finanztitels aus Sicht des Managers B beträgt $E(Z/H_A, H_B)$, und die ex-ante-Varianz des Rückflußes wird als var$(Z/H_A, H_B)$ bezeichnet.

---

[530] Nach der Restriktion (5.9) gilt: $0 \le x_A^* \cdot K \le KB_A$, daher muß folgende Ungleichung gelten: $0 \le x_A^* \le \frac{KB_A}{K}$.

Der erwartete Endwert des Finanztitels von B ist analog zur Gleichung (5.3), und ergibt sich als:

$$E(EW_B) = x_B \cdot \left[E(Z / H_A, H_B) - K\right] \quad . \tag{5.13}$$

Die Varianz des Endwertes beträgt aus Sicht des Managers B folglich

$$\operatorname{var}(EW_B) = x_B^2 \cdot \operatorname{var}(Z / H_A, H_B) \quad . \tag{5.14}$$

Anders als A wird Manager B sowohl nach der absoluten Ergebnisbeteiligung als auch nach der relativen Leistungsbewertung vergütet. Sein Einkommen ergibt sich durch

$$\omega_B = a_0 + \hat{a} EW_B + \hat{b}(EW_B - EW_A) \quad , \tag{5.15}$$

wobei $\hat{b}$ wiederum den Prämiensatz der relativen Vergütung darstellt. Das Einkommen des Fondsmanagers B ist sowohl vom eigenen Erfolg als auch vom Erfolg seines Vorgängers A abhängig. Zwischen den beiden Größen EW_A und EW_B ergibt sich eine bestimmte Korrelation, denn Manager B kann bei seiner Entscheidung die Investitionsmenge von A beobachten, welche nicht nur den Erfolg EW_A determiniert, sondern durch zusätzliche Informationen über die unsichere Einzahlung des betrachteten Finanztitels auch die Investitionsentscheidung sowie den Erfolg EW_B von B beeinflußt. Diese Korrelation wird als Kovarianz $\operatorname{cov}(EW_A, EW_B)$ bezeichnet, und stellt die Zahlungsdependenz zwischen den beiden Managern dar. Sie wird im Entscheidungskalkül des Managers B berücksichtigt, und kann dargestellt werden als:[531]

$$\begin{aligned}
&\operatorname{cov}(EW_A, EW_B) = E\left[(EW_A - E(EW_A)) \cdot (EW_B - E(EW_B))\right] \\
&= E(EW_A \cdot EW_B) - E(EW_A) \cdot E(EW_B) \\
&= x_A \cdot x_B \cdot \left[E((Z / H_A, H_B) - K)^2 - (E(Z / H_A, H_B) - K)^2\right] \\
&= x_A \cdot x_B \operatorname{var}((Z / H_A, H_B) - K) \\
&= x_A \cdot x_B \operatorname{var}(Z / H_A, H_B) \quad .
\end{aligned} \tag{5.16}$$

Das Ziel des Managers B unterscheidet sich nicht von dem des Managers A. Es ist gegeben durch

$$\max\ S_B = E(\omega_B) - \frac{1}{2} \cdot R \operatorname{var}(\omega_B) \quad , \tag{5.17}$$

531 Vgl. Maug/Naik (1995), S. 15.

unter den Nebenbedingungen

$$E(\omega_B)= a_0 + (\hat{a}+\hat{b}) E(EW_B) - \hat{b} \cdot E(EW_A) \ , \tag{5.18}$$

$$\begin{aligned} \operatorname{var}(\omega_B) &= (\hat{a}+\hat{b})^2 \cdot \operatorname{var}(EW_B) + \hat{b}^2 \cdot \operatorname{var}(EW_A) - \\ & 2\hat{b}(\hat{a}+\hat{b}) \operatorname{cov}(EW_A, EW_B) \ , \end{aligned} \tag{5.19}$$

$$0 \le x_B \cdot K \le KB_B \ . \tag{5.20}$$

In Gleichung (5.19) sind sowohl die Varianz als auch die Kovarianz des jeweiligen Endwertes enthalten. Die letzte Nebenbedingung (5.20) ist die Kapitalbudgetrestriktion von B.

Setzt man die Nebenbedingungen (5.18) und (5.19) in die Zielfunktion (5.17) ein, kann das Maximierungsproblem des Managers B folgendermaßen umgeschrieben werden:

$$\begin{aligned} \max S_B &= a_0 + (\hat{a}+\hat{b}) \underbrace{x_B \cdot (\lambda_B H_A + \delta_B H_B - K)}_{E(EW_B)} - \hat{b} \underbrace{x_A \cdot (H_A - K)}_{E(EW_A)} - \\ & \frac{1}{2} \cdot R \cdot \left[\begin{array}{l} (\hat{a}+\hat{b})^2 \cdot \underbrace{x_B^2 \cdot \operatorname{var}(Z / H_A, H_B)}_{\operatorname{var}(EW_B)} + \hat{b}^2 \cdot \underbrace{x_A^2 \operatorname{var}(Z / H_A)}_{\operatorname{var}(EW_A)} \\ - 2\hat{b}(\hat{a}+\hat{b}) \cdot \underbrace{x_A x_B \cdot \operatorname{var}(Z / H_A, H_B)}_{\operatorname{cov}(EW_A, EW_B)} \end{array} \right] \\ &= a_0 + (\hat{a}+\hat{b}) x_B \cdot (\lambda_B H_A + \delta_B H_B - K) - \hat{b} x_A \cdot (H_A - K) - \\ & \frac{1}{2} \cdot R \cdot \left[(\hat{a}+\hat{b})^2 x_B^2 - 2\hat{b}(\hat{a}+\hat{b}) x_A x_B \right] \cdot \operatorname{var}(Z / H_A, H_B) - \\ & \frac{1}{2} \cdot R \cdot \hat{b}^2 x_A^2 \operatorname{var}(Z / H_A) \ . \end{aligned} \tag{5.21}$$

Die folgende Bedingung soll im Maximum erfüllt werden:

$$\begin{aligned} \frac{\partial S_B}{\partial x_B} &= (\hat{a}+\hat{b})(\lambda_B H_A + \delta_B H_B - K) - \\ & R\left[(\hat{a}+\hat{b})^2 \cdot x_B - \hat{b}(\hat{a}+\hat{b}) x_A \right] \cdot \operatorname{var}(Z / H_A, H_B) \\ &= 0 \ . \end{aligned} \tag{5.22}$$

Löst man (5.22) nach x_B auf, erhält man die Gleichung

$$x_B = \frac{\left(\lambda_B H_A + \delta_B H_B - K\right) + R\hat{b}x_A \cdot \operatorname{var}\left(Z / H_A, H_B\right)}{R\left(\hat{a}+\hat{b}\right)\operatorname{var}\left(Z / H_A, H_B\right)} \quad . \tag{5.23}$$

Die Investitionsentscheidung des Managers A ist bereits durch die Gleichung (5.12) gegeben. Zum Entscheidungszeitpunkt des Managers B ist x_A^* beobachtbar. Setzt man Gleichung (5.12) in die Gleichung (5.23) ein, ergibt sich die optimale Investitionsentscheidung des Managers B als:

$$\begin{aligned} x_B^* = {} & H_A \cdot \underbrace{\left(\frac{\lambda_B}{R(\hat{a}+\hat{b}) \cdot \operatorname{var}(Z / H_A, H_B)} + \frac{\hat{b}}{\hat{a}(\hat{a}+\hat{b})R \cdot \operatorname{var}(Z / H_A)}\right)}_{=:\gamma_A} + \\ & H_B \cdot \underbrace{\frac{\delta_B}{R(\hat{a}+\hat{b}) \cdot \operatorname{var}(Z / H_A, H_B)}}_{=:\gamma_B} - \\ & K \cdot \underbrace{\left(\frac{1}{R(\hat{a}+\hat{b}) \cdot \operatorname{var}(Z / H_A, H_B)} + \frac{\hat{b}}{\hat{a}(\hat{a}+\hat{b})R \cdot \operatorname{var}(Z / H_A)}\right)}_{=:\gamma_C} . \end{aligned} \tag{5.24}$$

wobei die Faktoren γ_A, γ_B und γ_C unter den gegebenen Modellannahmen stets positiv sind. Bei seiner Entscheidungsfindung verfügt B über zwei Informationen: seine eigene (H_B) und die des Managers A (H_A). Im Kalkül von B können der Faktor γ_A als die Gewichtung der Information des Managers A und der Faktor γ_B als die Gewichtung seiner eigenen Information betrachtet werden. Gleichung (5.24) sagt aus, daß die Anlageentscheidung des Managers B positiv von der eigenen (H_B) und der Vorgängerinformation (H_A) über die Vorteilhaftigkeit des Finanztitels, und negativ von der aufgezinsten Auszahlung (K) des Finanztitels abhängt. Eine genaue Analyse der Auswirkung der Zahlungs- und Informationsexternalität auf die Entscheidung von B wird im nächsten Abschnitt durchgeführt.

5.3 Auswirkungen der Informations- und Zahlungsexternalität auf Investitionsentscheidungen

Im Informationskaskadenmodell ergibt sich das Problem, daß die privaten Informationen bei individuellen Investitionsentscheidungen von den Informationen der vorherigen Entscheidungsträger dominiert werden und somit die gesamte Informationsaggregation ineffizient ist. Die optimale Entscheidung von Manager B ist durch Gleichung (5.24) gegeben. Die Frage, inwiefern die private Information des Managers B bei relativer Leistungsbewertung bei seiner Investitionsentscheidung mitberücksichtigt wird, läßt sich beantworten, wenn man die Gewichtungsfaktoren γ_A und γ_B

miteinander vergleicht und daraus eine Verhältnisgröße bildet. Die Relation beider Gewichtungsfaktoren der Informationen ist:

$$\frac{\gamma_B}{\gamma_A} = \frac{\dfrac{\delta_B}{R(\hat{a}+\hat{b})\cdot \operatorname{var}(Z/H_A,H_B)}}{\dfrac{\lambda_B}{R(\hat{a}+\hat{b})\cdot \operatorname{var}(Z/H_A,H_B)} + \dfrac{\hat{b}}{\hat{a}(\hat{a}+\hat{b})R\cdot \operatorname{var}(Z/H_A)}}$$
$$= \frac{\delta_B}{\lambda_B}\cdot \frac{1}{1+\underbrace{\dfrac{\hat{b}\cdot \operatorname{var}(Z/H_A,H_B)}{\hat{a}\lambda_B\cdot \operatorname{var}(Z/H_A)}}_{\eta}} \tag{5.25}$$

Der Faktor $\eta = \dfrac{\hat{b}\cdot \operatorname{var}(Z/H_A,H_B)}{\hat{a}\lambda_B\cdot \operatorname{var}(Z/H_A)}$ hat einen Wert größer als null, weil die Prämiensätze $\hat{a}$ und $\hat{b}$, die vom jeweiligen Manager eingeschätzte Varianz der Einzahlung des Finanztitels und der Gewichtungsfaktor λ_B einen positiven Wert annehmen. Die Relation $\dfrac{\delta_B}{\lambda_B}$ multipliziert mit dem Faktor $\dfrac{1}{1+\eta}$, der einen Wert zwischen null und eins hat, ist dann gleich der Relation $\dfrac{\gamma_B}{\gamma_A}$. Daher gilt die folgende Beziehung

$$\frac{\gamma_B}{\gamma_A} < \frac{\delta_B}{\lambda_B} \quad . \tag{5.26}$$

Die rechte Seite der Ungleichung (5.26) stellt das Verhältnis der Gewichtung der privaten Information des Managers B zur Gewichtung der Vorgängerinformation dar. Diese Relation ergibt sich bei bestehender Informationsexternalität, bei der die Einschätzung von B über die Vorteilhaftigkeit des betrachteten Finanztitels nach Maßgabe der Beobachtung der Investitionsentscheidungen von A aktualisiert wird. Es gilt $E(Z/H_A,H_B) = \lambda_B H_A + \delta_B H_B$, mit $\lambda_B + \delta_B = 1$. Je mehr Informationen zur Verfügung stehen, desto weniger wird ein Manager tendenziell auf seine eigene Information achten. Die Relation $\dfrac{\delta_B}{\lambda_B}$ gibt somit an, in welchem Maß die private Information des Managers B im Vergleich zu der Vorgängerinformation bei seiner Entscheidung Verwendung findet. Ein höherer Wert dieser Relation bedeutet, daß Manager B seine Investitionsentscheidung mehr auf seine eigene Information ausrichten wird. Somit hat seine Investitionsentscheidung für die ihm nachfolgenden Entscheidungsträger einen höheren Informationsgehalt, weil dadurch eine zusätzliche Information preisgegeben wird. Die Aufteilung der Informationsgewichtung wird also durch die Informationsexternalität beeinflußt.

Bei der linken Seite der Ungleichung (5.26) handelt es sich ebenfalls um die Beziehung der Gewichtung der privaten Information von B zur Gewichtung seiner Vorgängerinformation. Diese Relation ergibt sich allerdings im Rahmen der Prinzipal-Agenten-Beziehung, bei der Manager B nach der relativen Leistungsbewertung vergütet wird. Die Zahlungsexternalität unter den Managern, die durch die relative Vergütung verursacht wird, beeinflußt hier vor allem die Informationsgewichtung zwischen privaten und öffentlich verfügbaren Informationen. Die Ungleichung (5.26) impliziert, daß Manager B bei relativer Leistungsbewertung weniger auf seine eigene Information achten wird als bei Informationsexternalität. Wenn Manager B genauso wie Manager A durch eine absolute Ergebnisbeteiligung vergütet wird, wenn also der Prämiensatz $\hat{b}$ der relativen Leistungsvergütung gleich null ist, dann hat der Faktor η ebenfalls einen Wert von null. Gemäß der Gleichung (5.25) ist die Relation $\frac{\gamma_B}{\gamma_A}$ dann gleich der Relation $\frac{\delta_B}{\lambda_B}$. In diesem Fall ist die Informationsgewichtung zwischen privaten und öffentlich verfügbaren Informationen identisch wie die bei Informationsexternalität. Setzt man $\hat{b}=0$ in die Gleichung (5.24) ein, ergibt sich die optimale Investitionsentscheidung des Managers B wie folgt:

$$x_B^* = H_A \cdot \frac{\lambda_B}{\hat{a}R\operatorname{var}(Z/H_A,H_B)} + H_B \cdot \frac{\delta_B}{\hat{a}R\operatorname{var}(Z/H_A,H_B)} - K \cdot \frac{1}{\hat{a}R\operatorname{var}(Z/H_A,H_B)} = \frac{\lambda_B H_A + \delta_B H_B - K}{\hat{a}R\operatorname{var}(Z/H_A,H_B)} \tag{5.27}$$

Das Ergebnis ist analog zu Gleichung (5.12), bei der es sich um eine Informationsexternalität handelt. Unter einer reinen Informationsexternalität erneuert der Entscheidungsträger durch die Beobachtung der Entscheidungen seiner Vorgänger die Einschätzung über die unsichere Einzahlung des Finanztitels. Je höher die erwartete Zielgröße $(\lambda_B H_A + \delta_B H_B - K)$ ist, desto mehr investiert der Manager B in den betrachteten Finanztitel, so lange sich der Risikoaversionsgrad von B und der Prämiensatz der absoluten Ergebnisbeteiligung im Zeitablauf nicht verändern. In dieser Hinsicht stimmt die Zielsetzung des Managers mit der des Prinzipals überein.

Je größer der Prämiensatz $\hat{b}$ ist, desto kleiner ist der Faktor $\frac{1}{1+\eta}$ in Gleichung (5.25), und umso kleiner ist die Relation $\frac{\gamma_B}{\gamma_A}$ im Vergleich zur Relation $\frac{\delta_B}{\lambda_B}$. Der Grund, warum Manager unter relativer Leistungsbewertung mehr auf die Informationen ihrer Konkurrenten achten werden, liegt darin, daß allgemein in der Prinzipal-Agenten-Beziehung mit der relativen Leistungsbewertung die Zielsetzung des Managers nicht im Einklang mit derjenigen des Prinzipals steht. Mit der Einführung der relativen

Leistungsbewertung werden Managerleistungen miteinander verglichen. Ein Manager kümmert sich nicht nur um den absoluten, sondern auch um den relativen Erfolg eines Investitionsvorhabens. Der risikoscheue Manager B hat folglich mehr Interesse daran, der Investitionsentscheidung seines Vorgängers zu folgen, um die Unsicherheit seines Einkommens zu reduzieren.

Das Herdenverhaltensmodell im Rahmen der Prinzipal-Agenten-Beziehung wird in der Literatur oft als Mischmodell aus der Informationskaskade und der positiven Zahlungsexternalität angesehen.[532] Eine absolute Trennung zwischen Informations- und Zahlungsexternalität im Rahmen der eingeführten Prinzipal-Agenten-Beziehung ist kaum möglich. Die beiden wirken sich gemeinsam auf die Entscheidung des Managers aus. Die ohnehin bereits bestehende Wirkung der Informationsexternalität auf Investitionsentscheidungen der Manager wird durch die Zahlungsexternalität der relativen Leistungsbewertung noch verstärkt. Als Konsequenz werden die privaten Informationen des Managers bei der einzelnen Entscheidung weniger wahrgenommen, und die Neigung zum Herdenverhalten ist stärker als im Informationskaskadenmodell. Das Prinzipal-Agenten-Problem führt folglich zu einem verschärften Ineffizienzproblem hinsichtlich des Herdenverhaltens.

[532] Vgl. Brunnermeier (2001), S. 147 und S. 157, auch Drehmann/Oechssler/Roider (2007), S. 392 und S. 408.

6 Zusammenfassung

Das Ziel der vorliegenden Arbeit bestand darin, Entstehungsmechanismus eines Herdenverhaltens sowie seine Wirkungen auf Investitionsentscheidungen modelltheoretisch darzustellen und Maßnahmen zur Aufhebung ineffizienten Herdenverhaltens vorzuschlagen. Dem Verständnis dieser Arbeit zufolge handelt es sich um Herdenverhalten, wenn sich ein einzelner Entscheidungsträger unter Berücksichtigung des Verhaltens von seinen Vorgängern für dasselbe Verhalten wie letztere entscheidet, auch wenn eine individuelle, isoliert getroffene Entscheidung anders ausfallen würde. Herdenverhalten bietet den Ansatz zur Erklärung gleichgerichteter Entscheidungen sowohl im ökonomischen als auch im sozialen und kulturellen Kontext und kann vor allem durch Informations- und Zahlungsexternalitäten verursacht werden. Somit bestehen Handlungsinteraktionen zwischen den Entscheidungsträgern innerhalb einer Herde. Konforme Entscheidungen, die auf gleichen privaten Informationen beruhen, können nicht als Herdenverhalten bezeichnet werden. Ein bestehendes Herdenverhalten ist nicht nur rational, sondern auch irrational begründbar. Bei den dargestellten Modellen wurde davon ausgegangen, daß sich die Entscheidungsträger rational verhalten. Wenn sich Entscheidungsträger aus rationalen Überlegungen Herdenverhalten anschließen, können irrational agierende Individuen eine stärkere Neigung zum Herdenverhalten zeigen. Zwei Modellzweige zum Herdenverhalten wurden vorgestellt: das Informationskaskadenmodell und das Herdenverhaltensmodell mit Zahlungsexternalität im Rahmen der Prinzipal-Agenten-Beziehung.

Im Informationskaskadenmodell wurden mögliche Entscheidungssituationen für die ersten vier Entscheidungsträger in einer gegebenen Entscheidungsreihe veranschaulicht. Es wurde festgestellt, daß die ersten zwei Entscheidungsträger stets nach ihren eigenen Informationen handeln werden. Im Fall, daß beide eine identische Investitionsentscheidung treffen, wird der dritte Entscheidungsträger unabhängig von seiner privaten Information nach der Vorgängerentscheidung handeln. Somit startet die Informationskaskade bereits mit dem dritten Entscheidungsträger. Im Fall, daß sich die beiden ersten Entscheidungsträger unterschiedlich verhalten, wird der dritte gemäß seiner eigenen Information entscheiden. Somit befindet sich der vierte Entscheidungsträger in derselben Situation wie der zweite zuvor. Der Prozeß für die Informationskaskadenbildung folgt diesem Schema weiter, so daß festgestellt werden kann, daß eine Informationskaskadenbildung nur nach einer geraden Zahl der Entscheidungsträger möglich ist. Allgemein ist die Wahrscheinlichkeit einer Informationskaskadenbildung positiv abhängig von der Signalpräzision und der Anzahl der Entscheidungsträger. Mit zunehmender Signalpräzision erhöht sich die Wahrscheinlichkeit für die Bildung einer Informationskaskade, welche zu einem ex-post richtigen Ergebnis führt.

Die individuellen Entscheidungen in einer Informationskaskade entsprechen nicht unbedingt den zugrunde liegenden privaten Informationen. Die nachfolgenden Entscheidungsträger können durch die Beobachtung der vorherigen Entscheidungen keinen Rückschluß auf die zugrunde liegenden privaten Informationen der Vorgängerentscheidungen ziehen. Hierbei ergibt sich das Problem der privaten Bereitstellung öffentlicher Informationen: Die Informationsaggregation der vorhandenen privaten Informationen ist ineffizient. Eine falsche Informationskaskade tritt mit positiver Wahrscheinlichkeit auf. In diesem Fall kann eine optimale Kapitalallokation nicht erreicht werden.

Zur Aufhebung oder Abmilderung einer bestehenden Informationskaskade können Maßnahmen durch modifizierte Modellannahmen abgeleitet werden. Die vorgeschlagenen Maßnahmen zur Aufhebung von Herdenverhalten bauen zum großen Teil auf die Informationslage der Entscheidungsträger auf. Akquisitionskosten für die öffentlichen Informationen und die Subvention der Beschaffungskosten privater Informationen können durch den staatlichen Eingriff eingeführt werden. Die Informationsaggregation kann beispielsweise durch die Offenlegung privater Informationen, die Bestimmung einer geeigneten Entscheidungsreihe und Darstellung einer Investitionsalternative in kontinuierlicher Form verbessert werden. Allerdings sollte eine Kosten-Nutzen-Analyse bei der Auswahl wirksamer Maßnahmen durchgeführt werden.

Interessenkonflikte im Rahmen der Prinzipal-Agenten-Beziehung wurden im Herdenverhaltensmodell mit Zahlungsexternalität durch relative Leistungsbewertung behandelt. Die grundlegende Modellsituation ist gekennzeichnet durch die asymmetrische Informationsverteilung zwischen dem Eigentümer und den Managern, wobei den Managern Risikoaversion und dem Eigentümer vereinfachend Risikoneutralität unterstellt wurde. Die Leistung eines Managers hängt sowohl von seiner Anstrengung als auch von nicht beeinflußbaren Umweltfaktoren ab. Eine relative Leistungsbewertung dient dazu, die Wirkungen branchenspezifischer Risiken auf das Einkommen eines Managers herauszufiltern. Daher werden in der Literatur explizit relative Leistungsbewertung und die Anwendung des Reputationskonzeptes als implizite relative Leistungsbewertung zur Erhöhung des Anreizes von Managern empfohlen. Allerdings verursacht die relative Leistungsbewertung eine positive Zahlungsexternalität, bei der das Einkommen eines Managers vom Verhalten der anderen abhängt: Das Einkommen eines Managers wird durch eine erhöhte Investition des zu vergleichenden Managers reduziert. Zur Vermeidung dieses Nachteils wird der Manager ebenfalls mehr investieren, auch wenn die seiner Entscheidung zugrunde liegende Information unverändert bleibt. Der risikoscheue Manager hat Angst davor, einen alleinigen Mißerfolg zu erzielen. Wäre er risikoneutral, hätte er die Überinvestition in die betrachtete Alternative vermieden. Die Risikoaversion des Managers ist somit im dargestellten Modell die notwendige Bedingung für die Entstehung des Herdenverhaltens. Im Fall, daß einzelne Leistungen von Managern mit der branchendurchschnittlichen Leistung verglichen werden, hat die branchendurchschnittliche Investitionsentscheidung die gleiche Wirkung auf das Maß des Herdenverhaltens aller Branchenteilnehmer. Die Wirkung der einzelnen Investitionsentscheidung auf das Maß des Herdenverhaltens eines anderen Managers reduziert sich jedoch mit der steigenden Teilnehmeranzahl.

Zur Aufhebung des Herdenverhaltens im Rahmen der Prinzipal-Agenten-Beziehung, das durch relative Leistungsbewertung verursacht wird, wurden diverse Maßnahmen empfohlen, deren Ziel darin besteht, die Manager zu motivieren, im Interesse des Eigentümers zu handeln. Durch Ausgestaltung eines Anreizvertrags, Abbau der betrieblichen Karrierepolitik, organisatorische Restrukturierung und Einführung einer Prüftechnologie kann die Neigung der Manager zum Herdenverhalten reduziert werden. Die Alterstruktur und die Humankapitalinvestition der Manager sollten bei der Aufhebung des Herdenverhaltens ebenfalls beachtet werden. Schließlich sollte berücksichtigt werden, daß die intrinsischen Anreize von Managern nicht durch monetäre Anreize verdrängt werden, denn intrinsische Anreize können zur hohen Leistung der Manager beitragen.

Ein Zusammenwirken der Informations- und Zahlungsexternalität wurde anschließend analysiert. Mittels einer relativ einfachen Modellierung kann gezeigt werden, daß ein Manager unter Zahlungsexternalität noch weniger auf seine private Information achten wird als lediglich bei einer Informationsexternalität. Die Informationsaggregation ist unter Zahlungsexternalität noch ineffizienter. Die Neigung zum Herdenverhalten wird folglich bei Zahlungsexternalitäten durch eine relative Leistungsbewertung verstärkt.

Zahlreiche Untersuchungen zur Überprüfung der empirischen Relevanz der beiden eingeführten theoretischen Modelle haben sowohl die Informationskaskade als auch das Herdenverhalten im Rahmen der Prinzipal-Agenten-Beziehung (teilweise) bestätigt. Dennoch ergeben sich dabei Probleme, daß eine Ursache-Wirkungsbeziehung nicht eindeutig festgestellt werden kann und daß die verschiedenen Untersuchungen aufgrund der unterschiedlichen Maße und Daten nicht direkt miteinander verglichen werden können.

Anhang

Zur Gleichung (4.16):

$$(1-2\cdot b)\cdot\frac{t^2}{2\cdot\beta}+2\cdot b\cdot\frac{t^2-2\cdot\beta R\sigma^2}{4\cdot\beta}=0$$

$$\Rightarrow 2t^2(1-2b)+2b\left(t^2-2\cdot\beta R\sigma^2\right)=0$$

$$\Rightarrow 2t^2=b\left[4t^2-2\left(t^2-2\cdot\beta R\sigma^2\right)\right]$$

$$\Rightarrow b^*=\frac{t^2}{t^2+2\cdot\beta R\sigma^2}$$

Zur Gleichung (4.19):

$$E\left(\pi_i^*\right)=\left(1-b^*\right)\cdot b^*\cdot\frac{t^2}{2\cdot\beta}-\underline{S_i}+b^{*2}\cdot\frac{t^2-2\cdot\beta R\sigma^2}{4\cdot\beta}$$

$$=\left(1-\frac{t^2}{t^2+2\cdot\beta R\sigma^2}\right)\cdot\frac{t^2}{t^2+2\cdot\beta R\sigma^2}\cdot\frac{t^2}{2\cdot\beta}-\underline{S_i}+\frac{t^4}{\left(t^2+2\cdot\beta R\sigma^2\right)^2}\cdot\frac{t^2-2\cdot\beta R\sigma^2}{4\cdot\beta}$$

$$=\frac{t^4}{2\beta\left(t^2+2\cdot\beta R\sigma^2\right)}\cdot\left[\left(1-\frac{t^2}{t^2+2\cdot\beta R\sigma^2}\right)+\frac{t^2-2\cdot\beta R\sigma^2}{2\cdot\left(t^2+2\cdot\beta R\sigma^2\right)}\right]-\underline{S_i}$$

$$=\frac{t^4}{2\beta\left(t^2+2\cdot\beta R\sigma^2\right)}\cdot\frac{2\cdot\left(t^2+2\cdot\beta R\sigma^2\right)-t^2-2\beta R\sigma^2}{2\cdot\left(t^2+2\cdot\beta R\sigma^2\right)}-\underline{S_i}$$

$$=\frac{t^4}{2\beta\left(t^2+2\cdot\beta R\sigma^2\right)}\cdot\frac{1}{2}-\underline{S_i}$$

$$=\frac{t^4}{4\beta\left(t^2+2\cdot\beta R\sigma^2\right)}-\underline{S_i}$$

Zur Gleichung (4.32):

$$\frac{2t^2}{4\cdot\beta}-\frac{\hat{b}t^2}{2\cdot\beta}-2\cdot R\hat{b}\hat{\sigma}^2=0$$

$$\Rightarrow 2t^2-2\hat{b}t^2-8\beta\cdot R\hat{b}\hat{\sigma}^2=0$$

$$\Rightarrow 2t^2-\hat{b}\left(2t^2+8\beta\cdot R\hat{\sigma}^2\right)=0$$

$$\Rightarrow \hat{b}^*=\frac{t^2}{t^2+4\cdot\beta R\hat{\sigma}^2}$$

Zur Gleichung (4.35):

$$E\left(\hat{\pi}_1^*\right)=\frac{2\hat{b}^* t^2-\hat{b}^{*2}t^2}{4\cdot\beta}-R\hat{b}^{*2}\hat{\sigma}^2-\underline{S_1}$$

$$=\frac{2t^2}{4\beta}\cdot\frac{t^2}{t^2+4\cdot\beta R\hat{\sigma}^2}-\frac{t^2}{4\beta}\cdot\left(\frac{t^2}{t^2+4\cdot\beta R\hat{\sigma}^2}\right)^2-R\hat{\sigma}^2\left(\frac{t^2}{t^2+4\cdot\beta R\hat{\sigma}^2}\right)^2-\underline{S_1}$$

$$=\frac{2t^4\left(t^2+4\cdot\beta R\hat{\sigma}^2\right)-t^6-4\beta t^4 R\hat{\sigma}^2}{4\beta\left(t^2+4\cdot\beta R\hat{\sigma}^2\right)^2}-\underline{S_1}$$

$$=\frac{t^4\left(t^2+8\cdot\beta R\hat{\sigma}^2-4\beta R\hat{\sigma}^2\right)}{4\beta\left(t^2+4\cdot\beta R\hat{\sigma}^2\right)^2}-\underline{S_1}$$

$$=\frac{t^4}{4\beta\left(t^2+4\cdot\beta R\hat{\sigma}^2\right)}-\underline{S_1}$$

Zur Gleichung (4.43):

$$S_A=E\left(\omega_A\right)-\frac{1}{2}R\cdot\operatorname{var}\left(\omega_A\right)$$

$$=p\cdot\left[a_0+\hat{a}\left(1+r_1\right)x_1+\hat{b}\left(\left(1+r_1\right)x_1-Y_1\right)\right]+(1-p)\cdot\begin{bmatrix}a_0+\hat{a}\left(1+r_2\right)\left(1-x_1\right)+\\ \hat{b}\left(\left(1+r_2\right)\left(1-x_1\right)-Y_2\right)\end{bmatrix}-$$

$$\frac{1}{2}R\left\{\begin{matrix}p\cdot\begin{bmatrix}a_0+\hat{a}\left(1+r_1\right)x_1+\hat{b}\left(\left(1+r_1\right)x_1-Y_1\right)-p\cdot\begin{bmatrix}a_0+\hat{a}\left(1+r_1\right)x_1+\\ \hat{b}\left(\left(1+r_1\right)x_1-Y_1\right)\end{bmatrix}-\\ (1-p)\cdot\left[a_0+\hat{a}\left(1+r_2\right)\left(1-x_1\right)+\hat{b}\left(\left(1+r_2\right)\left(1-x_1\right)-Y_2\right)\right]\end{bmatrix}^2+\\ (1-p)\cdot\begin{bmatrix}a_0+\hat{a}\left(1+r_2\right)\left(1-x_1\right)+\hat{b}\left(\left(1+r_2\right)\left(1-x_1\right)-Y_2\right)-p\cdot\begin{bmatrix}a_0+\hat{a}\left(1+r_1\right)x_1+\\ \hat{b}\left(\left(1+r_1\right)x_1-Y_1\right)\end{bmatrix}-\\ (1-p)\cdot\left[a_0+\hat{a}\left(1+r_2\right)\left(1-x_1\right)+\hat{b}\left(\left(1+r_2\right)\left(1-x_1\right)-Y_2\right)\right]\end{bmatrix}^2\end{matrix}\right\}$$

$$=a_0+x_1\left(\hat{a}+\hat{b}\right)\left[p\left(2+r_1+r_2\right)-1-r_2\right]-\hat{b}\left[pY_1+(1-p)Y_2\right]+(1-p)\left(1+r_2\right)\left(\hat{a}+\hat{b}\right)-$$

$$\frac{1}{2}R\cdot p\left[\left(1+r_1\right)x_1\left(\hat{a}+\hat{b}\right)(1-p)-\hat{b}Y_1(1-p)-\left(\hat{a}+\hat{b}\right)\left(1+r_2\right)(1-p)\left(1-x_1\right)+(1-p)\hat{b}Y_2\right]^2-$$

$$\frac{1}{2}R\cdot(1-p)\left[p\cdot\left(1+r_2\right)\left(1-x_1\right)\left(\hat{a}+\hat{b}\right)-p\left(1+r_1\right)x_1\left(\hat{a}+\hat{b}\right)-p\hat{b}Y_2+p\hat{b}Y_1\right]^2$$

$$=a_0+x_1\left(\hat{a}+\hat{b}\right)\left[p\left(2+r_1+r_2\right)-1-r_2\right]+(1-p)\left(1+r_2\right)\left(\hat{a}+\hat{b}\right)-\hat{b}\left[pY_1+(1-p)Y_2\right]-$$

$$\frac{1}{2}R\cdot p(1-p)^2\left[\left(\hat{a}+\hat{b}\right)\left[x_1\left(2+r_1+r_2\right)-\left(1+r_2\right)\right]+\hat{b}\left(Y_2-Y_1\right)\right]^2-$$

$$\frac{1}{2}R(1-p)p^2\left[\left(\hat{a}+\hat{b}\right)\left[x_1\left(2+r_1+r_2\right)-\left(1+r_2\right)\right]+\hat{b}\left(Y_2-Y_1\right)\right]^2$$

$$= a_0 + x_1\left(\hat{a}+\hat{b}\right)\left[p\left(2+r_1+r_2\right)-1-r_2\right]+\left(1-p\right)\left(1+r_2\right)\left(\hat{a}+\hat{b}\right)-\hat{b}\left[pY_1+\left(1-p\right)Y_2\right]-$$

$$\frac{1}{2}R\cdot p\left(1-p\right)\left[\left(\hat{a}+\hat{b}\right)\left[x_1\left(2+r_1+r_2\right)-\left(1+r_2\right)\right]+\hat{b}\left(Y_2-Y_1\right)\right]^2\left(1-p+p\right)$$

$$= a_0 + x_1\left(\hat{a}+\hat{b}\right)\left[p\left(2+r_1+r_2\right)-1-r_2\right]+\left(1-p\right)\left(1+r_2\right)\left(\hat{a}+\hat{b}\right)-\hat{b}\left[pY_1+\left(1-p\right)Y_2\right]-$$

$$\frac{1}{2}R\cdot p\left(1-p\right)\left(\hat{a}+\hat{b}\right)^2\left[x_1\left(2+r_1+r_2\right)-\left(1+r_2\right)\right]^2-\frac{1}{2}R\cdot p\left(1-p\right)\hat{b}^2\left(Y_1-Y_2\right)^2-$$

$$R\cdot p\left(1-p\right)\left(\hat{a}+\hat{b}\right)x_1\left(2+r_1+r_2\right)\hat{b}\left(Y_2-Y_1\right)+R\cdot p\left(1-p\right)\left(\hat{a}+\hat{b}\right)\left(1+r_2\right)\hat{b}\left(Y_2-Y_1\right)$$

$$= a_0 + x_1\left(\hat{a}+\hat{b}\right)\left[p\left(2+r_1+r_2\right)-1-r_2\right]+\left(1-p\right)\left(1+r_2\right)\left(\hat{a}+\hat{b}\right)-\hat{b}\left[pY_1+\left(1-p\right)Y_2\right]-$$

$$\frac{1}{2}\cdot R\cdot p\left(1-p\right)\left(\hat{a}+\hat{b}\right)^2\cdot\left[x_1\left(2+r_1+r_2\right)-\left(1+r_2\right)\right]^2-$$

$$\frac{1}{2}R\cdot p\left(1-p\right)\cdot\left[\hat{b}^2\left(Y_1-Y_2\right)^2+2\hat{b}\left(\hat{a}+\hat{b}\right)\left(1+r_2\right)\left(Y_1-Y_2\right)\right]+$$

$$R\cdot p\left(1-p\right)\hat{b}\left(\hat{a}+\hat{b}\right)\left(Y_1-Y_2\right)\left(2+r_1+r_2\right)x_1 \quad .$$

Zur Gleichung (4.60):

$$x_1^* = \frac{p\left(2+r_1+r_2\right)-1-r_2}{R\cdot p\left(1-p\right)\left(\hat{a}+\hat{b}\right)\left(2+r_1+r_2\right)^2}+\frac{1+r_2}{2+r_1+r_2}+\frac{\hat{b}\left[y_1^*\left(2+r_1+r_2\right)-1-r_2\right]}{\left(\hat{a}+\hat{b}\right)\left(2+r_1+r_2\right)}$$

$$= \frac{p\left(2+r_1+r_2\right)-1-r_2}{R\cdot p\left(1-p\right)\left(\hat{a}+\hat{b}\right)\left(2+r_1+r_2\right)^2}+\frac{1+r_2}{2+r_1+r_2}+$$

$$\frac{\hat{b}}{\left(\hat{a}+\hat{b}\right)}\left[\begin{array}{l}\dfrac{q\left(2+r_1+r_2\right)-1-r_2}{R\cdot q\left(1-q\right)\left(\hat{a}+\hat{b}\right)\left(2+r_1+r_2\right)^2}+\\ \dfrac{1+r_2}{2+r_1+r_2}+\dfrac{\hat{b}\left[x_1^*\left(2+r_1+r_2\right)-1-r_2\right]}{\left(\hat{a}+\hat{b}\right)\left(2+r_1+r_2\right)}\end{array}\right]-\frac{\hat{b}\left(1+r_2\right)}{\left(\hat{a}+\hat{b}\right)\left(2+r_1+r_2\right)}$$

$$\Rightarrow\left(1-\frac{\hat{b}^2}{\left(\hat{a}+\hat{b}\right)^2}\right)x_1^* = \frac{p\left(2+r_1+r_2\right)-1-r_2}{R\cdot p\left(1-p\right)\left(\hat{a}+\hat{b}\right)\left(2+r_1+r_2\right)^2}+\frac{1+r_2}{2+r_1+r_2}+$$

$$\frac{\hat{b}}{\left(\hat{a}+\hat{b}\right)}\cdot\frac{q\left(2+r_1+r_2\right)-1-r_2}{R\cdot q\left(1-q\right)\left(\hat{a}+\hat{b}\right)\left(2+r_1+r_2\right)^2}-\frac{\hat{b}^2\left(1+r_2\right)}{\left(\hat{a}+\hat{b}\right)^2\left(2+r_1+r_2\right)}$$

$$\Rightarrow x_1^* = \frac{\left[p\left(2+r_1+r_2\right)-1-r_2\right]\left(\hat{a}+\hat{b}\right)}{R\cdot p\left(1-p\right)\left(2+r_1+r_2\right)^2\,\hat{a}\left(\hat{a}+2\hat{b}\right)}+\frac{\left(1+r_2\right)\left(\hat{a}+\hat{b}\right)^2}{\left(2+r_1+r_2\right)\hat{a}\left(\hat{a}+2\hat{b}\right)}+$$

$$\frac{\hat{b}}{\hat{a}\left(\hat{a}+2\hat{b}\right)}\cdot\frac{q\left(2+r_1+r_2\right)-1-r_2}{R\cdot q\left(1-q\right)\left(2+r_1+r_2\right)^2}-\frac{\hat{b}^2}{\hat{a}\left(\hat{a}+2\hat{b}\right)}\cdot\frac{1+r_2}{2+r_1+r_2}$$

$$=\frac{\left(\hat{a}+\hat{b}\right)}{\hat{a}\left(\hat{a}+2\hat{b}\right)R\left(2+r_1+r_2\right)^2}\cdot\left[\frac{p\left(2+r_1+r_2\right)-1-r_2}{p\left(1-p\right)}+\frac{\hat{b}\left[q\left(2+r_1+r_2\right)-1-r_2\right]}{\left(\hat{a}+\hat{b}\right)q\left(1-q\right)}\right]+$$

$$\frac{\left(1+r_2\right)\left[\left(\hat{a}+\hat{b}\right)^2-\hat{b}^2\right]}{\hat{a}\left(\hat{a}+2\hat{b}\right)\left(2+r_1+r_2\right)}$$

$$=\frac{\left(\hat{a}+\hat{b}\right)}{\hat{a}\left(\hat{a}+2\hat{b}\right)R\left(2+r_1+r_2\right)^2}\cdot\left[\frac{p\left(2+r_1+r_2\right)-1-r_2}{p\left(1-p\right)}+\frac{\hat{b}}{\left(\hat{a}+\hat{b}\right)}\cdot\frac{q\left(2+r_1+r_2\right)-1-r_2}{q\left(1-q\right)}\right]+$$

$$\frac{1+r_2}{2+r_1+r_2}$$

Zur Gleichung (4.66):

$$x_1=\frac{p\left(2+r_1+r_2\right)-1-r_2}{R\cdot p\left(1-p\right)\left(\hat{a}+\hat{b}\right)\left(2+r_1+r_2\right)^2}+\frac{1+r_2}{2+r_1+r_2}+\frac{\hat{b}\left[y_1\left(2+r_1+r_2\right)-1-r_2\right]}{\left(\hat{a}+\hat{b}\right)\left(2+r_1+r_2\right)} \tag{4.54}$$

$$\Rightarrow \left.\frac{\partial x_1}{\partial p}\right|_{\bar{y}_1}=\frac{\left\{\begin{array}{l}\left(2+r_1+r_2\right)R\cdot p\left(1-p\right)\left(\hat{a}+\hat{b}\right)\left(2+r_1+r_2\right)^2-\\ \left[p\left(2+r_1+r_2\right)-1-r_2\right]\cdot R\left(\hat{a}+\hat{b}\right)\left(2+r_1+r_2\right)^2\left(1-2p\right)\end{array}\right\}}{R^2p^2\left(1-p\right)^2\left(\hat{a}+\hat{b}\right)^2\left(2+r_1+r_2\right)^4}$$

$$=\frac{1}{p\left(1-p\right)R\left(\hat{a}+\hat{b}\right)\left(2+r_1+r_2\right)}-\frac{\left[p\left(2+r_1+r_2\right)-1-r_2\right]\left(1-2p\right)}{p^2\left(1-p\right)^2R\left(\hat{a}+\hat{b}\right)\left(2+r_1+r_2\right)^2}$$

$$=\frac{p\left(1-p\right)\left(2+r_1+r_2\right)-\left[p\left(2+r_1+r_2\right)-\left(1+r_2\right)\right]\cdot\left(1-2p\right)}{p^2\left(1-p\right)^2R\left(\hat{a}+\hat{b}\right)\left(2+r_1+r_2\right)^2}$$

$$=\frac{p^2\left(2+r_1+r_2\right)+\left(1+r_2\right)\left(1-2p\right)}{p^2\left(1-p\right)^2R\left(\hat{a}+\hat{b}\right)\left(2+r_1+r_2\right)^2}$$

$$=\frac{p^2\left(1+r_1\right)+p^2\left(1+r_2\right)-\left(1+r_2\right)\left(2p-1\right)}{p^2\left(1-p\right)^2R\left(\hat{a}+\hat{b}\right)\left(2+r_1+r_2\right)^2}$$

$$=\frac{p^2\left(1+r_1\right)+\left(1+r_2\right)\left(1-p\right)^2}{p^2\left(1-p\right)^2R\left(\hat{a}+\hat{b}\right)\left(2+r_1+r_2\right)^2}$$

$$\frac{\partial S_A}{\partial x_1} = \left(\hat{a}+\hat{b}\right)\left[p\left(2+r_1+r_2\right)-1-r_2\right]-$$
$$R\cdot p\left(1-p\right)\left(\hat{a}+\hat{b}\right)^2\left[x_1\left(2+r_1+r_2\right)^2-\left(1+r_2\right)\left(2+r_1+r_2\right)\right]+ \tag{4.44}$$
$$R\cdot p\left(1-p\right)\hat{b}\left(\hat{a}+\hat{b}\right)\left(2+r_1+r_2\right)\left[\left(1+r_1\right)y_1-\left(1+r_2\right)\left(1-y_1\right)\right]$$

Zur Gleichung (4.72):

$$\Rightarrow a_{11} = \frac{\partial^2 S_A}{\partial x_1 \partial x_1} = -R\cdot p\left(1-p\right)\left(\hat{a}+\hat{b}\right)^2\left(2+r_1+r_2\right)^2$$

Zur Gleichung (4.73):

$$\Rightarrow a_{12} = \frac{\partial^2 S_A}{\partial x_1 \partial y_1} = R\cdot p\left(1-p\right)\hat{b}\left(\hat{a}+\hat{b}\right)\left(2+r_1+r_2\right)\left(1+r_1+1+r_2\right)$$
$$= \hat{b}R\cdot p\left(1-p\right)\left(\hat{a}+\hat{b}\right)\left(2+r_1+r_2\right)^2$$

$$S_B = a_0 + y_1\left(\hat{a}+\hat{b}\right)\left[q\left(2+r_1+r_2\right)-1-r_2\right]+\left(1-q\right)\left(1+r_2\right)\left(\hat{a}+\hat{b}\right)-$$
$$\hat{b}\left[qX_1+\left(1-q\right)X_2\right]-\frac{1}{2}R\cdot q\left(1-q\right)\left(\hat{a}+\hat{b}\right)^2\cdot\left[y_1\left(2+r_1+r_2\right)-\left(1+r_2\right)\right]^2- \tag{4.50}$$
$$\frac{1}{2}R\cdot q\left(1-q\right)\cdot\left[\hat{b}^2\left(X_1-X_2\right)^2+2\hat{b}\left(\hat{a}+\hat{b}\right)\left(1+r_2\right)\left(X_1-X_2\right)\right]+$$
$$R\cdot q\left(1-q\right)\hat{b}\left(\hat{a}+\hat{b}\right)\left(X_1-X_2\right)\left(2+r_1+r_2\right)y_1$$

$$\Rightarrow \frac{\partial S_B}{\partial y_1} = \left(\hat{a}+\hat{b}\right)\left[q\left(2+r_1+r_2\right)-1-r_2\right]-$$
$$R\cdot q\left(1-q\right)\left(\hat{a}+\hat{b}\right)^2\cdot\left[y_1\left(2+r_1+r_2\right)^2-\left(1+r_2\right)\left(2+r_1+r_2\right)\right]$$
$$+R\cdot q\left(1-q\right)\hat{b}\left(\hat{a}+\hat{b}\right)\left(2+r_1+r_2\right)\left[\left(1+r_1\right)x_1-\left(1+r_2\right)\left(1-x_1\right)\right]$$

Zur Gleichung (4.74):

$$a_{21} = \frac{\partial^2 S_B}{\partial y_1 \partial x_1} = \hat{b}R\cdot q\left(1-q\right)\left(\hat{a}+\hat{b}\right)\left(2+r_1+r_2\right)\left(1+r_1+1+r_2\right)$$
$$= \hat{b}R\cdot q\left(1-q\right)\left(\hat{a}+\hat{b}\right)\left(2+r_1+r_2\right)^2$$

Zur Gleichung (4.75):

$$a_{22} = \frac{\partial^2 S_B}{\partial y_1 \partial y_1} = -R \cdot q(1-q)\left(\hat{a}+\hat{b}\right)^2 \cdot (2+r_1+r_2)^2$$

Zur Gleichung (4.76):

$$|D| = \begin{vmatrix} a_{11} & a_{12} \\ a_{21} & a_{22} \end{vmatrix} = a_{11}a_{22} - a_{21}a_{12}$$

$$= (4.72) \times (4.75) - (4.74) \times (4.73)$$

$$= R \cdot p(1-p)\left(\hat{a}+\hat{b}\right)^2 (2+r_1+r_2)^2 \cdot R \cdot q(1-q)\left(\hat{a}+\hat{b}\right)^2 (2+r_1+r_2)^2$$

$$-\hat{b}R \cdot q(1-q)\left(\hat{a}+\hat{b}\right)(2+r_1+r_2)^2 \cdot \hat{b}R \cdot p(1-p)\left(\hat{a}+\hat{b}\right)(2+r_1+r_2)^2$$

$$= R^2 \cdot p(1-p) \cdot q(1-q)\left(\hat{a}+\hat{b}\right)^2 (2+r_1+r_2)^4 \left[\left(\hat{a}+\hat{b}\right)^2 - \hat{b}^2\right]$$

$$= R^2 \cdot p(1-p) \cdot q(1-q)\left(\hat{a}+\hat{b}\right)^2 (2+r_1+r_2)^4 \cdot \left(\hat{a}^2 + 2\hat{a}\hat{b}\right)$$

$$\frac{\partial S_A}{\partial x_1} = \left(\hat{a}+\hat{b}\right)\left[p(2+r_1+r_2) - 1 - r_2\right] -$$

$$R \cdot p(1-p)\left(\hat{a}+\hat{b}\right)^2 \left[x_1(2+r_1+r_2)^2 - (1+r_2)(2+r_1+r_2)\right] + \tag{4.44}$$

$$R \cdot p(1-p)\hat{b}\left(\hat{a}+\hat{b}\right)(2+r_1+r_2)\left[(1+r_1)y_1 - (1+r_2)(1-y_1)\right]$$

Zur Gleichung (4.77):

$$\frac{\partial^2 S_A}{\partial x_1 \partial p} = \left(\hat{a}+\hat{b}\right)(2+r_1+r_2) - R\left(\hat{a}+\hat{b}\right)^2 \begin{bmatrix} x_1(2+r_1+r_2)^2 - \\ (1+r_2)(2+r_1+r_2) \end{bmatrix} \cdot (1-2p) +$$

$$R \cdot \hat{b}\left(\hat{a}+\hat{b}\right)(2+r_1+r_2)\left[(1+r_1)y_1 - (1+r_2)(1-y_1)\right] \cdot (1-2p)$$

$$= \left(\hat{a}+\hat{b}\right)(2+r_1+r_2) \cdot \left\{1 - R(1-2p) \cdot \begin{bmatrix} \left(\hat{a}+\hat{b}\right)x_1(2+r_1+r_2) - \\ \left(\hat{a}+\hat{b}\right)(1+r_2) - \hat{b}y_1(2+r_1+r_2) + \hat{b}(1+r_2) \end{bmatrix}\right\}$$

$$= \left(\hat{a}+\hat{b}\right)(2+r_1+r_2) \cdot \underbrace{\left\{1 + (1-2p)R\left[(2+r_1+r_2)\left(\hat{b}y_1 - \hat{a}x_1 - \hat{b}x_1\right) + \hat{a}(1+r_2)\right]\right\}}_{=:M}$$

$$\Rightarrow b_1 = -\frac{\partial^2 S_A}{\partial x_1 \partial p} \cdot \mathrm{d}p$$

$$= -\left(\hat{a}+\hat{b}\right)\left(2+r_1+r_2\right) \cdot \underbrace{\left\{1+(1-2p)R\left[\left(2+r_1+r_2\right)\left(\hat{b}y_1-\hat{a}x_1-\hat{b}x_1\right)+\hat{a}(1+r_2)\right]\right\}}_{=:M} \cdot \mathrm{d}p$$

$$= -\left(\hat{a}+\hat{b}\right)\left(2+r_1+r_2\right) \cdot M \cdot \mathrm{d}p$$

Zur Gleichung (4.79):

$$\mathrm{d}x_1 = \frac{b_1 a_{22} - b_2 a_{12}}{a_{11}a_{22} - a_{21}a_{12}}$$

$$= \frac{\left(\hat{a}+\hat{b}\right)\left(2+r_1+r_2\right) \cdot M \cdot \mathrm{d}p \cdot R \cdot q(1-q)\left(\hat{a}+\hat{b}\right)^2 \cdot \left(2+r_1+r_2\right)^2 - 0}{R^2 \cdot p(1-p)q(1-q)\left(\hat{a}+\hat{b}\right)^4\left(2+r_1+r_2\right)^4 - \hat{b}^2 R^2 \cdot p(1-p)q(1-q)\left(\hat{a}+\hat{b}\right)^2\left(2+r_1+r_2\right)^4}$$

$$= \frac{R\left(\hat{a}+\hat{b}\right)^3\left(2+r_1+r_2\right)^3 M \cdot q(1-q)}{R^2 \cdot p(1-p)q(1-q)\left(\hat{a}+\hat{b}\right)^2\left(2+r_1+r_2\right)^4\left[\left(\hat{a}+\hat{b}\right)^2 - \hat{b}^2\right]} \cdot \mathrm{d}p$$

$$= \frac{\left(\hat{a}+\hat{b}\right) M}{R \cdot p(1-p) \cdot \left(2+r_1+r_2\right) \cdot \left(\hat{a}^2 + 2\hat{a}\hat{b}\right)} \cdot \mathrm{d}p$$

Zur Gleichung (4.80):

$$\mathrm{d}y_1 = \frac{b_2 a_{11} - b_1 a_{21}}{a_{11}a_{22} - a_{21}a_{12}}$$

$$= \frac{0 + \left(\hat{a}+\hat{b}\right)\left(2+r_1+r_2\right) \cdot M \cdot \mathrm{d}p \cdot \hat{b}R \cdot q(1-q)\left(\hat{a}+\hat{b}\right)\left(2+r_1+r_2\right)^2}{R^2 \cdot p(1-p)q(1-q)\left(\hat{a}+\hat{b}\right)^4\left(2+r_1+r_2\right)^4 - \hat{b}^2 R^2 \cdot p(1-p)q(1-q)\left(\hat{a}+\hat{b}\right)^2\left(2+r_1+r_2\right)^4}$$

$$= \frac{\left(\hat{a}+\hat{b}\right)^2\left(2+r_1+r_2\right)^3 \hat{b}R \cdot q(1-q) \cdot M \cdot \mathrm{d}p}{R^2 \cdot p(1-p)q(1-q)\left(\hat{a}+\hat{b}\right)^2\left(2+r_1+r_2\right)^4\left[\left(\hat{a}+\hat{b}\right)^2 - \hat{b}^2\right]}$$

$$= \frac{\hat{b} \cdot M}{R \cdot p(1-p) \cdot \left(2+r_1+r_2\right) \cdot \left(\hat{a}^2 + 2\hat{a}\hat{b}\right)} \cdot \mathrm{d}p$$

$$E\left(\omega_A\right) = p \cdot \left[a_0 + \hat{a}\left(1+r_1\right)x_1 + \hat{b}\left(\left(1+r_1\right)x_1 - Y_1\right)\right] + \\ (1-p) \cdot \left[a_0 + \hat{a}\left(1+r_2\right)\left(1-x_1\right) + \hat{b}\left(\left(1+r_2\right)\left(1-x_1\right) - Y_2\right)\right] \tag{4.40}$$

Zur Gleichung (4.84):

$$\Rightarrow \frac{\partial E(\omega_A)}{\partial x_1} = p\hat{a}(1+r_1) + p\hat{b}(1+r_1) - (1-p)\hat{a}(1+r_2) - (1-p)\hat{b}(1+r_2) = 0$$

$$\Rightarrow \frac{\partial E(\omega_A)}{\partial x_1} = p(1+r_1)(\hat{a}+\hat{b}) - (1-p)(1+r_2)(\hat{a}+\hat{b}) = 0$$

$$\Rightarrow \frac{\partial E(\omega_A)}{\partial x_1} = (\hat{a}+\hat{b})\left[p(1+r_1) - (1-p)(1+r_2)\right] = 0$$

Vgl. (4.91):

$$\max_{x_{1i}} \; S_i = a_0 + x_{1i}(\hat{a}+\hat{b})\left[p_i(2+r_1+r_2) - 1 - r_2\right] +$$

$$(1-p_i)(1+r_2)(\hat{a}+\hat{b}) - \hat{b}\left[p_i \frac{\sum_{i=1}^{N} x_{1i}}{N}(1+r_1) + (1-p_i)\left(1 - \frac{\sum_{i=1}^{N} x_{1i}}{N}\right)(1+r_2)\right] -$$

$$\frac{1}{2} R \cdot p_i(1-p_i)(\hat{a}+\hat{b})^2 \cdot \left[x_{1i}(2+r_1+r_2) - (1+r_2)\right]^2 - \frac{1}{2} R \cdot p_i(1-p_i) \cdot$$

$$\left[\hat{b}^2\left(\frac{\sum_{i=1}^{N} x_{1i}}{N}(1+r_1) - \left(1 - \frac{\sum_{i=1}^{N} x_{1i}}{N}\right)(1+r_2)\right)^2 + 2\hat{b}(\hat{a}+\hat{b})\left(\begin{array}{c}\frac{\sum_{i=1}^{N} x_{1i}}{N}(1+r_1) - \\ \left(1 - \frac{\sum_{i=1}^{N} x_{1i}}{N}\right)(1+r_2)\end{array}\right)(1+r_2)\right] +$$

$$R \cdot p_i(1-p_i)\hat{b}(\hat{a}+\hat{b})\left(\frac{\sum_{i=1}^{N} x_{1i}}{N}(1+r_1) - \left(1 - \frac{\sum_{i=1}^{N} x_{1i}}{N}\right)(1+r_2)\right) \cdot (2+r_1+r_2)x_{1i}$$

Zur Gleichung (4.93):

$$\Rightarrow \frac{\partial S_i}{\partial x_{1i}} = \left(\hat{a}+\hat{b}\right)\left[p_i\left(2+r_1+r_2\right)-1-r_2\right]-\hat{b}\left[p_i\left(1+r_1\right)\frac{1}{\mathrm{N}}-\left(1-p_i\right)\left(1+r_2\right)\frac{1}{\mathrm{N}}\right]-$$

$$\frac{1}{2}R\cdot p_i\left(1-p_i\right)\left(\hat{a}+\hat{b}\right)^2\left(2+r_1+r_2\right)\cdot 2\cdot\left[x_{1i}\left(2+r_1+r_2\right)-\left(1+r_2\right)\right]-$$

$$\frac{1}{2}R\cdot p_i\left(1-p_i\right)\hat{b}^2\cdot 2\cdot\left(\overline{x}_1\left(2+r_1+r_2\right)-1-r_2\right)\left[\left(1+r_1\right)\frac{1}{\mathrm{N}}+\left(1+r_2\right)\frac{1}{\mathrm{N}}\right]-$$

$$\frac{1}{2}R\cdot p_i\left(1-p_i\right)\cdot 2\cdot\hat{b}\left(\hat{a}+\hat{b}\right)\left(1+r_2\right)\left[\left(1+r_1\right)\frac{1}{\mathrm{N}}+\left(1+r_2\right)\frac{1}{\mathrm{N}}\right]+$$

$$R\cdot p_i\left(1-p_i\right)\hat{b}\left(\hat{a}+\hat{b}\right)\left(2+r_1+r_2\right)\cdot\left[\left(\overline{x}_1\left(2+r_1+r_2\right)-1-r_2\right)+x_{1i}\cdot\left[\left(1+r_1\right)\frac{1}{\mathrm{N}}+\left(1+r_2\right)\frac{1}{\mathrm{N}}\right]\right]$$

$$=\left(\hat{a}+\hat{b}\right)\left[p_i\left(2+r_1+r_2\right)-1-r_2\right]-\hat{b}\frac{1}{\mathrm{N}}\left[p_i\left(1+r_1\right)-\left(1-p_i\right)\left(1+r_2\right)\right]-$$

$$R\cdot p_i\left(1-p_i\right)\left(\hat{a}+\hat{b}\right)^2\left(2+r_1+r_2\right)\cdot\left[x_{1i}\left(2+r_1+r_2\right)-\left(1+r_2\right)\right]-$$

$$R\cdot p_i\left(1-p_i\right)\hat{b}^2\frac{1}{\mathrm{N}}\left[\overline{x}_1\left(2+r_1+r_2\right)-1-r_2\right]\left(2+r_1+r_2\right)-$$

$$R\cdot p_i\left(1-p_i\right)\hat{b}\left(\hat{a}+\hat{b}\right)\left(1+r_2\right)\frac{1}{\mathrm{N}}\left(2+r_1+r_2\right)+$$

$$R\cdot p_i\left(1-p_i\right)\hat{b}\left(\hat{a}+\hat{b}\right)\left(2+r_1+r_2\right)\left[\overline{x}_1\left(2+r_1+r_2\right)-1-r_2\right]+$$

$$R\cdot p_i\left(1-p_i\right)\hat{b}\left(\hat{a}+\hat{b}\right)\left(2+r_1+r_2\right)^2\frac{1}{\mathrm{N}}\cdot x_{1i}$$

$$=\left(\hat{a}+\hat{b}\right)\left[p_i\left(2+r_1+r_2\right)-1-r_2\right]-$$

$$\hat{b}\frac{1}{\mathrm{N}}\left[p_i\left(1+r_1\right)-\left(1-p_i\right)\left(1+r_2\right)\right]-R\cdot p_i\left(1-p_i\right)\left(\hat{a}+\hat{b}\right)^2\left(2+r_1+r_2\right)\cdot$$

$$\left[x_{1i}\left(2+r_1+r_2\right)-\left(1+r_2\right)\right]-R\cdot p_i\left(1-p_i\right)\hat{b}\left(2+r_1+r_2\right)\cdot$$

$$\frac{1}{\mathrm{N}}\left[\hat{b}\left(\overline{x}_1\left(2+r_1+r_2\right)-1-r_2\right)+\left(\hat{a}+\hat{b}\right)\left(1+r_2\right)\right]+R\cdot p_i\left(1-p_i\right)\hat{b}\left(\hat{a}+\hat{b}\right)\left(2+r_1+r_2\right)\cdot$$

$$\left[\overline{x}_1\left(2+r_1+r_2\right)-\left(1+r_2\right)+\frac{1}{\mathrm{N}}\left(2+r_1+r_2\right)x_{1i}\right]$$

$$=0$$

Reaktionsfunktion $x_{1i}\left(\overline{x}_1\right)$ aus Gleichung (4.93):

$$x_{1i}=\frac{\left(\hat{a}+\hat{b}\right)\left[p_i\left(2+r_1+r_2\right)-1-r_2\right]}{R\cdot p_i\left(1-p_i\right)\left(\hat{a}+\hat{b}\right)\left(2+r_1+r_2\right)^2\left(\hat{a}+\hat{b}-\hat{b}\cdot\frac{1}{\mathrm{N}}\right)}-$$

$$\frac{\hat{b}\left[p_i\left(1+r_1\right)-\left(1-p_i\right)\left(1+r_2\right)\right]}{\mathrm{N}\cdot R\cdot p_i\left(1-p_i\right)\left(\hat{a}+\hat{b}\right)\left(2+r_1+r_2\right)^2\left(\hat{a}+\hat{b}-\hat{b}\cdot\frac{1}{\mathrm{N}}\right)}+$$

$$\frac{R\cdot p_i\left(1-p_i\right)\left(\hat{a}+\hat{b}\right)^2\left(2+r_1+r_2\right)\left(1+r_2\right)}{R\cdot p_i\left(1-p_i\right)\left(\hat{a}+\hat{b}\right)\left(2+r_1+r_2\right)^2\left(\hat{a}+\hat{b}-\hat{b}\cdot\frac{1}{\mathrm{N}}\right)}-$$

$$\frac{R\cdot p_i\left(1-p_i\right)\hat{b}\left(2+r_1+r_2\right)\cdot\left[\hat{b}\left(\overline{x}_1\left(2+r_1+r_2\right)-1-r_2\right)+\left(\hat{a}+\hat{b}\right)\left(1+r_2\right)\right]}{\mathrm{N}\cdot R\cdot p_i\left(1-p_i\right)\left(\hat{a}+\hat{b}\right)\left(2+r_1+r_2\right)^2\left(\hat{a}+\hat{b}-\hat{b}\cdot\frac{1}{\mathrm{N}}\right)}+$$

$$\frac{R\cdot p_i\left(1-p_i\right)\hat{b}\left(\hat{a}+\hat{b}\right)\left(2+r_1+r_2\right)\cdot\left[\overline{x}_1\left(2+r_1+r_2\right)-\left(1+r_2\right)\right]}{R\cdot p_i\left(1-p_i\right)\left(\hat{a}+\hat{b}\right)\left(2+r_1+r_2\right)^2\left(\hat{a}+\hat{b}-\hat{b}\cdot\frac{1}{\mathrm{N}}\right)}$$

Zur Gleichung (4.94):

$$\Rightarrow\frac{\partial x_{1i}}{\partial\overline{x}_1}=\frac{-R\cdot p_i\left(1-p_i\right)\hat{b}^2\left(2+r_1+r_2\right)^2}{\mathrm{N}\cdot R\cdot p_i\left(1-p_i\right)\left(\hat{a}+\hat{b}\right)\left(2+r_1+r_2\right)^2\left(\hat{a}+\hat{b}-\hat{b}\cdot\frac{1}{\mathrm{N}}\right)}+$$

$$\frac{R\cdot p_i\left(1-p_i\right)\hat{b}\left(\hat{a}+\hat{b}\right)\left(2+r_1+r_2\right)^2}{R\cdot p_i\left(1-p_i\right)\left(\hat{a}+\hat{b}\right)\left(2+r_1+r_2\right)^2\left(\hat{a}+\hat{b}-\hat{b}\cdot\frac{1}{\mathrm{N}}\right)}$$

$$=\frac{-\hat{b}^2}{\mathrm{N}\cdot\left(\hat{a}+\hat{b}\right)\left(\hat{a}+\hat{b}-\hat{b}\cdot\frac{1}{\mathrm{N}}\right)}+\frac{\hat{b}}{\hat{a}+\hat{b}-\hat{b}\cdot\frac{1}{\mathrm{N}}}=\frac{-\hat{b}^2+\hat{b}\mathrm{N}\cdot\left(\hat{a}+\hat{b}\right)}{\mathrm{N}\cdot\left(\hat{a}+\hat{b}\right)\left(\hat{a}+\hat{b}-\hat{b}\cdot\frac{1}{\mathrm{N}}\right)}$$

$$=\frac{\hat{b}\cdot\left[\mathrm{N}\cdot\left(\hat{a}+\hat{b}\right)-\hat{b}\right]}{\left(\hat{a}+\hat{b}\right)\left[\mathrm{N}\cdot\left(\hat{a}+\hat{b}\right)-\hat{b}\right]}$$

$$=\frac{\hat{b}}{\left(\hat{a}+\hat{b}\right)}$$

Literaturverzeichnis

ACKERMANN, CARL/MCENALLY, R./RAVENSCRAFT, D.: The Performance of Hedge Funds: Risk, Return, and Incentives, in: The Journal of Finance, 1999, Vol. 54, No. 3, S. 833–874.

ACKSTALLER, EVA: Rationales Herdenverhalten im Licht der Marktversagenstheorie, Frankfurt am Main, 2005.

AGGARWAL, RAJESH K./SAMWICK, A.: Performance Incentives within Firms: The Effect of Managerial Responsibility, in: The Journal of Finance, 2003, Vol. 58, No. 4, S. 1613–1650.

ALLEN, FRANKLIN/GALE, D.: Bubbles and Crises, in: The Economic Journal, 2000, Vol. 110, No. 460, S. 236–255.

ALTHAMMER, WILHELM: Spekulative Attacken bei festen Wechselkursen, in: Wirtschaftswissenschaftliches Studium, 1999, 28. Jg., Heft 7, S. 330–334.

ALTONJI, JOSEPH G./PIERRET, CH. R.: Employer Learning and Statistical Discrimination, in: The Quarterly Journal of Economics, 2001, Vol. 116, No. 1, S. 313–350.

ANDERSON, LISA R.: Payoff Effects in Information Cascade Experiments, in: Economic Inquiry, 2001, Vol. 39, No. 4, S. 609–615.

ANDERSON, LISA R./HOLT, CH. A.: Information Cascades in the Laboratory, in: The American Economic Review, 1997, Vol. 87, No. 5, S. 847–862.

ARNSWALD, TORSTEN: Investment Behaviour of German Equity Fund Managers: An Exploratory Analysis of Survey Data, Discussion Paper, Economic Research Centre of the Deutsche Bundesbank, 08/01, 2001.

ARROW, KENNETH J. : The Economics of Agency, in: *PRATT, JOHN W./ZECKHAUSER, R. J.* (Hrsg.), Principals and Agents: The Structure of Business, Boston, 1985, S. 37–51.

ARTHUR, BRIAN W.: Competing Technologies, Increasing Returns, and Lock-in by Historical Events, in: The Economic Journal, 1989, Vol. 99, No. 394, S. 116–131.

AVERY, CHRISTOPHER/CHEVALIER, J.: Herding Over the Career, in: Economics Letters, 1999, Vol. 63, No. 3, S. 327–333.

AVERY, CHRISTOPHER/ZEMSKY, P.: Multidimensional Uncertainty and Herd Behavior in Financial Markets, in: The American Economic Review, 1998, Vol. 88, No. 4, S. 724–748.

BAMBERG, GÜNTER/TROST, R.: Stellungnahme zu: Christian Müller: „Agency-Theorie und Informationsgehalt“, in: Der Betriebswirtschaft, 1995, 55. Jg., Heft 1, S. 125–127.

BANERJEE, ABHIJIT V.: A Simple Model of Herd Behavior, in: Quarterly Journal of Economics, 1992, Vol. 107, No. 430, S. 797–817.

BANERJEE, ABHIJIT V./FUDENBERG, D.: Word-of-Mouth Learning, in: Games and Economic Behavior, 2004, Vol. 46, No. 1, S. 1–22.

BECKER, GARY S.: A Note on Restaurant Pricing and Other Examples of Social Influences on Price, in: Journal of Political Economy, 1991, Vol. 99, No. 5, S. 1109–1116.

BERNOULLI, DANIEL: Specimen Theoriae Novae de Mensura Sortis, in: Commentarii Academiae Scientiarum Imperialis Petropolitanae, 1738, S. 175–192. Deutsche Übersetzung: *KRUSCHWITZ, LUTZ/KRUSCHWITZ, P.*: Entwurf einer neuen Theorie zur Bewertung von Lotterien, in: Die Betriebswirtschaft, 1996, 56. Jg., Heft 6, S. 733–742.

BIKHCHANDANI, SUSHIL/HIRSHLEIFER, D./WELCH, I.: A Theory of Fads, Fashion, Custom, and Cultural Change as Informational Cascades, in: Journal of Political Economy, 1992, Vol. 100, No. 5, S. 992–1026.

BIKHCHANDANI, SUSHIL/HIRSHLEIFER, D./WELCH, I.: Learning From the Behavior of Others: Conformity, Fads, and Informational Cascades, in: Journal of Economic Perspectives, 1998, Vol. 12, No. 3, S. 151–170.

BIKHCHANDANI, SUSHIL/SHARMA, S.: Herd Behavior in Financial Markets, in: IMF Staff Papers, 2001, Vol. 47, No. 3, S. 279–310.

BLICKLE-LIEBERSBACH, MARINA: Agency-Theorie – Rahmenbedingungen und Entlohnung, Dissertation, Universität Ulm, 1990.

BORLAND, JEFF: Career Concerns: Incentives and Endogenous Learning in Labour Markets, in: Journal of Economic Surveys, 1992, Vol. 6, No. 3, S. 251–270.

BRENNAN, MICHAEL J.: Latent Assets, in: The Journal of Finance, 1990, Vol. 45, No. 3, S. 709–730.

BRU, LIUIS/VIVES, X.: Informational Externalities, Herding, and Incentives, 15. November, 2001, http://ged.insead.edu/fichiersti/inseadwp2001/2001-88.pdf.

BRUNNERMEIER, MARKUS K.: Asset Pricing under Asymmetric Information, New York, 2001.

BRUNS, CHRISTOPH: Bubbles und Excess Volatility auf dem deutschen Aktienmarkt, Wiesbaden, 1994.

BÜSCHGEN, HANS E./BÖRNER, CHR. J.: Bankbetriebslehre, Stuttgart, 4. Auflage, 2003.

BULOW, JEREMY I./GEANAKOPLOS, J. D./KLEMPERER, P. D.: Multimarket Oligopoly: Strategic Substitutes and Complements, in: Journal of Political Economy, 1985, Vol. 93, No. 3, S. 488–511.

BURGUET, ROBERTO/VIVES, X.: Social Learning and Costly Information Acquisition, in: Economic Theory, 2000, Vol. 15, No. 1, S. 185–205.

CAMPBELL, CARL M.: The Determinants of Dismissals Tests of the Shirking Model with Individual Data, in: Economics Letters, 1994, Vol. 46, No. 1, S. 89–95.

CAO, HENRY H./HIRSHLEIFER, D.: Conversation, Observational Learning, and Informational Cascades, 13. November, 2000. http://www.cob.ohio-state.edu/fin/dice/papers/2001/2001-5.pdf.

CAPLIN, ANDREW/LEAHY, J.: Sectoral Shocks, Learning, and Aggregate Fluctuations, in: Review of Economic Studies, 1993, Vol. 60, No. 205, S. 777–794.

CHAMLEY, CHRISTOPHE/GALE, D.: Information Revelation and Strategic Delay in a Model of Investment, in: Econometrica, 1994, Vol. 62, No. 5, S. 1065–1085.

CHANG, ROBERTO/VELASCO, A.: Financial Crises in Emerging Markets: A Canonical Model, Working Paper Series. National Bureau of Economic Research, Inc.; 6606, Cambridge, MA, 1998.

CHARI, VARADARAJAN V./KEHOE, P. J.: Financial Crises as Herds: Overturning the Critiques, in: Journal of Economic Theory, 2004, Vol. 119, No. 1, S. 128–150.

Chevalier, Judith/Ellison, G.: Risk Taking by Mutual Funds as a Response to Incentives, in: Journal of Political Economy, 1997, Vo. 105, No. 6, S. 1167–1200.

Chevalier, Judith/Ellison, G.: Career Concerns of Mutual Funds Managers, in: The Quarterly Journal of Economics, 1999, Vol. 114, No. 2, S. 389–432.

Choi, Jay P.: Herd Behavior, the „Penguin Effect," and the Suppression of Informational Diffusion: an Analysis of Informational Externalities and Payoff Interdependency, in: Rand Journal of Economics, 1997, Vol. 28, No. 3, S. 407–425.

Christie, William/Huang, R.: Following the Pied Piper: Do Individual Returns Herd around the Market?, in: Financial Analysts Journal, 1995, Vol. 51, No. 4, S. 31–37.

Coase, Ronald H.: The Problem of Social Cost, in: Journal of Law and Economics, 1960, Vol. 3, S. 1–44.

Daniel, Kent/Hirshleifer, D./Teoh, S. H.: Investor Psychology in Capital Markets: Evidence and Policy Implications, in: Journal of Monetary Economics, 2002, Vol. 49, No. 1, S. 139–209.

Deci, Edward L./Koestner, R./Ryan, R. M.: A Meta-Analytic Review of Experiments Examining the Effects of Extrinsic Rewards on Intrinsic Motivation, in: Psychological Bulletin, 1999, Vol. 125, No. 6, S. 627–668.

Del Guercio, D./Tkac, P.: The Determinants of the Flow of Funds of Managed Portfolios: Mutual Funds vs. Pension Funds, in: Journal of Financial and Quantitative Analysis, 2002, Vol. 37, No. 4, S. 523–557.

Devenow, Andrea/Welch, I.: Rational Herding in Financial Economics, in: European Economic Review, 1996, Vol. 40, No. 3/5, S. 603–615.

Diamond, Douglas W./Dybvig, P. H.: Bank Runs, Deposit Insurance, and Liquidity, in: Journal of Political Economy, 1983, Vol. 91, No. 3, S. 401–419.

Drehmann, Mathias/Oechssler, J./Roider, A.: Herding with and without Payoff Externalities: An Internet Experiment, in: International Journal of Industrial Organization, 2007, Vol. 25, No. 2, S. 391–415.

Effinger, Matthias R./Polborn, M. K.: Herding and Anti-Herding: A Model of Reputational Differentiation, in: European Economic Review, 2001, Vol. 45, No. 3, S. 385–403.

Eichberger, Jürgen: Grundzüge der Mikroökonomik, Tübingen, 2004.

Ewert, Ralf/Wagenhofer, A.: Interne Unternehmensrechnung, 6. Aufl., Berlin, 2005.

Fama, Eugene: Efficient Capital Markets: A Review of Theory and Empirical Work, in: Journal of Finance, 1970, Vol. 25, No. 2, S. 383–417.

Fama, Eugene: Agency Problems and the Theory of the Firm, in: Journal of Political Economy, 1980, Vol. 88, No. 2, S. 288–307.

Fama, Eugene: Efficient Capital Markets: II, in: Journal of Finance, 1991, Vol. 46, No. 5, S. 1575–1617.

Feess, Eberhard: Mikroökonomie: eine spieltheoretisch- und anwendungsorientierte Einführung, 3. Aufl., Marburg, 2004.

FRANKE, GÜNTER/HAX, H.: Finanzwirtschaft des Unternehmens und Kapitalmarkt, 5. Aufl., Berlin, 2004.

FREDERICKSON, JAMES R.: Relative Performance Information: The Effects of Common Uncertainty and Contract Type on Agent Effort, in: Accounting Review, 1992, Vol. 67, No. 4, S. 647–669.

FREIBERG, NICOLE: Rationales Herdenverhalten – Theorie, Empirie und Lösungsansätze, Dissertation, Universität Würzburg, 2004.

FREUND, RUDOLF J.: The Introduction of Risk into a Programming Model, in: Econometrica, 1956, Vol. 24, No. 3, S. 253–263.

FREY, BRUNO S.: Markt und Motivation: wie ökonomische Anreize die (Arbeits-) Moral verdrängen, München, 1997.

FREY, BRUNO S./OSTERLOH, M.: Sanktionen oder Seelenmassage? Motivationale Grundlagen der Unternehmensführung, in: Die Betriebswirtschaft, 1997, 57. Jg., Heft 3, S. 307–321.

FROOT, KENNETH A./SCHARFSTEIN, D. S./STEIN, J. C: Herd on the Street: Informational Inefficiencies in a Market with Short-Term Speculation, in: The Journal of Finance, 1992, Vol. 47, No. 4, S. 1461–1484.

GAIO, LORIS/KANIOVSKI, Y. M./ZANINOTTO, E.: On Bubbling Dynamics Generated by a Stochastic Model of Herd Behavior, in: Journal of Evolutionary Economics, 2002, Vol. 12, No. 5, S. 525–538.

GALE, DOUGLAS: What Have We Learned from Social Learning?, in: European Economic Review, 1996, Vol. 40, No. 3/5, S. 617–628.

GEANAKOPLOS, JOHN: Common Knowledge, in: Journal of Economic Perspectives, 1992, Vol. 6, No. 4, S. 53–82.

GENNOTTE, GERARD/LELAND, H.: Market Liquidity, Hedging and Crashes, in: The American Economic Review, 1990, Vol. 80, No. 5, S. 999–1021.

GOEREE, JACOB K./PALFREY, TH. R./ROGERS, B. W.: Social Learning with Private and Common Values, in: Economic Theory, 2006, Vol. 28, No. 2, S. 245–264.

GRAHAM, JOHN R.: Herding among Investment Newsletters: Theory and Evidence, in: The Journal of Finance, 1999, Vol. 54, No. 1, S. 237–268.

GRINBLATT, MARK/TITMAN, S./WERMERS, R.: Momentum Investment Strategies, Portfolio Performance, and Herding: A Study of Mutual Fund Behavior, in: The American Economic Review, 1995, Vol. 85, No. 5, S. 1088–1105.

GROSSMAN, SANFORD J./STIGLITZ, J. E.: On the Impossibility of Informationally Efficient Markets, in: The American Economic Review, 1980, Vol. 70, No. 3, S. 393–408.

GUL, FARUK/LUNDHOLM, R.: Endogenous Timing and the Clustering of Agents' Decisions, in: Journal of Political Economy, 1995, Vol. 103, No. 5, S. 1039–1066.

GUTENBERG, ERICH: Grundlagen der Betriebswirtschaftslehre: Der Absatz, 17. Aufl., Berlin, Heidelberg, 1984.

HARBRING, CHRISTINE/IRLENBUSCH, B.: Anreize zu produktiven und destruktiven Anstrengungen durch relative Entlohnung, in: Zeitschrift für betriebswirtschaftliche Forschung, 2004, 56. Jg., Heft 9, S. 546–576.

HART, OLIVER/HOLMSTROM, B.: The Theory of Contracts, in: *BEWLEY, TRUMAN F.* (Hrsg.), Advances in Economic Theory: Fifth World Congress, Cambridge, 1987, S. 71–155.

HAX, HERBERT: Theorie der Unternehmung – Information, Anreize und Vertragsgestaltung, in: *ORDELHEIDE, DIETER/RUDOLPH, B./BÜSSELMANN, E.* (Hrsg.), Betriebswirtschaftslehre und ökonomische Theorie, Stuttgart, 1991, S. 51–72.

HEINEMANN, MAIK: Zur Effizienz von Lernprozessen. Eine ökonomische Analyse von Informationsexternalitäten, in: *CLEMENS, CHRISTIANE* (Hrsg.), Komplexität und Lernen, Marburg, 2001, S. 97–133.

HENDRICKS, KENNETH/KOVENOCK, D.: Asymmetric Information, Information Externalities, and Efficiency: the Case of Oil Exploration, in: Rand Journal of Economics, 1989, Vol. 20, No. 2, S. 164–182.

HIRSHLEIFER, DAVID: Managerial Reputation and Corporate Investment Decisions, in: Financial Management, 1993, Vol. 22, No. 2, S. 145–160.

HIRSHLEIFER, DAVID: The Blind Leading the Blind: Social Influence, Fads, and Informational Cascades, in: *TOMMASI, MARIANO/IERULLI, K.* (Hrsg.), The New Economics of Human Behaviour, New York, 1995, S. 188–215.

HIRSHLEIFER, DAVID: Investor Psychology and Asset Pricing, in: The Journal of Finance, 2001, Vol. 56, No. 4, S. 1533–1597.

HIRSHLEIFER, DAVID/TEOH, S. H.: Herd Behavior and Cascading in Capital Markets: A Review and Synthesis, in: European Financial Management, 2003, Vol. 9, No. 1, S. 25–66.

HIRSHLEIFER, DAVID/THAKOR, A.: Managerial Conservatism, Project Choice, and Debt, in: The Review of Financial Studies, 1992, Vol. 5, No. 3, S. 437–470.

HIRSHLEIFER, DAVID/SUBRAHMANYAM, A./TITMAN, S.: Security Analysis and Trading Patterns When Some Investors Receive Information Before Others, in: The Journal of Finance, 1994, Vol. 49, No. 5, S. 1665–1698.

HIRTH, HANS/WALTER, A.: Rationales Herdenverhalten, in: Wirtschaftswissenschaftliches Studium, 2001, 30. Jg., Heft 1, S. 17–22.

HIRTH, HANS/WALTER, A.: Investition, Imitation und Reputation, in: Betriebswirtschaftliche Forschung und Praxis, 2002, 54. Jg., Heft 1, S. 35–47.

HOFFMANN, CARSTEN: Gleichgerichtetes Verhalten am Aktienmarkt: eine Verbindung ökonomischer, psychologischer und soziologischer Ansätze, Berlin, 2001.

HOLMSTROM, BENGT: Moral Hazard in Teams, in: The Bell Journal of Economics, 1982, Vol. 13, No. 13, S. 324–340.

HOLMSTROM, BENGT: Managerial Incentive Problems – A Dynamic Perspective, Working Paper Series. National Bureau of Economic Research, Inc.; 6875, Cambridge, MA, 1999.

HOLMSTROM, BENGT/RICART I COSTA, J.: Managerial Incentives and Capital Management, in: The Quarterly Journal of Economics, 1986, Vol. 101, No. 4, S. 835–860.

HOMBURG, CHRISTIAN: Betriebswirtschaftslehre als empirische Wissenschaft – Bestandsaufnahme und Empfehlungen, in: *GERUM, ELMAR/SCHREYÖGG, G.* (Hrsg.), Zukunft der Betriebswirtschaftlehre, Düsseldorf, 2007, S. 27–60.

HONG, HARRISON/KUBIK J. D./SOLOMON A.: Security Analysts' Career Concerns and Herding of Earning Forecasts, in: Rand Journal of Economics, 2000, Vol. 31, No. 1, S. 121–144.

HOTT, CHRISTIAN: Finanzkrise: eine portfoliotheoretische Betrachtung von Herdenverhalten und Ansteckungseffekten als Ursachen von Finanzkrisen, Frankfurt am Main, 2004.

HUCK, STEFFEN/OECHSSLER, J.: Informational Cascades in the Laboratory: Do They Occur for the Right Reasons? in: Journal of Economic Psychology, 2000, Vol. 21, No. 6, S. 661–671.

HUSEMANN, WALTER: Die Reputation des Wirtschaftsprüfers in ökonomischen Agency-Modellen, Dissertation, Universität Köln, 1992.

JENSEN, MICHAEL C./MURPHY, K. J.: Performance Pay and Top-Management Incentives, in: Journal of Political Economy, 1990, Vol. 98, No. 2, S. 225–264.

JOST, PETER-J. (HRSG.): Die Prinzipal-Agenten-Theorie in der Betriebswirtschaftslehre, Stuttgart, 2001.

KAHNEMAN, DANIEL/TVERSKY, A.: Prospect Theory: An Analysis of Decision under Risk, in: Econometrica, 1979, Vol. 47, No. 2, S. 263–291.

KATZ, MICHAEL L./SHAPIRO, C.: Network Externalities, Competition, and Compatibility, in: The American Economic Review, 1985, Vol. 75, No. 3, S. 424–440.

KENNEDY, ROBERT E.: Strategy Fads and Competitive Convergence: An Empirical Test for Herd Behavior in Prime-Time Television Programming, in: The Journal of Industrial Economics, 2002, Vol. 50, No. 1, S. 57–84.

KERR, JEFFREY L./KREN, L.: Effect of Relative Decision Monitoring on Chief Executive Compensation, in: Academy of Management Journal, 1992, Vol. 35, No. 2, S. 370–397.

KEYNES, JOHN M.: The General Theory of Employment, Interest and Money, London, 1936.

KIENER, STEFAN: Die Principal-Agent-Theorie aus informationsökonomischer Sicht, Heidelberg, 1990.

KIM, WOOCHAN/WEI, S.: Offshore Investment Funds: Monsters in Emerging Markets?, in: Journal of Development Economics, 2002, Vol. 68, No. 1, S. 205–224.

KINDLEBERGER, CHARLES P.: Manias, Panics, and Crashes: A History of Financial Crises, 2. Aufl., Basingstoke, 1989.

KLEIN, ROBERT/SCHOLL, A.: Planung und Entscheidung: Konzepte, Modelle und Methoden einer modernen betriebswirtschaftliche Entscheidungsanalyse, München, 2004.

KLEINE, ANDREAS: Entscheidungstheoretische Aspekte der Principal-Agent-Theorie, Heidelberg, 1995.

KODRES, LAURA E.: Effects of Hedge Funds' Strategies on Price Dynamics, in: *EICHENGREEN, BARRY/MATHIESON, D.* (Hrsg.), Hedge Funds and Financial Market Dynamics, Occasional Paper, No. 166, International Monetary Fund, 1998, S. 55–61.

KÖRNERT, JAN: Dominoeffekte im Bankensystem – Theorien und Evidenz, Berlin, 1998.

KÖRNERT, JAN: Theorien über Dominoeffekte im Bankensystem – Darstellung, Kritik und Regulierungsansätze, in: *HOLST, JONNY/WILKENS, M.* (Hrsg.), Finanzielle Märkte und Banken: Innovative Entwicklungen am Beginn des 21. Jahrhunderts, Berlin, 2000, S. 365–399.

KÖRNERT, JAN: Die Maximalbelastungstheorie Stützels als Beitrag zur einzelwirtschaftlichen Analyse von Dominoeffekten im Bankensystem, in: *SCHMIDT, HARTMUT/KETZEL, E./PRIGGE, S.* (Hrsg.), Wolfgang Stützel – Moderne Konzepte für Finanzmärkte, Beschäftigung und Wirtschaftsverfassung, Tübingen, 2001, S. 81–103.

KOSSBIEL, HUGO: Stellungnahme zum Beitrag von Christian Müller: „Agency-Theorie und Informatinsgehalt – Der Beitrag des normativen Prinzipal-Agenten-Ansatzes zum Erkenntnisfortschritt der Betriebswirtschaftlehre“, in: Die Betriebswirtschaft, 1995, 55. Jg., Heft 1, S. 127–129.

KRÄKEL, MATTHIAS: Ökonomische Analyse der betrieblichen Karrierepolitik, 2. Aufl., München, 1999.

KRÄKEL, MATTHIAS: Organisation und Management, 2. Aufl., Tübingen, 2004.

KRÄKEL, MATTHIAS/SCHAUENBERG, B.: Personalpolitik, Informationsökonomie und Karrieren, in: *MARTIN, ALBERT/NIENHÜSER, W.* (Hrsg.), Personalpolitik: Wissenschaftliche Erklärung der Personalpraxis, München, 1998, S. 83–107.

KRAFT, HOLGER/REICHLING, P.: Prinzipal-Agent-Beziehung: First-best, second-best und third-best, in: Kredit und Kapital, 2000, Vol. 33, No. 2, S. 151–181.

KRAUSE, ANDREAS: Herding Without Following the Herd: The Dynamics of Case Based Decisions with Local Interactions, in: *NAMATAME, AKIRA* (Hrsg.), The Complex Networks of Economic Interactions, Berlin, 2005, S. 179–191.

KREPS, DAVID M.: Corporate Culture and Economic Theory, in: *ALT, JAMES E.* (Hrsg.), Perspectives on Positive Political Economy, Cambridge, 1990, S. 90–143.

KRUSCHWITZ, LUTZ: Investitionsrechnung, 11. Auflage, München, 2007 a.

KRUSCHWITZ, LUTZ: Finanzierung und Investition, 5. Auflage, München, 2007 b.

KULTTI, KLAUS/MIETTINEN, P.: Herding with Costly Information, in: International Game Theory Review, 2006, Vol. 8, No. 1, S. 21–31.

LAKONISHOK, JOSEF/SHLEIFER, A./VISHNY, R. W.: The Impact of Institutional Trading on Stock Prices, in: Journal of Financial Economics, 1992, Vol. 32, No. 1, S. 23–43.

LAMBERT, RICHARD A.: Long-Term Contracts and Moral Hazard, in: The Bell Journal of Economics, 1983, Vol. 14, No. 2, S. 441–452.

LAUX, HELMUT: Risiko, Anreiz und Kontrolle: Principal-Agent-Theorie; Einführung und Verbindung mit dem Delegationswert-Konzept, Berlin, 1990.

LE BON, GUSTAVE: Psychologie der Massen, 15. Auflage, Stuttgart, 1982.

LEE, IN H.: On the Convergence of Informational Cascades, in: Journal of Economic Theory, 1993, Vol. 61, No. 2, S. 395–411.

LEE, IN H.: Market Crashes and Informational Avalanches, in: Review of Economic Studies, 1998, Vol. 65, No. 4, S. 741–759.

LEONARD, JONATHAN S.: Executive Pay and Firm Performance, in: Industrial and Labor Relations Review, 1990, Vol. 43, No. 3, S. 13–29.

LEVY, GILAT: Anti-Herding and Strategic Consultation, in: European Economic Review, 2004, Vol. 48, No. 3, S. 503–525.

LORENZ, KONRAD: Das sogenannte Böse. Zur Naturgeschichte der Aggression, München, 1995.

LUX, THOMAS: Herd Behavior, Bubbles, and Crashes, in: The Economic Journal, 1995, Vol. 105, No. 431, S. 881–896.

MATSCHKE, MANFRED J. (unter Mitwirkung von Xenia Matschke): Investitionsplanung und Investitionskontrolle, Berlin, 1993.

MAUG, ERNST/NAIK, N.: Herding and Delegated Portfolio Management: the Impact of Relative Performance on Asset Allocation, Working Paper, London Business School, 1995.

MEINHÖVEL, HARALD: Defizite der Principal-Agent-Theorie, Köln, 1999.

MELISSAS, NICOLAS: Herd Behaviour as an Incentive Scheme, in: Economic Theory, 2005, Vol. 26, No. 2, S. 517–536.

MORCK, RANDALL/SHLEIFER, A./VISHNY, R.: Alternative Mechanisms for Corporate Control, in: The American Economic Review, 1989, Vol. 79, No. 4, S. 842–852.

MOSCARINI, GIUSEPPE/OTTAVIANI, M./SMITH, L.: Social Learning in a Changing World, in: Economic Theory, 1998, Vol. 11, No. 3, S. 657–665.

MÜLLER, CHRISTIAN: Agency-Theorie und Informationsgehalt: der Beitrag des normativen Prinzipal-Agenten-Ansatzes zum Erkenntnisfortschritt der Betriebswirtschaftlehre, in: Die Betriebswirtschaft, 1995, 55. Jg., Heft 1, S. 61–76.

MÜLLER-WOLLERMANN, RENATE: Vergehen und Strafen: Zur Sanktionierung abweichenden Verhaltens im alten Ägypten, Bosten, 2004.

MURPHY, KEVIN J.: Corporate Performance and Managerial Remuneration. An Empirical Analysis, in: Journal of Accounting and Economics, 1985, Vol. 7, No. 1/3, S. 11–42.

NARAYANAN, M.P.: Managerial Incentives for Short-Term Results, in: The Journal of Finance, 1985, Vol. 40, No. 5, S. 1469–1484.

NELSON, LEE: Persistence and Reversal in Herd Behavior: Theory and Application to the Decision to Go Public, in: The Review of Financial Studies, 2002, Vol. 15, No. 1, S. 65–95.

NEUMANN, DANIELA: Kartellrechtliche Sanktionierung von Wettbewerbsbeschränkungen im Gesundheitswesen, Baden-Baden, 2000.

NÖTH, MARKUS/WEBER, M.: Rationales und irrationales Herdenverhalten: Sind Schafe klüger?, Paper-Reihe Forschung für die Praxis, Band 12, Universität Mannheim, 2001.

OEHLER, ANDREAS: "Anomalien" im Anlegerverhalten, in: Die Bank, 1991, Heft 11, S. 600– 607.

OEHLER, ANDREAS: Do Mutual Funds Specializing in German Stocks Herd?, in: Finanzmarkt und Portfolio Management, 1998, Vol. 12, No. 4, S. 452–465.

OTTAVIANI, MARCO/SØRENSEN, P.: Herd Behavior and Investment: Comment, in: The American Economic Review, 2000, Vol. 90, No. 3, S. 695–704.

PALLEY, THOMAS I.: Safety in Numbers: A Model of Managerial Herd Behavior, in: Journal of Economic Behavior and Organization, 1995, Vol. 28, No. 3, S. 443–450.

PALM, REGINE: Herdentrieb verstärkt den Trend an der Börse – Rationale Überlegungen werden außer Acht gelassen, in: Handelsblatt, am 08. September 2004, S. 29.

PERSONS, JOHN C./WARTHER, V. A.: Boom and Bust Patterns in the Adoption of Financial Innovations, in: The Review of Financial Studies, 1997, Vol. 10, No. 4, S. 939–967.

PRENDERGAST, CANICE: The Provision of Incentives in Firms, in: Journal of Economic Literature, 1999, Vol. 37, No. 1, S. 7–63.

PRENDERGAST, CANICE/STOLE, L.: Impetuous Youngsters and Jaded Old-Timers: Acquiring a Reputation for Learning, in: Journal of Political Economy, 1996, Vol. 104, No. 6, S. 1105–1134.

RADNER, ROY: Monitoring Cooperative Agreements in a Repeated Principal-Agent Relationship, in: Econometrica, 1981, Vol. 49, No. 5, S. 1127–1148.

RAJAN, RAGHURAM G.: Why Bank Credit Policies Fluctuate: A Theory and some Evidence, in: The Quarterly Journal of Economics, 1994, Vol. 109, No. 436, S. 399–442.

RICHARDS, ANTHOY J.: Idiosyncratic Risk: An Empirical Analysis, with Implications for the Risk of Relative-Value Trading Strategies, IMF Working Paper, 1999.

RICHTER, RUDOLF/FURUBOTN E. G.: Neue Institutionenökonomik. Eine Einführung und kritische Würdigung, 3. Aufl., Tübingen, 2003.

RIEGLER, CHRISTIAN: Verhaltenssteuerung durch Target Costing: Analyse anhand einer ausgewählten Organisationsform, Stuttgart, 1996.

RÖBKEN, HEINKE: Reputationshierarchien im Rekrutierungsnetzwerk von Habilitanden in der Betriebswirtschaftslehre, in: Die Betriebswirtschaft, 2007, 67. Jg., Heft 3, S. 319–334.

RÖCK, WERNER: Versorgung und Preisbildung durch Markt-Macht-Staat: Allokationstheorie und Allokationspolitik unter besonderer Berücksichtigung der Kommunen, 2. Aufl., Stuttgart, Berlin, 1995.

RÖVER, ANDREAS: Netzwerkexternalitäten als Ursache für Marktversagen, Frankfurt am Main, Berlin, 1997.

ROUSEK, OLIVER: Integrative Anreizsysteme: eine modelltheoretische Untersuchung im Rahmen des Principal-Agent-Modells, Aachen, 1998.

SCHAICH, EBERHARD: Schätz- und Testmethoden für Sozialwissenschaftler, 3. Aufl., München, 1998.

SCHARFSTEIN, DAVID S./STEIN, J. C.: Herd Behavior and Investment, in: The American Economic Review, 1990, Vol. 80, No. 3, S. 465–479.

SCHARFSTEIN, DAVID S./STEIN, J. C.: Herd Behavior and Investment: Reply, in: The American Economic Review, 2000, Vol. 90, No. 3, S. 705–706.

SCHAUENBERG, BERND: Die Sensibilisierung der Unternehmung für die Umweltverantwortung: Personen, Strukturen, Prozesse, in: *STEINMANN, HORST/WAGNER, G.* (Hrsg.): Umwelt und Wirtschaftsethik, Stuttgart, 1998, S. 146–171.

Schotter, Andrew/Yorulmazer, T.: On the Severity of Bank Runs: An Experimental Study, mimeo, New York University, 2004.

Schütz, Tobias: Die Relevanz von Unternehmensreputation für Anlegerentscheidungen, München, 2005.

Schweizer, Urs: Vertragstheorie, Tübingen, 1999.

Schwinn, Rolf: Betriebswirtschaftslehre, München, Wien, 1993.

Sgroi, Daniel: The Right Choice at the Right Time: A Herding Experiment in Endogenous Time, in: Experimental Economics, 2003, Vol. 6, No. 2, S. 159–180.

Shefrin, Hersh: Beyond Greed and Fear: Understanding Behavioral Finance and the Psychology of Investing, Boston, 2000. Deutsche Übersetzung: *Niel, Ruth/Mues, B.*: Börsenerfolg mit Behavioral Finance: Investment-Psychologie für Profis, Stuttgart, 2000.

Shiller, Robert J.: Conversation, Information, and Herd Behavior, in: American Economic Review, 1995, Vol. 85, No. 2, S. 181–185.

Shiller, Robert J./Pound, J.: Survey Evidence on Diffusion of Interest and Information among Investors, in: Journal of Economic Behavior and Organization, 1989, Vol. 12, No. 1, S. 47–66.

Shleifer, Andrei/Summers, L. H.: Noise Trader Risk in Financial Markets, in: The Journal of Political Economy, 1990, Vol. 98, No. 4, S. 703–738.

Sias, Richard W.: Institutional Herding, in: The Review of Financial Studies, 2004, Vol. 17, No. 1, S. 165–206.

Smith, Lones/Sørensen, P.: Pathological Outcomes of Observational Learning, in: Econometrica, 2000, Vol. 68, No. 2, S. 371–398.

Sohmen, Egon: Allokationstheorie und Wirtschaftspolitik, 2. Aufl., Tübingen, 1992.

Spence, Michael: Job Market Signaling, in: Quarterly Journal of Economics, 1973, Vol. 87, No. 1, S. 355–374.

Spremann, Klaus: Reputation, Garantie, Information, in: Zeitschrift für Betriebswirtschaft, 1988, 58. Jg., Heft 5/6, S. 613 – 629.

Spremann, Klaus: Asymmetrische Information, in: Zeitschrift für Betriebswirtschaft, 1990, 60. Jg., Heft 5/6, S. 561–586.

Swank, Otto H.: Policy Advice, Secrecy, and Reputational Concerns, in: European Journal of Political Economy, 2000, Vol. 16, No. 2, S. 257–271.

Swank, Otto H./Visser, B.: The Consequences of Endogenizing Information for Herd Behavior, Discussion Paper, Tinbergen Institute, 2003.

Trueman, Brett: Analyst Forecasts and Herding Behavior, in: Review of Financial Studies, 1994, Vol. 7, No. 1, S. 97–124.

Tversky, Amos/Kahneman, D.: Loss Aversion in Riskless Choice: A Reference-Dependent Model, in: Quarterly Journal of Economics, 1991, Vol. 106, No. 427, S. 1039–1061.

Varian, Hal R.: Intermediate Microeconomics. A Modern Approach, 5. Auflage, New York, 1999.

Vives, Xavier: How Fast do Rational Agents Learn?, in: Review of Economic Studies, 1993, Vol. 60, No. 203, S. 329–347.

VIVES, XAVIER: Social Learning and Rational Expectations, in: European Economic Review, 1996, Vol. 40, No. 3/5, S. 589–602.

VIVES, XAVIER: Learning from Others: A Welfare Analysis, in: Games and Economic Behavior, 1997, Vol. 20, No. 2, S. 177–200.

VOLLMER, UWE: Die amerikanische Immobilienkrise und die Sachsen LB, in: Wirtschaftswissenschaftliches Studium, 2007, 36. Jg., Heft 10, S. 485–493.

VORONKOVA, SVITLANA/BOHL, M. T.: Institutional Traders' Behavior in an Emerging Stock Market: Empirical Evidence on Polish Pension Fund Investors, Discussion Paper, the Pensions Institute, Birkbeck College, University of London, 2003.

WAGENHOFER, ALFRED/EWERT, R.: Externe Unternehmensrechnung, Berlin, 2003.

WALTER, ANDREAS: Rationales Herdenverhalten bei externen Effekten, Tübingen, 2002.

WEBER, MARTIN: Neue Verhaltensannahmen als Basis für Modelle der Investitions- und Finanzierungstheorie?, in: *ORDELHEIDE, DIETER/RUDOLPH, B./BÜSSELMANN, E.* (Hrsg.), Betriebswirtschaftslehre und ökonomische Theorie, Stuttgart, 1991, S. 311–327.

WEBER, MARTIN: Besitztumseffekte, in: Die Betriebswirtschaft, 1993, 53. Jg., Heft 4, S. 479–490.

WELCH, IVO: Sequential Sales, Learning, and Cascades, in: The Journal of Finance, 1992, Vol. 47, No. 2, S. 695–732.

WERMERS, RUSS: Mutual Fund Herding and the Impact on Stock Prices, in: The Journal of Finance, 1999, Vol. 54, No. 2, S. 581–622.

WIED-NEBBELING, SUSANNE/SCHOTT, H.: Grundlagen der Mikroökonomik, 4. Aufl., Berlin, Heidelberg, 2007.

WINTER, STEFAN: Relative Leistungsbewertung: Ein Überblick zum Stand von Theorie und Empirie, in: Zeitschrift für betriebswirtschaftliche Forschung, 1996 a, 48. Jg., Heft 10, S. 898–926.

WINTER, STEFAN: Prinzipien der Gestaltung von Managementanreizsystemen, Wiesbaden, 1996 b.

WINTER, STEFAN: Optionspläne als Instrument wertorientierter Managementvergütung, Berlin, 2000.

WITTMANN, WALDEMAR: Unternehmung und unvollkommene Information: Unternehmerische Voraussicht – Ungewißheit und Planung, Köln, 1959.

WYLIE, SAM: Fund Manager Herding: A Test of the Accuracy of Empirical Results Using U.K. Data, in: Journal of Business, 2005, Vol. 78, No. 1, S. 381–403.

ZHANG, JIANBO.: Strategic Delay and the Onset of Investment Cascades, in: Rand Journal of Economics, 1997, Vol. 28, No. 1, S. 188–205.

ZWIEBEL, JEFFREY: Corporate Conservatism and Relative Compensation, in: Journal of Political Economy, 1995, Vol. 103, No. 1, S. 1–25.

SPRINGER NATURE

GPSR Compliance

The European Union's (EU) General Product Safety Regulation (GPSR) is a set of rules that requires consumer products to be safe and our obligations to ensure this.

If you have any concerns about our products, you can contact us on ProductSafety@springernature.com

In case Publisher is established outside the EU, the EU authorized representative is:

Springer Nature Customer Service Center GmbH
Europaplatz 3
69115 Heidelberg, Germany